«Die wichtigsten Erfindungen haben keine Erfinder. Wir kennen den Menschen nicht, der als erster aufrecht ging oder der als erster ein Wort sagte, wir kennen die Gemeinschaft nicht, die als erste einem unsichtbaren Wesen huldigte oder die als erste tanzte. Wie hieß die erste Stadt? Wer nahm als Erster ein Geldstück an und machte es dadurch überhaupt erst zu Geld? Wo lebte das erste monogame Paar?»

JÜRGEN KAUBE, geboren 1962, ist Herausgeber der *Frankfurter Allgemeinen Zeitung*. Zuvor leitete er dort das Ressort Geisteswissenschaften und war stellvertretender Feuilletonchef. 2012 wurde er vom *medium magazin* als Journalist des Jahres im Bereich Wissenschaft ausgezeichnet, 2015 erhielt er den Ludwig-Börne-Preis. Seine Max-Weber-Biographie (2014) wurde viel gelobt.

JÜRGEN KAUBE

DIE ANFÄNGE VON ALLEM

ROWOHLT
TASCHENBUCH VERLAG

Veröffentlicht im Rowohlt Taschenbuch Verlag,
Reinbek bei Hamburg, Januar 2019
Copyright © 2017 by Rowohlt · Berlin Verlag GmbH, Berlin
Karte S. 168 Peter Palm, Berlin
Umschlaggestaltung zero-media.net, München,
nach einem Entwurf von Frank Ortmann
Umschlagabbildung «Invention of the Wheel» © by Vladimir Kush.
All Rights Reserved
Satz aus der Haarlemmer bei Pinkuin Satz und Datentechnik, Berlin
Druck und Bindung CPI books GmbH, Leck, Germany
ISBN 978 3 499 63071 2

Für Ida, Emma und Henri

Ein Ganzes ist, was Anfang, Mitte und Ende hat.
Ein Anfang ist, was selbst nicht mit Notwendigkeit
auf etwas anderes folgt, nach dem jedoch natürlicherweise etwas anderes eintritt oder entsteht.

ARISTOTELES

Wenn der Spürhund zwischen zwei Wegen
zögert, so kehrt er zum Menschen zurück.
DENKE ... scheint er ihm zu sagen, DAS IST
DEINE ANGELEGENHEIT.

PAUL VALÉRY

INHALT

EINLEITUNG
Das Rad 13

ERSTES KAPITEL
Bodenständig, tragfähig, treu:
Der Anfang des aufrechten Gangs 23

ZWEITES KAPITEL
Die Zeit der Zähne und die Zeit der Feste:
Der Anfang des Kochens 43

DRITTES KAPITEL
Röhrende Hirsche, die am
Stammtisch leiser werden:
Der Anfang des Sprechens 67

VIERTES KAPITEL
Dieses Spiel geht nur zu dritt:
Der Anfang der Sprache 81

FÜNFTES KAPITEL
Die Schönheit des Schmucks, des Sexes
und der wilden Biester:
Der Anfang der Kunst 99

SECHSTES KAPITEL
Von Toten und Tieren:
Der Anfang der Religion 121

SIEBTES KAPITEL
Baby, don't cry, you'll never walk alone:
Der Anfang der Musik und des Tanzes 143

ACHTES KAPITEL
Weizen, Hunde und die Nichtreise nach Jerusalem:
Der Anfang der Landwirtschaft 163

NEUNTES KAPITEL
Jemand hatte vor, eine Mauer zu bauen:
Der Anfang der Stadt 185

ZEHNTES KAPITEL
Die Königsmafia:
Der Anfang des Staates 207

ELFTES KAPITEL
Buchhaltung mit gravierenden Folgen:
Der Anfang der Schrift 229

ZWÖLFTES KAPITEL
Störungen der Impulskontrolle:
Der Anfang des geschriebenen Rechts 249

DREIZEHNTES KAPITEL
Von der Hand in den Kopf und zurück:
Der Anfang der Zahlen 273

VIERZEHNTES KAPITEL
Die Göttin hat unten am Meer das letzte
Bordell vor dem Jenseits:
Der Anfang des Erzählens 287

FÜNFZEHNTES KAPITEL
Zigaretten oder unendliche Lösung?
Der Anfang des Geldes 303

SECHZEHNTES KAPITEL
In guten wie in schlechten Zeiten:
Der Anfang der Monogamie 323

EPILOG
Am Ende der Anfänge 341

ANHANG
Anmerkungen 353
Literatur 403
Zeittafel 444
Dank 447
Bildnachweis 448

EINLEITUNG

Das Rad

> Wer die Laterne trägt, stolpert leichter,
> als wer ihr folgt.
>
> JEAN PAUL

Die wichtigsten Erfindungen haben keine Erfinder. Wir kennen den Menschen nicht, der als erster aufrecht ging oder der als erster ein Wort sagte, wir kennen die Gemeinschaft nicht, die als erste einem unsichtbaren Wesen huldigte oder die als erste tanzte. Wie hieß die erste Stadt? Wer nahm als Erster ein Geldstück an und machte es dadurch überhaupt erst zu Geld? Wo lebte das erste monogame Paar?

Dass alle diese Fragen unbeantwortet bleiben müssen, liegt nicht nur an unserer Unkenntnis. Es liegt also nicht nur an der Ferne der Zeiten, in die wir aus Mangel an Überbleibseln nicht mehr ausreichend genau blicken können, um zu sehen, wer mit diesen Dingen wann und wo genau angefangen hat. Vielmehr können wir uns nicht einmal vorstellen, dass sie überhaupt von einzelnen Menschen erfunden worden sind.

Lange allerdings hat es sich die Menschheit so vorstellen *wollen*. Prometheus soll das Feuer gebracht, Kain oder Marduk sollen die erste Stadt gegründet haben, Dädalus und Ariadne wird der erste Tanz zugeschrieben, dem ägyptischen Gott Thot, der bei den Griechen zu Hermes wurde, die Erfindung der Schrift, und der Anfang der Religion lag selbstverständlich bei Gott, als er sagte: «Lasset uns einen Menschen machen», ohne dass wir genau wüssten, zu welchem «uns» er da sprach.

Solche Erzählungen stammen aus einer Zeit, die annahm, dass in der Vergangenheit ohnehin mehr gewusst wurde als in der Gegenwart – im Grunde alles. Insofern waren die Anfänge für sie voller Erkenntnis und geheimnisvoll zugleich. Gesellschaften, die von Adelsfamilien beherrscht sind, haben naheliegenderweise eine Präferenz für alte Herkünfte: je älter, desto besser. Berühmt ist die witzige Umkehr dieser Logik durch den englischen Priester John Ball: «Als Adam grub und Eva spann, wo war denn da der Edelmann?» Doch auch diese Polemik hält den Primat des Anfangs fest: Wenn in ihm kein Edelmann war, dann herrschte eben ursprünglich Gleichheit, woraus sich Ansprüche auf Gleichheit auch später ergeben sollten.

Weil am Anfang die Erkenntnis noch klar und umfassend war, so der schöpfungstheologische Gedanke, war der Anfang überhaupt fähig, für alles Weitere prägend zu sein. Adam beispielsweise war für die Theologen anderthalbtausend Jahre lang nicht nur der erste, sondern auch der wissendste Mensch. Man stellte sich ihn nicht bloß als Erfinder der Schrift, sondern sogar als Verfasser gelehrter Werke vor, die nur leider mitsamt den Bibliotheken, die es damals gegeben habe, in der Sintflut untergegangen seien. Überboten wurde dieses Denken noch von Theologen, die sich Unzulänglichkeiten Adams allein damit zu erklären vermochten, dass es präadamitische Menschen gegeben haben müsse, die noch mehr wussten.[1]

Eine spätere, eine philosophische Tradition sah von mythischen Namen ab, ja von Namen überhaupt, erzählte aber nach wie vor von den Ursprüngen. Auch ihre Erzählungen verlegten das vermutete Wesen der sozialen Erfindungen in deren Anfang. «Der Mensch begann als Mensch, und das war der Anfang und das Ende davon.»[2] Allerdings fehlten für diese Anfänge bis weit ins neunzehnte Jahrhundert hinein jegliche Zeugnisse, und die Aussagekraft der Bibel, die lange als ein solches Zeugnis betrachtet worden war, litt zunehmend unter der wissenschaftlichen Beschäftigung mit ihrem Text. Da die ersten Menschen so wenig wie die Indianer über Schrift verfügten, hieß es beispielsweise, könnten die Ursprungsberichte keinesfalls von ihnen selbst stammen.[3] Außerdem berichte die Genesis ja fast nichts über die damaligen gesellschaftlichen Umstände.

Also konstruierte man seit Beginn der Neuzeit philosophische Modelle des Anfangs und nannte die Gesamtheit seiner Bedingungen den «Naturzustand». Dieser *status naturalis* sollte dem Menschen zeigen, wie er unter Abzug aller zivilisatorischen Leistungen dasteht. Er stand dann ziemlich bedürftig da, um es vorsichtig zu sagen. Die philosophische Aufgabe war, aus diesem wenig befriedigenden Zustand hervorgehen zu lassen, was ihn überwand: Herrschaft, Arbeitsteilung, Eigentum, Verträge, Moral und so weiter. Allerdings steckten die Geschichten, die davon erzählt wurden, voller Widersprüche und Zumutungen.

Nehmen wir nur – und in aller Kürze – die berühmteste von ihnen, den Naturzustand bei Thomas Hobbes, dem englischen Theoretiker des modernen Staates. Ihm zufolge entsteht der Staat, weil der Naturzustand, in dem es nur Einzelne und ihre Fähigkeit zur Gewalt gibt, ein «Krieg aller gegen alle» ist, aus dem für die Einzelnen nichts als Unsicherheit, Elend und Tod hervorgehen. Also schließen am Anfang alle einen Vertrag miteinander, in dem sie ihren Anspruch, die eigenen Interessen durchzusetzen, an einen Herrscher abtreten, der um des Friedens willen alle Gewalt monopolisiert. Doch setzt ein anfänglicher Vertragsschluss nicht schon dasjenige Vertrauen in die Vertragstreue der anderen voraus, von dem behauptet wird, im Naturzustande existiere es nicht? Später wurde das so formuliert: Vertragliche Grundlagen von Verträgen gibt es nicht, ein Vertrag kann also nicht am Anfang des gesellschaftlichen Lebens gestanden haben. Was andererseits soll man sich unter einem Krieg aller gegen alle vorstellen? Wäre der Urmensch nicht damit überfordert gewesen, buchstäblich jeden zum Feind zu haben?

Die Modelle vom Naturzustand waren nur eine Zwischenlösung, was die Überlegungen zu den zivilisatorischen Anfängen angeht. Ihre wichtigste Leistung war nicht, eine zufriedenstellende Antwort auf die Frage gegeben zu haben, wie soziale Ordnung entstand.[4] Folgenreich war vielmehr die Wertungsumkehr, die sie vornahmen: Adam war in diesen Gedankenspielen kein Weiser mehr, sondern ein Wilder. Das minderte nicht das Interesse an ihm und den Ursprüngen, aber es setzte einen anderen Akzent. Am Anfang sollte nicht die Fülle gewesen sein, sondern die Armut und ein Haufen Probleme für Wesen, die sich in der Natur auf sich selbst gestellt behaupten mussten. Im achtzehnten Jahrhundert kam die Vorstellung auf, dass die wilden Völker, deren Existenz die europäische Expansion nach und nach zur Kenntnis brachte, den Schlüssel zu den Anfängen der Menschheitsgeschichte bieten, die sich von diesen Ursprüngen durch technologischen und sozialen Fortschritt immer mehr entfernt habe. Das war ein Gedanke, der in wissenschaftlicher Form noch im zwanzigsten Jahrhundert ganz lebendig war, «primitive Völker» wurden als «unsere zeitgenössischen Vorfahren» tituliert.[5]

Dazwischen aber lag das neunzehnte Jahrhundert, das in Bezug auf die Frage nach den Anfängen das Jahrhundert Darwins genannt werden muss. Die Evolutionstheorie, die durch Charles Darwin angestoßen wurde, hat uns eine Sprache für alle Zweifel an einfachen, erzählerisch ergiebigen Anfangsspekulationen bereitgestellt. Denn seit Darwin haben wir Begriffe dafür, dass die zivilisatorisch bedeutsamen Dinge nicht fertig aus der Hand eines Erfinders entspringen und sich auch nicht einer problematischen Situation als deren Lösung verdanken – sondern in geduldiger Vorleistung zufallsbehafteter Schritte davon abhängen, dass kleine Veränderungen hier und da und unter Nutzung unfassbar langer Zeiträume irgendwann zu einem sichtbaren Unterschied führen, der nachträglich als Ursprung gedeutet werden kann. Seit Darwin wissen wir, dass ein Anfang Millionen Jahre dauern kann und dass ihm schon deshalb meistens keine Absicht und kein Plan zugrunde lagen.

Seit Darwin und den Geologen des neunzehnten Jahrhunderts, die mittels stratigraphischer Forschungen über Gesteinsschichten das Alter der Erde abschätzten, wissen wir auch, wie groß die Zeiträume sind, in denen alles angefangen hat, wie wenig wir über Anfänge wissen, die keine Fossilien hinterlassen haben, und wie mühselig darum die Rekonstruktion unserer Vorgeschichte ist. Auf einigen Gebieten schossen damals die philosophischen Theorien darüber, was am Anfang war, so sehr ins Kraut, dass es manchen Wissenschaftlern zu viel wurde. Es gab schließlich noch anderes zu erforschen als Anfänge: Tatsachen, Strukturen, Funktionen, Fortschritte. Schon 1866 untersagte es sich die «Société de linguistique de Paris» per Beschluss, jemals wieder eine Preisfrage nach dem Ursprung der Sprache zu stellen. Im Zuge des späten achtzehnten und des neunzehnten Jahrhunderts also bekam die Forschung ein Gefühl dafür, was man alles wissen müsste, um von den Anfängen der Geschichte und der Zivilisation sinnvoll zu reden. Erst allmählich entstanden Disziplinen wie die Paläontologie, die Archäologie, die Ur- und Frühgeschichte, die versuchten, das Reden über weit entlegene Zeiten empirisch zu fundieren.

Immer mehr Zeugnisse frühester Kulturen wurden in der Zeit zwischen 1800 und 1950 erschlossen. Die ersten Ausgrabungen in Pompeji beginnen 1748, im Bergwerk von Hallstatt finden seit 1824 Forschungen statt, der Neandertaler wird 1856 gefunden, drei Jahre zuvor die Pfahlbauten am Zürichsee, zwischen 1849 und 1859 erscheinen die «Denkmaeler aus Aegypten und Aethiopien» von Karl Richard Lepsius. Die Anschauungen von der Antike wie der «Urzeit» wurden also auf allen Gebieten kontrastreicher, die «wilden», unwahrscheinlichen Herkünfte des Europäers plausibler. 1836 prägt der dänische Archäologe Christian Jürgensen Thomsen die Begriffe «Stein-», «Eisen-» und «Bronzezeit». Über den Ursprung der Familie und die Frage, ob die Monogamie oder die Polygamie, das Mutterrecht oder das Vaterrecht, Kommunismus oder Privatbesitz am Beginn der menschlichen Geschichte standen, wurden endlose Kontroversen geführt. 1884 publizierte Friedrich Engels seine Schrift «Der Ursprung der Familie, des Privateigenthums und des Staats», in der er sich mit den ethnologischen und rechtshistorischen Forschungen seiner Epoche auseinandersetzte. Die Stadt Uruk, von der wir heute wissen, dass sie der Fundort der ersten Schrift ist, wurde 1849/50 zum ersten Mal erforscht. 1868 entdeckte ein spanischer Jäger die Höhlen von Altamira, doch es dauerte noch fast ein Vierteljahrhundert, bis anerkannt wurde, dass es sich hier um früheste Malerei der Steinzeit handelte. Die Überreste der ältesten Sammlung von Rechtssätzen, des Codex Ur-Nammu, wurden 1952 und 1965 gefunden. Dass die Lyder die Ersten waren, die Münzgeld verwendeten, ist ebenfalls seit dem neunzehnten Jahrhundert bekannt, aber die Debatte darüber, ob es nicht auch schon vorher Geld gab, reicht bis zu Bernhard Laums Schrift «Heiliges Geld» von 1924. Über den Ursprung der Religion wurde Ende des neunzehnten Jahrhunderts diskutiert: Lag er im Animismus, wie der britische Archäologe Edward Burnett Tylor 1871 formulierte, also in der Vorstellung, nicht nur Menschen hätten eine Seele, sondern jedes Ding? Oder war der Präanimismus ursprünglicher, wie der schottische Ethnologe James Frazer 1890 annahm, indem er behauptete, dass für die ersten Religionen eine unpersönliche Kraft alle Dinge beherrsche?

Kurzum: Das Jahrhundert Darwins und der historischen Religionswissenschaft, der Sprach- und Rechtsgeschichte sowie der Archäologie leuchtete die älteste Vergangenheit mehr und mehr aus. Wie aber steht es nun heute? Die Forschung über die Frühzeit menschlicher Zivilisation hat philosophische Spekulation durch Kohlenstoffchemie, Genetik, Philologie, Soziologie und Materialkunde ersetzt. Die Methoden des neunzehnten Jahrhunderts sind unendlich viel raffinierter geworden, der Zuwachs an technologischen Möglichkeiten der Analyse von sehr alten Befunden ist enorm. Es gibt inzwischen Spezialisten für Anfänge.

Im Folgenden soll es um das gehen, was wir heute von den Anfängen zivilisatorischer Errungenschaften wissen. Was wissen wir über den Anfang des aufrechten Gangs, der Sprache, des Tanzes, der Stadt, des Geldes, der Religion, der politischen Herrschaft oder des Epos? Auf der Suche nach wissenschaftlich plausiblen Antworten, das werden wir sehen, verschwinden weder die philosophischen Fragen nach den Anfängen, noch werden alle Lücken geschlossen, die sich aus der Ferne der Anfangszeiten ergeben. Beides, das philosophische Interesse wie das Unwissen, nimmt durch Forschung nur eine andere, besser diskutierbare Form an. Es ist die Forschung, die uns das Denken lehrt, weil sie ständig auf neue Möglichkeiten stößt und am prähistorischen Tatort wie ein Detektiv die Bedeutung der Relikte untersucht, um zu fragen: «Könnte es nicht auch so gewesen sein?» Den Sinn für diese Art des Fragens zu wecken, ist das Ziel der folgenden Kapitel.

Auf dem Umschlag dieses Buches ist eine Erfindung zu sehen, die im Buch selbst gar nicht vorkommt: das Rad. Es kommt nicht vor, weil es in diesem Buch nicht um die Anfänge technischer Erfindungen gehen soll. Schrift, Kunst, Recht oder Sprache sind nicht im selben Sinne Techniken wie das Rad. Denn man kann zwar ein Rad verwenden, ohne in Kommunikation und soziale Beziehungen einzutreten, aber mit den hier thematisierten Erfindungen kann man das nicht. Selbst der aufrechte Gang, das wird sich zeigen, ist eine gesellschaftliche Errungenschaft.

Gleichwohl ist das Rad für einen Aspekt der Anfänge, um die es hier geht, geradezu exemplarisch. Denn es kommt in der Natur nicht vor. Den Hammer hat man als «Organprojektion» nach dem Vorbild der geballten Faust erklärt, die Mühlsteine aus dem Gebiss und die mechanischen Hebel aus den Armen. Selbst der Löffel, den noch Nikolaus von Kues als originäre Erfindung menschlicher Konstruktion bezeichnet hat, mag auf die hohle Hand zurückgeführt werden.[6] Doch für das Rad – ein Gebilde, das sich um 360 Grad dreht und so gelagert ist, dass es zwei Freiheitsgrade hat, die Drehung in sich und die Rollrichtung, wenn es den Boden berührt[7] – geben weder der menschliche Körper noch die Umwelt Anregungen. Die Gliedmaßen können nicht rotieren, und selbst die Sonne ist für die Anschauung nur rund, aber sie dreht sich nicht. Das Rad kann darum nicht durch Nachahmung der Natur erfunden worden sein. Als den Brüdern Wright 1903 der entscheidende Durchbruch beim Bau des ersten Flugzeugs gelang, war eine Voraussetzung dafür, dass sie, die sich zuvor mit dem Reparieren von Fahrrädern beschäftigt hatten, nicht länger an der Vorstellung festhielten, für die Konstruktion eines Flugapparats müsse man sich die Fähigkeiten der Vögel zum Vorbild nehmen. Vögel haben keine Propeller.

Das Rad war eine vergleichsweise späte Erfindung, und sie wurde lange Zeit nur wenig genutzt. Obwohl die Töpferscheibe schon in der Bronzezeit bekannt war – ein ganzes Zeitalter wird als «keramisches» bezeichnet –, zogen beispielsweise die Ägypter alle Steine, die sie für den Pyramidenbau heranschleppen mussten, auf Schlitten. Andere Gesellschaften transportierten schwere Gegenstände auf dem Wasser und luden an Land solche Lasten vor allem Menschen und Tieren auf. Noch 1833 notiert ein englischer Reisender, in ganz Persien keinen Wagen mit Rädern gesehen zu haben. Das war insofern überraschend, als die ersten Räder vermutlich in Mesopotamien aufgekommen waren.[8] Es war aber insofern naheliegend, als Räder ihre Effektivität erst beweisen, wenn es Straßen oder andere Strukturen gibt, auf denen sie rollen können. Eines ist es, etwas zu erfinden, ein anderes, wie die Erfindung genutzt wird und ob sie sich verbreitet. Womöglich führte erst der Abbau von Kupfererz in ukrainischen Minen um 4000 v. Chr. zur Erfindung des Rades als Transportmittel. Die frühesten Modelle von Wagen mit Rädern haben alle unbewegliche Achsen. In den Minen mussten die vierrädrigen Wagen nicht gesteuert werden, weil sie auf gespurten Bahnen liefen.

Für die Anfänge, von deren Erforschung hier berichtet werden soll, ist entscheidend, dass sie wie das Rad nicht aus Nachahmung hervorgingen. Die Musik, das wird sich zeigen, kam nicht durch Imitation des Vogelgesangs in die Menschenwelt. Für das Sprechen und den aufrechten Gang gibt es in der Natur kein Vorbild, und für die Monogamie, sofern sie denn existiert, auch nicht. Die ersten Städte folgen nicht dem, was im Tierreich an Kolonien zu beobachten ist. Die Schrift ist nicht der Versuch, etwas Vorgegebenes, die Lautsprache, mimetisch in ein anderes, visuelles System zu übertragen. Alle Anfänge der menschlichen Gesellschaft sind Dokumente hochkonstruktiver Leistungen, denen man nicht auf den ersten Blick ansieht, weshalb es zu ihnen kam. Wir täuschen uns hierüber oft. Für uns scheint der Nutzen beispielsweise des aufrechten Gangs, des Sprechens, des Geldes oder der Stadt auf der Hand zu liegen. Doch die Forschung zeigt, dass die jeweilige Nützlichkeit, so wie wir sie uns vorstellen, zumeist nicht der Grund für ihre Entstehung war. Der Affe hat sich nicht aufgerichtet, um weiter sehen zu können, das Sprechen hat sich nicht entwickelt, um Botschaften zu übermitteln, das Geld stammt nicht aus dem Tausch, und die ersten Städte wurden nicht gegründet, weil man in ihnen nicht so stark von seinen Nachbarn behelligt wird und – Stadtluft macht frei – die Lebensführung dort unabhängiger ist.

Dies ist, neben dem Sinn für die detektivische Arbeit im Umgang mit sozialen Rätseln, das Zweite, was die folgenden Kapitel anstreben: Perspektiven auf die Zivilisation zu eröffnen, die nicht von unseren eigenen Gewohnheiten schon festgelegt sind. Wir sind keine selbstverständlichen Wesen, und unsere Gesellschaft ist das Resultat der unwahrscheinlichsten Vorgänge, des unabsehbaren Zusammentreffens von Geschehnissen, die nichts miteinander zu tun hatten, sowie der Lösung von Problemen, die wir vergessen haben. Wir sind nicht die Krone der Schöpfung, wir sind merkwürdig. Und weil es inzwischen nur noch eine Zivilisation gibt, haben wir gute Gründe darüber nachzudenken, vor allem aber: zu erforschen, wie merkwürdig genau wir sind.

ERSTES KAPITEL

Bodenständig, tragfähig, treu:
Der Anfang des aufrechten Gangs

> Unter allen vierfüßigen Thieren ist nicht ein einziges, welches nicht schwimmen könnte, wenn es durch Zufälle ins Wasser geräth. Der Mensch allein ersäuft, wo er das Schwimmen nicht besonders gelernt hat. Die Ursache ist, weil er die Gewohnheit abgelegt hat, auf allen Vieren zu gehen.
>
> IMMANUEL KANT

Eine Horde Primaten treibt sich auf einem wüsten Hochplateau um ein Wasserloch herum. Tags zuvor hatte sie dort noch eine andere Gruppe mit Geschrei und Drohgebärden verscheucht. Die Tiere bewegen sich im sogenannten Knöchelgang fort, bei dem die vorderen Extremitäten abstützend mit dem Rücken der Finger aufgesetzt werden und die hinteren sich abstoßen. Einer der Affen stöbert in den Überresten eines Tapirskeletts. Er hält inne, betrachtet die Knochen, sinniert und greift sich einen davon, mit dem er zunächst versuchsweise, dann – unter Begleitung der triumphalen Paukenschläge und Fanfaren aus «Also sprach Zarathustra» von Richard Strauss – immer entschiedener andere Knochen spaltet, um schließlich in einem Taumel zähnefletschender Aggression den Schädel des toten Tiers zu zertrümmern. Tags darauf wird der Knochen gegen rivalisierende Artgenossen eingesetzt, um einen von ihnen zu Tode zu prügeln. Hier stehen die nunmehr bewaffneten Affen bereits.

Wer aufrecht geht, hat die Hände frei. Und wozu? Zum Töten,

sagt diese Ursprungserzählung. Der aufrechte Gang habe es dem Vormenschen erlaubt, sich im Kampf um knappe Ressourcen besser gegen seinesgleichen durchzusetzen.[1] Könnte sich die Menschwerdung so wie in Stanley Kubricks 1968 gedrehtem Film «2001: Odyssee im Weltraum» abgespielt haben? Zumindest wenn man davon absieht, dass Tapire in Afrika, der Wiege der Menschheit wie der Menschenaffen, gar nicht vorkommen?

Zunächst: *So schnell* kann es sich natürlich *nicht* abgespielt haben. Anfänge sind keine Einfälle. Sie ziehen sich lange hin, sie erfolgen nicht über Nacht, sondern zumeist in unendlich kleinen Schritten, die Menschheit brauchte unvorstellbar viel Zeit. Deswegen gibt es keine Zeugen von Anfängen, allenfalls Zeugnisse von Übergängen. Der Übergang vom sich vierfüßig fortbewegenden Menschenaffen zum aufrecht gehenden Vormenschen beispielsweise hat Millionen Jahre in Anspruch genommen. Wenn die ersten aufrecht gehenden Hominiden, die zwischen Menschenaffen und Mensch standen, vor sieben bis sechs Millionen Jahren lebten – wie nahe die entsprechenden frühesten Knochenfunde, des *Sahelanthropus tchadensis* wie des *Orrorin tugenensis* und des *Ardipithecus kadabba*, dem Menschen und dem Affen stehen, ist nach wie vor kontrovers –, dann dauerte es bis zum ersten nachweisbaren Werkzeuggebrauch noch etwa 4,5 Millionen Jahre. Aber selbst wenn man sehr viel vorsichtiger an die vorliegenden Fossilien herangeht, liegen Millionen von Jahren zwischen den ersten Fußabdrücken eines zweibeinigen Vormenschen, den 3,6 Millionen Jahre alten Spuren von Laetoli, und einem Fossil, das in allen entscheidenden Aspekten seines Bewegungsapparats menschenähnlich ist. Eine unserer Anatomie vollständig ähnliche wird von manchen Forschern erst dem *Homo ergaster* zugeschrieben, der vor etwa 1,8 Millionen Jahren lebte.[2]

Weshalb hat es so lange gedauert, bis der Affe aufrecht ging und danach Vormensch genannt werden konnte? Die These, dass es gar keinen Übergang von Vierbeinern zu Zweibeinern gab, weil nicht vierbeinige Primaten, sondern Koboldmakis mit bereits stark differenzierten, an das Leben in Bäumen angepassten Vordergliedern unsere nächsten Verwandten seien, deren bewegliche Hände wir nicht wiedergewonnen, sondern behalten hätten, war leider – wer möchte nicht lieber von Koboldmakis als von Schimpansen abstammen? – unhaltbar.[3] Für den Übergang von der Vier- zur Zweibeinigkeit musste sich über genetische Mutation und Selektion die gesamte Anatomie des Affen verändern. Bei zweibeinigem Gang muss beispielsweise immer ein Bein schwingen, weil das bloße Strecken des Beins zu keiner Fortbewegung führt und der nach vorn verlagerte Körper aufgefangen werden muss. Aber das nach vorn schwingende Bein fängt die Bewegung nur auf, wenn sein Fuß seinerseits nicht sofort wieder vom Boden abhebt. Der schnell laufende Mensch droht also vornüberzufallen. Sein großer Gesäßmuskel, der nur bei ihm, nicht beim Affen seinen Namen, *gluteus maximus*, verdient, verhindert das. Weitere Stabilität brachte die Verkürzung des Torsos beim Vormenschen mit sich: durch ein stark verkürztes Darmbein als Teil der Hüfte und generell durch deren Absenkung; Zweibeiner bewegen sich, anders als Vierbeiner, nicht mittels großem Hüfteinsatz, ihre Muskeln in diesem Bereich haben eine andere, stützende und die momentane Instabilität bei angehobenem Bein ausgleichende Funktion. Hinzu kamen Veränderungen an den Knien, dem empfindlichsten Teil der aufrechten Konstruktion, und den Füßen, die nun als Hebel eingesetzt werden und nicht mehr als Greifglieder.[4]

Die Konstruktion des Beckens ist nicht nur entscheidend für die Bewegung, sondern bei weiblichen Zweibeinern auch entscheidend für den Geburtsvorgang. Zwar ist das Kinderbekommen auch bei Menschenaffen schmerzhaft, aber die Geburt erfolgt zumindest bei Schimpansen, Gorillas und Orang-Utans aufgrund ihrer Köpergröße und der Anatomie ihres Beckens vergleichsweise schnell; die durchgängig ovale Form des Geburtskanals bereitet keine Komplikationen. Das ist bei Frauen anders, die nur unter großen, von Presswehen begleiteten Schmerzen gebären. Das menschliche Neugeborene dreht sich schwer ins Leben und wendet beim Austritt aus dem mütterlichen Körper das Gesicht von ihr ab. Das hat die Geburt von Zweibeinern seit jeher zu einem sozialen Vorgang der Geburtshilfe gemacht, während Menschenäffinnen allein gebären.[5]

Die unfassbar lange Zeit, die es brauchte, um einige Affen aufzurichten, ist ein Ausdruck dafür, wie unwahrscheinlich diese Entwicklung war. Nicht zuletzt zeigt die Tatsache, dass Menschenaffen, Meerkatzen und Gibbons nach wie vor existieren, wie gut ihr Bewegungsapparat seit jeher an ihre Lebensumstände angepasst ist. Warum also überhaupt der langwierige Übergang zu einer Anatomie, die Gleichgewichtsprobleme, eine reduzierte Geschwindigkeit am Boden, geringere Beweglichkeit beim Klettern und einen schwierigeren Geburtsvorgang mit sich brachte? Anfänge sind Abschiede, sie gehen mit Verzicht einher. Stabilität kostet Kraft und Geschwindigkeit. Was einen gut – energieeffizient – ausschreiten lässt, wird einen gleichzeitig weniger gut klettern lassen. Dass die Sonne bei einem Zweibeiner nicht mehr direkt auf den ganzen Rücken strahlt, ist ein Vorteil. Dass ausgerechnet der Kopf nun besonders durch Überhitzung gefährdet ist und die Versorgung des Steuerungszentrums mit Blut gegen die Schwerkraft arbeiten muss, ist ein Nachteil. Und schließlich: Wer die anderen besser sieht, wird auch von ihnen besser gesehen. Welche Vorteile des aufrechten Gangs also konnten die offenkundigen Nachteile mehr als ausgleichen? Genauer: Welche frühen Vorteile waren das? Denn wenn die Nachteile sofort anfallen, müssen sie in der Evolution auch sofort ausgeglichen werden. Im Überlebenskampf ist Zukunft kein Argument.[6]

Bevor wir zu den Antworten kommen, die auf diese Fragen gegeben worden sind, worunter «Waffen- und Werkzeuggebrauch» aus Kubricks mythischer Szene nur eine von vielen ist, muss zuerst begründet werden, weshalb der aufrechte Gang hier überhaupt am Anfang aller weiteren Anfänge steht. Schließlich zeichnen den Menschen auch noch andere Merkmale gegenüber seinen Vorfahren aus. Er ist kein Baumbewohner, er ist ein Allesfresser, das Volumen seines Gehirns ist relativ zur Körpergröße etwa dreimal so groß wie das der Menschenaffen, er hat ein im Vergleich zur Größe des Kopfes eher kleines und mehr parabolisches als u-förmiges Gebiss, in dem die Backenzähne dominieren, äußerst bewegliche Hände sowie irgendwann auch einen Sprechapparat. Außerdem weicht das sexuelle und reproduktive Verhalten des Menschen von dem der Menschenaffen deutlich ab.

Diese kleine Liste von Besonderheiten wird bei weitem übertroffen von der Liste der philosophischen Antworten auf die Frage «Was ist der Mensch?». Sie reichen vom «sprechenden», dem «arbeitenden» und dem «lachenden Tier» über das «lügende Tier» und das «Tier, das versprechen darf», bis zum «Wesen, das sich langweilt». Es gibt den «homo faber», der sich durch Werkzeuge auszeichnet, den «homo inermis», der schutz- und instinktlos ist, und bei Aldous Huxley gibt es sogar den «homo loquax», den geschwätzigen Menschen, der uns als Vorform des sprechenden auch noch begegnen wird. Doch alle diese Definitionen setzen den Menschen bereits voraus, der schon vieles sein muss, um dann auch noch lachen oder lügen zu können. Der aufrechte Gang ist früh als Merkmal aufgefallen, das von diesem Einwand nicht getroffen wird. Der Mensch musste, bevor er aufrecht ging, nur ein sich in winzigsten Schritten weiter an seine Umwelt anpassender Affe sein. Die Voraussetzungen für den aufrechten Gang sind hochkompliziert, aber es sind keine Komplikationen sozialer, kultureller, technologischer Art, die verarbeitet werden mussten, um ihn zu ermöglichen. Darum galt er vielen Philosophen als der Inbegriff des Anfangs einer «künstlichen» Existenz, die sich gegen alle naheliegende Bequemlichkeit über die Naturkräfte erhebt, um über sich hinaus und weit um sich zu schauen, wie es bei Herder 1784 heißt. Schon Herder denkt dabei in eine Richtung, der später Darwin folgen wird: «Also auch der verwilderte Mensch ist, seiner Organisation nach, nicht ohne Vertheidigung; und aufgerichtet, cultiviert – welch Thier hat das vielarmige Werkzeug der Kunst, was er in seinem Arm, in seiner Hand, in seiner Geschlankigkeit seines Leibes, in allen seinen Kräften besitzet? Kunst ist das stärkste Gewehr und er ist ganz Kunst, ganz und gar organisierte Waffe. Nur zum Angriff fehlen ihm Klauen und Zähne; denn er sollte ein friedliches, sanftmüthiges Geschöpf sein.»[7]

Herder meinte, dass es deshalb keine Entwicklung hin zum aufrechten Gang gegeben haben kann, weil das Konzept der «Entwicklung» doch wieder natürliche Gründe für den Übergang beanspruchen müsste, das Aufrechtgehen aber als Geniestreich der Frühgeschichte das Beispiel für die letzthinnige Unbegreiflichkeit und Unableitbarkeit aller zivilisatorischen Zäsuren abgibt. Das folgt daraus aber nicht. Denn man kann fragen, weshalb die angestrengte Einzigartigkeit des Menschen sich gerade im Unterschied zum vierfüßigen Gang zeigen soll. Die Vierfüßigkeit wird nämlich erst dadurch zu einer «natürlichen» Bewegungsform, dass man darauf verzichtet, den Auszug aus der Bequemlichkeit anatomisch am Übergang aus der schwimmenden Existenz festzuhalten. Auch Schwimmen war bequemer, als auf allen vieren zu gehen. Schon die Differenzierung von Vorder- und Hintergliedern an Vierfüßern, bei denen die vorderen Gliedmaßen das visuelle Nahfeld richtunggebend mitschließen und die hinteren Gliedmaßen für den Antrieb sorgen, arbeitete gegen die Schwerkraft an. Der aufrechte Gang gibt den Beinen und Füßen insofern sogar etwas zurück und nimmt dem, was dann zu den Händen wird, was diese Glieder schon einmal hatten: eine Steuerungsfunktion. Dass die Menschheit mit einem Schlage entstanden ist, als ein Affe sich aufrichtete, etwa um mit einem Steinwurf Angreifer auf Distanz zu bringen – dies eine friedlichere Variante von Kubricks Menschwerdungsszene –, bleibt also ein Mythos, der ein Verständnis des unglaublich lange Zeit beanspruchenden Vorgangs verhindert.[8]

Was signifikante Merkmale des Menschen im Einzelnen angeht, etwa die Hände und andere «postcraniale», also unterhalb des Schädels befindliche, so ist sich die Forschung ziemlich sicher, dass sie Folgen des aufrechten Gangs sind. Die vormenschlichen Zähne weichen von denen der Affen vor allem darin ab, dass männliche und weibliche Gebisse sich beim Menschen und seinen Frühformen weniger stark unterscheiden. Das Gebiss der Vormenschen ist keine Waffe mehr. Es dokumentiert ein Wesen, das sich auf sehr verschiedene Weise ernährte und in sehr verschiedenen Habitaten Nahrung fand, was auf frühe Mobilität aufgrund von klimatischem Wandel hindeutet. Allerdings zeigen auch schon viel ältere Menschenaffen wie *Oreopithecus* und *Ramapithecus* (nachgewiesen für die Zeit vor vierzehn bis acht Millionen Jahren) kleinere Vorderzähne als beispielsweise Schimpansen, was einen Zusammenhang der Gebissstruktur mit dem Gebrauch von Werkzeug unwahrscheinlich macht. Womöglich war der Werkzeuggebrauch nicht die Ursache für die Verkleinerung der Eckzähne, sondern eine Kompensation seiner Folgen. Bei verschiedenen Vormenschen, vom *Ardipithecus ramidus* (4,4 Millionen Jahre vor uns) bis zum *Australopithecus africanus* (2,5 Millionen Jahre), lässt sich anhand ihrer Zahngröße, Zahnformen, Zahnschmelz- und Kieferstruktur vielmehr ein erheblicher Wandel der Ernährungsgewohnheiten belegen, bis hin zum menschlichen Esser, der mit harten wie weichen Nahrungsmitteln gleichermaßen zu Rande kommt.[9]

Doch selbst dies ist mit der Frage des aufrechten Gangs verknüpft. Denn die Weisen, sich zu ernähren, hängen selbstverständlich davon ab, ob es mittels Früchten geschieht, die in den Bäumen weit oben hängen, oder mittels Beeren, harten Samen und Käfern, die sich in Bodennähe befinden, ob gepflückt, gesammelt oder gejagt wird. Die Vorderbeine haben sich mehr und mehr zu Armen entwickelt, die durch Werkzeugeinsatz das Gebiss entlasteten, was wiederum die Entwicklung des Sprechapparats und kognitiver Fähigkeiten begünstigte; auch das Gehirn profitierte vom Raffinement der Handbewegungen und diese wiederum vom Wachstum des Gehirns – all das gehört zu den wechselseitigen Bedingtheiten evolutionär sich herausbildender Merkmale. Sie stärken einander, ohne deswegen aus denselben Gründen entstanden und zeitlich eng aufeinander gefolgt zu sein. Auch Affen benutzten Werkzeuge, auch Zweibeiner hatten nicht sofort ein größeres Gehirn, auch Vormenschen mit relativ großem Gehirn entwickelten nicht unmittelbar Werkzeugtechniken. Das alles beantwortet aber nicht die Frage, weshalb eine Spezies in diesen Zusammenhang einander begünstigender Entwicklungen eingetreten ist. Man kann es also drehen und wenden, wie man will, die Zweibeinigkeit bleibt der informativste Unterschied zwischen den Vorformen des Menschen und seinen nächsten Verwandten unter den Affen.[10]

Sieht man von der Länge der Zeit und den Komplikationen ab, die mit dem Übergang zu dieser Bewegungsform einhergingen, so knüpft Kubricks Szene durchaus an eine der wissenschaftlichen Hypothesen an, weshalb manche Affen sich aufrichteten. Anschließend an Charles Darwins Vermutung, die Hände seien für den Gebrauch derjenigen Werkzeuge und Waffen frei geworden, die das leistungsfähige Gehirn des Menschen erfunden hatte, hat Raymond A. Dart im Jahr 1953 die Deutung vorgetragen, das Aufrechtgehen habe, weil es dem Frühmenschen über den Waffengebrauch hinaus auch erlaubte, in die Ferne zu blicken, ein aggressives und erfolgreiches Jagdverhalten begünstigt. Ein gutes Vierteljahrhundert zuvor hatte der australische Paläoanthropologe mit der Vorstellung aufgeräumt, dass die Menschwerdung des Affen vom Gehirn ausgegangen sei, dass also ein überlegener Intellekt, oder sagen wir vorsichtiger: eine höhere kognitive Verarbeitungsfähigkeit, am Beginn der Entwicklung hin zum Menschen gestanden habe. Denn als 1924 in einem südafrikanischen Kalksteinbruch das damals älteste Relikt eines Vormenschen gefunden wurde, das «Kind von Taung», wie das zwei bis drei Millionen Jahre alte Fossil aufgrund seiner noch nicht vollständig durchgebrochenen Zähne bezeichnet wird, erkannte Dart, der den Schädel als Erster analysierte, «zarte menschenähnliche Merkmale» und das «Mitglied einer ausgestorbenen Affenart»; kein «wahrer Mensch», aber zwischen Menschenaffen und Menschen anzusiedeln.

Dart nannte dieses Wesen *Australopithecus africanus*, «südlicher Affe aus Afrika», obwohl interessant an ihm eben gerade die Merkmale waren, die ihn von allen bekannten Affen unterschieden. Das *foramen magnum*, also das Eintrittsloch für das Nervensystem ins Gehirn, befand sich unterhalb des Schädels und nicht am Hinterkopf, was für die Forschung lange auf eine vertikale Wirbelsäule und mithin eine, dem aufrechten Gang gemäß, ausbalancierte Schädelposition hindeutete. Heute wären die Biologen vorsichtiger und würden sich lieber auf Hüft- oder Beinknochen verlassen, um Zweibeinigkeit zu diagnostizieren, von denen aber leider nicht so viele überliefert sind. So oder so: Das Gehirn des *Australopithecus* war nur etwas größer als bei den meisten Affen. Die relativ kleinen und scharfen Eckzähne ähnelten deutlich denen von Menschen. Dart schloss sich später jenem Teil von Darwins These an, der besagt, dass der wichtigste Schritt hin zum Menschen von Affen gemacht worden sei, die sich aus den Wäldern in Savannen hinausbewegt hätten, deren Graswelt Weitsicht und Waffengebrauch begünstigte.[11]

Die Fachwelt glaubte freilich lange nicht, dass der *Australopithecus* etwas anderes als ein Affe sei. Sein Gehirn war doch viel zu klein, und was, wenn nicht die kognitive Kapazität, also die Gehirngröße, unterscheide den Menschen vom Affen! Außerdem beharrte man auf Darwins Vermutung, den Menschen kennzeichne Werkzeuggebrauch, weshalb Fossile, in deren Nähe sich keine Steinwerkzeuge fanden, nicht als Zwischenglieder zwischen Menschenaffe und Mensch in Erwägung gezogen wurden. 1912 war in London überdies der Schädel des «ersten Engländers» vorgestellt worden, den man im südostenglischen Dorf Piltdown gefunden hatte und der zwischen 200 000 und 500 000 Jahre alt schien. Er belegte zumindest für die Engländer, dass am Beginn der Entwicklung des Menschen ein britisches Gehirn gestanden habe, deutlich größer als das von Affen. Der Fund von Piltdown erwies sich dann als eine aus einem mittelalterlichen Menschenschädel und einem zurechtgefeilten Orang-Utan-Kiefer zusammengesetzte Fälschung, doch das kam trotz früher Zweifel erst vierzig Jahre später heraus, als die Technik so weit war, Knochen physikalisch datieren zu können. Bis dahin konnten Schädelfunde noch so menschliche Zähne haben und auf Zweibeiner hinweisen – so lange ihr Gehirn nicht groß genug war, kamen sie für die meisten Forscher nicht als Vormenschen in Betracht. Dass die Gehirngröße nicht absolut, sondern in Relation zur jeweiligen Körpergröße von Menschenaffen eingeschätzt werden sollte, wurde nicht gesehen. Ein männlicher Gorilla wiegt etwa hundertsechzig Kilogramm, der *Australopithecus* wog bei etwas größerem Gehirnvolumen rund vierzig Kilogramm. Einzelne Varianten des *Australopithecus* hatten, relativ betrachtet, tatsächlich das größte Gehirn aller bekannten Tiere ihres Körpergewichts.[12]

Entscheidend bleibt jedoch die Erkenntnis, dass der aufrechte Gang die Entwicklung des menschlichen Gehirns ermöglichte. 1947 wurde in Sterkfontein zusammen mit einem Teil der Wirbelsäule und einem Oberschenkel das Becken eines *Australopithecus africanus* gefunden. Anhand der Form der Hüftknochen und der Krümmung der Wirbelsäule ließ sich die Zweibeinigkeit seines Besitzers nachweisen. Zusammen mit dem Schädel des Taung-Kindes und seinen affenuntypisch kleinen Eckzähnen ergab sich für die Forscher nun zwingend, dass die Unterschiede zwischen dem Affen- und dem Zweibeinergehirn sich erst entwickelt hatten, nachdem der Affe aufrecht ging. Unsere kopflastige Existenz verdankt sich dem besonderen Bewegungsapparat und nicht umgekehrt. Endgültig bewiesen war das, als 1978 die Fußspuren in der versteinerten feuchten Vulkanasche von Laetoli (Tansania) entdeckt wurden. Von ihnen steht heute fest, dass sie sich einem Wesen (*Australopithecus afarensis*) verdanken, das – auch was den Energieverbrauch betraf – so ging wie wir. Das gilt ebenfalls für die *Australopithecus-anamensis*-Funde aus Kenia, die zwischen 4,2 und 3,9 Millionen Jahre alt sind. Die frühesten Steinwaffen wiederum, die je entdeckt wurden, sind etwa eine Million Jahre jünger, und seine jetzige Größe hat das menschliche Gehirn erst etwa vier Millionen Jahre nach dem Übergang zur zweibeinigen Bewegung entwickelt.[13]

Wie Paläontologen und Evolutionstheoretiker diskutieren, kann an den Interpretationen dieser Befunde nachvollzogen werden. Nehmen wir als Beispiel nur die historische Kontroverse zwischen den berühmten Anthropologen Sherwood Washburn, Ralph Holloway, Clifford Jolly und Owen Lovejoy. Die gegenüber den Menschenaffen kleineren Eckzähne des Vormenschen gehen auf einen abnehmenden Selektionsdruck wegen Werkzeuggebrauchs zurück. Soll heißen: Die großen Hauer hatten für ihre Träger keine Vorteile mehr, weil ihre Funktion auch von

Waffen beziehungsweise Werkzeugen erfüllt werden konnte. Nicht Schwerter wurden zu Pflugscharen, sondern Eckzähne zu Schwertern. So Sherwood Washburn ganz im Sinne der Jägerthese Raymond Darts. Das Jagen kommt als Ursache solchen Werkzeuggebrauchs dabei allerdings nicht in Betracht, denn die ersten Zweibeiner waren keine Jäger, sondern Gejagte, und sie aßen vorzugsweise Früchte, Körner und Blätter. Also bleibt als Gelegenheit, scharfe Eckzähne und entsprechende Ersatzmittel einzusetzen, der Nahkampf, nicht zuletzt der unter Artgenossen und sogar unter Mitgliedern desselben «Clans», etwa beim Streit um Frauen. Doch Waffen, die in ihm später ersatzweise zum Einsatz hätten kommen können, sind eben nicht überliefert.

Das focht Washburn nicht an. Weil die Zähne kleiner wurden, argumentierte er, *muss* es die Ersatztechnologie für die großen Hauer schon zuvor gegeben haben, sie ist nur noch nicht gefunden worden, oder sie wird nie gefunden, wenn jene Werkzeuge nicht aus dauerhaftem Material waren. Aber sollten wirklich Waffen aus Holz große Zähne ersetzt haben? Dass es etwas misslich ist, die Beweislast für eine Hypothese in eine Zukunft zu verschieben, in der man womöglich finden wird, was sie bestätigt, kommt hinzu. Und was soll überhaupt der selektive Vorteil für Affen gewesen sein, die sich mit ihren Zähnen in der Gruppe durchgesetzt haben, diese Waffen «abzulegen», nur weil sie unterdessen auch über Schneidewerkzeug verfügten? So fragte Ralph Holloway und erhielt von Washburn zur Antwort: Sie haben dann bei Rangkämpfen innerhalb der Gruppe einander nicht mehr so stark verletzt. Ein solcher auf den Clan bezogener Altruismus lässt sich allerdings evolutionsbiologisch nicht erklären: Wieso sollten die Träger kleinerer Gebisse sich besser reproduziert haben, nur weil es für die Gruppe insgesamt gut war?

Holloways eigene Erklärung für den Größenrückgang der Zähne brachte ebenfalls die Organisation vormenschlicher Gemeinschaften ins Spiel. Auf der Durchsetzungsfähigkeit innerhalb der Gruppe habe keine so hohe sexuelle Prämie mehr gelegen wie unter Affen. Anders gesagt: Wenn die Aggression ab- und die Kooperation im Zuge des gemeinsamen Jagens und Sammelns zunahm, war der Inhaber eines prächtigen Gebisses nicht mehr erfolgreicher als weniger eindrucksvoll ausgestattete Männchen. Nicht technologische, sondern mit dem aufrechten Gang zusammenhängende soziale Veränderungen hätten dann die körperliche Evolution beeinflusst.[14]

Das wiederum setzt sich dem Einwand aus, dass die kooperative Nahrungssuche bei allesfressenden Schimpansen nicht auf den Übergang zum aufrechten Gang und zu kleineren Zähnen schließen lässt. Denn Letztere sind beim Essen von Fleisch wenig vorteilhaft, und Ersterer brachte erhebliche Instabilitäten mit sich, die gerade für die Jagd ungünstig gewesen sein müssen. Clifford Jolly schlug darum vor, sich ganz von der Jagd- und Fleischobsession zu verabschieden und friedlichere Auslöser zu suchen. Seine eigene Hypothese, deren «Modellaffen» nicht Schimpansen, sondern Paviane waren, die Vormenschen anatomisch mehr ähnelten, zielte auf Veränderungen der Ernährungsweise, die starke Backenzähne gegenüber starken Eckzähnen begünstigten: das Kauen von Samen, der Verzehr von kleinen Insekten, Reptilien, Mäusen. Grasböden seien das Habitat gewesen, in dem Affen im Übergang zum Vormenschen lebten und sich dort hockend, also schon mit aufrechter Wirbelsäule ernährten. Doch die Skelette und Schädel der ersten Vormenschen wurden nicht in offenen Savannen gefunden – was auch die Theorie vom aufrechten Gang als Kühlungstechnik obsolet macht –, sondern in bewaldeten Gegenden. Die klimatischen Bedingungen des mittleren und späten Miozäns waren zwar von Abkühlung, Trockenheit und stärkeren jahreszeitlichen Schwankungen bestimmt. Sie hatten vor zehn Millionen Jahren aber nicht einfach nur zu einem Schrumpfen der Wälder geführt, das manche Affen ins Offene getrieben hätte, sondern zu einer mosaikhaften Geographie, in der sich eine Vielzahl von unterschiedlichen Biotopen dicht nebeneinander befand.

Insbesondere diese jahreszeitlichen Schwankungen und die heterogenen Biotope liegen dem viel diskutierten Modell von Owen Lovejoy zugrunde. Sein Reiz liegt vor allem darin, dass es die beiden großen Selektionsmotive der Evolution, Ernährung und sexuelle Reproduktion, verbindet. Lovejoy zufolge mussten nämlich monogame männliche Affen, die in Wäldern lebten, zur Aufzucht ihres Nachwuchses Nahrung – ob gesammelte, gejagte oder als Aas gefundene – aus Gegenden heranschaffen, die je nach Jahreszeit weitab von den Orten liegen konnten, an denen die Mutter mit den Kindern zurückgelassen wurde. Bei der Nahrungssuche hatten sie unter den klimatischen Umständen mit größeren Distanzen, mit «Lücken» und mit geringerer Nährstoffdichte zu rechnen. Hier wurde der aufrechte Gang zum Vorteil. Ein fünfzig Kilogramm schwerer Zweibeiner – so viel wogen die Vormenschen bei einer Körpergröße von 1,20 Meter etwa – kann mit demselben Energieaufwand sechzehn Kilometer Wegstrecke zurücklegen, den ein männlicher Schimpanse von fünfundvierzig Kilogramm benötigen würde, um zehn Kilometer «abzugrasen». Tatsächlich legen Affen auch heute am Tag nicht mehr als zwei Kilometer zurück, während menschliche Sammlergemeinschaften es auf etwa dreizehn Kilometer bringen. Je weitere Strecken zurückgelegt werden müssen, desto größer ist die Energieersparnis durch aufrechten Gang; sie liegt zwischen zwölf und sechzehn Prozent.[15]

Weil es für Weibchen riskant war, den Nachwuchs bei der Nahrungssuche in weniger geschützten Umgebungen und über große Distanzen mit sich zu führen, kam es zur geschlechtlichen Arbeitsteilung: Monogamie beziehungsweise Sex gegen Ernährung. Das ließ die Weibchen mehr Geburten überleben – schon weil der Nachwuchs nicht transportiert werden musste und besser vor Raubtieren geschützt war –, und es erlaubte ihnen überhaupt mehr Geburten. Der aufrechte Gang wäre, so gesehen, ein Beitrag zur Entstehung der Kleinfamilie gewesen. Oder besser gesagt: Die Vorteile des aufrechten Gangs beim Absuchen größerer Gebiete und die Vorteile der Monogamie, die Konflikte unter Männchen mindert, hätten sich wechselseitig verstärkt. Dass beim Vormenschen die Eckzähne keine Hauer sind, würde in dieses Bild passen, weil in monogamen Verhältnissen weniger Bissigkeit nötig ist und bei zunehmendem Umfang des Territoriums, in dem Nahrung gesucht wird, dessen Verteidigung ohnehin nicht möglich ist.

Experimente mit Schimpansen, bei denen diese besonders bevorzugte Nahrung zweibeinig davonschleppten, während sie weniger begehrte Pflanzen auf allen vieren transportierten, deuten ebenfalls darauf hin, dass der zweibeinige Transport vorteilhaft ist, wenn Konkurrenz befürchtet wird. Ein Haken an Lovejoys These, die auf Analogien in der Affenwelt verzichten muss, weil es sie nicht gibt, ist womöglich, dass keine zwingenden Hinweise auf eine monogame Lebensform des *Australopithecus* vorliegen. Im Gegenteil spricht das deutlich größere Gewicht der männlichen Vormenschen im Vergleich zu den weiblichen aus Sicht mancher Forscher für Polygamie. Eine Erklärung für diesen «sexuellen Dimorphismus», also die beträchtlichen Unterschiede zwischen Männern und Frauen, könnte freilich auch sein, dass die größeren und in ihrem Bewegungsapparat menschenähnlicheren Hominidenmännchen auf Nahrungssuche in offenen Zonen an den Waldrändern die Weibchen zurückließen, die dort ohne die bleibende Fähigkeit, auf Bäume zu fliehen, schutzlos gewesen wären. Die einen hätten sich dann mit dem aufrechten Gang schneller an die ökologischen Gegebenheiten ihrer Sammelgründe und mit dem stärkeren Körperbau an deren Risiken angepasst; die anderen wären, mit einer Formulierung des Anatomen Randall

Susman, noch länger «Teilzeitbaumbewohner» geringeren Körpergewichts geblieben.[16]

Als Ertrag dieser Diskussionen kann festgehalten werden, dass es keine lineare Geschichte von der Entstehung des aufrechten Gangs zu erzählen gibt und keine, die nicht spekulativer Natur wäre. Der *Australopithecus* ernährte sich, wie wir inzwischen wissen, vorzugsweise, aber nicht ausschließlich von Pflanzen. Jagdvorteile haben den aufrechten Gang also nicht bewirkt. Deutlich plausibler sind Modelle, die den Affen vom Boden oder von Ästen aus sich aufrichten lassen, um an Früchte heranzukommen. 85 Prozent aller Fälle, in denen Schimpansen kurz zweibeinig gehen, dienen der Ernährung, die wenigsten hingegen dem Tragen, Werfen, Beobachten, der Werkzeugverwendung oder dem Imponiergehabe. Wurden andere Tiere schneller, wenn sie zur Zweibeinigkeit übergingen, gilt das für den späten Affen beziehungsweise frühen Menschen nicht. Theorien, die ganz auf weite Läufe in offenen Gebieten setzen, finden hierin ihre Grenze. Schon der gelegentlich aufrecht gehende, 4,4 Millionen Jahre alte und 1994 in Äthiopien gefundene *Ardipithecus ramidus*, der noch viel weniger auf eine Nahrungsquelle festgelegt war, lebte nicht in der Savanne. An «Lucy», dem berühmtesten Teilskelett eines *Australopithecus afarensis*, wurden Merkmale für ein Wesen gefunden, das nach wie vor kletterte und sich zumindest nachts auf Bäumen vor Raubtieren in Sicherheit brachte. Die ältesten Vormenschen bewohnten ganz offenkundig bewaldete Gegenden, entwickelten aber dort Fähigkeiten, die sie auch in anderer Umgebung überleben ließen. Die stärkeren jahreszeitlichen Schwankungen des Klimas und die sich daraus ergebende mosaikhafte Biogeographie Ostafrikas führten dazu, dass Verhaltensflexibilität belohnt wurde, wie sie beispielsweise ein Wesen hatte, das auch in seinem Bewegungsrepertoire über mehr als eine Möglichkeit verfügte.

Die Evolution scheint hier also nicht auf eine spezialisierte Existenz hingewirkt zu haben, deren Anatomie auf das Leben in einer ganz bestimmten Umgebung, einer Nische ausgelegt ist, sondern auf einen migrationsfähigen, sich vielfältig ernährenden, die Risiken des Bodens wie der Bäume ausgleichenden Artgenossen, der erst vor 2,5 bis 1,8 Millionen Jahren zur «obligaten Zweibeinigkeit» überging.[17]

Oft wird in der Evolutionstheorie vermutet, dass besonders unwirtliche Umweltbedingungen Veränderungen ausgelöst haben. Die Härte des Überlebenskampfes und die Knappheit an Ressourcen, so die gängige Deutung, üben den entscheidenden Druck aus, unter dem bestimmte Merkmale besser reproduziert werden als andere. Die meisten Erklärungen des aufrechten Gangs folgen diesem Schema. Anders sieht das der britische, in Afrika lebende Zoologe Jonathan Kingdon, weil für eine prekäre Entwicklung, deren endgültige Vorteile sich erst langsam bemerkbar machten, eine begünstigende ökologische Situation erforderlich gewesen sei. Der Affe müsse schon zweibeinig gewesen sein, um in der Savanne zu bestehen, zwischen dem vierbeinigen Baumbewohner und dem Zweibeiner habe es eine vermittelnde Form der Fortbewegung gegeben.[18]

Eine Trockenperiode, die vor 10,5 Millionen Jahren begann, schuf zwei große Zonen entlang des Großen Afrikanischen Grabenbruchs, der von Mosambik bis Syrien reicht. So gut wie alle Fundstätten von vormenschlichen Fossilien liegen östlich dieser Linie. Darauf gründet die «East Side Story». Ihr zufolge haben die tektonischen Spannungen am Großen Graben gegen Ende des Miozäns – vor etwa sechs Millionen Jahren – natürliche Hindernisse (Berge, Hochebenen) zwischen zwei Ökosystemen geschaffen, in denen sich dann einerseits die Entwicklung zum Menschenaffen, andererseits die zum Menschen zutrug. Dabei war die Schimpansen- und Gorillawelt von feuchten Wäldern bestimmt, die Hominidenwelt von einem Fleckenteppich aus trockenen Savannen, Flussregionen und kleinen Küstenwäldern. Diese Hypothese wird wohl noch nicht erschüttert durch den Umstand, dass 1995 der Kieferbogen und ein Backenzahn eines *Australopithecus* (*A. bahrelghazali*) im Tschad, also weit westlich der besagten Trennlinie, gefunden wurden.

Dadurch, dass manche Affen in jenen Küstenwäldern durch die Versteppung der umliegenden Gebiete isoliert wurden, war ihre genetisch nunmehr separierte Evolution vom Auf und Ab der Feuchtigkeitsgrade und Temperaturen wie überhaupt vom ökologischen Wandel dieses Biotops geprägt. Zu dessen Merkmalen gehörten beispielsweise das Kleinerwerden der Bäume infolge von Trockenheit, das jahreszeitlich bedingte Entfallen bestimmter Früchte, das Entstehen einer reicheren Bodenfauna und -flora durch verwesende Blätter und das deshalb systematischere Absuchen des Bodens durch die Affen. Diese Affen richteten sich – hierin folgt Kingdon der Richtung, die von Clifford Jolly eingeschlagen worden war – zunächst im Sitzen auf, um kleine Nahrungsobjekte – Samen, Insekten, Reptilien, Beeren – aufzusammeln und zu verzehren. Vor dem Stehen kam das Hocken, vor dem aufrecht gehenden Vormenschen kam das, was Jonathan Kingdon den «Bodenaffen» nennt, eine wörtliche Übersetzung von *Ardipithecus ramidus*: «Bodenaffe an der Wurzel». Nicht der aufrechte Gang selbst führte demzufolge zu den Veränderungen des vormenschlichen Oberkörpers, seiner Wirbelsäule und des Beckens, sondern die hockende Ernährungsweise. Das abgestützte Hocken befreite eine Hand, der aufrechte Gang befreite beide Hände: Er konnte sich aus dem Hocken entwickeln, wenn genug Nahrung am heimischen Boden vorhanden war und sichere Orte leicht erreichbar, also in der Nähe von Wäldern. Auch das hockende Sammeln in flachen Gewässern kommt als mögliche Rahmenbedingung für allmähliche Zweibeinigkeit in Betracht. Da beides die Affen mit anderen Tierarten in Konkurrenz brachte als das Leben in Baumkronen, mag sich mit der Bodennähe auch das Gruppenleben neu geordnet und die Kommunikation unter ihnen stärker entwickelt haben. Mit anderen Worten macht Kingdon gerade nicht den Kampf um Ressourcen, sondern die Entlastung von ihm zur Bedingung für den unwahrscheinlichen, mit hohen Risiken behafteten Übergang zur Zweibeinigkeit.[19]

Auch dies nur ein Modell, eine Zusammenstellung von Informationen, eine Vermutung. Zur Eigenschaft des aufrechten Ganges gehört es, zahllose Möglichkeiten eröffnet zu haben, von denen dann im Umkehrschluss überlegt werden kann, ob sie nicht den entscheidenden Vorteil seiner Herausbildung ausgemacht haben. Und weil der aufrechte Gang ein Sondermerkmal in der Abstammungslinie ist, entfallen Vergleiche, die klären könnten, welches kausale Gewicht genau welchem Nützlichkeitsaspekt dieser Bewegungsform zugekommen ist. Die «Bildung der Hand als des absoluten Werkzeugs» (Hegel) wurde von ihr nicht ausgelöst, sondern nur weiter begünstigt. Da die Hand aber tatsächlich ein absolutes Werkzeug ist, das zu Gesten oder zum Tragen ebenso eingesetzt werden kann wie im Kampf, beim Feuermachen oder bei der Geburtshilfe, führt auch sie nicht zu einem bestimmten Nutzen, einem bestimmten selektiven Vorteil. Insofern kann man sagen, dass der Affe mit dem aufrechten Gang unspezifisch wurde. Von Vierbeinern weiß man besser, warum sie wohin gehen und was sie dort tun werden. Bei den Zweibeinern behalten die entsprechenden Vermutungen, bei allem fortschreitenden biologischen, geographischen und paläontologischen Wissen, sechs Millionen Jahre, nachdem sie sich so in Bewegung gesetzt haben, immer etwas von einer Erzählung.

ZWEITES KAPITEL

Die Zeit der Zähne und die Zeit der Feste:
Der Anfang des Kochens

> Boy meets grill
>
> ROBERT WILLIAM FLAY

Der Mensch ist, was er isst.»[1] Ludwig Feuerbachs Satz klingt wie eine Aufforderung nachzufragen, was der Philosoph gerade gegessen hatte, als er ihn niederschrieb. Möchten doch selbst die entschiedensten Vegetarier nicht auf ihre Diät reduziert werden. Wenn man mit ihnen über den Sinn der fleischlosen Ernährung diskutiert, legen sie Argumente auf den Tisch und nicht Gemüse. Der Mensch ist insofern noch anderes als das, was er isst. Er ist beispielsweise eine Reihe von Stellungnahmen zum Essen. Denn was isst der Mensch? Als Gattungswesen: so gut wie alles. Als regionale Existenz: bei weitem nicht alles und vieles auf keinen Fall. Zwischen den Inuit vergangener Zeiten, die sich im Winter fast ausschließlich von zumeist rohem Fisch, Fleisch und Seehundblut ernährten und dafür magisch-medizinische Begründungen der Verbindung von Tier und Mensch hatten, zwischen ihnen also und den Jains, die nicht nur kein Fleisch, sondern auch kein Wurzelgemüse, keine Pilze und keinen Honig sowie nichts, das über Nacht gelagert wurde, zu sich nehmen, weil sie das Essen ohnehin gewalttätig finden und allen Pflanzen eine, mehrkernigen Pflanzen wie Tomaten, Gurken und Melonen sogar viele Seelen zuschreiben, liegen viele Möglichkeiten. Der Mensch ist kein festgelegter Esser. Darum produziert er seit langem Begründungen dafür, was er isst.[2]

Und wie isst der Mensch alles? Auf alle möglichen Weisen: roh, gekocht, gemahlen, gebraten, geröstet, frittiert, gebacken, überbacken, blanchiert, mariniert, gezuckert, gewürzt und so weiter. Der Mensch nimmt seit langem Nahrung nicht einfach zu sich, er macht zuvor etwas mit ihr. Das führt nicht nur sachlich, sondern auch zeitlich und sozial zu einer anderen Art des Essens. Während große Affen etwa die Hälfte des Tages mit Kauen beschäftigt sind, macht das beim Menschen nur noch etwa fünf Prozent seiner Zeit aus, die überwiegend auf gemeinsames Essen verwendet werden.[3] Aufaddiert können natürlich in einem Leben trotzdem rund hunderttausend Mahlzeiten und deutlich mehr als ein Dutzend Jahre zusammenkommen, die mit Essen verbracht werden. Ob die Einführung von Schnellrestaurants diese Zahlen verändert hat, steht dahin, Psychologen wollen unter dem Titel «You Are How You Eat» jedenfalls einen Zusammenhang zwischen Fastfood und Ungeduld festgestellt haben.[4]

Tiere sind also viel mehr, was sie essen, als der Mensch. Denn ihre Anatomie folgt in wesentlicher Hinsicht der speziellen Nahrung, durch die sie sich Energie zuführen. Wer wissen will, weshalb ein Ameisenbär, eine Biene oder ein Frosch so sind, wie sie sind, wird bei Ameisen, Blütenstaub und Fliegen anfangen müssen. Die Anatomie des heutigen Menschen ist demgegenüber nicht sehr auskunftsfreudig, weil es so etwas wie «die» Nahrung des Menschen nicht gibt. Darum bringen ihn ja auch die zahllosen Diäten nicht um, die er sich zumutet. Im Tierreich gibt es keine Diäten. Dort stellt die Ernährung tatsächlich eine unmittelbare Verbindung zwischen dem Tier und seiner Umwelt dar. Das ändert sich, wenn die Nahrung vom Tier nicht hingenommen, sondern verändert wird. Rohkost im strikten Sinne beschränkt sich beim Menschen zumeist auf Früchte, Gemüse und Nüsse. Alle anderen Nahrungsmittel führt er sich in der Regel verändert zu. Was den Menschen angeht, so hat es darum nicht Feuerbach, sondern James Boswell getroffen: «No beast is a cook» – «kein Tier ist ein Koch». Der Mensch ist ein kochendes Tier.[5]

Das Kochen ist ein Grund dafür, dass der Mensch anders als seine biologischen Ahnen so viele verschiedene Nahrungsmittel zu sich nimmt. Denn vieles von dem, was er nicht verdauen kann, macht er sich verdaubar. Der *Australopithecus africanus*, einer unserer frühesten Ahnen, hatte mit seinem Gebiss vier- bis fünfmal so viel Kraft aufzuwenden, um beim Kauen denselben Druck auf die Nahrung auszuüben wie ein Mensch. Er musste, mit anderen Worten, viel mehr essen, um denselben Energiegewinn daraus zu ziehen, weil er sehr viel schwer- oder gar unverdauliche Nahrung zu sich nahm.[6] Das Kochen schiebt die Grenze der Unverdaulichkeit weit hinaus, weil weiche Nahrung nicht nur weniger Anstrengung des Kauapparats bedarf, sondern auch weniger Energieaufwand der Verdauung. Tierexperimente haben gezeigt, dass es sogar schon genügt, bestimmte Nahrung mittels Luftbeimischung weicher zu machen, um ihre Esser weniger Kalorien verbrauchen zu lassen. Kochen ist solchen Techniken noch überlegen.[7] Das schränkt ein, was der große Anthropologe Claude Lévi-Strauss über das Kochen sagte. Nahrung zu erhitzen, dient nicht nur einer symbolischen Abgrenzung vom Tierreich. Nicht nur die Kommunikation unterscheidet das Rohe vom Gekochten, der Körper tut es auch.

Doch was wird überhaupt gegessen? Im selben Jahr 1773, in dem der schottische Reiseschriftsteller Boswell das Wort vom «kochenden Tier» in seinem Tagebuch festhielt, notierte sein Landsmann James Burnett in seinem Werk über den Ursprung der Sprache, dass der Übergang von der «frugivoren» zur «karnivoren» Ernährung den Charakter des Menschen sehr verändert haben muss. Über ein harmloses Wesen, das mehr zur Flucht als zum Angriff disponiert gewesen sei, habe durch den Übergang zur Jagd die wilde Bestie, die stets ein Teil von ihm gewesen sei – «a part of his composition» –, die Vorherrschaft erlangt, und von da sei es nicht mehr weit bis zu Krieg und Kannibalismus gewesen.[8]

Bis heute sind diese beiden Unterscheidungen, «roh / gekocht» und «sammeln / jagen», zentral für die Beschreibung des frühgeschichtlichen Menschen und seiner Nahrung. Das liegt unter anderem daran, dass die informativsten Überreste der Hominiden Schädel, Kiefer und Zähne sind; Messungen der Zähne sowie mikroskopische Untersuchungen an den Abreibungen und der Knochenstruktur erlauben es, auf Muskelstärken, Kauverhalten und die Art der Ernährung zu schließen.[9] So hat sich gezeigt, dass die Größe der Kauoberfläche evolutionär von der Größe des Lebewesens einerseits, seiner Ernährung andererseits abhängt. Wenn also ein durchschnittliches weibliches Exemplar von *Australopithecus afarensis* etwas kleiner ist als eine durchschnittliche Schimpansin, aber deutlich größere Backenzähne hat, lässt das den Schluss auf einen höheren Anteil an härterer Rohkost – zum Beispiel Grassamen und Blätter – im Speiseplan zu.

Die Frage nach dem Anfang des Kochens ist darum eng mit der Frage nach dem Übergang von Hominiden zum Menschen verbunden. Denn in der Abfolge des *Homo habilis* vor 2,4 Millionen Jahren zum *Homo erectus*, der vor 1,9 Millionen Jahren lebte, und zum *Homo sapiens* vor 200 000 Jahren, sind die größten anatomischen Unterschiede am Anfang zu beobachten. Der *Homo erectus* hat viel kleinere Zähne als seine Vorgänger, sein Körper ist nicht mehr auf Klettern eingestellt, sein Gehirnvolumen ist deutlich größer, die männlichen und weiblichen Exemplare sind einander körperlich viel ähnlicher als das zuvor der Fall war, und er ist der erste Frühmensch, der außerhalb Afrikas angetroffen wird: vor 1,7 Millionen Jahren in Asien, vor 1,6 Millionen Jahren in Indonesien, vor 1,4 Millionen Jahren in Spanien.[10]

Hier interessieren zunächst die Zähne und das Gehirn. Das Gehirn, weil sein Wachstum als das eines großen, nein, des größten Energieverbrauchers im Menschen von Umbauten in seiner gesamten Lebensweise abhängig ist. Ein *Australopithecus* wandte bei einem Gehirnvolumen von vierhundertfünfzig Kubikzentimetern gut zehn Prozent seiner Energie für die Versorgung des Gehirns auf, ein *Homo erectus* bei neunhundert Kubikzentimetern etwa siebzehn Prozent.[11] Es muss sich etwas Grundsätzliches in der Energiebilanz der Hominiden verändert haben, wenn es zu einer derart auffälligen Entwicklung des menschlichen Steuerungszentrums gekommen ist.

Schon Ende des neunzehnten Jahrhunderts war das Verhältnis von Gehirnvolumen und Länge des Verdauungstraktes bei Primaten bekannt: Je größer der Denk- und Steuerungsapparat, desto kürzer sind bei ihnen die Verdauungswege. Deren Länge wiederum ist bei Fleischfressern geringer als bei Vegetariern, weil Fette und tierische Proteine leichter verdaut werden können. Im Übergang zum Menschen scheint darum der Energieverbrauch des Verdauungstraktes auch durch Umstellung der Nahrung zugunsten des Gehirns reduziert worden zu sein.[12]

Diese Nahrungsumstellung erfolgte nicht zuletzt durch das Jagen. Da Jagen höhere kognitive Leistungen verlangt als Sammeln, haben wir es mit einer wechselseitigen Abhängigkeit der Entwicklungsschritte zu tun. Die Aufnahme höherer Fleischanteile in den Speiseplan versorgte den Menschen mit Brenn- und Aufbaustoffen für seine Intelligenz, mehr Intelligenz war aber gleichzeitig vorausgesetzt, um an das entsprechende Fleisch zu kommen. Denn Tiere laufen, anders als Pflanzen, weg, wenn man sie essen möchte; die Jagd ist insbesondere dann ein Intelligenztest samt Energiebeschaffungsfrage, wenn die Beute schneller läuft als der Jäger. Vielleicht half das anspruchslosere Essen von Aas – von Tieren also, die nicht mehr weglaufen können – beim Eintritt in diese

Schleife. Knochenfunde, bei denen die Gebissspuren fleischfressender Tiere nachträglich durch frühmenschliche Schnittspuren überlagert sind, unterstützen diese Vermutung.[13]

Vielleicht half aber auch das Kochen. Die Backenzähne nämlich sind im Verlauf der Evolution nicht zuletzt deshalb kleiner geworden, weil nicht mehr so viel Kraft in das Zermahlen der Nahrung investiert werden muss, wenn mit ihr vorher etwas geschieht oder wenn sie von vornherein weich ist. Das Gebiss des *Australopithecus* war dem Bedürfnis angepasst, sich von Zeit zu Zeit auch von harten Körnern und Samen zu ernähren, wohingegen es von seiner Struktur her sich nicht besonders für den Verzehr von rohem Fleisch eignete. Da wir aber aus Isotopenanalysen seiner Zähne wissen, dass der *Australopithecus* tatsächlich Fleisch aß, spricht viel dafür, dass es schon vor dem Verzehr bearbeitet worden war oder sich als Aas bereits in einem Zustand des Zerfalls befand.[14]

Das demgegenüber deutlich kleinere Gebiss des *Homo erectus* weist auf abermals veränderte Ernährungsumstände hin. Nicht so sehr, weil es einen Selektionsvorteil bedeutet, wenn Energie anstatt in den Aufbau eines kräftigen Gebisses in etwas anderes gesteckt wird, sobald Techniken zur Hand sind, die Kieferkraft zu ersetzen. Messungen ergaben, dass seit dem Ende des Pleistozäns über fünfhundert Generationen hinweg pro Generation ein Größenrückgang der Zähne um 0,21 Quadratmillimeter zu verzeichnen ist. Das sollte keinen Wettbewerbsvorteil im Kampf ums Überleben bedeutet haben.[15] Der Grund für die allmähliche Verkleinerung des Kauapparats ist vielmehr, dass Individuen mit kleineren Zähnen – und übrigens auch sehr viel kleineren Mündern als jeder Menschenaffe – nicht mehr unter Selektionsdruck stehen, wenn es für die Leistungen des starken Gebisses angemessene Ersatzmittel gab. Evolution kann auch heißen: sich unabhängig machen von allzu engen Gesichtspunkten der Überlegenheit.

Alle zweitausend Jahre, so haben der Anthropologe Charles Loring Brace und seine Forschergruppe berechnet, nimmt die Größe der Zähne um ein Prozent ab, seitdem es unterstützende Technologien der Nahrungsbearbeitung gibt. Der entsprechende Übergang vom Rohen zum Gekochten, so wurde lange angenommen, war das Ergebnis der großen Migration, als Europa pünktlich zu klimatischen Kältewellen über Westasien Zuzug aus Afrika erhielt. Der Kalorienbedarf in den Eiszeiten vor gut 250 000 Jahren war erheblich, die europäische Flora jener Zeit reichte nicht aus, ihn zu decken. Je nördlicher, desto fleischfressender, lautet die Faustregel. Die eiszeitlichen Jäger wiederum konnten erlegte Auerochsen, Pferde, Rothirsche – denen wir sehr viel später in stattlicher Zahl gezeichnet an den Höhlenwänden Mittel- und Südwesteuropas begegnen werden – schwerlich an einem Wochenende verzehren, sodass der Einsatz von Feuer unentbehrlich war, um das Fleisch haltbar zu machen, vor Frost zu schützen oder bereits eingefrorene Überreste von Tieren zuzubereiten. Man hat dies als «obligatorisches Kochen» bezeichnet, das ohne Rücksicht auf all seine anderen Vorzüge erfolgte, um Tiefkühlkost zu umgehen.[16] Das verdichtete Vorkommen von Herdstellen spreche ebenso für diese Hypothese wie das Kleinerwerden der Zähne während der letzten 100 000 Jahre in Europa. Selbst für Neandertaler, deren Aussterben manche auf einseitige Fleischernährung zurückführen wollten, ist sowohl pflanzliche Nahrung wie das Kochen derselben nachgewiesen worden.[17] Später treten Mahlen und Mörsern sowie die Töpferei als Kulturtechniken hinzu, die es ermöglichten, Nahrung in einen fast flüssigen Zustand zu bringen. Die Reduktion der Zahngröße beschleunigte sich auf zwei Prozent je zweitausend Jahre. Funde von Kieferknochen ohne Zähne sind vor dem Neolithikum, etwa 9000 Jahre v. Chr., äußerst selten, danach aber gibt es solche, an denen nachgewiesen werden konnte, dass der Tote zuvor jahrelang praktisch zahnlos gelebt haben muss. Hätte man nicht mehr als einen Satz, um alle Studien zur Evolution der Ernährungsgewohnheiten zusammenzufassen, das Wort «Suppe» müsste in ihm vorkommen.

Die Erklärung durch die eiszeitlichen Umstände erfasst allerdings nur Neandertaler, *Homo heidelbergensis* und *Homo sapiens*. Was aber war für die starken körperlichen Veränderungen im Übergang vom *Homo habilis* zum *Homo erectus* fast zwei Millionen Jahre zuvor der Auslöser? Die hergebrachte Erklärung für diesen Übergang stellt auf einen Ernährungswechsel ab: von Nüssen und Beeren zu Jagdbeute. Was den Menschen von seinen nächsten Verwandten unterscheidet, ist die Rolle, die Fleisch für ihn spielt. Darwin hatte sich als Erster jene Sequenz vorgestellt, in der durch den aufrechten Gang die Hände für Werkzeug- und Waffengebrauch frei geworden waren, was mehr Energiezufuhr erlaubte und das Gehirnwachstum begünstigte. Schon 1949 war dann von Raymond A. Dart, dem ersten Forscher, der den *Australopithecus africanus* identifiziert und analysiert hatte, vorgeschlagen worden, die Menschwerdung an die Jagd zu binden. Dart stand ersichtlich unter dem Eindruck zweier Weltkriege, als er die Tötung und den Verzehr anderer Tiere, eingeschlossen den Kannibalismus, sowie das Tieropfer als wesentlichen Unterschied zwischen Menschen und Menschenaffen bezeichnete. Dass er aufgrund von perforierten tierischen Knochenfunden im Umkreis der Fundstätten frühmenschlicher Skelette auf den Urmenschen als Jäger schloss, war allerdings voreilig. Die Perforationen passten genau zu den Zähnen von Leoparden und Hyänen und zu Raubvögeln – der *Australopithecus* gehörte offenbar eher zu den Gejagten als zu den Jägern.[18]

Das hielt die Forschung nicht davon ab, die Jagd weiterhin ins Zentrum der sozialen Organisation frühmenschlicher Existenz zu stellen. Unter dem Titel einer berühmten Konferenz von 1966, «Man the Hunter», wurde dabei sowohl der Mensch als auch der

Mann als Jäger ausgezeichnet: Männliche Gehirne seien größer als die von Frauen, weil die Koordinations- und Kommunikationserfordernisse des Jagens einen selektiven Druck auf dieses Geschlecht ausgeübt hätten. Insbesondere die sexuelle Arbeitsteilung wurde als Effekt der Jagd gedeutet: Männer jagen und kooperieren in der Jagd, die man sich als Treibjagd vorstellen muss, bei der große Tiere in Schluchten und über Klippen getrieben wurden. Männer beginnen als Erste, Werkzeuge, Waffen und Schlachtinstrumente herzustellen. Frauen, die diesen Männern exklusive Sexualität anbieten, ziehen ihren Nachwuchs groß, wofür sie im Gegenzug den Schutz der Männer erhalten, wodurch der Nachwuchs die für das Erlernen von Kulturtechniken nötige Entwicklungszeit bekommt, mehr als das bei Affen der Fall ist. Also gedeiht der Nachwuchs, also muss noch mehr Nahrung herangeschafft werden, das zwingt zur Verbesserung der Technik, was wiederum die kognitive Leistungsfähigkeit nach oben schraubt und so immer weiter bis zum Menschen. Für dessen Erscheinen war demnach die entscheidende evolutionäre Weichenstellung der Übergang zur Jagd.[19]

Das ist eine der vielen «Könnte-so-gewesen-sein»-Geschichten, wie sie in der Paläontologie erzählt werden. Auf ihr Vergnügen daran, in der Urzeit klare Geschlechterrollen zu finden, kommen wir noch zurück. Der Wechsel zur Jagd könnte, so geht diese Geschichte weiter, nicht zuletzt die sozialen Beziehungen gestärkt haben. Nicht nur, weil die Jagd ein kooperatives Unternehmen ist, das zugleich Gruppen bildet, deren Mitglieder einander auch bei der Verteidigung gegen Angreifer helfen können. Sondern auch, weil der Jäger und seine Familie bei großen Tieren die erlegte Beute zumeist nicht komplett selbst verzehren können, was ihm Anlass gibt, sie zu teilen, um seinerseits bei Gelegenheit in den Genuss von Überschüssen anderer Jäger zu kommen. Jagderfolg hängt stark vom Zufall ab, weshalb selbst für gute Jäger eine solche Versicherung auf Gegenseitigkeit attraktiv gewesen sein könnte.[20]

Doch die These, dass fleischliche Ernährung den individuellen Körper und ihre Beschaffung die soziale Seele stärkt, wirft einige Fragen auf. Zunächst ist auffällig, dass es sich um die Skizze einer sehr von Männern abhängigen Zivilisation handelt, in der Frauen wenig mehr zu tun haben, als Kinder auf die Welt zu bringen und für die Sättigungsbeilagen zu sorgen. Sollten hingegen Pflanzen und gar das Kochen eine wichtige Rolle in der Diät des Frühmenschen gespielt haben, käme ihnen eine größere Bedeutung zu.[21] Könnte außerdem der zufällige Umstand, dass Fleischkonsum Knochen hinterlässt, mit denen sich Forscher auch eine Million Jahre danach noch beschäftigen können, Pflanzennahrung hingegen eine viel geringere Überlieferungswahrscheinlichkeit hat, die Gesellschaft der Freunde des jagenden Urmannes übermäßig begünstigt haben?

Dann: Gibt es überhaupt Belege dafür, dass Fleischkonsum sich körperlich vorteilhaft auswirkt und die Energiebilanz des Jagens besser ist als die des Sammelns? Ist ein Tier erlegt, herrscht zwar kein Mangel an Proteinen, aber bis es erlegt ist, muss ziemlich viel Energie für einen unsicheren Erfolg aufgewendet werden. Außerdem hat die bekömmliche Proteinzufuhr beim Menschen eine Obergrenze. Macht sie mehr als ein Drittel der täglichen Kalorienaufnahme aus – normal sind zwischen sechs und fünfzehn Prozent –, droht nach wenigen Wochen sogar der Tod. Für einen Frühmenschen, der vor allem gejagt hätte, wäre diese Gefahr umso größer gewesen, als das Fleisch von Wildtieren weniger Fett und Wasser enthält.[22]

Was die sozialen Folgen des Jagens angeht, so ist weiter zu fragen, ob nicht der Übergang zum Fleischverzehr auch mehr Konflikte hat aufkommen lassen. Je größer das Tier, desto mehr Ansprüche werden auf es erhoben, und die Tatsache, dass die Beute geteilt wurde, beweist noch nicht, dass die Initiative dazu vom «Besitzer» ausging. Es gibt auch, was die Anthropologen «tolerierten Diebstahl» nennen: Weil die Habenichtse mit mehr Energie um einen Anteil an der Beute kämpfen, als der Jäger in die Verteidigung zu investieren bereit ist, weil also mit anderen Worten der Nutzen zusätzlichen Konsums beim Jagen am Anfang sehr hoch ist, aber dann stark abnimmt, kommt es zu Umverteilung.[23]

Außerdem ist fraglich, ob der erfolgreiche Jäger überhaupt als Besitzer des erlegten Tieres wahrgenommen wird. Die Frage, so formuliert es eine Studie über das Jagdverhalten und die Beuteaufteilung in einer Jäger-Sammler-Gesellschaft im heutigen Tansania, ist nicht, warum Jäger teilen, sondern weshalb sie überhaupt auf die Jagd gehen, wenn ihnen danach die Beute nicht gehört. Die Antwort lautet: Die Zuschreibung des Erfolgs und die Kontrolle über die Beute sind zweierlei. Dem erfolgreichen Jäger fällt nicht mehr Fleisch, sondern mehr Aufmerksamkeit und Beliebtheit zu. Er wird nicht besonders satt, sondern besonders berühmt, was für Evolutionsbiologen fast reflexhaft mit der Vermutung einhergeht, dass er – der Jäger, nicht der Biologe – ein besonders nachgefragter Geschlechtspartner ist.[24]

Von Berühmtheit allein aber kann man sich nicht ernähren, und auch Sex macht nicht satt. Was die Energiebilanz der Nahrungssuche angeht, so sind essbare Knollen und Wurzeln dort, wo sie in großer Dichte vorhanden sind, jeder Jagdbeute überlegen. In der Savanne Tansanias kommen auf einen Quadratkilometer vierzig Tonnen essbare Wurzeln. Wenn stärkehaltige Pflanzen gekocht werden, entfalten Enzyme ihre Wirkung, die eine beschleunigte Gehirnentwicklung erlauben, sodass von einer Ko-Evolution des Kochens mit der Amylase-Produktion gesprochen wird. Und gerade Jäger bedürfen für lange Läufe, die die Beute erschöpfen sollen, unter allen Umständen Glukose, die durch Kochen besser freigesetzt wird.[25]

Insofern ist die These nachvollziehbar, dass die Erhitzung von roh schwer verdaulichen Pflanzen einen großen Schritt in der menschlichen Entwicklung bedeutet habe. Gerade der Übergang zur Jagd sei durch das Kochen von Wurzeln und Knollen erleichtert worden. Der *Homo erectus*, der jenen Übergang vollzogen haben soll, hatte jenen schon erwähnten, erheblich höheren Energiebedarf als seine Vorgänger. Anders formuliert: seine Körpermasse, sein Gehirnvolumen, die Eigenschaften seiner Zähne und sein schmalerer Torso verlangen eine Erklärung, die über das Erbeuten rohen Fleischs und überhaupt den Verzehr von Rohkost hinausgeht. Studien des Ernährungsverhaltens der letzten Sammler-Jäger-Gemeinschaften zeigen, dass die Jäger an Gewicht abnehmen, wenn sie sich überwiegend von Fleisch ernähren, selbst wenn es gebraten ist – und zunehmen, wenn sie zusätzlich gekochte Wurzeln und Knollen essen.[26] Es sei kein Zufall, so der Primatenforscher Richard Wrangham, dass Rohkost heute zumeist als Möglichkeit vorgeschlagen wird, schlanker zu werden. Das Kochen macht überdies Nahrung zugänglich, die roh gar nicht gegessen werden kann; es entgiftet manche Nahrungsmittel und tötet schädliche Keime ab, und außerdem verändert es die chemische Struktur der Nahrungsmittel so, dass Schwerverdauliches leicht verdaulich wird. Kartoffeln roh zu verzehren, wäre beispielsweise nicht nur anstrengend, sondern sinnlos, weil Stärke in diesem Zustand von den menschlichen Verdauungsenzymen gar nicht in Energie verwandelt werden kann.[27]

Das Kochen von Pflanzen war insbesondere ein Vorteil in klimatisch bedingten Perioden der Nahrungsknappheit, in denen die natürliche Selektion schärfer wurde und aufgrund von Trockenheit auch die Jagdbeute weniger üppig ausfiel, im Boden wachsende Pflanzen hingegen nicht so stark betroffen waren. Sie wurden so zu einer «Reservenahrung» – nicht präferiert, aber lebenswichtig. Überdies konkurrieren Tiere mit dem Menschen um

Knollen und Wurzeln weit weniger als um Früchte und Fleisch. In diesem Modell ist es entsprechend nicht die Jagd allein, sondern auch das Kochen, das die soziale Organisation der Frühmenschen verändert hat; die körperlich schwächeren Frauen, denen das Kochen oblag, hätten dadurch Einfluss an einer entscheidenden Stelle der alltäglichen Selbsterhaltung gewonnen, unmittelbaren Zugang zur Nahrung bekommen und gegenüber Männern körperlich aufholen können – was in der Zeit des *Homo erectus* diesem Modell zufolge tatsächlich geschah.

Die Menschwerdung hätte, so gesehen, von Stärkelieferanten – gewissermaßen Vorläufern der Kartoffel – und ihrer Erhitzung profitiert, sofern nur kontrolliertes Feuer zur Verfügung stand. Aber stand es denn zur Verfügung? Was zur Unterstützung dieser anderen «Könnte-so-gewesen-sein»-Geschichte fehlt, sind Brand-, also Grill- oder Bratspuren an Knochenfunden oder überhaupt Nachweise von menschlichen Feuerstellen in der Übergangszeit zum *Homo erectus* vor etwa 1,9 Millionen Jahren. Denn die Fähigkeit zu kochen setzt voraus, Feuer kontrollieren zu können. Das konnte der *Homo erectus* womöglich schon etwa eine Million Jahre vor uns.[28] Die ältesten derzeit nachgewiesenen Feuerstellen in Europa legen allerdings nahe, dass die afrikanischen Einwanderer das Feuer nicht mitbrachten. Bis vor 300 000 bis 400 000 Jahren ist hier bislang Fehlanzeige zu geben. In der Nähe der altsteinzeitlichen Speerfunde von Schöningen, der ältesten bekannten Jagdwaffen, deren Alter auf mehr als 300 000 Jahre geschätzt wird, fand sich eine Art Feuerstelle und dort ein Holzstück, das als Bratspieß gedeutet werden könnte. Ein 790 000 Jahre alter Herd wurde in Israel gefunden, noch ältere Feuerstellen in Südafrika. Doch davon eine These über die Anfänge eines zivilisatorischen Sprunges abhängig zu machen, wäre verwegen. Nicht nur ist die Zahl der Funde angesichts der Vermutung einer entscheidenden Kulturtechnik sehr überschaubar, im einzelnen

Fall ist oft auch strittig, ob es sich wirklich um Herde handelte. In Siedlungen wie dem spanischen Gran Dolina, deren Schichten mindestens 800 000 Jahre umfassen und bis in die Zeit vor 200 000 Jahren reichen, fand sich kein einziger Hinweis auf den kontrollierten Einsatz von Feuer. Das trifft beide Hypothesen über den Anfang des Kochens: Weder gibt es schlüssige Belege dafür, dass die Frühmenschen das Feuer mit nach Europa brachten, noch haben sie in den frühen Kälteperioden nach ihrer Einwanderung durchweg und überall von Feuer Gebrauch gemacht.[29]

Die einen schließen hieraus, dass der kochende Mensch eine späte Erscheinung ist, die unter dem Einfluss klimatischer Umstände den aasenden Rohkostfresser abgelöst hat. Die anderen halten das Kochen hingegen für etwas, das nicht nur am besten, sondern überhaupt die sehr frühen und sehr deutlichen anatomischen Veränderungen des *Homo erectus* erklären kann und begreiflich macht, wie er seinen Energiebedarf als Jäger decken konnte. Dem wird entgegnet, dass das Kochen, sollte es denn so früh stattgefunden haben, auch dem Fleischverzehr zugutegekommen wäre, man also die Knollen-Hypothese gar nicht benötige. Daraufhin wiederholen die anderen, wie erfolglos oft die Jagd sei. Die einen weisen darauf hin, dass wilde Knollengewächse tief in der Erde wachsen und nur die Hälfte der Energiedichte ihrer kultivierten Artverwandten besitzen, die knapp unter dem Boden gedeihen. Die anderen insistieren, dass sich kein Mensch allein von rohem Fleisch und Früchten ernähren kann. Die einen bestehen darauf, dass es kaum Funde verbrannter Knochen gibt. Die anderen versetzen, dass Fleisch auch ohne Knochen gebraten werden kann und die Spuren von Feuerstellen in Jahrmillionen von Wind und Regen weggetragen werden. Und sie unterstreichen: Wenn es keinen archäologischen Fund zu etwas gibt, das aber biologisch zwingend auf eine andere Ernährung zurückgehen muss, die

Anatomie des *Homo erectus* nämlich, dann gibt es eben *noch* keinen archäologischen Fund. Die einen halten es für unwahrscheinlich, dass die Kontrolle von Feuer ohne die Fähigkeit zu sprechen möglich gewesen sein soll. Die anderen fragen zurück, weshalb ein Wesen, das zur kollektiven Jagd fähig ist, nicht auch einen Herd bewachen kann.[30] Und sie gehen davon aus, dass die Jagd durch den Wegfall der dichten Körperbehaarung beim Menschen begünstigt wurde, Überhitzung bei Anstrengungen in der Savanne sei unwahrscheinlicher geworden. Damit aber sei auch ein die Körperwärme in den Nächten stabilisierender Faktor weggefallen – die Nutzung des Feuers habe das kompensiert. Dass man dazu anstatt des Feuers, das nicht nachweisbar ist, auch Felle hätte verwenden können, wäre eine denkbare Replik der Skeptiker.[31]

Noch existieren keine beweiskräftigen Tatsachen, die der einen oder der anderen Seite recht geben würden. Die Forscher reagieren darauf je nach Temperament. Manche halten sich an das wenige, das wir wissen, andere denken dort, wo sie sich von sicherem Wissen abgeschnitten sehen, an eine Brücke. Sie nennen solche Brücken Hypothesen, die Skeptiker hingegen sprechen von Geschichten oder gar Märchen. «Anthropologen», heißt es in einem jüngeren Beitrag zur Frage nach der frühmenschlichen Ernährung ironisch, «sind sich selten einig, aber manche von ihnen würden dem wohl widersprechen.»[32]

So herrscht beispielsweise Einigkeit darüber, dass das Kochen im Sinne des Zubereitens von Nahrung mittels kochenden Wassers eine sehr späte Errungenschaft gewesen sein muss, weil es dazu heißer Steine oder Töpfe bedarf. Keramiken aber sind in den allermeisten Weltgegenden Erfindungen des Holozäns, also der Zeit von etwa 12 000 v. Chr. an. Bleibt als Möglichkeit, heiße Steine in mit Wasser gefüllte Gefäße aus Holz oder andere gegen direktes Feuer empfindliche Materialien einzutauchen. Solche durch starke Hitze veränderten Steine finden sich aber erst seit

35 000 Jahren v. Chr. in größerer Zahl. Ergo: kein kochendes Wasser bei den Neandertalern und ihren Zeitgenossen. Wie schon der *Homo erectus* Wurzelgemüse gekocht haben soll, da er doch gewiss nicht über feuerfeste Gefäße verfügte, erläutern wiederum nicht einmal die Anhänger der These, dass er es getan hat.

Alle Teilnehmer der Debatte über den Zeitpunkt, zu dem das Feuer ins menschliche Ernährungsverhalten eingriff, unterstellen also wie selbstverständlich, dass am Anfang gegrillt und geröstet oder gebacken wurde. Tatsächlich ist die dominante Technologie vor 30 000 Jahren von Europa über Japan bis Australien die des Erdofens gewesen, bei dem Schichten von Steinen die meist pflanzliche Nahrung nicht direkt dem Feuer aussetzen. Der amerikanische Archäologe John D. Speth hat jedoch darauf hingewiesen, dass jeder Pfadfinder lernt, Wasser in entflammbaren Behältern wie Papier- oder Plastikbechern, Holzgefäßen oder sogar Blättern zu erhitzen, indem er darauf achtet, dass die Flammen nur die innen von Flüssigkeit bedeckten Seiten des Gefäßes erreichen. Dasselbe gilt für Behältnisse aus Häuten oder Baumrinden. Man kann ohne feuerfeste Töpfe und ohne erhitzte Steine kochen. Belegt ist, dass die Neandertaler Birkenrinden von Bäumen entfernten, und ebenfalls, dass sie Getreide feuchter Hitze aussetzten. Das allein beweist selbstverständlich nicht, dass sie kochten. Aber ist es ausgeschlossen, dass der Frühmensch nicht nur ein grillendes und backendes – das erste Brot ist freilich erst um 3550 v. Chr. dokumentiert –, sondern auch ein siedendes Tier war?[33]

Was schließlich die Frage nach den sozialen Umständen des frühgeschichtlichen Kochens angeht, so dreht sich hier für die meisten Anthropologen alles um die Arbeitsteilung der Geschlechter bei Nahrungsbeschaffung und Nahrungszubereitung. Das klassische Bild ist: Männer jagen, Frauen sammeln; dass Männer jagen und Frauen kochen, wird nur als seine Erweiterung verstanden. Nicht dass die Jäger-Sammlerinnen-Unterscheidung empirisch ganz falsch wäre. Auch wenn die Methode, den Blick hin zu gegenwärtigen Jäger-Sammler-Gemeinschaften zu lenken, nur vorsichtig zu verwenden ist, da es sich bei ihren Mitgliedern im anatomischen wie kognitiven Sinn um moderne Menschen handelt: Von 179 solcher Gemeinschaften jagten nur in dreizehn Männer und Frauen, in keiner Frauen allein, während in den restlichen das Sammeln vor allem Aufgabe der Frauen war. Frauen jagen sehr viel seltener als Männer: Weil beide verschiedene körperliche Voraussetzungen haben, weil die langwierige Erziehung zur Jagd in die Phase weiblicher Fruchtbarkeit fällt, weil die Frauen den Nachwuchs aufziehen und weil die Jagd auch für den Jäger tödlich sein kann, der Verlust der Mutter für die Kinder aber schwerwiegender ist als der Verlust des Vaters. Dieses Muster schließt es nicht aus, dass Frauen fleischliche Nahrung in Form von Kleintieren beisteuern, dass sie jagen, wenn es in der Familie keine Söhne gibt, oder dass Männer sammeln, wenn es aufgrund mangelnden Jagderfolgs, ausfallender Frauenarbeit oder außerordentlicher Pflanzenvorkommen nötig ist. Und es schließt selbst Fälle nicht aus, in denen Frauen nicht ausnahmsweise, sondern regelmäßig jagen.[34]

Wenn ein Handbuch diesen Forschungsstand zu Jäger-Sammler-Gemeinschaften festhält, liegt darin auch eine Kritik an ideologischen Positionen. Die Überhöhungen der geschlechtlichen Arbeitsteilung durch Anthropologen, die den Männern qua Jagd die führende, ja, fast alleinige Rolle beim Vorantreiben der Menschwerdung zuwiesen, ist genauso sinnwidrig wie eine Polemik, die in paläontologischen Aussagen über frühmenschliche Ernährungstechniken ausschließlich den «geschlechterpolitischen» Versuch erkennen will, die nordamerikanische Frau der fünfziger Jahre wieder an Heim und Herd zu binden.[35] Denn für die Wahrheit über Gesellschaften, die vor 200 000 Jahren existierten, spielt das berechtigte Bedürfnis gegenwärtiger Gleichstellung keine Rolle. Ob das «Mann als Jäger»-Modell der Evolution zutrifft oder nicht, hängt nicht davon ab, wohin seine Autoren oder seine wissenschaftlichen Kritiker sich ihre Frauen und Männer wünschen und ob sie eine – was immer das sei – konservative oder progressive Geschlechterauffassung haben. Entscheidend ist nur, ob ein solches Modell möglichst viele verfügbare Erkenntnisse und Einwände adäquat verarbeiten kann.

Wer kochte, als das Kochen begann, ist unbekannt. Ein Grund hierfür ist, dass von den Mahlzeiten nicht viel mehr überdauert als die Knochen. Dass aus einer geschlechtlichen Arbeitsteilung, bei der die Frauen eher sammeln als jagen, etwas für das Kochen folgen soll, erscheint jedenfalls nicht zwingend. In das Bild, die Männer seien auf der Jagd, während zu Hause das Essen zubereitet wird, geht die Vorstellung ein, die Frauen könnten beim Sammeln entschuldigt fehlen, sofern sie kochen, die Männer hingegen beim Jagen nicht. Genauso willkürlich ist dabei die Annahme, die Jagd sei auf die Teilnahme aller Männer einer lokalen Gemeinschaft angewiesen.

Wie sehr das Kochen und der anschließende Verzehr selbst soziale Handlungen sind, wird von der Frage nach den Geschlechtern gar nicht berührt. Dabei liegt doch auf der Hand, dass das Kochen die Nahrungsaufnahme in einen geselligen Vorgang verwandelt. Ein Grund, dass sich die Forschung dafür nicht besonders interessiert, könnte darin liegen, dass sie die Nahrungsaufnahme vor allem unter dem Aspekt betrachtet, wie sie die Überlebensfähigkeit des Einzelnen stärkt. Nach einer Beobachtung des Soziologen Georg Simmel gehört das Essen zu den egoistischsten Handlungen überhaupt: «Was ich denke, kann ich andere wissen lassen; was ich sehe, kann ich sie sehen lassen; was ich rede, können Hunderte hören – aber was der Einzelne isst, kann unter keinen Umständen ein anderer essen.»[36] Darum steht für viele Evolutionsforscher der Beitrag des Kochens zur Fähigkeit von Individuen, sich zu reproduzieren, im Zentrum ihres Interesses.

Doch das Kochen befördert eben auch das gemeinsame Essen, indem es voraussetzt, dass die Regung überwunden wurde, das Gesammelte sofort in den Mund zu stecken und sich über das Erjagte schon am Schauplatz seiner Tötung herzumachen. Kochen heißt: nicht schon dann zu essen, wenn etwas zum Essen da ist. Kochen heißt: den Hunger aufschieben. Sobald Nahrung gekocht wird, tritt zwischen sie selbst und ihren Zweck ein Vorgang, der sozialer Organisation bedarf. Der Verzehr der Lebensmittel erfolgt, wenn sie zubereitet werden, sowohl bei Sammlern als auch bei Jägern nicht mehr unmittelbar, sondern erst nachdem die Nahrung an eine zentrale Stelle, das Basislager, gebracht und in eine Mahlzeit verwandelt wurde. Sofern es sich um eine gemeinsame Mahlzeit handelte, war dies, mit Simmel formuliert, «die erste Überwindung des Naturalismus des Essens»[37]. Solche Basislager waren, weil sie mitunter das ganze Jahr besetzt blieben, in den Jäger-Sammler-Gemeinschaften der Zeit um 12 500 bis 10 000 v. Chr. die Keimzelle des Übergangs zur Sesshaftigkeit. Das Kochen verlagert sich in Häuser, die in einer Größe von knapp dreißig Quadratmetern um einen oder mehrere Herde herum gebaut werden. Hier werden, ausweislich der archäologischen Befunde, bei gleich bleibenden Lebensmitteln unterschiedliche Kochstile ausprobiert. Speicher für Nahrungsmittel hingegen haben sich aus dieser Periode bislang nicht finden lassen, was dafür spricht, dass die lokalen Gemeinschaften nach wie vor oder jedenfalls oft von der Hand in den Mund lebten.[38]

Es entwickelt sich ein experimentierendes Verhalten, wie sich Nahrung lagern und konservieren lässt, sofern etwas zum Speichern übrig ist. Mittels im Ofen erhitzter Tonkugeln wird in Körben oder Häuten gesiedet sowie gegrillt, geröstet und gebacken. Um 9000 v. Chr. sind dann auch grundlegende Zubereitungsarten wie das Trocknen von Fleisch und das Einsalzen bekannt, und es nimmt das Kochen mit Töpfen, Mörsern, Stößeln und Stampfern zu. Solche Gerätschaften sind nicht selten ornamentiert und finden sich auch unter Grabbeigaben, was auf ihre Personalisierung – «sein» oder «ihr» Gerät – schließen lässt. Würden wir heute einem Toten seinen Schneebesen oder sein Sushi-Messer mitgeben? Wenn es uns nicht einfiele, dann ist die religiöse Befremdung über Grabbeigaben nur ein Teil der Erklärung. Der andere lautet, dass solche Objekte ungleich stärker zum Selbstbild eines Menschen gehörten, als sein Besitz sich im Wesentlichen auf sie, die Kleidung, den Schmuck beschränkte. Heutige afrikanische Bauern und Nomaden nennen im Durchschnitt einhundertzehn Gegenstände ihr Eigen, während bei den Studenten der Ethnologie, die sie erforschen, gut dreitausend gezählt wurden. Bemerkenswert ist an den frühgeschichtlichen Grabbeigaben jedenfalls, dass kein Zusammenhang zwischen ihnen und dem Geschlecht oder dem Alter der Toten erkennbar ist. Wenn ein Löffel mit ins Grab gelegt wurde, konnte das bei einem Mann so gut wie bei einer Frau, bei einer jungen so gut wie bei einer alten Person geschehen. Es scheint darum die Zubereitung von Nahrung tatsächlich keine exklusiv weibliche, sondern eine gemeinschaftliche Tätigkeit gewesen zu sein.[39]

So viel zum Essen. Eine Skizze, wie der Mensch zum kochenden Tier wurde, wäre allerdings unvollständig, wenn in ihr kein Wort über die Anfänge des gepflegten Trinkens fiele. Bei Getränken setzt die Bearbeitung der Natur deutlich später ein. Die Folgen davon, dass reife Früchte in der Wärme gären, beispielsweise wenn ihre Haut einen Riss hat, durch den Hefebakterien eindringen können, waren dem Frühmenschen, der lange vor allem ein Früchteesser war, zweifelsohne bekannt – schon Affen wissen darum. Die ältesten Spuren eines hergestellten alkoholischen Getränks sind aber erst im jungsteinzeitlichen China gefunden worden, wo in der Nähe der 9000 bis 7600 Jahre alten Grabstätte von Jiahu (Provinz Henan) ein Gemisch aus Trauben oder Weißdornfrüchten, Honigmet und Reisbier nachgewiesen wurde. Dieser «neolithische Grog» (Patrick McGovern) haftete an einem Gefäß, das als Grabbeigabe einem Toten mitgegeben worden war, der vermutlich eine Rolle in Ritualen gespielt hatte; es fanden sich dort auch zwei Knochenflöten und ornamentierte Schildkrötenpanzer, die ebenfalls als Musikinstrumente gedient haben dürften. Zusammen mit dem Getränk verweisen diese Funde auf religiöse Feste und auf schamanistische Praktiken.[40]

Von den Anfängen der Wein- und Biererzeugung in Mesopotamien und im Alten Ägypten zeugen weniger ekstatische Befunde. Spuren von Wein finden sich in Gefäßen, die in Godin Tepe zur Zeit des mesopotamischen Stadtstaats Uruk (3500 bis 2900 v. Chr.) und im Nordiran des sechsten Jahrtausends v. Chr. in Gebrauch waren. Die Fermentation von Trauben setzte also recht bald nach der Erfindung von Tongefäßen ein, während es bis zur Domestizierung von Weinreben, die offenkundig um der Süße willen erfolgte, noch zweitausend weitere Jahre dauerte. In Godin Tepe konnte auch die Existenz von Gerstenbier nachgewiesen werden. Womöglich ging hier der Einsatz von Getreide in der Produktion von Bier sogar demjenigen beim Backen von Brot voraus. Gerste wurde schon im neunten Jahrtausend v. Chr. domestiziert, und in den fünfziger Jahren vermutete der Archäologe Robert Braidwood, dass die Sesshaftwerdung des Menschen überhaupt erst durch Gerstenanbau ermöglicht worden sei. Der Botaniker Jonathan D. Sauer übernahm diese These, sah aber in Gerste nicht den wichtigsten Grundstoff für Brot, sondern für Bier. Die berauschenden Eigenschaften vergorenen Getreides und der Durst hätten einen stärkeren Anreiz geboten als der Hunger und das in der Nährstoffbetrachtung sogar weniger ergiebige Gebäck. Die Antwort auf die Frage «Lebte der Mensch einst vom Bier allein?» – so der Titel der Konferenz, auf der Braidwoods und Sauers Vermutungen diskutiert wurden – war allerdings in alle Richtungen negativ: Die Kenntnis des Brauens müsste sich sehr viel stärker verbreitet haben, wenn Bier das entscheidende Endprodukt des Getreideanbaus gewesen wäre. Dem Brot selbst ging die Getreidegrütze als Verwendungsweise von Gerste voran und dem Gerstenbier, das aufwendig hergestellt werden muss, weil vor der Fermentation erst noch die Stärke aufzuspalten ist, die einfacher zu gewinnenden Rauschmittel Wein und Honigmet. Und schließlich, wie ein Symposiumsteilnehmer formulierte: Sollen wir glauben, dass die westliche Zivilisation von schlecht ernährten Leuten in teilalkoholisiertem Zustand begründet wurde?[41]

Weshalb aber kommt es ausgerechnet im zeitlichen Umkreis der Sesshaftwerdung des Menschen zur Fermentation von Trauben und Getreide? Eine plausible Überlegung ist, dass Festen in jener Epoche eine besondere Funktion zukam. Teils, weil klimatische Veränderungen die Erzeugung von Nahrungsüberschüssen ermöglichte, die in prestigeträchtigen Feiern verausgabt wurden. Wer feiern will, muss etwas übrig haben, aber umgekehrt hat, wer etwas übrig behält, Anlass zu feiern. Teils, weil kollektive Leistungen, etwa der Bau von Kultstätten, in Form großer Gelage entgolten werden konnten. Feiern bekräftigen nicht nur, was erreicht wurde, sie schaffen Motive, es zu erreichen. Teils schließlich auch, weil der Übergang von Jäger-Sammler-Gemeinschaften zum dörflichen Leben mit einem Wachstum der Gruppengrößen einherging und Feste den sozialen Zusammenhalt derjenigen stärkten, die nicht mehr durch die bloße Not zusammengehalten wurden. Feiern verbindet. Schon die ersten Mythen sind voller Berichte von Festessen, die dort allerdings ausschließlich unter

Göttern oder Mitgliedern der Oberschicht stattfinden. Feste demonstrieren Status. Wer das größere ausrichten kann, weil er mehr Nahrungsüberschüsse erzielt hat, dem wächst nicht nur Prestige, sondern in der Folge auch ein Mehr an Ressourcen zu.[42]

Dieses Prestige war nicht zuletzt darauf gegründet, dass es auf erhebliche organisatorische Fähigkeiten und Weisungsbefugnisse hindeutete, seinen Gästen alkoholische Getränke in Mengen anbieten zu können. Was die Getränke bei solchen Festen angeht, so lagen ihre Verfallsdaten nämlich zwischen wenigen Tagen nach der Herstellung (bei Mais-, Gersten- und Emmerbier), einem Monat (Agavenwein) und einem Jahr (Reisbier und Wein aus Trauben). Da die Getreidebiere eine Herstellungszeit von sechs bis vierzehn Tagen hatten, war, sollten sie ausgeschenkt werden, der gesamte Festbedarf auf einmal und unweit des Verbrauchsortes zu produzieren. Bis zu dreihundertneunzig Liter Bier, hat man geschätzt, konnte eine Brauerei im Alten Ägypten für ein Fest an einem Tag liefern. Es liegt auf der Hand, dass hier eine dichte Befehlskette abzuarbeiten war, bevor es zum berauschenden Trinken kommen konnte. Erst Wein entkoppelte die Produktion zeitlich vom Konsum und qualifizierte sich dadurch auch für den Handel. Der Festkonsum von Bier hingegen hing von einer fast protostaatlich zu nennenden Organisation ab und fügt sich insofern in die Tendenz zur religiös, politisch, ökonomisch und technologisch angebahnten Entstehung von Stadtkönigtümern im Nahen Osten der Zeit um 4000 v. Chr. und danach ein.[43]

Blicken wir von hier aus noch einmal auf den zurückgelegten Weg, so steht am zeitlich ungewissen Anfang das Feuer und am Ende das Fest. In diesem Zusammenhang ist die griechische Sage von Prometheus interessant, wie sie von Hesiod erzählt wird. Prometheus soll die Opferpflicht der Menschen gegenüber den Göttern so unterlaufen haben, dass er die Knochen des Rindes mit seinem

Fett überdeckte, den kleineren Haufen des Fleisches mit der Haut. Und er forderte Zeus, der das allerdings mitbekommen hatte, zur Wahl auf. Nur die nicht essbaren Teile des Opfers gehören seitdem den Göttern, die genießbaren werden bei großen Festen verspeist, bei denen man die Götter hochleben lässt. Diese List bestrafte Zeus, er verbot den Menschen, Feuer zu gebrauchen. Sie sollten an ihrem Fleisch, das sie den Göttern abgelistet hatten, keine Freude haben. Prometheus aber stahl das Feuer und brachte es den Menschen zurück, wofür die Menschheit mit Pandora, der ersten sterblichen Frau, und ihrer Büchse voller Übel wie Alter, Krankheit und Tod bestraft wurde; den Dieb verbannte Zeus an den Rand der Welt, wo er ewige Qualen zu erleiden hat.

Am Ende stehen die Menschen mit lauter zwiespältigen Vergnügen da. Sie essen nicht mehr an der Tafel der Götter, opfern diesen, weil unklar ist, wie wohlgesinnt die Götter ihnen sind, und müssen arbeiten, um feiern zu können. Opfern heißt, an die Differenz zwischen Menschen und Göttern zu denken. Brot essen heißt, an die Arbeit zu denken, die es erst möglich macht, und an das Wetter oder an Demeter, die es verhindern können. Fleisch essen heißt, es vorher zu braten und also den Unterschied zwischen Zivilisation und Wildnis zu bemühen, der vom Feuer, dem «Lehrer aller Kunst» (Aischylos), abhängt, das seinerseits genährt werden muss, um nicht zu erlöschen, und gezähmt, um nicht zu zerstören.[44]

DRITTES KAPITEL

*Röhrende Hirsche, die am Stammtisch
leiser werden:*
Der Anfang des Sprechens

>Die Natur hat dem Menschen zwei Ohren
>und eine Zunge gegeben, damit er doppelt
>so viel hören kann, wie er spricht.
>
>EPIKTET

Der Mensch, sagt Aristoteles, ist «das sprechende Lebewesen». Wir neigen heute dazu, das griechische «zoon logon echon» so wiederzugeben. Die ältere, durch das lateinische «animal rationale» vorbereitete Übersetzung, er sei «das vernünftige Lebewesen», weckt inzwischen zu viele Zweifel. Weder in seinen Anfängen noch später drängt sich am Menschen und seiner Gesellschaft in erster Linie ihre Vernunft auf. Intelligenz wiederum beweisen auch andere Tiere.

Tatsächlich fährt Aristoteles an jener Stelle seiner «Politik», in der er den Menschen von anderen Lebewesen unterscheidet, mit der Sprechstimme fort: «Die Stimme ist das Zeichen für Schmerz und Lust und darum auch den anderen Sinneswesen verliehen, indem ihre Natur so weit gelangt ist, dass sie Schmerz und Lust empfinden und beides einander zu erkennen geben. Das Wort aber oder die Sprache ist dafür da, das Nützliche und das Schädliche und so denn auch das Gerechte und das Ungerechte anzuzeigen.»[1] Den Körper, heißt das, teilen wir mit den Tieren, zur Sprache hingegen sind wir allein befähigt. Damit hatte der Philosoph eine ebenso folgenreiche wie problematische Aufteilung vorgenommen. Denn unterscheidet man die Stimme, die Tiere auch haben, von der Sprache, über die nur der Mensch verfügt, bleibt unberücksichtigt, dass die menschliche Stimme als einzige spricht. Tiere rufen, wir reden.

Dass der Mensch über Sprache im Sinne eines Vokabulars und einer Grammatik verfügt, macht ihn allein noch nicht zum sprechenden Wesen. Stumme sprechen nicht, haben aber Sprache. Viele Theorien zum Ursprung der Sprache setzen mehr oder weniger selbstverständlich voraus, dass die Bedeutungsträger des Zeichensystems Laute sind. Ob die ersten sprachlichen Mitteilungen nun erschrockene Ausrufe waren, in der Nachahmung von Naturlauten bestanden oder in einem Befehl – stets musste es zunächst ein laut- und sprechfähiges Wesen geben. Denn auch Bienen oder Fische können – und sogar jenseits von «Lust und Schmerz» – mittels Zeichen kommunizieren. Sie können einander warnen, umeinander werben, einander instruieren. Doch sie sprechen nicht. Papageien und Seehunde wiederum können sprechen, ohne dass wir ihre Nachahmungen deswegen schon für Äußerungen in einer Sprache halten würden. Und schließlich können ausgerechnet die nächsten Verwandten des Menschen im Tierreich, die Menschenaffen, gar nicht sprechen, obwohl sie zu komplexen Mitteilungen mittels Gesten fähig sind. Kurz: Kommunikation, Sprache und Sprechen sind nicht dasselbe. Darum empfiehlt es sich, die Frage nach den Anfängen des sprechenden Tiers, das der Mensch ist, in zwei Schritten zu stellen: Wie können wir überhaupt Laute artikulieren? Und wie kommt es dann zu Sprache?

Die körperlichen Voraussetzungen für das Sprechen sind vielfältig. Wer sprechen will, braucht zunächst eine Luftpumpe: die Lunge samt Luftröhre. Da der Körper ohnehin regelmäßig ausatmet, bedeutet Sprechen so gut wie keinen Energieaufwand. Das muss für die Sprachentwicklung günstig gewesen sein, wirft aber sofort die Frage auf, weshalb wir im Tierreich denn dann so einzigartig sind mit unserer Redseligkeit. Ein Grund dafür ist, dass das Sprechen außerordentlich viel Kontrolle erfordert. Der kontinuierliche Luftstrom und die Stimmbänder, die durch ihn in Vibration versetzt werden, genügen nämlich nicht. Es bedarf auch einer hochkomplizierten Artikulation. Lunge und Kehlkopf erzeugen nur einen Grundton bestimmter Höhe. Der ist beispielsweise bei Worten wie *Mut, Maat, mit, mäht* und *Met* immer derselbe. Der Unterschied zwischen diesen Worten ergibt sich ausschließlich aus einer Variation derselben Grundfrequenz, die von Teilen des Vokaltrakts geleistet wird.[2]

Nase, Kiefer, Gaumen, Zunge, Lippen gestalten den Resonanzraum und verändern so die Schwingungen der Luft in ihrem Bereich. Einige der Frequenzen des Grundtons werden durch die Resonanzen im Vokaltrakt (die «Formanten») abgefiltert, andere werden durchgelassen. Für ein «A» macht sich die Zunge flach, und der Kehlkopf verringert den Abstand zwischen den Stimmbändern und dem erweiterten Mundraum; bei einem «I» geschieht genau das Gegenteil. In Experimenten hatte der Biologe Johannes Müller schon in der Mitte des neunzehnten Jahrhunderts nachgewiesen, dass die Geräusche, die entstehen, wenn man Luft durch einen isolierten Kehlkopf bläst, der menschlichen Stimme allenfalls ähneln, wenn man eine Röhre an ihn anschließt, die ungefähr so lang ist wie der Trakt vom Kehlkopf bis zu den Lippen. Gut einhundert Jahre später konnte der schwedische Linguist Gunnar Fant zeigen, dass die Frequenzfilter im oberen Vokaltrakt unabhängig von der Tonquelle im unteren operieren.[3]

Am besten lässt sich das bei einem Sprechakt nachvollziehen, der gar keine Schwingung der Stimmbänder voraussetzt, aber gleichwohl jeden Wortes fähig ist: beim Flüstern. Das Flüstern hat kaum eine Tonhöhe, ein Bass flüstert fast genauso wie ein Sopran. Tiere kennen das nicht. Zwar können auch einige Affen die Lautstärke ihrer Kommunikation senken, wenn sie Zuhörer fürchten. Doch der Nachweis steht aus, ob es sich dabei tatsächlich um vibrationslose Lautproduktion oder nur um leises Zirpen handelt. Der Mensch jedenfalls kann ein akustisches Nichts artikulieren. Er ist darum bis auf weiteres auch das flüsternde Tier.[4]

Die wichtigste Voraussetzung für sein großes Spektrum an Lautmöglichkeiten ist eine Besonderheit des menschlichen Stimmapparats: ein dauerhaft tief sitzender Kehlkopf und ein relativ großer Rachenraum samt einer hochbeweglichen, stark artikulationsfähigen Zunge. Nur bei einzelnen Arten, etwa bei männlichen Rothirschen und Damhirschen, findet sich ein vergleichbar, ja, noch stärker abgesenkter Kehlkopf, der das Größenverhältnis von Rachen- und Mundraum deutlich zugunsten des Ersteren verschiebt. Vermutet wird, dass die dadurch erreichbaren tiefen Töne es den Tieren erlauben, bei anderen ein übertriebenes akustisches Bild von sich zu erzeugen. Normalerweise nämlich sind die Länge des Vokaltraktes und das entsprechende Repertoire an Frequenzen ein verlässliches Signal für die Körpergröße eines Wirbeltiers. Der röhrende Hirsch, ein auch unter Menschen vertrautes Motiv, wirkt durch die Verdoppelung seines Rachenraums auf Rivalen und Weibchen vor allem in der Dunkelheit und in unübersichtlichem Gelände eindrucksvoller, als er ist. Hier liegt auch die Erklärung für den männlichen Stimmbruch beim Menschen, zu dem es aufgrund einer zweiten Absenkung des Kehlkopfes in der Pubertät kommt. Kulturübergreifend werden tiefe Stimmlagen fast einheitlich mit Feststellungen (statt Fragen), Autorität oder Drohung (statt Unterwerfung oder Höflichkeit), Selbstvertrauen (statt Nervosität) und Größe assoziiert. Wie die Stimmtiefe allerdings zu Vorteilen führen kann, wenn alle Hirsche derart röhren und übertreiben, notiert die Forschung als offene Frage.[5]

Die Absenkung des menschlichen Kehlkopfes dürfte ursprünglich gar nicht den Sinn gehabt haben, der Stimme durch

Raumgewinn im Vokaltrakt mehr Möglichkeiten zur Artikulation zu geben. Dasselbe gilt für die tiefer liegende Zungenwurzel, die es erlaubt, den hinteren Rachenraum unabhängig vom Mundraum als «Sprachrohr» zu verändern. Denn auch Tiere, die nicht sprechen können, weisen diese Eigenschaften auf. Es wurde nur übersehen, weil Anatomen ein gutes Jahrhundert lang ihren Befund der tieferen Lage beider «Organe» beim Menschen durch den Vergleich mit toten Tieren gewonnen haben. Man schnitt sie auf und zog Schlüsse aus dem, was man sah. Jüngste Studien an lebenden Tieren ergaben hingegen nicht nur bei einigen Arten wie den genannten Hirschen eine tief liegende Tonquelle. Auch bei bellenden Hunden und meckernden Ziegen sowie bei Affen und Schweinen wurde beobachtet, dass der Kehlkopf und die Zungenwurzel während der Lautgabe im Hals nach unten fallen, um bei geschlossenem Nasenraum eine höhere Lautstärke zu erreichen. Zumindest für Bruchteile einer Sekunde unterscheidet sich ihr Vokaltrakt also nicht prinzipiell von dem des sprechenden Menschen. Tecumseh Fitch, der bei weitem beste Kenner der Biologie des Sprechens, fasst den Stand der Forschung so zusammen: Die entscheidenden Unterschiede zwischen dem sprechfähigen Menschen und anderen Säugetieren liegen mehr in der neuronalen Steuerung des Sprechapparats als in seiner anatomischen Struktur. Es scheint sich, mit anderen Worten, bei der Entwicklung des Sprechens um die Umnutzung von Körpermerkmalen gehandelt zu haben, die ursprünglich nicht der Mitteilung komplexer Botschaften dienten, sondern einer eher simplen akustischen Angeberei.[6]

Wie kommt es nun, dass diese hohe Beweglichkeit im Mund- und Rachenbereich – ungefähr zweihundertfünfundzwanzig Muskeln werden pro Sekunde bei der Artikulation aktiv[7] – zur Entwicklung des Sprechens führte? Fossilienfunde, die Ähnlichkeiten zur menschlichen Anatomie aufweisen, erlauben keine zwingenden Schlüsse auf die Sprechfähigkeit; nicht einmal dann, wenn man mehr als Schädelknochen hätte, würde das ausreichen. Denn wir wissen ja, dass es Tiere mit einer dem Menschen vergleichbaren Anatomie gibt, die trotzdem nicht sprechen können. Die Frage nach den Anfängen des Sprechens ist darum auf Vermutungen angewiesen.

Die interessanteste Hypothese setzt bei dem an, was man mit dem Mund außerdem noch tun kann. Diesseits der Angeberei tiefen Röhrens oder Bellens bestand die Funktion des Mund- und Rachenbereichs seit jeher in der Nahrungsaufnahme. Das sprechende Tier hat seine Sprechfähigkeit unter der Nebenbedingung entwickelt, dass es nach wie vor durch denselben Kanal trinken und essen konnte. Sollte der Anfang des Sprechens also nicht dort zu suchen sein, wo sich Ernährung und Artikulation wechselseitig begünstigen? Bei Tieren mit höher liegendem Kehlkopf ist dieser oft wie durch ein Dach von der Nasenhöhle getrennt, was es ihnen erlaubt, fast gleichzeitig – fünfhundert Millisekunden liegen dazwischen[8] – zu atmen und zu trinken. Menschen hingegen können sich verschlucken. Wie riskant das ist, kann man der Tatsache entnehmen, dass der Vokaltrakt von menschlichen Neugeborenen bis zum dritten Monat noch dem der meisten Säugetiere ähnelt, die vor dem Eindringen von Nahrung in den Atemweg geschützt sind. Die Naturgeschichte hat also eine Art Kleinkindersicherung in die Entwicklung des menschlichen Sprechapparats eingebaut.

Neugeborene können nicht sprechen, und bevor sie es erstmals tun, schreien und gestikulieren sie. Dass sie in Hinblick auf ihren Mund- und Rachenraum stärker Frühmenschen ähneln als heutigen Erwachsenen, hat im Umkehrschluss Forscher dazu gebracht, aufgrund von Schädelanalysen und Lautsimulationen zu vermuten, dass Neandertaler vor mehr als 100 000 Jahren bei höherer Sprachfähigkeit als Menschenaffen noch nicht über das ganze Vokal- und Konsonantenrepertoire heutiger Menschen verfügten. Würde man versuchen, den Vokaltrakt eines heutigen Erwachsenen im Kopf- und Halsbereich eines Neandertalers unterzubringen, sein Kehlkopf säße in der Brust. Also kann der Neandertaler nicht so gesprochen haben wie wir. Einem Modell zufolge verfügte der Frühmensch über das E, aber über kein A, kein I und kein O; über D, B und F, aber nicht über G und K. Da allerdings nur Knochen, aber keine Muskeln fossil überliefert sind, bleiben Schlüsse von der Schädelstruktur auf die Lage des Kehlkopfes oder von der Größe des Nerveneingangs für den Zungenmuskel auf die Sprechfähigkeit spekulativ.[9]

Was hingegen sicher ist: Der heutige Vokaltrakt hat sich spät entwickelt, der Frühmensch jedoch muss die Fähigkeit zur Sprache, wie immer begrenzt, schon gehabt und bereits mündlich kommuniziert haben, damit die riskante Entwicklung hin zur Anatomie des menschlichen Vokaltrakts überhaupt einen evolutionären Vorteil besitzen konnte. Auffällig ist an der menschlichen Sprechfähigkeit vor allem die Begabung zum akustischen Lernen. Mit gut einem Jahr spricht das Kind die ersten Worte, mit achtzehn Jahren umfasst sein Vokabular rund sechzigtausend davon – während es nicht schläft, lernt es in dieser Phase seines Lebens also alle neunzig Minuten ein neues Wort. Das wäre nicht möglich ohne die Fähigkeit, Gehörtes zu imitieren, wie man sie von Vögeln und manchen Seesäugetieren kennt, aber nicht von solchen, die an Land leben. Der Mensch ist ein nachahmungsfreudiger und -begabter Affe, der nicht nur anderen, sondern auch sich selbst zuhört und an dem arbeitet, was er dabei wahrnimmt.[10]

Laute, die dazu dienen, einen Warn- oder Erkennungsruf abzusenden und Artgenossen in freundlicher oder feindlicher Absicht zu informieren, verraten immer auch etwas über den, der ruft. Die Stimme ist eine Signatur, ein Monogramm, und zwar umso mehr, je artikulierter sie ist. Dass es unter Singvögeln Weibchen gibt, die Männchen mit einem großen Liedrepertoire bevorzugen, wirft die Frage auf, was an komplexen Lautäußerungen so attraktiv ist. Ornithologen vermuten einerseits, dass Variationsreichtum als solcher Aufmerksamkeit bindet. Zum anderen signalisiert Stimmenvielfalt die Fähigkeit des Sängers, nicht nur einer zu sein – im einfachsten Fall erzeugt sie, der «Beau Geste»-Theorie zufolge, den Eindruck, mehr als ein Verteidiger des Territoriums sei anwesend. In weniger einfachen Fällen signalisiert stimmliche Komplexität die Fähigkeit, sich auf mehr als eine Lage einzustellen.

Ein weiterer Unterschied zwischen anderen Säugetieren und dem Menschen liegt darin, dass die nicht sprechenden Tiere ihr akustisches Repertoire vergleichsweise stereotyp einsetzen. Einzelne Laute oder Lautfolgen können zwar wiederholt, aber kaum kombiniert werden.[11] Wer hingegen nicht nur rufen, sondern sprechen oder singen will, muss den Mund mehrmals öffnen und schließen – der Wechsel zwischen beidem entspricht dem von Vokalen und Konsonanten. Das Sprechen erfolgt als eine Sequenz von Bewegungen des Unterkiefers, die von Stimmbandvibrationen begleitet und von der Zunge und den Lippen weiter modifiziert werden. Sprechen ist damit, motorisch betrachtet, eine Variation über das Thema «Öffnen und Schließen». Die Anfänge des so beschriebenen Sprechens, dessen Struktur unabhängig von einem bestimmten Vokabular und einer bestimmten Grammatik ist, liegen in vorsprachlichen Handlungen. Durch sie übten die Gesichtsmuskulatur und die Zunge bereits Rhythmen ein. Das Sprechen baute, so verstanden, auf Mundbewegungen auf, die allen Säugetieren längst vertraut waren: Kauen, Saugen, Lecken. Das Gefühl für Silben und Akzente sowie die Fähigkeit, sich nicht ständig auf die Zunge zu beißen, wären demnach durch eine Umnutzung von motorischen Fähigkeiten zur Nahrungsaufnahme und zum zärtlichen Verhalten erworben worden.[12]

Der amerikanische Psychologe Peter MacNeilage hat diese faszinierende Theorie ausgearbeitet. Ihr zufolge ist die elementare Einheit des Sprechens die Silbe. Wenn Babys zu sprechen beginnen, geht das beispielsweise so: «bababa», «dididi», «Mama». Ein Silbenrahmen wird mit konkreten Lauten gefüllt; lange vor dem Vokabular und der Syntax eignet sich das Baby so die von diesem Rahmen vorgegebene rhythmische Struktur der Sprache an. Zu Kombinationen der elementaren Konsonanten-Vokal-Paare – «badi», «diba», «bamama» – kommt es dabei zunächst kaum. Auch später sind Silbenstrukturen die wichtigste Orientierung im Sprechakt, was sich daran zeigt, dass wir an ihnen selbst bei Fehlern festhalten. Die Forschung über Sprechirrtümer hat belegt, dass noch der Versprecher dem Silbenrahmen die Ehre erweist: «Sie hören nun die h-Mess-Molle, Verzeihung, die h-Moss-Melle, ich bitte sehr um Entschuldigung, natürlich die h-Moll-Messe von Johann Sebaldrian Bach» – oder «Schnill und Dittlauch» oder «eine Prachtel Schalinen». Die Abfolge von Vokalen und Konsonanten bleibt stabil, unser Gefühl für die Silbenstruktur dirigiert die Mundbewegungen selbst dann noch, wenn sich jemand verspricht. «Peel like flaying» – nein, «feel like playing»: Der Sprecher verfehlt das «f», lässt es aber nicht ersatzlos weg und sagt «eel», sondern bedient weiterhin die Silbenstruktur, die einen Konsonanten am Anfang haben will, mit dem Auftaktkonsonanten des letzten Wortes der gesamten Phrase.[13]

In dieselbe Richtung weist es, wenn jemandem ein Wort «auf der Zunge liegt» und er unabhängig davon, dass es ihm eben nicht einfällt, weiß, wie viele Silben das gesuchte Wort hat und wie es zu betonen wäre. Die Vorläufer dieser motorischen Kontrolle über den Silbenrahmen, so vermutet MacNeilage, sind weniger die ein- oder bestenfalls zweisilbigen tierischen Rufe als vielmehr Kauen und Schlucken einerseits, die kommunikative Mimik wie Zungenschnalzen, Lippenschmatzen und Zähnefletschen andererseits.

Das passt zu der Hypothese, Sprechen sei ursprünglich eine Art lautlicher gegenseitiger Körperpflege («vocal grooming»), die unter Menschen ersetzt, was bei Menschenaffen an gegenseitigem Lausen und anderen Formen der freundlichen Zuwendung üblich ist. Affen verbringen bis zu zwanzig Prozent ihrer Wachphase mit dieser leicht «narkotischen», weil Endorphine freisetzenden Tätigkeit, was sehr viel ist angesichts der Tatsache, dass sie nichts zum Energiehaushalt der Tiere beiträgt. Das «grooming» dient der Stärkung sozialer Beziehungen, es macht größere Gruppen von Affen – maximal fünfzig bis fünfundfünfzig – zu stabilen Einheiten. Ein solches Wachstum der Gruppengrößen bei Menschenaffen ging mit der Eroberung von offenen Habitaten einher; dem Evolutionspsychologen Robin Dunbar zufolge war dies bei der Jagd und bei der Verteidigung gegen das Gejagtwerden nützlich, erhöhte zugleich aber die interne Konkurrenz. Entsprechend steigt der Aufwand für «grooming» als vertrauensbildende Freundlichkeit unter Stammesmitgliedern mit der Gruppengröße.[14]

Sprechen erlaubt es, soziale Bindungen in kürzerer Zeit zu pflegen, weil es gleichzeitig mehr als ein Gegenüber erreicht und sich dennoch nicht auf simple Botschaften beschränken muss. Dunbars Vermutung ist: Der Übergang vom Rufen, das sich an alle richtet, zum Reden, das sich an einige richtet, erfolgte, um soziale Nähe auch in größeren Gruppen herzustellen und die Vorteile dieser Gruppengröße zu nutzen, ohne eine gemeinsame Welt zu verlieren. Sprechen teilt und bestätigt eine solche Welt fast unabhängig davon, welche Worte genau fallen: als Form der Zuwendung. Konversationssoziologen halten fest, dass einander Unbekannte eben deshalb zuerst über das Wetter oder die verspätete Bahn oder etwas aus den Massenmedien sprechen, weil sie sich sicher sein können, hierin vom Gegenüber bestätigt zu werden. Der Ethnologe Bronisław Malinowski hat dafür den Begriff der «phatischen Kommunikation» geprägt, die ganz in dieser

Bestätigungsfunktion aufgeht, bei der also kaum Informationen übermittelt, sondern «durch den bloßen Austausch von Wörtern Bande der Gemeinsamkeit geschaffen werden». How do you do, wie steht's? Der Kontakt wird um des Kontaktes willen gesucht und dient vor allem dem Abtasten, wer gemeinschaftlicher Gesinnung ist, auf wen man sich verlassen kann und wer etwas beizutragen hat. Gerade Unverbindliches verbindet, weil die sprachliche Artikulation des bloßen freundlichen Zusammenseins Dissens unter den Anwesenden erst gar nicht aufkommen lässt. Dafür sind Abwesende dann das geeignete Thema, wenn die phatische Kommunikation sich doch auf Informationen zubewegt. Der Mensch erweist sich als das klatschbedürftige Wesen, das den Smalltalk liebt. Die ursprüngliche, vorsprachliche Lautform solchen Smalltalks sind die schmatzenden, schnalzenden Geräusche, die sich gegenüber der Nahrungsaufnahme verselbständigt haben, zu vertrauensbildenden Begleitgeräuschen des Beisammenseins wurden und zum Vorläufer des Sprechens, weil sie die Artikulationsfähigkeit des Mundraums erhöhten. Dass außer Papageien unter den Wirbeltieren nur noch der Mensch komplexe Zungenbewegungen ausführt, während er Laute von sich gibt, dieser Hinweis von Tecumseh Fitch erweitert die womöglich zu sehr auf zyklische Kieferbewegungen und die Lippenmuskeln fokussierte Argumentation von MacNeilage.[15]

Zu dieser Herleitung der Anfänge des Sprechens aus den rhythmischen Mundbewegungen und dem Zungenschlag beim Schmatzen am frühgeschichtlichen Stammtisch passt es, dass Affen zwar nicht sprechen, aber sprachliche Laute durchaus wahrnehmen und als Kommunikation verstehen. Ja, sie bringen absichtlich bestimmte Geräusche hervor, um zu kommunizieren und die Aufmerksamkeit eines Menschen zu erwecken. Wildlebende Schimpansen modifizieren ihre Warn- und Drohrufe, wenn sie in der Nähe einen Zuhörer identifizieren, der es an Rang und Größe mit dem Aggressor aufnehmen kann. Es gibt also Lautgesten, die den Unterschied von gestischer und vokaler Kommunikation unterlaufen. Dass die Vorfahren des sprechenden Menschen Gesten kontrollieren konnten, bevor sie ihren Lautapparat präzise einzusetzen vermochten, ist dabei ebenso gewiss wie die Tatsache, dass in der Interaktion von Mutter und Kind zwischen Lauten und Gesten gar nicht sinnvoll unterschieden werden kann, weil beide dasselbe zeigen sollen: die beruhigende Nähe der Mutter. Wenn jedes Lächeln nachweisbar mit einer Anhebung der Stimme einhergeht, ist das ein weiteres Indiz für Mitteilungen, die sich einer klaren Trennung gestischer und lautlicher Aspekte entziehen. Wir kommen im Kapitel über den Anfang der Musik darauf zurück. Hier ist nur festzuhalten, dass der Gestenreichtum der Kommunikation unter Affen den Blick dafür öffnet, wie sehr das Sprechen selbst gestische Qualitäten hat, sobald die Gesprächspartner einander sehen können. Dies lässt jede Theorie des Sprachanfangs einseitig erscheinen, die sich darunter das Hervortreten der ersten Worte und Bezeichnungen vorstellt. Entscheidend ist bei all dem der Begriff «Nähe». Denn benennen lassen sich Dinge, die fern sind, so gut wie die nahen. Rufe wiederum sind Signale, die Ferne überwinden sollen und in die Ferne gehen. Man ruft, wen man nicht sieht. Gesprochen aber wird zu jemandem, der nicht nur in der Nähe ist, sondern in Sicht- oder sogar Reichweite. Das teilt das Sprechen mit Gestik und Mimik, die es kommunikativ ergänzt. Es unterscheidet sich von ihnen dadurch, dass es auch im Dunkeln möglich ist, dass wir also beispielsweise Geschichten erzählen oder einfach nur summen können, wenn das Feuer oder das Sternenlicht erloschen ist.[16]

Bleibt die Frage, wann das Sprechen seinen Anfang genommen hat. Um 40 000 v. Chr. hat der schon 150 000 Jahre zuvor existente anatomisch moderne Mensch fast allen Paläontologen und Evolutionsbiologen zufolge einen kulturellen «Sprung» getan. Man muss das Wort in Anführungszeichen setzen, denn der Sprung dauerte zehntausend Jahre. Dennoch markieren die Hervorbringungen jener Epoche eine zivilisationsgeschichtliche Zäsur: Ornamente, komplexe Waffen, womöglich die Pflege von Feuerstellen, Bildwerke, Musikinstrumente, bedeutungsvolle Bestattungen – wir werden das meiste davon noch kennenlernen. Um den *Homo sapiens* herum entstand damals eine Welt symbolischer Mitteilungen, umwegreichen Denkens, mimetischen Verhaltens, technischer Raffinesse. Was war zu seiner Anatomie hinzugetreten, das diese Errungenschaften möglich machte? Kommuniziert haben muss der Frühmensch schon immer, aber der Übergang von einer primär gestischen, nur durch Laute unterstützten Kommunikation zu primär sprachlichen Äußerungen könnte den Unterschied erklären. Wenn Laute Bedeutungsträger werden und der Gesichtsausdruck ihren Sinn unterstützt, wird der Energiebedarf der Kommunikation geringer und ihre Präzision größer. Nicht zuletzt gewinnen sprachliche Äußerungen durch eine Variation der Lautstärke und der stimmlichen Melodik an Präzision. Die Hände sind nun frei, was es ermöglicht, zu kommunizieren, während gearbeitet wird. Das kommt der Herstellung von Werkzeugen zugute. Der Sprech- und Hörkanal ist überdies, so der Anthropologe Gordon Hewes, der als Erster die These von einer gestischen Protosprache entwickelt hat, ein weitgehend freier Kanal, während der visuelle Kanal ständig Informationen nicht sprachlicher Art transportiert. Sollte also tatsächlich die Fixierung einer genetischen Mutation – die des berühmten FOXP2-Gens, das für die Sprachfähigkeit entscheidend scheint – in jenem Zeitraum vor der Besiedlung Europas durch den *Homo sapiens* erfolgt sein, so hat sie ein schon durch ein Gestenvokabular «vorbereitetes» Wesen betroffen, das sprachlich ganz buchstäblich von der Hand in den Mund lebte.[17]

VIERTES KAPITEL

Dieses Spiel geht nur zu dritt:
Der Anfang der Sprache

> In human language there is no difference
> in cost but a massive difference in meaning
> between saying «We will meet you tomorrow»
> and «We will eat you tomorrow».
>
> CHRIS KNIGHT

Am Anfang war es vielleicht wüst und leer, aber am Anfang war nicht das Wort. Wir müssen uns die Welt vielmehr über lange Zeit, nämlich Abermillionen von Jahren hindurch, als voller Geräusche und Signale vorstellen, die keine Worte oder Sätze waren. Es gab, bevor die Sprache entstand, Ausrufe, Gesten, Mimik. Und es gab Zeichen: Rauch zeigt Feuer an, Erröten Scham oder Zorn, Erektion Begierde, Fieber Krankheit, Lachen Freude. Das Verstehen von Zeichen kommt vor dem Artikulieren in komplexen Äußerungen, so wie das Lesen von Spuren vor dem Lesen von Schrift kommt, das Zeigen vor dem Aussprechen, die lautlich unterstützte Aufforderung und der Warnruf vor Subjekt-Prädikat-Objekt.

Doch inwiefern sind die Geräusche der Natur dort, wo sie interpretierbar sind, inwiefern ist das Vokabular der Gesten und Gesichtsausdrücke noch keine Sprache? Immerhin reden wir von der «Sprache der Blicke», von «sprechenden Gesten» und von den «Stimmen des Waldes». Was ist der Unterschied zwischen einer Sprache und einem Signalsystem aus Rufen, einfachen Gesten oder Zeichen, die gedeutet werden?

Um diese Frage zu beantworten, ist zu klären, worauf ein Zeichen sich bezieht. Ahmt es etwas nach, so sprechen wir von einem Bild, beispielsweise von einem gestischen Bild: «Da genügt manchmal ...» – Daumen und Zeigefinger der in Augenhöhe gehaltenen Hand berühren sich an den Kuppen – «... so wenig». Oder: Die Hände werden ineinander gefaltet, was bei gebeugtem Kopf und geschlossenen Augen die Konzentration des Betenden mitteilt, indem es jemanden zeigt, der in dieser Haltung nicht handeln kann. Oder: Statt im lauten Lokal «Die Rechnung bitte!» zu rufen, sucht der Gast den Blickkontakt zum Kellner und führt mit der Hand eine schnelle Schreibbewegung aus. Das «ikonische» Zeichen ähnelt dem, worauf es verweist, oder es vollzieht abgekürzt nach, was es bewirken möchte.

Wird etwas hingegen als Verweis auf etwas anderes gedeutet, das mit ihm einhergeht, sprechen wir von anzeigenden, «indexikalischen» Zeichen. Dunkle Wolken kündigen Regen an. Der Alarmruf der Grünen Meerkatze, des berühmtesten zeichengebenden Tieres, verweist, je nach Höhe und Länge, auf Leoparden, Adler oder Schlangen. Die Türklingel zeigt Besuch an, das Thermometer Temperatur, und wenn jemand «St-ein» statt «Schtein» sagt, verweist das auf eine Herkunft aus dem Norden Deutschlands. Auch Worte wie «ich» oder «dies» sind solche Zeichen, die regelmäßig auf den Sprecher oder auf etwas hinweisen, das gerade gezeigt wird. Hier geht es also nicht um eine Ähnlichkeit zwischen Zeichen und Sache, sondern um eine gewisse Regelmäßigkeit ihres gemeinsamen Auftretens, die es erlaubt, vom Zeichen auf die Sache zu schließen.[1]

Von einer Sprache reden wir allerdings erst, wenn eine dritte Art des Zeichengebrauchs hinzukommt, und zwar unabhängig davon, ob er akustisch vermittelt ist oder nicht, wie beispielsweise in der Sprache der Taubstummen. Sprachen bestehen über Bilder und Verweise hinaus aus Zeichen, die sich von den Sachverhalten ablösen, die sie bezeichnen. Jemand spricht über Helena, aber sie ist gar nicht da. Durch die bloße Verwendung des Namens ist nicht einmal geklärt, von welcher Helena die Rede ist. Einigermaßen klar scheint nur, dass es sich um eine Person handelt, dass sie vermutlich weiblich ist und ihr ein griechischer Namen gegeben wurde. Doch auch eine Yacht kann «Helena» heißen, ein Parfüm oder ein Gedicht. Das Wort muss also näher bestimmt werden, damit seine Bedeutung klarwird. Bei Worten wie «Pallas Athene» oder «Yeti» haben überhaupt nur die wenigsten das gesehen, worauf sie sich beziehen, geschweige denn bei Worten wie «übermorgen», «Über-Ich», «nicht» oder «Zinsen», die sich gar nicht auf Wahrnehmbares beziehen, das man nachahmen oder zeigen könnte. Sie beziehen sich – in der Terminologie des Philosophen Charles Sanders Peirce: als Symbole – nämlich auf andere Worte und Sätze und Texte. Und zwar meistens auf ziemlich viele andere Worte, die man benötigt, um ihren jeweiligen, nie ganz feststehenden Sinn zu bestimmen. Der Versuch zu erklären, was «Zinsen» sind, dürfte einige Zeit in Anspruch nehmen, obwohl das Wort sekundenschnell verstanden wird.[2]

Symbole müssen dabei nicht Lautsymbole sein. Auch ein getragener Ring und sogar ein nicht getragener verweisen auf etwas, das nicht wahrnehmbar ist, sondern ein Ensemble von Verhaltensweisen und einstmals gesprochenen Worten: Ehe. Die Bedeutung solcher Symbole ergibt sich nicht aus der Situation, sie muss meistens durch weitere Angaben präzisiert werden und ist nur vergleichsweise locker mit der Form des Zeichens selbst verbunden, was man daran sieht, dass dunkle Wolken überall Regen anzeigen, aber das Wort für «Wolke» in anderen Sprachen «cloud», «nuage», «oblako» oder «yun» lautet. Wir haben lange Worte für kurze Dinge – «Mikroorganismus» – und kurze – «Wal» – für lange. Die Bedeutung solcher Symbole versteht nur, wer über andere, mit ihnen vernetzte Symbole und also über Sprache verfügt.[3]

Das wird besonders deutlich, wenn wir es mit Artefakten aus unvordenklichen Zeiten zu tun haben. Es gibt Tontafeln mit Zeichen, die bis heute nicht dechiffriert sind, weil wir die Sprache nicht kennen, von der auf ihnen Gebrauch gemacht wurde. So lange das so ist, können sie die Archäologen nur als Anzeichen behandeln, etwa als Dokumente einer bestimmten Kulturtechnik, als Verweise auf die damals erreichte Fähigkeit, Ton zu brennen und Schrift zu verwenden und so weiter. Oder sie werden als Bilder gedeutet: Bevor die Sprache decodiert wurde, auf die sich die ägyptischen Hieroglyphen bezogen, galten sie als Bilderschrift.

Sprache löst also den Zeichengebrauch und das Zeichenverständnis von der direkten Wahrnehmung und von eindeutigen Regelmäßigkeiten ab. Sprache versteht nur richtig, wer Symbole von Anzeichen unterscheiden kann. Tiere können das nicht. Sie finden nicht Nahrung und entscheiden dann, ob sie jemandem von ihr berichten. Sie erzählen in ihren Höhlen nicht von ihren Feinden oder von der Jagd oder von früher. Sie kommunizieren episodisch, nicht reflexiv und nicht mit Ausgriff auf erfundene, vergangene oder zukünftige Weltzustände. Oder um es mit dem amerikanischen Linguisten Derek Bickerton zu sagen: Es kann leider keinen Dr. Dolittle geben, der die «Sprache der Tiere» versteht, denn da ist gar keine.[4]

Worüber Tiere verfügen, sind Signale, die der Warnung vor Angreifern dienen, der Paarbildung, der Mitteilung von Nahrungsfunden und dem Zusammenhalt ihrer Gruppe, etwa durch das Signalisieren von Anwesenheit. Stets haben die Laute, die Tiere von sich geben, und die Gesten, die sie machen, ausschließlich in der jeweiligen Situation und ihren unmittelbaren Folgen einen Sinn. Sie sind überdies eng an den emotionalen Zustand eines Tieres gebunden, das sich nicht in seine Adressaten hineinversetzt, sondern seiner Erregung Ausdruck verleiht. Der Abstand zwischen dem Zeichen (dem Ruf) und dem Bezeichneten (dem physischen Zustand) ist gering. Die Meerkatze, die vor einem Leoparden warnt, verwendet das entsprechende Signal nicht, um tags darauf an das Überleben dieser Gefahr zu erinnern, und sie warnt nicht im Vorhinein, wenn die Horde sich einer Gegend nähert, in der Leoparden zu erwarten sind. Dafür werden die Signale oft noch gesendet, wenn die Gefahr schon vorüber ist oder die Empfänger längst reagiert haben. Insofern ist es sogar missverständlich zu sagen, ein bestimmter Ruf bezeichne einen sich nähernden Leoparden, so als sei der Ruf ein Wort oder gar ein Name im sprachlichen Sinne. Zwischen den Übersetzungen des Signals in «Leopard nähert sich», «Vorsicht, vierbeinige Gefahr», «Angst vor Leoparden!» und «Jetzt schnell auf einen Baum!» kann gar nicht unterschieden werden.[5]

In einer Sprache, und sei sie noch so einfach, wären solche Unterschiede artikulierbar. Sprachen sind nicht an emotionale Zustände gebunden und ihr Gebrauch nicht an bestimmte Situationen. Alle älteren Theorien des Sprachursprungs, die ihn in Ausrufen des Schmerzes, der Lust oder des Erschreckens fanden, handelten – das hat der Sprachwissenschaftler Theodor Benfey schon 1869 festgehalten – nicht von Sprache, sondern von dem, was geäußert wird, wenn sie versagt. Demgegenüber sind die Aussagen, die Sprachen ermöglichen, mitunter so variantenreich und eigenartig, dass erstaunlich ist, wie die Verwendung eines solches Instruments jemals erlernt werden konnte. Man denke an ironische Äußerungen, die das Gegenteil des Gesagten meinen («Denn Brutus ist ein ehrenwerter Mann»), an Wortspiele («Die vielen Staus machen mich rasend») oder an Bildbrüche («Das schlägt dem Fass die Krone ins Gesicht»). Oder man denke an unsere Fähigkeit, sprachlichen Sinn zu unterscheiden: Butterkeks, Butterfass, Buttermilch, Butterbrot, Butterfahrt, Butterblume – jedes Mal ist hier die Butter anders im Spiel, auch wenn die Worte auf genau dieselbe Weise gebaut sind.[6]

Es war Jean-Jacques Rousseau, der als Erster eine Schwierigkeit erkannt hat, die in dieser Tatsache steckt: Wie soll aus etwas, das nicht Sprache ist, Sprache hervorgehen? In seinem «Diskurs über den Ursprung der Ungleichheit unter den Menschen» von 1755 wies Rousseau darauf hin, dass die meisten der damaligen Theorien des Sprachursprungs voraussetzten, was sie zu erklären versuchten. Wer die Sprache beispielsweise aus der Kommunikation zwischen Mutter und Kind entstehen lasse, erkläre nur, wie eine schon bestehende Sprache auf Menschen übertragen werde, aber nicht ihre Entstehung. Hätten die Menschen eine Sprache nötig gehabt, um denken zu lernen – etwa, um sich von Wahrnehmungseindrücken distanzieren zu können –, so sei es «um so viel mehr vonnöten gewesen, denken zu können, um eine Sprache zu erfinden». Die versprengten Individuen, die sich die Theoretiker des Naturzustandes vorstellten, werden zu sozialen Wesen durch Sprache. Doch wie sollen sie außerhalb von Gemeinschaften überhaupt zur Sprache gefunden haben? Wenn Sprache Konvention ist – man hat sich darauf geeinigt oder daran gewöhnt, dass «Leopard» das betreffende Tier bezeichnet und «Wolke» dasselbe wie «nuage» –, auf welche Weise erfolgte dann die Übereinkunft? Es scheint, als habe man «ohne den Gebrauch der Sprache niemals eine Sprache einführen können».[7]

Wurde darum gesagt, dass am Anfang das Wort gewesen sei, weil eine spätere Entstehung der Sprache gar nicht mehr erklärbar war? Diente Gott hier also schlicht dazu, ein Henne-Ei-Problem zu lösen? Es liegt auf der Hand, dass die widersprüchliche Situation, in der Rousseau – und mit ihm eine ganze Generation von Sprachphilosophen des achtzehnten Jahrhunderts – jede Erklärung des Anfangs von Sprache sah, sich der Prämisse verdankte, dass alle Kommunikation und sogar alles Denken sprachlich verfasst sei. Erst die Unterscheidung von Kommunikation und Sprache erlaubt es, diesen Zirkel zu durchbrechen. Es gibt vorsprachliches Denken, vorsprachliche Sozialität und vorsprachliche Mitteilung durch Zeichen. Sprache ist in der Geschichte der Kommunikation lebender Wesen die späte Ausnahme, nicht das universelle Modell. Wer Kommunikation verstehen will, muss mit dem beginnen, was vor ihr lag.[8]

Eine Vermutung dazu lautet, vor der Sprache habe es eine «Protosprache» gegeben, die aus einzelnen Worten und einer minimalen Menge an Regeln für ihre Verwendung bestand. Kinder bauen in ihrer Entwicklung in den ersten Jahren ein solches Lexikon aus Laut-Bedeutungs-Kombinationen auf, das zunächst ohne reichhaltige grammatische Strukturen eingesetzt wird. So sei auch der Sprung von der Protosprache zur tatsächlichen erfolgt: durch Kombination von Worten. Was im Tierreich nämlich nicht vorkommt, ist die Qualifikation von Bezeichnungen durch Prädikate, die beispielsweise so erfolgt: «nahe» und «Leopard» wird zu «Leopard nahe». Worte machen einander durch Reihung wechselseitig informativ, was beim Tiersignal gar nicht nötig ist, das als solches schon alle verhaltensauslösenden Informationen enthält – aber eben auch nicht mehr als sie. Signale sind, anders formuliert, verlässlich und niemals Schall und Rauch, Worte hingegen können täuschen und bedeuten einzeln fast nichts. Signale sind in erster Linie manipulativ, reaktionsauslösend, Sprache ist in erster Linie informativ, welterschließend, auch wenn es sich um erfundene Welten handeln kann.[9]

Welche Welt war es anfänglich, die sie erschloss? Es muss sich um eine Welt jenseits der unmittelbaren Wahrnehmung gehandelt haben, da für die anschaulich gegebene Welt elaborierte Signalsysteme ausgereicht hätten. An ihnen, beispielsweise an einfachen Ausrufen wie es heute «Oh!», «Hoppla!», «Aua!» sind, kann sich zunächst die Fähigkeit gebildet haben, typisierte Mitteilungen in Silbenform zu machen. Vom Ausruf, der dem Sprecher entfährt, war es nicht weit zum Ausruf, der von einer Mitteilungsabsicht begleitet wird, etwa um Erstaunen oder Vorsicht auch beim Artgenossen zu bewirken. Vor etwa zwei Millionen Jahren, so eine Spekulation Derek Bickertons, ernährte sich der *Homo erectus* durch das Aufspüren von Kadavern, die Raubtiere von Pflanzenfressern – Mammuts, die Vorfahren von Elefanten, Nashörnern und Nilpferden – übrig gelassen hatten. Dazu mussten bei einer Suchstrategie, bei der sich die Sammlergemeinschaften über ein größeres Territorium aufteilten, die Fundstellen solcher Überreste, vor allem aber die Arten und der Umfang dieser Funde kommuniziert werden. Das konnte beispielsweise durch eine von Gesten begleitete Imitation der Laute geschehen, die jene Tiere von sich geben. Träfe diese Hypothese zu, so wäre ein mimetisches Zeichen, etwa das für «Mammut», hier zu einem Symbol geworden, das auf ein abwesendes Objekt hinweist, von dem ausgesagt wird, dass es tot ist und groß und bei kollektiver Aktion zur Verfügung steht. Zwischen der Sprechsituation und ihrem Auslöser, hier: dem gefundenen Aas, liegt dabei ebenso Zeit wie zwischen der Situation des Verstehens und seiner Erfüllung durch das Auffinden und gemeinsame Ausweiden des Kadavers.[10]

Eine Erzählung. Dass sich ein so konkreter Entstehungskontext von symbolischen Bezeichnungen jemals wird belegen lassen, ist unwahrscheinlich, und ganz andere Situationen sind denkbar, in denen das Ansprechen von Abwesendem nützlich war. Das Modell des Kognitionsforschers Terrence Deacon beispielsweise findet in der Arbeitsteilung zwischen monogamen Paaren einen Schlüssel zu den Anfängen symbolischer Kommunikation. Für die Gattung *Homo* ist es nämlich kennzeichnend, dass sie ein Leben in Gruppen, das vorteilhaft für die Jagd ist, mit exklusiver Paarbildung verbindet. Wenn Männer den Großteil der Nahrung für sich und ihre Familie beschaffen, während die Frauen sich um den Nachwuchs kümmern, bedürfe es, so die These, eines Versprechens der ausschließlichen Gegenseitigkeit, um dem Versorger zu versichern, dass es auch seine Kinder sind, die er versorgt, und um der Frau zu versichern, dass sie auch tatsächlich von ihm ernährt werden wird. Zusätzlich ist der Konsens der Gruppe nötig, dass solche Versprechen auch alle anderen verpflichten und auf ihren Bruch soziale Sanktionen folgen. Die Neuordnung sexueller Fortpflanzung mittels symbolischer Kommunikation wäre demnach die Voraussetzung dafür gewesen, die Vorteile des Jagens zu realisieren. So gesehen hätte die Sprache ihren Anfang in Ritualen gehabt, mit denen sich Gemeinschaften und Einzelne auf Reziprozität verpflichteten und dazu mittels Gesten, Zeichen und sehr viel später dann auch Lauten symbolische Beziehungen zwischen Frau und Mann etablierten.[11]

Einer dritten Hypothese, der des britischen Anthropologen Robin Dunbar, sind wir schon begegnet. Auch sie setzt beim Problem an, dass Sprache täuschen kann, weil sie sich auf Abwesendes bezieht. Deshalb darf von einer Erklärung der Sprachentstehung aus evolutionären Vorteilen verlangt werden, dass sie begreiflich macht, wie überhaupt Vertrauen in sprachliche Äußerungen gesetzt werden konnte. Dunbar zufolge hat sich Sprache aus der Kontaktpflege in größeren Gruppen entwickelt, die sich zu Warn- und Kampfgemeinschaften zusammengetan haben, um gegenüber Raubtieren besser zu bestehen. Wenn dabei Sprechen zunächst dieselbe Funktion hatte wie wechselseitige Körperpflege, nämlich Zugehörigkeit zu bekräftigen – wer wem den Rücken kratzt und den Nacken krault, wird registriert und entsprechend entgolten –, dann liegt für Dunbar eine Möglichkeit der Sprache im Austausch von Klatsch. Klatsch nämlich kommuniziert über Abwesende, indem geteilte Normen bekräftigt werden und zugleich Informationen über Gruppenmitglieder zirkulieren, zum Beispiel über ihre Verlässlichkeit. Kooperative Kommunikation hätte, so gesehen, ihre ursprüngliche Form nicht in Mitteilungen über Objekte und Weltzustände, sondern im Gerede über andere Personen.

Doch abgesehen von der Frage, ob Vorteile der Sprache, die sich ergeben, wenn sie zur Verfügung steht, ihre Entstehung hinlänglich erklären – sollte denn ausgerechnet Klatsch Vertrauen in Sprache gestiftet haben? Zuneigung, die sich im Körperkontakt äußert, ist weitgehend fälschungssicher, sie kann jedenfalls in ihrem Bedeutungsgehalt nicht dementiert werden, aber für sprachliche Zuwendung – «Wie war ich?» – gilt das nicht und für Klatsch am allerwenigsten. Weckt doch gerade er den Verdacht, dass nicht verlässlich ist, was einem gesagt wird. Was es hingegen gibt, ist die «soziale Trance», die Konversation bei den an ihr Beteiligten bewirkt, das Hineingezogenwerden der Aufmerksamkeit in das Gespräch, das Lauschen auf Gehörtes, das von Absichten absieht. Wenn es richtig ist, dass Tiere bis hin zu Menschenaffen durch ihr Konkurrenzverhalten gehindert werden, andere zu verstehen und die Perspektive anderer auf die Welt einzunehmen, dann stellt das unverbindliche Sprechen ähnlich wie das Spiel miteinander, das schon Tiere kennen, eine Situation dar, in der Konkurrenz nebensächlich wird. Der Sinn für kooperative Kommunikation, die wir oft auf Leistungszusammenhänge beziehen – kooperative Jagd, Arbeit, Werkzeugherstellung oder Verteidigung –, könnte insofern gerade in Kontexten geweckt worden sein, in denen es um fast nichts ging (Spiel) oder in denen Konkurrenz natürlicherweise keine Rolle spielte (Erziehung).[12]

Den Biologen Tecumseh Fitch hat die Frage nach den Gründen dafür, sprachlichen Äußerungen zu trauen, an eine Diskussion erinnert, die seit langem in seinem Fach über altruistisches Verhalten geführt wird. In einem der berühmtesten Aufsätze der Biologiegeschichte – der nur gut zwei Seiten lang ist – hatte 1964 der britische Forscher William D. Hamilton die Theorie der Verwandtenselektion skizziert, die sich mit diesem Problem beschäftigt. Wieso sollte ein Lebewesen etwas für andere tun? Oder genauer formuliert: Weshalb sollte die Evolution ein Verhalten prämieren, das unter Aufbietung eigener Energie anderen Vorteile verschafft? Die Antwort lautet, dass es auf das Verhältnis der Kosten eines solchen Verhaltens zur Verwandtschaftsnähe des dadurch begünstigten Individuums ankommt. Will sagen: Wer seinen Brüdern und Schwestern hilft, erhält damit auch die eigenen Gene im biologischen Pool. Für das Verhalten von weiblichen Insekten beispielsweise, die sich für die Reproduktion ihrer Schwester opfern, ist diese Logik einschlägig.[13]

Viel zu opfern ist bei der Mitteilung von Informationen nicht, Sprache verbraucht kaum Energie, höchstens Zeit. Viel zu gewinnen ist für nahe Verwandte aber schon, wenn man dabei an die eigenen Kinder denkt, deren langsame Aufzucht und deren, verglichen mit anderen Spezies, überschaubare Zahl ihre biologische Bedeutung noch erhöht. Die Welt des *Homo erectus*, in der die Protosprachentstehung angefangen haben soll, war eine, in der die verwandtenselektive Übertragung von Wissen über Naturumstände überlebenswichtig sein konnte. Auf die Frage, weshalb man einem anderen etwas Relevantes sagen oder gestisch, mimisch, lautlich mitteilen sollte, lässt sich also nur antworten: weil es die eigenen Kinder sind. Das würde auch erklären, weshalb der menschliche Spracherwerb so früh stattfindet, früher jedenfalls als es im Rahmen von Theorien nötig wäre, denen zufolge die Sprache in erster Linie Vorteile für die Kommunikation unter Erwachsenen besitzt. Und es passt zur Tatsache, dass Frauen über ein größeres Vokabular als Männer verfügen und Mädchen im Spracherwerb einen Vorsprung besitzen. War, so Fitch, die Sprache – in wie sehr auch immer reduzierter Form – auf diese Weise als eine unter Nahverwandten vorteilhafte Fähigkeit erst einmal in der Welt, konnte auch «vokale Kontaktpflege» unter Nichtverwandten ihre Wirkung entfalten. Hier zeigt sich, was Geschenke dem Schenkenden bringen: Anerkennung, Chancen auf Gegengeschenke, Statusgewinn. Wer relevante Information zu bieten hat, wird nicht zuletzt als Mitglied von Koalitionen geschätzt.[14]

Doch welcher Art war die Protosprache, die sich so entwickelt haben könnte? Um einzelne Worte verstehen zu können, muss es eine Disposition geben, ihre «performative» Qualität einzuschätzen. Meint, wer «Gazelle!» ruft, dass eine sich nähert, er eine getötet hat, man sich gemeinsam in Richtung einer Herde aufmachen soll? Eine Reihe von Forschern nimmt naheliegenderweise an, dass solch ein Ruf schon immer von einer Zeigegeste begleitet war, durch die deutlich gemacht wurde, dass es um das Objekt geht, das bezeichnet werden soll, und nicht primär um das Subjekt, das sich äußert. Es gibt praktisch kaum gestenloses, von keinerlei Körperbewegung unterstütztes Sprechen. Der aufrechte Gang hat mit der Befreiung der Vorderglieder und der Evolution des Gesichts, das einen anblickt, die Voraussetzungen dafür geschaffen. Womöglich war die Kommunikation, aus der sich Sprache entwickelte, also eine gestische.

Mit Gesten kann man andere dazu bringen, so zu handeln, wie man es möchte. Schon Affen sind in der Lage, in diesem Sinne gestisch zu kommunizieren, etwa um Aufmerksamkeit zu erregen. Dabei erwarten sie, dass ihre Geste bei demjenigen, der sie sieht, eine von ihnen erwünschte Handlung auslöst. Das heißt, dass Affen fähig sind, einem Gegenüber Absichten zuzutrauen und Wahrnehmungen, die zu Absichten führen. Nur können sie, wie der amerikanische Verhaltensforscher Michael Tomasello und seine Arbeitsgruppe in vielen Versuchen nachgewiesen haben, nicht über den Schatten ihres Eigeninteresses springen und solche Absichten teilen. Sie fordern nur auf, ohne zu kooperieren. Darum fragen sie sich auch nicht, wenn jemand ihnen gegenüber auf etwas zeigt, worauf derjenige zeigt, sondern was er für sich will. Absichten kennen sie nur als die eines Individuums, nicht als soziale. Und sie zeigen ihrerseits nicht auf etwas, sondern strecken die Hand danach aus, wenn sie gelernt haben, dass Menschen auf diese Geste helfend reagieren. Selbst bieten sie hingegen nur äußerst selten Hilfe an, und wenn, dann so gut wie immer nur einem solchen Gegenüber, das ihnen seinerseits hilft.[15]

Ob das gegeben ist, kann in Kontexten, in denen es um sichtbare Handlungen geht, leicht festgestellt werden. Sobald die Hilfe aber darin besteht, Informationen über Abwesendes zu teilen, muss die Mitteilungsabsicht erkannt werden, ohne dass sie der Situation entnommen werden könnte. Die Nahrung ist gar nicht sichtbar, sondern irgendwo da draußen, also kann eine gestische Information, «Gazelle!», nur verstanden werden, wenn eine Mitteilungsabsicht erkannt wurde, wenn die Beteiligten also wissen, welche performative Handlung (warnen, zeigen, ankündigen, auffordern) vollzogen wurde. Viele Gesten ähneln insofern der Sprache, als ihr Verständnis einen ganzen Hintergrund von gemeinsamem Wissen voraussetzt – vor allem aber: die Einsicht in eine kommunikative Absicht.

Affen haben diese Einsicht nicht, sie sind in freier Wildbahn nicht einmal in der Lage, einem Artgenossen etwas zu zeigen, was dieser nicht sieht. Und sie verstehen es nicht, wenn jemand für sie auf etwas Verborgenes zeigt, weil es interessant oder nützlich sein könnte. Affen verstehen Absichten, aber nicht kommunikative Absichten. Menschen hingegen sind in der Lage, von sich und ihrem Gegenüber abzusehen und eine dritte Perspektive einzunehmen, die eines «Wir» und die einer sachlichen, von unmittelbaren Interessen absehenden Einstellung. Erst dieses Absehen von den eigenen und den situativen Umständen erlaubt es überhaupt, gestische und sprachliche Konventionen zu etablieren, die über einzelne Situationen hinaus funktionieren. Jemand hat gesehen, wie das gestische oder lautliche Zeichen für «Gazelle» verwendet wurde, als es um die Aufforderung zur Jagd ging, war aber nicht in die Beziehung des Zeichens auf gerade dieses Tier eingeweiht, sondern verwendet die Geste als eine, die sagt «lasst uns jagen».[16]

Was die Fähigkeit angeht, sich in einen anderen hineinzuversetzen, so liegt es hier erneut nahe, an die helfende Kommunikation zwischen Älteren und Jüngeren zu denken, bei der informative Sprache einen evolutionären Vorteil bot. Denn Sprache ermöglicht es, beim Durchdringen von kausalen Zusammenhängen – «Was ist nötig, damit dies geschieht?» – oder beim Erkennen von Zwecken – «Wozu tut sie das?» – nicht mehr vollständig auf Versuch und Irrtum oder die statistische Auswertung langer Beobachtungszeiträume angewiesen zu sein. Wenn jemand eine Handlung nicht nur durchführt, sondern sie demonstrativ für einen Beobachter vollzieht, wird das Handeln kommunikativ begleitet, also auch von vornherein als Kommunikation – als «Vormachen», als Modellhandeln – eingerichtet. Das erleichtert das Lernen. Affen lernen zwar auch, aber sie lehren nicht. Das Lehren allgemeiner Fähigkeiten bedarf einer Sprache, und zwar einer reichhaltigen, die Worte wie «dann», «weil», «nur», «nicht» oder «ohne» kennt.[17]

Dazu passen Forschungen, die nachgewiesen haben, dass Selbstgespräche von Kindern, die durch sie für sich rekonstruieren, was ihnen gelehrt wurde, ihre Fähigkeit zur Problemlösung deutlich verbessern. Sie rekapitulieren und kommentieren das eigene Handeln, das sie mit Hilfe von Sprache wie von außen betrachten. Sie haben den Lehrer verinnerlicht. Vertrauen in sprachliche Äußerungen kann demnach auf zweierlei Weise gestärkt werden: durch Beglaubigung und durch nachvollziehbare, in Selbstgespräche überführbare Argumentation. Körperliche Kommunikation beglaubigt sich selbst, das einfache Zeigen wird durch die Anschauung beglaubigt, symbolische Kommunikation hingegen durch ihre Nachvollziehbarkeit. Grammatik und Logik sind Äquivalente für Vertrauen. In dem Moment, in dem Kommunikation über Zusammenhänge stattfindet, die wie der Gebrauch und die Herstellung von Waffen oder Feuer, die Nutzung von Rezepten, die Erfahrung mit wiederkehrenden Umweltereignissen (Tiere, Wetter) über eine konkrete Situation hinausgehen, ist Sprache unvermeidlich. Nicht nur, weil sie die Möglichkeiten der Erkenntnis erweitert, sondern weil sie über Möglichkeiten verfügt, den Zweifel an ihrer Verlässlichkeit selbst kleiner werden zu lassen. Man kann das auch so formulieren: Sprache stellt die Mittel bereit, die durch sie selbst in die Welt gebrachte Ungewissheit – Kann das sein? Lügt sie? Will er mir nur etwas und mich für dumm verkaufen? – abzumildern. Der kombinatorische Verstand und das Argumentieren, die sich mit ihr entwickeln, sind nicht in erster Linie kognitive Mittel, um Wissen zu erschließen, formuliert der französische Anthropologe und Linguist Dan Sperber. Sie sind vielmehr kommunikative Mittel, um zu entscheiden, ob Kommunikation akzeptabel ist, und umgekehrt, um Kommunikationsofferten plausibel zu machen.[18]

In die Protosprache sind auch Entwicklungen eingegangen, die wir im vorigen Kapitel behandelt haben, und solche, die für den Ursprung der Musik samt der Fähigkeit, lautliche Strukturen und Rhythmen zu erkennen, ausschlaggebend waren. Der Frühmensch dürfte Stimmübungen ohne sachlichen Mitteilungsgehalt gemacht haben, die aber sowohl einen sozialen Sinn hatten – Selbstbekräftigung der Gruppe, Pfeifen im Wald, Unterstützung von Bewegungen – als auch eine regelmäßige Struktur. Sie haben die Artikulation des Sprechapparats geschult. Dass ältere Sprachschichten gesanglicher klingen als jüngere und ältere Sprachen längere Wörter haben, ließ den dänischen Anglisten Otto Jespersen einst vermuten, dass es eine Zeit gab, «in der alles Sprechen ein Gesang war oder besser: beide noch nicht voneinander unterschieden waren». Wie die Religion vom Polytheismus zum Monotheismus, so habe sich die Sprache von der liedhaften Vielsilbigkeit zu mehr einsilbigen Worten entwickelt, die besser zu Tatsachen und abstrakten Sachverhalten passen. Zugleich weckten diese Worte, darauf macht Fitch aufmerksam, anders als ikonische Gesten von vornherein den Sinn dafür, dass Ähnlichkeit keine Bedingung dafür sein darf, Zeichen und Bezeichnetes zu verbinden, wenn denn vieles bezeichnet werden soll. Denn es gibt zwar viele gestische Bilder, aber viel zu wenig «ikonische» Töne und viel zu wenig lautmalerische Ausdrücke, aus dem leicht ersichtlichen Grund, dass zwar vieles eine räumliche Gestalt hat, aber nur wenige Dinge ein akustisches Profil. Eine wahrnehmungsnahe Sprache, so Jespersen, sei aufgrund ihres Wortmangels gezwungen, ständig Metaphern und kompakte Ausdrücke zu bilden, beispielsweise «mehr oder weniger dasselbe», eine Wendung, in der wir jedes einzelne Element verstehen, ohne jedoch angeben zu können und zu müssen, was «mehr dasselbe» heißen soll. Dafür gibt es in jeder Sprache einen ungeheuren Überschuss an phonotaktisch möglichen, aber bedeutungslosen Worten: brontal, Kritschebluh, galumphing, Raider, Twix. Das Ausprobieren der vokalen Vielfalt war also hilfreich für die Entstehung einer Sprache, deren Worte arbiträr genannt werden, weil sie in keiner inhaltlichen Beziehung zu dem stehen, was sie bezeichnen.[19]

Sprache, so kann man zusammenfassen, entsteht nicht aus einem Anfang, sondern aus vielen: aus der kooperativen Natur eines Wesens, das seine Kinder früh zur Welt bringt und lange erzieht; aus seinem gestischen Repertoire, an dem die Logik der Bezeichnung wie die Aufmerksamkeit auf gemeinsame Absichten eingeübt wurde; aus den vertrauensbildenden Effekten lautlicher Zuwendung; aus dem Lautüberschuss des Gesangs. Es ist insofern nicht verwunderlich, wie lange es dauerte, bis Sprache entstand. Der anatomisch moderne Mensch, *Homo sapiens*, hat sich vor 40 000 Jahren nach einer umwegreichen Migration, die ihn bis nach Australien und Amerika führte, auch in Europa etabliert und sich dort als einzige hominide Art gegenüber Verwandten wie dem *Homo erectus* und dem Neandertaler durchgesetzt. Die letzten Neandertaler lebten offenbar vor 28 000 Jahren im Süden Spaniens. Wobei anzumerken ist, dass das anspruchsvollste Kriterium für eine Art, nämlich sich nicht mit anderen Arten zu mischen, hier nicht erfüllt wird; was zwischen *Homo sapiens* und Neandertaler alles möglich war, ist ebenso eine offene Forschungsfrage wie die nach dem Sinn, jedem dritten Knochenfund eine neue Klasse von Frühmenschen zuzuordnen. Von Neandertalern jedenfalls ist nachgewiesen worden, dass sie die menschliche Variante des berühmten FOXP2-Gen teilten. Dessen Mutationen beeinträchtigen die Sprachfähigkeit und werden deshalb als Hinweis für den Sprachbesitz gedeutet. Das hieße, dass gesprochen wurde, bevor sich *Homo sapiens* und Neandertaler vor 300 000 Jahren in zwei Arten teilten; womöglich war es der *Homo heidelbergensis*, der als Erster sprach.

Die Neandertaler schlugen sich in kleinen Gruppen 200 000 Jahre lang durch, und das in einer Phase enormen Klimawandels. Sie verfügten zwar über Waffen, kontrollierten aber vermutlich keine Feuerstellen und bildeten keine expandierende Kultur des Symbolgebrauchs aus. Bei aller Vorsicht gegenüber den archäologischen Befunden sieht es nicht danach aus, dass sie über die Nutzung von Farbpigmenten – womöglich als Körperschmuck – hinaus über darstellende Artefakte verfügten. Beides zusammen, das Leben in kleinen Gruppen und seine kulturelle Bescheidenheit, könnte dafür sprechen, dass die Neandertaler an der Schwelle zur Sprache standen, ohne über ein gestisches, lautunterstütztes Vokabular, das zu ihrer Form von Sozialität passte, hinausgekommen zu sein. Der britische Anthropologe Steven Mithen stellt sich insbesondere die Neandertaler singend und summend, aber nicht sprechend vor.[20]

Die ersten anatomisch modernen Menschen waren Afrikaner, die vor etwa 190 000 bis 130 000 Jahren lebten und über einen langen Zeitraum hinweg erste Technologien sowie Mittel symbolischer Kommunikation wie Körperschmuck und Ornamentierung von Geräten hervorbrachten. Es sei keine biologische oder kulturelle Revolution gewesen, fassen die Anthropologinnen Sally McBrearty und Alison Brooks ihren Bericht über den *Homo sapiens* in Afrika zusammen, sondern eine sukzessive Ausdehnung des vorhandenen, geteilten Wissens in Problemlösungsschritten, die den Übergang zum «modernen» menschlichen Verhaltensrepertoire ermöglichte. Über die kognitive Ausstattung dafür habe bereits der *Homo helmei* vor 250 000 Jahren verfügt. Vergegenwärtigt man sich solche ungeheuren Zeiträume und darüber hinaus die Migration des *Homo sapiens* über Asien nach Europa, wird man nicht zuletzt den Kulturkontakt und die Begegnung von Jäger-Sammler-Gemeinschaften, die über verschiedene Zeichensysteme, lautliche und gestische Konventionen verfügten, für die Entwicklung der Sprache in Rechnung stellen dürfen. Es liegt nahe, dass ein Wesen, das sich über so lange Zeit in derart unterschiedlichen Umwelten behauptete, eine Technik entwickelte, die es erlaubte, sein Denken von den konkreten Umständen seiner Existenz und seiner Umwelt abzulösen.[21]

FÜNFTES KAPITEL

*Die Schönheit des Schmucks, des Sexes
und der wilden Biester:*
Der Anfang der Kunst

Niemand kann die Sache selbst fragen, ob sie da ist.

ABRAHAM GOTTHELF KÄSTNER

Ich habe eines dieser Dinge gefunden, die das Meer ausgeworfen hat», sagt Sokrates in einem Dialog, den sich Paul Valéry ausgedacht hat. Das Ding, das der griechische Philosoph am Strand fand, war weiß, glatt, hart, zart und leicht, ungefähr so groß wie eine Faust, ein Knochenstück vielleicht oder aus Elfenbein. «Wer hat dich gemacht, dachte ich. Du erinnerst an gar nichts, gleichwohl bist du nicht gestaltlos.» Ob es der Arbeit eines Künstlers entsprang oder der endlosen Arbeit der Wellen, bleibt ungewiss. Sokrates hält es für möglich, dass ein unförmiger Stein ins Meer geworfen wird und nach Abertausenden von Jahren als etwas daraus hervorkommt, das an ein Bildnis Apollos erinnert. «Ich meine, dass ein Fischer, der eine gewisse Vorstellung von diesem göttlichen Angesicht besäße, es vielleicht erkennen würde in diesem aus dem Wasser gezogenen Marmorstück.»[1] Die Kunst, heißt das, kann in überschaubarer Zeit etwas hervorbringen, wofür die Natur unendlich viel länger bräuchte. Die Kunst, heißt das, zielt letzten Endes auf Objekte, denen man nicht mehr ansieht, welchen Prozessen sie sich verdanken.

Vier Jahre nachdem Paul Valéry das 1921 geschrieben hatte, fand ein Amateurarchäologe in der Höhle von Makapansgat im Norden Südafrikas in einer Schicht, die auch Überreste eines

Australopithecus barg, einen rotbraunen rundlichen Jaspisstein. Er ist gut acht Zentimeter lang, knapp sieben Zentimeter breit, hat eine Höhe von ungefähr vier Zentimetern, wiegt ein halbes Pfund und ist, wie wir inzwischen wissen, fast drei Millionen Jahre alt. Drei Einbuchtungen auf einer seiner abgeflachten Seiten zeigen ein Augenpaar und einen Mund.[2] Aus dem Kiesel starrt uns ein Gesicht an. Man hat ihn seitdem vielfach als das erste Kunstwerk überhaupt bezeichnet.

Seine Markierungen verdanken sich nach geologischer Untersuchung allerdings eindeutig Erosionsprozessen, die noch viel älter sind als das späte Pliozän. Ein Werk der Natur also, nicht der Kunst. Und doch gibt der Kiesel von Makapansgat als erstes Objekt der Menschheitsgeschichte eine ästhetische Auskunft. Denn eine Funktion als Werkzeug lässt sich ihm nicht zuordnen. Dafür, dass der *Australopithecus africanus* Steine bearbeitet hätte, gibt es keine verlässlichen Zeugnisse. Der Fundort des Steins liegt Kilometer entfernt von ähnlichen Quarzvorkommen, die Höhle selbst weist keine Sedimente auf, die von Wasser transportiert wurden, und dafür, dass ihn ein Vogel dorthin entführt hätte, ist er zu schwer. Der Stein scheint also von einem *Australopithecus* in die Höhle gebracht worden zu sein. Der Grund dafür liegt nahe: Es waren jene Gesichtszüge, die den Kiesel unter anderen Kieseln hervorhoben. Der Vormensch, der ihn gefunden hatte, sah in ihm ein erstaunliches Ding und nahm es mit. Er oder sie betrachtete den Kiesel ästhetisch, mit «interesselosem Wohlgefallen», wenn man es mit Kant formulieren möchte, vielleicht aber auch mit Gefühlen zwischen Furcht und Neugier, fasziniert vom scheinbaren Angesehenwerden, oder als «objet ambigu» (Paul Valéry), als zweideutiges Objekt, das die Natur so hervorgebracht hat, als hätte es ein Mensch getan.

Bevor es zu Kunst kommen kann, muss es eine solche Wahrnehmungsweise geben, eine Empfänglichkeit für Dinge, die etwas zu bedeuten scheinen, ohne selbst einen unmittelbaren Nutzen zu haben, Dinge, die man in die eigene Höhle mitnimmt und dort betrachtet. Wie weit war der Schritt von dieser Faszination durch den merkwürdigen Kiesel zu Versuchen, solche Dinge selbst hervorzubringen? Auch ein in Marokko gefundener Stein, der zwischen 500 000 und 300 000 Jahre alt ist, die sogenannte Tan-Tan-Protofigurine, die stark einem menschlichen Körper mit angelegten Armen ähnelt, ist natürlich entstanden. Doch die Figur ist mit rot gefärbten Rillen versehen worden, die diese Ähnlichkeit noch deutlicher hervortreten lassen. In der Qafzeh-Höhle am Stadtrand von Nazareth wurden in etwa 100 000 bis 90 000 Jahre alten Schichten rote Ockerstücke gefunden, die vermutlich zur Körperbemalung bei Begräbnissen oder anderen Statusübergängen – Geburt, Menstruation, Initiation – dienten.[3] Roter Ocker findet sich auch in allen südafrikanischen Steinzeitstätten, die jünger als 100 000 Jahre sind.[4] Andere Varianten früher Zeichenproduktion sind in der Blombos-Höhle an der Südspitze Afrikas gefunden und auf ein Alter von 70 000 bis 80 000 Jahren datiert worden: etwa vierzig Gramm schwere Ockerstücke, die mit Markierungen überzogen sind, die eine Art Gitternetz mit Diagonalen durch die Seitenhalbierenden ergeben. Die Funktion dieser Kerben ist unbekannt, die Abstraktionsfähigkeit, die sie dokumentieren, weist auf Kognition hin, die den *Homo sapiens* von seinen Vorgängern unterscheidet. Hinzu kommen ebenfalls dort, aber auch in Marokko gefundene rot gefärbte Gehäuse von Meeresschnecken, die gelocht wurden, um sie wie Perlen aufzuziehen, und Platten aus Mammutkiefer mit geometrischen Kerben. Ein frühes graphisches Objekt ist die 54 000 Jahre alte ornamentierte Feuersteinscheibe aus Quneitra auf den Golan-Höhen, deren geringe Größe von sieben Zentimetern für das Einritzen von Bogenlinien eine erhebliche Geschicklichkeit seitens des Neandertalers oder *Homo sapiens* voraussetzte, der sie anfertigte.[5] 50 000 bis 30 000

Jahre alt sind, um nur ein letztes Beispiel von vielen möglichen zu geben, die punktierten Knochen aus der südafrikanischen Sibudu-Höhle nahe des Indischen Ozeans, in der auch eine Ocker-Molke-Mischung gefunden wurde, die dem Einfärben von Häuten diente.[6]

Weshalb stellten Menschen etwas her, das ihnen zumindest nicht auf den ersten Blick beim Überleben in einer unwirtlichen Natur hilfreich war? Schließlich kann für alle genannten Objekte ausgeschlossen werden, dass sie Werkzeuge waren, etwa solche zum Zählen, zur kalendarischen Aufzeichnung oder zur Verbesserung von Gebrauchsgegenständen. Weshalb zeichnet jemand dann Muster in einen Knochen oder ein Steinplättchen, färbt Teile einer Höhlenwand, eines Steines oder seiner Kleidung, gibt sich große Mühe, um einen Stein oder ein Stück Elfenbein so lange zu bearbeiten, bis es aussieht wie eine nackte dicke Frau oder ein Mischwesen aus Tier und Mensch?

Nehmen wir in einer ersten Überlegung an, dass es dafür gar keinen besonderen Grund gegeben hat. Nehmen wir an, dass es geschah, einfach weil den Designern, wenn wir sie so nennen wollen, danach war und weil sie das verzierte Objekt anschließend schöner oder zumindest bedeutender fanden als vorher. Auch dann war ihr Tun nicht folgenlos, denn danach unterschieden sich die hergestellten Dinge in normale und besondere, hervorgehobene, ohne dass ihre Besonderheit mit ihren technischen Eigenschaften zusammenhing.

Die ersten Artefakte, die als Kunstwerke gedeutet werden, sind vielfältiger Natur: ornamentierte Handäxte, Fingerriffelungen an Höhlenwänden, Muschel- und Steinperlen, Tierskulpturen aus Elfenbein, die besagten Skulpturen von Mischwesen und nackten Frauen sowie schließlich jene Höhlenmalereien, die vorzugsweise wilde Tiere zeigen und mitunter ein Interesse an Geschlechtsteilen. Im Grunde handelt es sich um zwei Sorten von Objekten, solche nämlich, die als Schmuck begriffen werden können, und solche, die das Lebendige in seinen Grenzsituationen thematisieren, in der Konfrontation mit Tieren und der Sexualität. Die besondere Prominenz der Höhlenzeichnungen, die vor etwa 35 000 Jahren, in wenigen Fällen womöglich sogar früher[7], angefertigt worden sind und deren berühmteste Beispiele sich in Frankreich und Spanien finden, hängt auch damit zusammen, dass für sie beides gilt: Schon bei ihren ersten Betrachtern weckten sie den doppelten Eindruck, magische und ästhetische Qualität zugleich zu haben, einem heiligen Raum anzugehören und ihn zu verzieren. Wir kennen in Gestalt von Edelsteinen und Amuletten, aber auch in der Körperbemalung, der Tätowierung und der Kosmetik noch heute Dinge, denen nachgesagt wird, Schmuck und magische Wirkungen zu verbinden. Die Frage nach dem Anfang der Kunst ist darum einerseits die Frage nach den Gründen dafür, etwas zu schmücken – und andererseits die Frage nach den Gründen der frühen Faszination des Menschen durch das, woraus er als Einzelwesen und als Gattung hervorging: Sexualität und Tierreich. Wer nach dem Anfang der Kunst fragt, muss insofern damit rechnen, dass die Antwort darauf zu zwei Anfängen führt, die sich mitunter berühren, aber nicht dieselben sind.

Was für beide Motivkreise gilt, wenn sie ein ästhetisches Objekt bestimmen: Kunst ist Kommunikation mittels Dingen, die über ihre technischen und materiellen Eigenschaften hinaus etwas bedeuten. Man kann mit einem Bild Farbe in die Wohnung bringen und mit einer Skulptur Briefe beschweren, aber ihre Eigenschaften sind damit – anders als die von Tapeten oder Briefbeschwerern – bei weitem nicht erschöpft. So viel jedoch ist richtig: Kunst besteht aus mitteilsamen Objekten, weshalb die Kunstgeschichte auch zur Geschichte des Umgangs mit Materialien gehört. Beginnen wir also die Suche nach dem Anfang des ästhetischen Verhaltens mit der Frage nach der Arbeit an Dingen.

Vor etwa 200000 Jahren begannen Frühmenschen damit, Objekte nicht nur zu nutzen oder zu bearbeiten, wie es diejenigen taten, die aus größeren Steinen Steinkeile herstellten oder Holz zu Speeren zuspitzten (beispielsweise die 300000 bis 400000 Jahre alten von Schöningen in Niedersachsen). Stattdessen fügten sie Objekte aus verschiedenen Teilen zusammen. Mit anderen Worten: Der Abstand zwischen dem Problem, auf das das Objekt antworten sollte, und seiner Lösung verlängerte sich. Statt zwei Schritten – finde einen geeigneten Ast, spitze ihn zu – waren nun mindestens vier oder fünf erforderlich: die Schärfung eines zuvor ausgewählten Steins, die Bearbeitung eines zuvor ausgewählten Astes, die Abstimmung beider Auswahlen aufeinander und schließlich die Befestigung des Steins an der Spitze des Astes. Das verlangt mehr als das «episodische Gedächtnis» (Merlin Donald), das beispielsweise Schimpansen zeigen, wenn sie bei der Jagd auf kleine Baumaffen (*Galago senegalensis*) spitze Stöcke benutzen, um ihre Beute aufzuspießen. Menschenaffen erkennen Objektqualitäten und sind auch imstande, Umwege bei der Lösung von Problemen zu nehmen. Sie setzen diese Erkenntnis aber nur ansatzweise in Werkzeugherstellung um: Die Äste, mittels derer die «Buschbabys» aufgescheucht oder sogar getötet werden, haben die Schimpansen zuvor abgebrochen, von Zweigen und Blättern befreit, entrindet und zugespitzt. Das Objekt selbst verliert hier aber nie die Führung, die Arbeit erfolgt entlang seiner Eigenschaften.[8]

Wenn Werkzeuge aus Teilen zusammengesetzt werden, ist das nicht nur ein weiterer Schritt in Richtung komplexer Technologien und erfordert mehr Geduld in Arbeitsprozessen; um beispielsweise Speere zu konstruieren, die einen Holzschaft, ein Heft und eine darin eingelassene Quarzspitze haben, ist ein hohes handwerkliches und werkstoffkundliches Wissen nötig, etwa über die Klebequalität von Bienenwachs, die Mischungseffekte von Pflanzengummi aus Akazienbäumen und rotem oder gelbem Ocker sowie das Härten von Klebstoff durch Erhitzung. Vielmehr beruht eine derart raffinierte chemische Kenntnis der materiellen Umwelt auf der Fähigkeit zu vergleichen und mit Wirkungsketten zu experimentieren. Das Ding wird nicht nur erkannt und verbessert, wie es die Schimpansen tun, wenn sie Äste entlauben, um sie als Waffe einzusetzen, es wird funktional zergliedert. Die Spitze kann durch etwas anderes Geschärftes ersetzt werden, Verbindungen sind brüchig, man braucht also Klebstoff, der Schwerpunkt eines Wurfgeschosses kann nicht beliebig verändert werden – und so weiter. Für all diese Überlegungen müssen nicht nur das Konzept der «Eigenschaft» und seine Teilaspekte wie etwa «zäh», «feucht», «hart», «schwer» und «mischbar» verfügbar sein – es müssen solche Konzepte auch durch wiederholende Variation von Handlungen, durch vergleichendes Ausprobieren erarbeitet und gegebenenfalls festgehalten werden. Das setzt «indexikalisches» Denken voraus, nämlich eines, das gegenwärtige Wahrnehmungen als Indikatoren für anderes begreift und aus ihnen beispielsweise Schlüsse auf die zukünftige Tauglichkeit eines Objekts zu ziehen vermag.[9]

Damit stehen wir an der Schwelle zu den ersten Bildwerken, einer Schwelle freilich, die erst sehr viel später überschritten wurde. Die ersten ornamentalen Objekte, die nach 80 000 v. Chr. nachgewiesen werden können, führen verschiedene Fähigkeiten zusammen, die zuvor getrennt waren: Formung, wie man sie aus dem Werkzeuggebrauch kannte; absichtsvolle Kommunikation; «Lesenkönnen» von Zeichen wie bei Spuren von Tieren, des Wetters et cetera. Man hat das zugehörige kognitive Repertoire als «Schweizer-Armee-Messer»-Modell bezeichnet, wonach der menschliche Geist zunächst aus der problemlösenden Intelligenz der Affen heraus Intelligenz im Plural entwickelt – soziale, technische, biologische, sprachliche. Aber lange Zeit werden diese Intelligenzen nicht kombiniert. Was man über Tiere weiß und was man über Steine weiß, tritt in keinen Zusammenhang, es werden Spuren gelesen, aber nicht «geschrieben», es gibt keine Kommunikation mittels Objekten.

Wenn sich Sprache entwickelt, ändert sich hier alles. Nun kommen Vergleiche auf, Metaphern, Symbole, Analogien. Man muss von den komplexen Werkzeugen nur den Zweck eines Bewirkens von Umweltveränderungen – «Der Speer soll das Tier treffen» – wegnehmen und durch Wahrnehmungs- und Gedankenlenkung ersetzen – «So kann man uns von den anderen unterscheiden» –, dann treten die Schmuck- und damit die Kommunikationsfunktionen der ersten ästhetischen Objekte hervor. Denn Körperbemalungen, Muschelperlen und Ornamentierungen von Gerät haben gemeinsam, dass sie etwas anzeigen, was unmittelbar nicht anschaulich ist. Nur ist es kein Sachzusammenhang, den der Produzent von Schmuck durchdenkt, bevor er ihn hervorbringt, sondern ein sozialer und gedanklicher. Die Ingenieure des Speeres überlegten: Was ist nötig, damit eine bestimmte Wirkungskette wahrscheinlich wird? Die Hersteller von Schmuck berechnen solche Wirkungen im Medium des Sozialen: Wurde eine bestimmte Bemalung oder ein Perlenschmuck gesehen, konnte auf eine besondere soziale Situation geschlossen werden, beispielsweise auf die eines bevorstehenden Rituals oder die der anstehenden Jagd. «Achtung», teilt die Bemalung mit, «jetzt kommt etwas anderes.» Perlen wiederum kommunizieren einen sozialen Status (heiratsfähig, verheiratet, Chefin, Treiber), eine Gruppenzugehörigkeit, eine Herkunft, eine «Identität», was vermuten lässt, dass damals Gruppengrößen erreicht wurden, in denen bestimmte Eigenschaften der Unterstützung durch Markierungen bedurften. Ornamente können aber auch Eigentum anzeigen, Urheberschaft oder eine verborgene Tiefe unter der gemusterten

Oberfläche, eine magische Haltung. In allen diesen Fällen ist jedenfalls vorausgesetzt, dass es Selbstbewusstsein gibt, wird der Körper einer Person doch als Träger von Mitteilungen über diese Person verwendet. Schmuck sagt «Ich».[10]

Man kann diese Eigenschaften vielleicht als die Sinnqualität des Schmucks bezeichnen, auf die der Soziologe Georg Simmel hingewiesen hat. Schmuck hebt Dinge heraus, vor allem aber seine Träger durch sie. Doch er kann das selbstverständlich nur, indem bei seiner Herstellung Rücksicht auf diejenigen genommen wird, die ihn betrachten sollen. Die Herstellung von Schmuck übt also die Praxis ein, sich in andere hineinzuversetzen. Mit Verzierungen lernt der Frühmensch, die Blicke anderer zu lenken und Aufmerksamkeit zu erzeugen. Schmuck ist ein soziales Werkzeug, weil er diejenigen, die ihn anfertigen, dazu zwingt, sich zu fragen, wie er wirkt. «Wirkung» hat entsprechend eine doppelte Bedeutung: Kausalität und Impression. Zur Aufmerksamkeit für Schmuck trägt unter anderem bei, wenn er aus Materialien hergestellt wird, die am Ort, an dem man ihn trägt, selten oder gar nicht vorhanden sind, wie etwa Muscheln im Inneren Frankreichs. Schmuck ist mit seinem «Seht her!» also einerseits, wie Simmel es formuliert hat, «der Antagonist des Geheimnisses». Zum anderen wirkt er am besten, wenn er selbst ein Geheimnis behält, etwa das seiner Herkunft oder seiner Form.[11]

In diesem Sinne teilen schon die ältesten Bildwerke ein Paradox mit: «Seht das Geheimnis!» Es wird etwas gezeigt, das seinerseits verweist. Und zwar nicht auf irgendetwas, sondern zunächst auf besondere soziale Situationen. Schmuck wird angelegt zu Festen, für Riten, in Krisenlagen, also etwa bei Hochzeit, Begräbnis, Jagd oder Krieg. Das prägt auch den Motivkreis der frühesten nachahmenden Darstellungen, die sich fast ausschließlich auf Sachverhalte hoher Irritation konzentrieren: große Wildtiere, Sexualität, Mischwesen. Während die ornamentale, schmückende Kunst also die Besonderheit einer Situation *markiert*, wird diese in der mimetischen Kunst *thematisch*. Im Verlauf der letzten Eiszeit zwischen 40 000 und 10 000 v. Chr. kommt es im Gebiet zwischen Eurasien und Südwesteuropa zu einer erhöhten Produktion abbildender Werke, die nicht mehr Werkzeuge, Personen oder Wohnstätten verzieren, sondern etwas zu erzählen scheinen. Teils sind es Höhlenmalereien, teils Skulpturen wie der berühmte Löwenmensch von Hohlenstein-Stadel oder die verschiedenen als «Venus» bezeichneten Frauenfiguren; deren ältestes Exemplar, die auf den Golan-Höhen gefundene winzige «Venus von Berekhat Ram», ist allerdings 230 000 Jahre alt und vermutlich kein Artefakt, sondern ein Geofakt, ein Erzeugnis der Natur also wie jener südafrikanische Jaspisstein.

Der Name «Venus» für frühzeitliche Frauenskulpturen verdankt sich dem Marquis de Vibraye, der 1864 in Laugerie-Basse (Dordogne) die gut acht Zentimeter große Statuette einer schlanken Frau fand, deren Geschlechtsteil deutlich markiert ist und die er darum in Abhebung von schamhaften Venusdarstellungen der griechisch-römischen Antike «Venus impudique» nannte, «unzüchtige Venus». Der Vergleich mit der Antike ist verblasst, die Gattungsbezeichnung blieb, weil sie willkommene Assoziationen mit sich führte, nicht zuletzt die einer letzten Rätselhaftigkeit. Die ungefähr 25 000 Jahre alte «Venus von Brassempouy» etwa ist eine der ersten Darstellungen eines menschlichen Gesichts. Ein weibliches Zwischenwesen aus Mensch und Pferd zeigt eine 12 000 Jahre alte in Stein eingravierte Zeichnung aus Étiolles. Der berühmte «Zauberer» aus der südfranzösischen Höhle Les Trois Frères (Ariège) schließlich soll nach Deutung mancher Archäologen einen gehörnten Schamanen darstellen; andere Forscher können beim besten Willen kein Geweih erkennen.

Was hat es mit solchen rätselhaften Bildwerken auf sich, die keinen empfindungsfähigen Betrachter gleichgültig lassen? Das mag zwar mehr über die Gegenwart sagen als über die frühgeschichtliche Vergangenheit, aber hier haben die Vorgänger dieser Gegenwart eben nicht nur Spuren hinterlassen, sondern erstmals Mitteilungen, was die Emphase begründet, die diesen Artefakten seit ihrem Auffinden entgegengebracht wird. Sie sprechen uns an, weil wir zu wissen glauben, dass sie etwas bedeutet haben, ohne zu wissen, was. Der aus dem Elfenbein eines Mammuts angefertigte Löwenmensch von Hohlenstein-Stadel beispielsweise, 35 000 bis 40 000 Jahre alt, ist eine etwa dreißig Zentimeter große Figur eines aufrecht stehenden, leicht tänzelnden, lächelnden Wesens mit angelegten Armen, den Vorderbeinen und dem Kopf eines Löwen, dessen Unterleib, Beine und Füße aber einem Menschen gehören, was sich nicht zuletzt an seinem Nabel, seinen Kniekehlen, Waden und Fersen zeigt. Andere solcher Mischwesen sind der «Adorant» aus Geißenklösterle, ebenfalls ein tanzender Löwenmensch, der Bisonmann aus dem südwestfranzösischen Gabillou, eine ebensolche Figur samt einem «gehörnten Gott» aus Les Trois Frères, der Vogelmann mit erigiertem Glied aus Lascaux und der menschliche Unterleib mit Doppelkopf aus Löwin und Bisonmann, der in der Chauvet-Höhle entdeckt wurde. All diese Exemplare wurden in eher unzugänglichen Teilen der jeweiligen Höhlen gefunden, was für kultische Sonderzonen sprechen könnte. Da Löwenmenschen und Bisonmänner nicht bekannt sind, stellt sich die Frage, ob solche Figuren einer bildhauerischen Einbildungskraft entsprangen, die versuchte, zwei Konzepte, Tier und Mensch, zu kombinieren, oder ob sie naturalistische Darstellungen von Maskenträgern sind, die Schamanismus im Sinne einer ekstatischen Beschwörung von Naturgeistern praktizierten. Die Kombinationsleistung würde dann bei der religiösen Praxis und ihrem Theater liegen. Warum der Eindruck von Schamanen aber zu Kleinplastiken verarbeitet wurde, ist damit noch nicht geklärt.[12]

Die «Venus impudique» aus der Höhle von Laugerie-Basse wirft zusammen mit ihren Artgenossinnen ähnliche Fragen auf. Unter den prähistorischen Darstellungen von Menschen stellen sie das häufigste Motiv dar; zwischen Irkutsk in Sibirien und dem Südwesten Frankreichs gibt es etwa fünfundzwanzig Fundstellen und allein zwischen 28000 und 22000 v. Chr. beinahe zweihundert solcher Figuren, die vielen als Beginn der nachahmenden Kunst gelten. Die «unzüchtige Venus» wird, da sie keine Brüste hat und ihre Vagina durch Einkerbung markiert ist, oft für die Darstellung eines jungen Mädchens gehalten und gilt ihrer Schlankheit wegen als untypisch. Das gilt auch für die aus derselben Periode des Magdalénien (18000–12000 v. Chr.) und vom selben Fundort stammende reliefhafte Darstellung einer schwangeren Frau neben einem Rentier. Mehr als zehntausend Jahre älter sind die Funde von Brassempouy im Südwesten Frankreichs, deren berühmtester ein 3,6 Zentimeter großer, von einer Kapuze bedeckter Frauenkopf ist, die «Dame à la capuche». Sie blickt den Betrachter an, als hätte sie nicht nur Brauen und Augenhöhlen, sondern verschattete Augen. Hier hatte ein Künstler oder eine Künstlerin offenkundig eine Art Werkstatt, denn die einzelnen Figuren sind erkennbar schon damals zerbrochene Werkstücke, an denen nach dem Zerbrechen weitergearbeitet wurde, um sie zu retten. Ebenfalls besonders sind Objekte wie die «Venus von Milandes» und die «Venus von Tursac», die den Frauenkörper in Form eines Phallus darstellen und, womöglich ausgehend von Eigenschaften des bearbeiteten Materials, mit solchen Zweideutigkeiten spielen.[13]

Lauter untypische Fälle also. Sie lassen fragen, was denn typisch war. Die Antwort der Archäologen: kopf- und gesichtslose Frauengestalten mit ausladenden Hüften, naturalistisch dargestellten Geschlechtsteilen und überaus dünnen Gliedmaßen, die unter großen Bäuchen und großen Brüsten fast verschwinden.

Solche Figuren, deren derzeit älteste mit 40 000 bis 36 000 Jahren die erst 2008 gefundene, sechs Zentimeter große «Venus vom Hohle Fels» aus Schelklingen in der Schwäbischen Alb ist, haben eine Vielfalt von Deutungen auf sich gezogen: als Fruchtbarkeitssymbole und Muttergottheiten, als Amulette einer auf gute Ernährung oder Abwehr von Übeln hoffenden Gemeinschaft, als Hexen oder als eine Art Vogelscheuche für Menschen, als objektgewordene Schönheitsideale und paläoerotische (oder -pornographische) Pin-ups aus Männerhand für Männergebrauch oder als Projektionen der Obsession, die beste Frau sei die fruchtbarste. Aber sie wurden auch als medizinische Demonstrationsobjekte gedeutet, als Darstellungen des Cushing-Syndroms (Cortisolüberschuss im Blut und psychosomatische Extremzustände) an dadurch für Schamanismus qualifizierten Frauen und sogar als Selbstbildnisse von Frauen, was manche ihrer extremen Proportionen erkläre, die nicht an einem Gegenüber beobachtet worden seien, sondern aufgrund einer perspektivisch verzerrten Eigenwahrnehmung entstanden seien und keine Köpfe hätten, weil die Künstlerin den eigenen Kopf nicht habe sehen können, als sie an sich Maß genommen habe. Wenn wiederum andere Archäologen unserer Tage mitteilen, eine solche Statuette bilde das Wesen des Weiblichen ab, möchte man sich ganz auf die Seite der frühmenschlichen Bildproduktion schlagen, die von Frauen erkennbar vielfältiger dachte.[14]

Wer solche Deutungen liest, muss sich zunächst vergegenwärtigen, dass sie nur gut zweihundert Objekte betreffen, die über einen Zeitraum von fast 25 000 Jahren in einem Gebiet gefunden worden sind, in dem die Fundstellen mehr als sechstausend Kilometer voneinander entfernt sind. Von einer Tradition der Venus-Figurinen zu sprechen, die auf der Schwäbischen Alb begann, ist unter diesen Umständen gewagt. Mag die historische Zeit auch immer schneller vergehen und mögen sich die ästhetischen Änderungsraten erhöht haben, so wäre es doch, als würden wir die «Olympia» von Manet und Fotografien Helmut Newtons noch zur Stichprobe hinzunehmen und dann ohne weitere Kontextinformationen den Schluss ziehen, der Mensch habe sich immer mehr von der dreidimensionalen Darstellung von weiblichen Gottheiten abgewandt und durchsichtige Kleidung sei immer wichtiger geworden. Hinzu kommen Unsicherheiten, wie hoch der Anteil weiblicher Figuren am Gesamtaufkommen von Skulpturen überhaupt ist, denn es gibt viele Zweifelsfälle, an manchen Fundorten von Figurinen gehört gut die Hälfte der Objekte dazu. Niemand weiß, wie umfangreich die paläolithische Produktion war. Und sollte man nicht annehmen, dass auch oder sogar vorzugsweise in Holz gearbeitet wurde?[15]

Offenkundig ist nur das Interesse der vorzeitlichen Bildhauer, ob sie nun Männer oder Frauen waren, an weiblichen Geschlechtsmerkmalen, und zwar über einen langen Zeitraum hinweg. Eine Fixierung auf schwangere oder auch nur reproduktionsfähige Frauen kann ausgeschlossen werden, die gefundenen Skulpturen bilden alle Altersstufen ab.[16] Manche der Figuren sind gemustert, aber ob es sich um die Wiedergabe von Körperbemalungen handelt oder um die von Textilien, muss offenbleiben. Manche werden von Tieren begleitet wie eine nur knapp fünf Zentimeter große Skulptur aus der Grimaldi-Höhle, oft als «Die Schöne und das Biest» bezeichnet, weil sie einen Frauen- und einen Tierkörper zusammenschließt. Die größte Frauendarstellung ist mit dreiundvierzig Zentimetern die reliefartige «Frau mit Horn» an der Wand der Höhle von Laussel (Dordogne); das kleinste Beispiel, die «Frau mit den zwei Köpfen» mit knapp drei Zentimetern, stammt ebenfalls aus der Grimaldi-Höhle. Ein wichtiges Merkmal der ersten Kunstwerke war also, dass es sich fast immer um kleine Objekte handelt, die vielfach eine Art Anhänger waren. Die Hohle-Fels-Venus beispielsweise hat anstelle des Kopfes eine Öse,

Der erste große Schritt für die Menschheit: die bislang ältesten Fußspuren der Menschheitsgeschichte, hinterlassen vor etwa 3,6 Millionen Jahren von zwei aufrecht gehenden Erwachsenen der Gattung *Australopithecus* in feuchter und danach gehärteter vulkanischer Asche der ostafrikanischen Fundstätte Laetoli (Nordtansania).

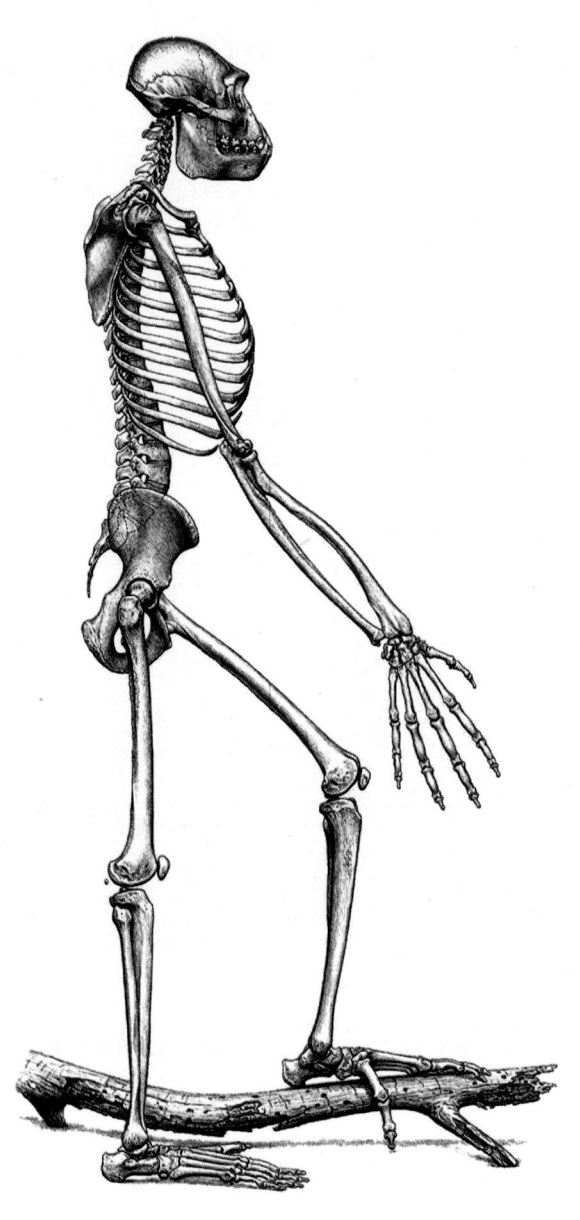

Das «Kind von Taung», mit dessen Schädel, der «zarte, menschenähnliche Merkmale» zeige, so sein erster Interpret Raymond Dart 1925, der Beleg für die afrikanischen Anfänge der Menschwerdung erbracht wurde. Es dauerte siebzehn Jahre, bis die Forschung bereit war, trotz der geringen Schädelgröße anzuerkennen, dass es sich bei diesem etwa 2,5 Millionen Jahre alten Fossil nicht um ein Affenbaby handelt.

Links: Ardipithecus ramidus, wörtlich der «Bodenaffe an der Wurzel», der Wurzel des Menschen nämlich. Vor mehr als 4,4 Millionen Jahren lebte diese Art, deren etwa 120 Zentimeter großes Fossil «Ardi», ein weibliches Skelett, 1994 in Äthiopien gefunden wurde. Seine Handknochen zeigen, dass diese Vormenschen zwar noch Baumkletterer waren, sich aber auf dem Boden nicht mehr im Knöchelgang fortbewegten.

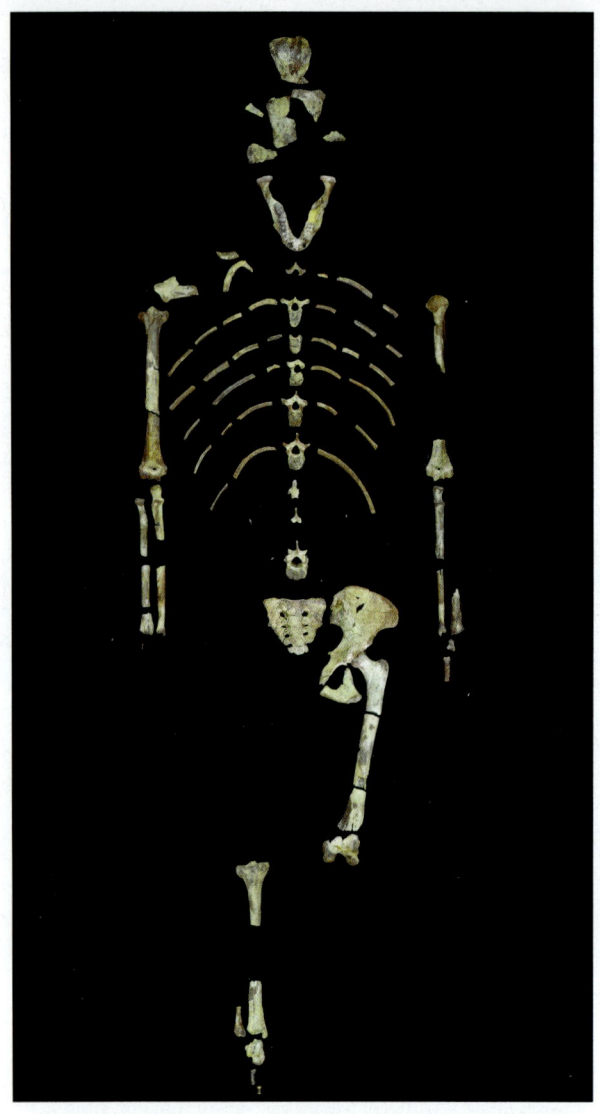

«Lucy in the sky with diamonds» – nach diesem Lied der «Beatles», das die Archäologen in ihrem Camp ständig abspielten, wurde die berühmteste Dame der Frühgeschichte benannt. 1974 in Hadar (Äthiopien) gefunden, war Lucy mit 47 von 207 Knochen eines etwa 3,2 Millionen Jahre alten Skeletts lange das am besten erhaltene Zeugnis vormenschlicher Anatomie.

So könnte Lucy ausgesehen haben: gut 105 Zentimeter groß, knapp 30 Kilogramm schwer. Bei ihrem Tod war sie etwa 25 Jahre alt. Darüber, wie die Dame ging, mit gebeugten Knien oder ganz aufrecht, und wie sie starb, durch einen Sturz vom Baum oder anders, entbrannte heftiger Streit unter Forschern.

Oben: Die Schöninger Speere, vermutlich die ältesten Jagdwaffen der Menschheit, gefunden inmitten von 12 000 Tierknochen im Helmstedter Braunkohlerevier und gut 300 000 Jahre alt. Ein dort ebenfalls entdeckter angekohlter Stab wird von manchen Forschern als Hinweis auf frühgeschichtliches Grillen gedeutet.

Unten: Wer Bier nicht mag, der trinkt es falsch. Die frühe Produktion geistiger Getränke erfolgte im Zusammenhang mit religiösen Kulten. Das Siegel von der Insel Bahrain, um 2000 bis 1800 v. Chr., zeigt eine biertrinkende Gottheit mit Antilope und Diener.

Kochen und Brauen erzeugen ein Bewusstsein für angemessenes Handeln: Wie viel wovon in welcher Reihenfolge und zu welchen Anteilen? Sumerische Keilschrifttafel (etwa 2200 bis 1900 v. Chr.) mit einem Rezept für die Herstellung von Öl und Bier.

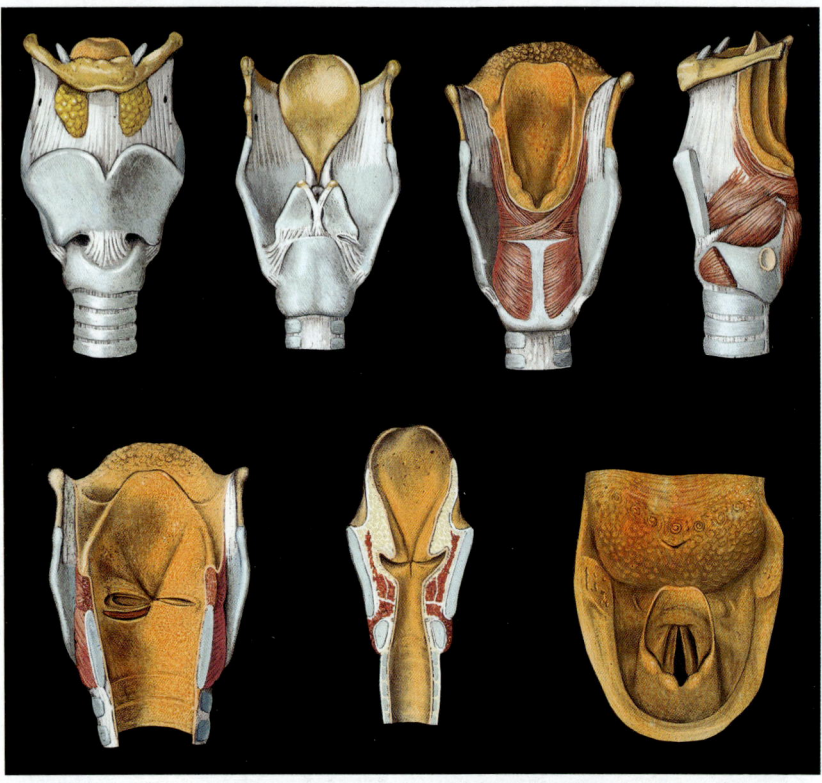

Voraussetzung jeder Artikulation: der menschliche Vokaltrakt mit abgesenktem Kehlkopf, schwingenden Stimmbändern und hochbeweglichem Resonanzraum.

Rechts oben: Natur, als wäre sie Kunst: Am Beginn ästhetischer Wahrnehmung steht der etwa drei Millionen Jahre alte Kiesel von Makapansgat (Südafrika), ein «Geofakt» aus Jaspis, das aber seiner gesichtsähnlichen Form wegen als bedeutsame Mitteilung gedeutet wurde.

Rechts unten: Amulett gegen Gefahren? Pornographie? Fruchtbarkeitssymbol? Die elfenbeinerne «Venus vom Hohle Fels» (Schwäbische Alb), sechs Zentimeter groß, 33 Gramm schwer und etwa 35 000 Jahre alt.

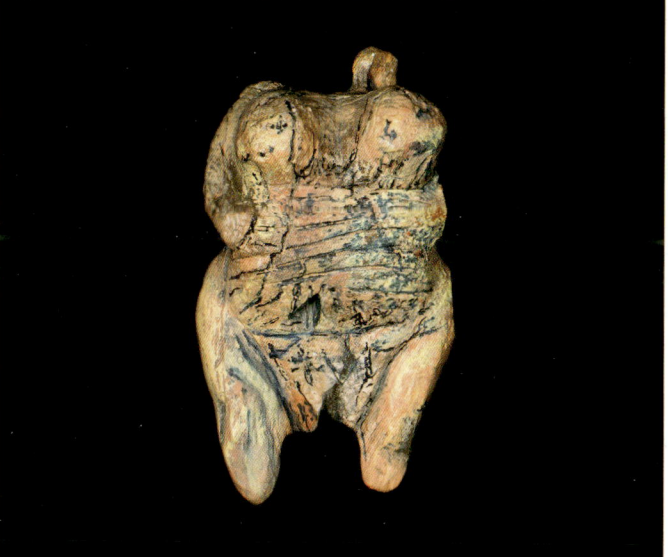

Das erste Gesicht: die nur 3,65 Zentimeter große «Venus von Brassempouy», gefunden in der «Papstgrotte» im Südwesten Frankreichs und etwa 25 000 Jahre alt.

Auerochsen, Pferde, Wollnashörner aus der Grotte Chauvet im Flusstal der Ardèche (Frankreich), die vor etwa 45 000 Jahren mit Holzkohle an die Höhlenwände gezeichnet worden sind.

Wie für ein gefährliches Fest gefärbt: der rote Steppenbison aus der Höhle von Altamira (Spanien), um 16 000 bis 11 000 v. Chr.

Rechts oben: Zum Reigen der Stiere, Pferde und Hirsche im großen Saal der Höhle von Lascaux in der Dordogne (etwa 17 000 v. Chr.) muss man sich eine zeremonielle Versammlung von Menschen hinzudenken.

Rechts unten: Wenn die Höhle eine Kathedrale gewesen ist, dann waren die Tiere die Heiligen: die ganze linke Wand des großen Saals von Lascaux.

Das Subjekt ist kein Objekt, was soll es in der Malerei?
Menschendarstellungen sind in der frühesten Kunst äußerst
selten, die Umwelt war offenbar interessanter; der Mensch
brachte es in der Malerei zumeist nur zu strichmännchenhaften
Darstellungen wie hier in der Höhle von Altamira.

Oben: Eines der drei «chinesischen Pferde» aus Lascaux mit gefiederten Pfeilen, die an ihm vorbeifliegen: Der Jäger hält es für unwahrscheinlich, das Tier zu treffen, ebendarum ist er für magisches Denken empfänglich.

Unten: Das geheimnisvollste Graffito von Lascaux mit Bison, Mensch und Wollnashorn. Ein Jagdunfall? Der Bison verliert gerade seine Eingeweide. Was bedeutet der Vogel auf der Stange? Und was die Erektion des gefallenen Menschen?

sie wurde vermutlich um den Hals oder um den Leib getragen. Da Schmuck nicht nur Aufmerksamkeit sucht, sondern mitunter magische Teilhabe behauptet – wir kennen das vierblättrige Kleeblatt und die Legenden über die Kraft von Edelsteinen, aber auch den Brauch, Trophäen zu sammeln, von Bärenzähnen bis Löwenfellen –, könnte es sich um Amulette gehandelt haben. Ob diese der Attraktion oder der Abwehr galten oder einen Status der Trägerin anzeigten, werden wir nie erfahren.

Wie viel Vorsicht bei Motivdeutungen geboten ist, zeigt die Theorie, die der bedeutende französische Paläontologe André Leroi-Gourhan über die zweite wichtige Objektgruppe anfänglicher Bildakte aufgestellt hat, die Höhlenmalereien. Unter diesem Begriff sind lange zwar nur die europäischen Beispiele von Tier- und Menschendarstellungen sowie Ornamenten an paläolithischen Höhlenwänden versammelt worden, aber es finden sich solche Zeichnungen, zumindest was Ornamente angeht, auf allen fünf Kontinenten von etwa 45 000 v. Chr. an. Doch mehr als von den Ornamenten wurden die Forscher seit jeher von den Bildern angezogen, die vor allem in südwesteuropäischen Höhlen – die berühmtesten: Altamira, Chauvet, Lascaux – wilde Tiere zeigten, Mammuts, Bisons, Pferde, Rinder, Rentiere, Steinböcke, Hirsche, Bären, Löwen oder Rhinozerosse; ab und an ist auch ein Vogel, ein Fisch oder ein gattungsunbekanntes Ungetüm darunter. Zunächst wurde vermutet, dass in den Höhlen magische Zeremonien stattfanden, die den Jagderfolg herbeibeschwören sollten, sich also an den Wänden gewissermaßen die Kirchenmalereien urzeitlicher Kathedralen befanden, in denen Tiere angerufen wurden, sich jagen zu lassen. Ihr wohlgenährter Zustand auf den Zeichnungen erkläre sich aus dem Hunger der Zeichner. Alle Markierungen auf Tieren waren dann Wunden, alle Markierungen auf den Höhlenwänden außerhalb ihrer Körper Wurfgeschosse. Dass manche an sich gut geeignete Höhlenwände unbemalt blieben, schien auf die Unterscheidung sakraler und säkularer Zonen hinzudeuten, und das Ende der Höhlenmalerei um 10 000 v. Chr. war gleich miterklärt: Klimawandel habe zum Rückzug der Jagdbeute geführt.

Doch weshalb waren dann fast nirgendwo Jagdszenen dargestellt, fast nirgendwo Jäger? Zwischen den Knochenfunden in den jeweiligen Höhlen und den Bildmotiven gibt es manchmal einen ganz engen, manchmal aber auch keinerlei Zusammenhang. In der Höhle von Pair-non-Pair (Nouvelle-Aquitaine) ist das am häufigsten abgebildete Tier der Steinbock, aber in der gesamten Region ist nie ein prähistorischer Steinbock-Knochen gefunden worden. Warum finden sich umgekehrt so vergleichsweise wenige Rentiere abgebildet, immerhin Hauptnahrungsquelle, und wieso solche Tiere, die gar nicht gejagt wurden? Um sie, die Bären und Löwen, als Jagdkonkurrenten in Bann zu halten, weswegen der Bär von Les Trois-Frères (Ariège) über und über mit kleinen Kreisen, das heißt Wunden von Steinwürfen, bedeckt ist? Aber weshalb dann der Uhu von Chauvet, der Grashüpfer von Les Trois-Frères, der Frosch von Enlène (Ariège)? Warum sind keine fünf Prozent der abgebildeten Tiere markiert, dafür aber manche Menschenfigur sowie das Wollnashorn von La Colombière (Jura), von dem wohl kaum ein Höhlenmagier geglaubt hätte, es mit kleinen Projektilen erlegen zu können? Und was, um Himmels willen, haben die Eingravierungen weiblicher Geschlechtsorgane, die an den Höhlenwänden – ganz anders als Frauenbilder – vielfach zu finden sind, mit der Jagdmagie zu tun?[17]

André Leroi-Gourhan nun änderte vor fünfzig Jahren die Blickrichtung und untersuchte sechsundsechzig europäische Höhlen auf Motivhäufigkeiten und -anordnungen, mit dem Ergebnis, dass Pferde, Bisons und Rinder nicht nur am häufigsten und in festen Kombinationen dargestellt sind, sondern dass die

Platzierung der Tiere und Zeichen an den Höhlenwänden auch einem bestimmten Muster folgte. Es gebe einen weiblichen Motivkreis: Rinder, Bisons, außerdem Ovale, Dreiecke und Rechtecke, bei denen es sich um Abstraktionen der Vulva handele, sowie Wunden. Es gebe männliche Motive: Pferde, Steinböcke, Hirsche und Rentiere sowie Punktreihen, Striche, Haken und Speere. Und es gebe feste Kombinationen von beidem, etwa wenn ein weibliches Tier in den Haupträumen der Höhlen immer nur zusammen mit einem männlichen zu sehen sei.[18]

Die Höhlenmalereien thematisierten demnach zwei Unterscheidungen: männlich/weiblich sowie Sexualität/Tod/Gefahr. So weit, so unabweisbar, zumal auch unter den plastischen Bildwerken neben den Frauenfiguren die Darstellung von Pferden prominent ist und das, wenn Pferde denn männlich sein sollten, die Unterscheidung ergänzt. Doch für wie wahrscheinlich soll man es halten, dass dieses Motivinteresse mehrere tausend Jahre lang mit einem strikten Muster einherging, einer Art verpflichtendem Vokabular und Bedeutungssystem, dem die Höhlenmalerei folgte? Wie erfuhren Höhlenmaler am Don davon, dass Pferde in der Dordogne männlich und Bisons weiblich konnotiert sind, wo doch selbst die einflussreiche französische Archäologin Annette Laming-Emperaire es noch im zwanzigsten Jahrhundert genau umgekehrt sah? Wodurch ist gesichert, dass die paarweise auftretenden Motive auch paarweise, also gleichzeitig, an den Höhlenwänden angebracht wurden? Wissenschaftler, die Leroi-Gourhans Zählungen und Kategorisierungen – «Hauptraum», «Eingangsbereich» und «hinterer Bereich» der Höhle – nachzuvollziehen versuchten, sind kaum auf tragfähige Befunde gestoßen und haben für manches trivialere Erklärungen vorgeschlagen, etwa die: Wenn mitunter fast zwei Drittel aller dargestellten Tiere in einer Höhle Pferde und Bisons sind, ist es schon aus statistischen Gründen nur allzu wahrscheinlich, dass in ihrem Zentralbereich, der bis zu drei Viertel einer Höhle ausmachen soll, Pferde und Bisons zusammen angetroffen werden können.[19]

Es wäre nun nicht nur undankbar gegen zwei der größten Forscher auf diesem Gebiet, sondern falsch, auf Unstimmigkeiten und Fehlschlüssen als solchen herumzureiten. Falsifizierbares ist gut. Vielmehr geht es darum, dass bei den Höhlenzeichnungen wie bei den weiblichen Figuren oder den Mischwesen sehr konkrete Zuschreibungen ihrer Funktion von den archäologischen Funden meistens nicht getragen werden. Für jede Hypothese, selbst für solche, die auf Auszählungen beruhen, sind zahlreiche Ausnahmefälle zur Hand. Der entscheidende Fortschritt in der Erkenntnis anfänglicher Kunst, den Leroi-Gourhan und die gleichzeitig arbeitende Laming-Emperaire gleichwohl erzielten, bestand darin, die Bildhauer und Maler nicht in erster Linie als jagende, essende, angstbesetzte oder sich im Höhlendunkel mittels Schamanen und interessanten Pilzen in Trancezustände versetzende Wesen zu erschließen, sondern als denkende Wesen ernst zu nehmen, die mit hohem Aufwand – es muss Tage und Wochen gedauert haben, einzelne dieser Artefakte herzustellen – etwas taten, das nicht nahelag. Wenn die Motivwahl bei den Skulpturen wie bei den Höhlenzeichnungen unabhängig von Ernährungsfragen und solchen der sexuellen Reproduktion erfolgte, enthielt die Existenz von Tieren und Sexualität offenbar noch andere Anregungen zum Nachdenken mit den Händen.[20]

Das lenkt die Aufmerksamkeit für die frühen Bildwerke zuletzt von der Frage, warum sie angefertigt wurden, auf die Frage, wie sie zeigen, was sie zeigen. Sie zeigen Tiere fast immer im Profil, aber mit Hufen und Hörnern – manche davon sehen wie Fühler aus –, die von vorn dargestellt sind. Sie zeigen die Tiere immer abgelöst von einer Umgebung; es gibt so gut wie keine Pflanzen, keine Gewässer, keine Berge, keine Bodenlinie. Und sie zeigen die Tiere zumeist isoliert voneinander. Mitunter wurden zwar Tiergruppen gezeichnet, und die beiden «Panneaus» der Pferde wie der Löwen in der Höhle von Chauvet, die jeweils einen Aufmarsch der Tiere zeigen, gehören zu den überwältigendsten Bildern der frühen Kunst. Aber die Darstellung von Szenen ist den Höhlenmalern im Allgemeinen ebenso fremd wie das Interesse an naturgemäßen Größenverhältnissen: Steinböcke können hier größer sein als Bären. Die schematische Wiedergabe mancher Tiere hat überdies dazu geführt, dass sich Forscher im Einzelfall uneins sind, ob es sich beispielsweise um ein Pferd, einen Bären oder um ein Rentier handelt.

Es ist, als sei es den Höhlenmalern um den Begriff des Auerochsen, des Pferdes, des Nashorns gegangen, nicht um deren tatsächliche Erscheinung. Die Tiere werden kaum in Aktion, sondern meist in modellhafter Bewegung gezeigt: stehendes Tier, sich beugendes Tier, springendes Tier, sich spreizendes Tier. Womöglich auch gejagtes Tier, obwohl Jäger nicht zu sehen sind, aber niemals jagendes Tier. Auch dort, wo Bewegung gezeigt wird, handelt es sich für gewöhnlich um Muster von Bewegungsgesten, nicht um Interaktionen; die kämpfenden Nashörner in der Grotte Chauvet sind eine Ausnahme. Der Realismus blieb, wie Leroi-Gourhan formuliert, «eine Aufforderung und wird nicht zur Kopie», weil in alle Zeichnungen eine ganz leichte Störung eingebaut sei, eine bewusste Unvollkommenheit, die das Schema lebendig und bewegt mache. Die «wie aufgeblasene Schläuche» (Leroi-Gourhan) wirkenden Leiber befinden sich in Disproportion zu den wenig kräftigen Gliedmaßen – so entsteht der Eindruck einer merkwürdigen Bewegtheit, ein schweres Objekt auf tänzelnden Beinen.[21]

Vom Menschen zeigen die Höhlen vor allem Abdrücke seiner Hände, die manchmal unvollständig sind. Ornamente in der Höhle von Rouffignac sind als Spuren der Hände von Kindern identifiziert worden, die offenbar auf den Schultern von Erwachsenen saßen, als sie die Höhle verzierten. Aber selbst der einzigartige Fund in La Marche (Vienne), wo in einer Höhle mehr als hundertfünfzig menschliche Figuren abgebildet sind, und der Zweifel bei manchen Darstellungen, ob sie Menschen oder Tiere zeigen, ändern den grundsätzlichen Eindruck nicht, dass es in den Höhlenmalereien meistens nicht um Porträts oder Signaturen ging. Das berühmte Strichmännchen aus Lascaux, das mit erregtem Glied neben einem Bison liegt, während ein Vogel auf einer Stange aus dieser seltenen Szene herausschaut, belegt besonders deutlich, worauf die Zeichner ihre Mühe verwandten, nämlich die Tiere, und worauf nicht, nämlich den Menschen.[22]

Man kann das auch so formulieren: Der Mensch kommt in den Höhlenmalereien auf ganz andere Weise vor, nicht als Bild, sondern als derjenige, der zu Bildern fähig ist. «Wenn wir die Höhle von Lascaux betreten», schrieb der französische Philosoph Georges Bataille, der die dortigen Felsmalereien vor sechzig Jahren im Original sehen konnte, «überwältigt uns ein Gefühl, das wir in einem Museum nie haben, wenn wir vor den Glasschränken mit fossilen Überresten der ältesten Menschen und ihren Steinwerkzeugen stehen. Es ist dasselbe Gefühl brennender Gegenwärtigkeit, das die Meisterwerke aller Zeiten in uns erregen. Was immer sie zu sein scheint, es appelliert die Schönheit von Menschenhand gemachter Dinge an die Zärtlichkeit, an die allgemeine Güte, die Seelen in freundlicher Brüderlichkeit bindet. Ist es nicht Schönheit, die wir lieben? Dass das Kunstwerk, mehr als man gewöhnlich wahrhaben will, das Gemüt trifft und nicht den Geist, muss gerade für Lascaux eindringlich gesagt werden, umso mehr als seine Kunst für uns zunächst die Kunst der Antipoden ist.»

Mit seiner pathetischen Beschreibung stand Bataille nicht allein, aber er hat am klarsten das Gefühl artikuliert, dass diese Bildwerke außergewöhnliche Dokumente für das Verständnis dessen sind, was man den *Homo sapiens* nennt. Bataille freilich merkt an, dass man ihn aufgrund der Bildwerke eigentlich anders, etwa *Homo artifex* oder *Homo ludens* nennen müsste. Denn diese Werke wenden sich von der Welt der Technik und der Naturbearbeitung ab, um eine Verbundenheit mit dem Tier zu markieren, die nichts mit seinen Proteinen oder den Gefahren, die von ihm ausgehen, zu tun hat. Es ging hier nicht darum, Informationen über Tiere zu geben, so wenig wie es bei den Skulpturen darum ging, etwas über Frauen oder Sexualität mitzuteilen. Tiere und Sexualität erscheinen vielmehr umgekehrt als etwas, das gut zum Nachdenken ist. Die «Bevorzugung der animalischen Welt» gründe nämlich darauf, so Bataille mit einer hellsichtigen Spekulation, dass das Leben der Tiere, so wenig wie die Sexualität im lustvollen Fall, der Arbeit unterworfen sei. Der Mensch verliert sich nicht in Selbsterhaltung und nützlichem Tun, wenn er sich dieser animalischen Welt hingibt. Kunst, die aus Arbeit, Technik und Erkenntnis hervorgeht, will doch nicht auf diese hinaus, sie ist kein Werkzeug und nützt in diesem Sinne nichts. In seinem Schmuck und seinen Bildwerken begann der Mensch zu spielen, was es rechtfertigt, sie als den Anfang der Kunst zu bezeichnen.[23]

SECHSTES KAPITEL

Von Toten und Tieren:
Der Anfang der Religion

> Mein leidiges Derselbesein
> Das modert in dem Totenschrein.
> Es endet die Identitas,
> Der Tod ist nicht ein leerer Spaß.
>
> LUDWIG FEUERBACH

Im Mai 1819 hielt Reverend William Buckland als erster Dozent der Geologie an der Universität Oxford seine Antrittsvorlesung. In ihrem Titel «Vindiciae Geologicae oder Der Zusammenhang von Geologie und Religion» bezeichnet das lateinische «vindicia» einen Rechtsanspruch. Buckland versuchte, in seinem Vortrag den Anspruch der Geologie zu begründen, eine nützliche Wissenschaft auch jenseits der Erschließung fossiler Energien und Rohstoffe zu sein. Nachdem er seinen Zuhörern zunächst vor Augen geführt hatte, wie bedeutungsvoll eine Forschung sei, die dem Globus selbst gelte, seinen Erhabenheiten (Berge, Erdbeben, Vulkane) und seinen Vergangenheiten (Fossilien), wandte sich der Theologe den religiösen Aspekten der Erd- und Gesteinskunde zu. Überall treffe sie auf die gute Einrichtung der Natur durch ihren allmächtigen Architekten, der ihre «rational inhabitants», ihre verständigen Bewohner, mit Mineralien, Metallen und Wasser versorge. Die natürliche Theologie, so durfte man das verstehen, lasse sich aus der physikalischen Struktur der Erde ableiten und aus ihrer göttlichen Einrichtung die Industriegesellschaft.[1]

Mit dem Begriff «natürliche Theologie» war die Überzeugung gemeint, dass die Betrachtung der Schöpfung mittels des menschlichen Verstandes zu denselben Ergebnissen kommt, wie sie in den Heiligen Schriften geoffenbart worden sind. Die wissenschaftliche und die biblische Chronologie der Erdgeschichte sollten danach kongruent sein.

Aber es war ein Elefant im Raum, genauer: zwei schottische Elefanten. In seinen «Dialogen über die natürliche Religion» hatte nämlich der Philosoph David Hume 1779 die Möglichkeit bestritten, den christlichen Gott aus vernünftigen Erwägungen über die Natur abzuleiten. Die Einsicht, dass das Universum geordnet sei, führe zu einer Gottesvorstellung, die mit den konkreten Festlegungen des Glaubens und den biblischen Geschichten nur noch wenig zu tun habe. Kurz darauf erfolgte ein noch viel härterer Schlag für schriftgläubige Naturforscher. 1785 nämlich widerlegte der schottische Arzt James Hutton das in der Spätantike errechnete biblische Schöpfungsdatum von 5508 v. Chr. aufgrund geologischer Befunde. In seiner «Theorie der Erde» entwickelt er den Gedanken, dass es unendlicher Zeit bedürfe, durch natürliche Prozesse die heutigen Landmassen der Kontinente aufzulösen, und es deshalb ebenfalls einer unendlichen Zeit bedurft habe, sie hervorzubringen. «The system is still the same», die geologischen Prozesse arbeiten so wie immer, nämlich langsam, und Hutton schloss seinen ersten Band mit den berühmten Worten: «Das Ergebnis unserer gegenwärtigen Untersuchungen ist, dass wir keine Spuren eines Anfangs finden – und keine Aussicht auf ein Ende.»[2]

Buckland erwähnt die «Theorie der Erde» so wenig wie die Kritik der natürlichen Religion. Dafür kam er in seiner Vorlesung immer wieder auf die von Huttons Kritik ins Mark getroffene biblische Behauptung einer großen Sintflut zurück. Nicht nur, weil sie für den Theologen das beste Beispiel dafür gab, dass selbst aus einer Katastrophe Ordnung entsteht. Die Annahme einer nicht lange zurückliegenden Flut, in der alle Erdmassen untergegangen waren, lag auch den Versuchen Bucklands zugrunde, die Existenz von Tälern, Gesteinsverschiebungen, das Alter tierischer Fossilien und die Zusammensetzung von Oberflächen der Erde zu erklären. Das Studium der Erdschichten, gesteht er allerdings zu, habe zu Schwierigkeiten geführt, den Bericht aus dem Ersten Buch Mose mit Erkenntnissen «der noch unvollkommenen geologischen Disziplin» in Übereinstimmung zu bringen. Tatsächlich konnte man damals schon wissen, dass die Dauer der in der Bibel beschriebenen Sintflut keinesfalls ausgereicht haben kann, um die Fossilschichten der Gebirge abzulagern.[3]

Das waren für Buckland aber Kleinigkeiten, an der Maßgeblichkeit des Schöpfungsberichts für die Datierung des Erdalters und die Existenz der Menschheit bestehe aus Sicht der Geologie kein Zweifel. Ja, hätte man nie zuvor von der Sintflut gehört, als Geologe hätte man sie voraussetzen müssen, um die natürlichen Phänomene der Gegenwart zu erklären. Dies mehrfach unterstreichend, verzichtet Buckland dennoch nicht darauf, die konkreten Zweifel am biblischen Bericht wenigstens anzudeuten. Die obersten Erdschichten auf Bergen scheinen langsam entstanden zu sein, aber die Sintflut soll nur ein Jahr lang gedauert haben? Knochenfunde von Tieren passten nicht zum mosaischen Zeugnis. Vielleicht lag zwischen Schöpfung und Sintflut ein viel längerer Zeitraum, so Buckland, über den der biblische Bericht schweige? Oder was im Schöpfungsbericht «Tage» heiße, bezeichne ganz andere Perioden? Buckland beendet seine Vorlesung damit, Schwierigkeiten könnten weder die Forschung noch den Glauben erschüttern – um in einem Anhang der gedruckten Fassung dann doch noch einmal zusammenzufassen, was aus Sicht der Geologie zur Sintflut zu sagen sei. Es dürfte sich um eine der händeringendsten Vorlesungen gehandelt haben, die im Fach Geologie jemals gehalten wurden.

Zur Ironie der Wissenschaftsgeschichte gehört es, dass ausgerechnet Reverend William Buckland vier Jahre später eine Entdeckung machen sollte, die viel geeigneter war, den Nutzen der geologischen Forschung für das Nachdenken über Religion zu demonstrieren. Im Januar 1823 nämlich erkundete er die Höhle «Goat's Hole» auf der Halbinsel Gower, fünfzehn Kilometer westlich von Swansea in Südwales. Dort fand er, seinem Bericht zufolge, «diluvial loam», rotgelben Lehm der Sintflut, vermischt mit Kalk und Kalkspat, dazwischen Muscheln sowie Zähne und Knochen vom Elefanten, Rhinozeros, Bär, Wolf, Fuchs, Pferd, Ochsen und vom Rotwild, von Wasserratte, Schaf, Hyäne und von Vögeln – und er fand einen halben Menschen. Über den Skelettfund heißt es in Bucklands Liste «clearly postdiluvian», eindeutig jünger als die Sintflut. Das kopflose Skelett, schloss Buckland aus dem Schmuck, der ihm beilag, sei die linke Hälfte einer Frau, die in Begräbnisposition dagelegen habe. Ihre Knochen waren dunkelrot eingefärbt – vermutlich durch Kleidung, die am Skelett verrottete –, und auch die Erde um die Leiche war gerötet. Neben ihr lagen kleine Muscheln sowie knöcherne Ringe und knapp drei bis zehn Zentimeter lange dünne Elfenbeinstäbe, ebenfalls rot.[4]

Buckland hielt das Skelett für eines aus der Zeit der römischen Eroberung Britanniens. Die «Red Lady of Paviland», wie der Fund bald hieß, den er mit deutlichem Räuspern einer Frau von «bestimmtem Charakter» zuordnete, die in der Nähe eines alten Militärlagers «welchem Beruf auch immer» nachgegangen sei, war allerdings weder eine Prostituierte, noch war sie eine Zeitgenossin Vespasians. Der Reverend aus Oxford hatte, ohne es zu wissen, etwas entdeckt, was es seiner damaligen Überzeugung nach gar nicht geben konnte: die rund 26 000 Jahre alten Überreste eines Menschen, der mit etwa zwanzig Jahren gestorben und in jener Höhle beigesetzt worden war – eines der weltweit ersten überlieferten Exemplare der Gattung *Homo sapiens*.

Doch nicht nur das. William Buckland hatte auch eines der ältesten Zeugnisse für Religion gefunden. Um das zu erklären, müssen wir ganz kurz ausholen. Denn seit es Disziplinen wie Ethnologie, Religionswissenschaft und Religionsgeschichte gibt, wurde viel darüber spekuliert, woraus Religion entstanden ist. Je nachdem, welche Funktionen man ihr zuschrieb, wurden dabei unterschiedliche Anfänge imaginiert. Beispielsweise hieß es, Götter seien personifizierte Naturerscheinungen. Der Blitz schlägt ein, und es soll ein Blitzgott dahinterstecken oder der Blitz selber ein Gott sein, weswegen in der Folge der Ort, an dem er einschlug, heilig wird. Götter sind, so verstanden, ursprünglich Augenblicksgötter. Darin liegt die Vermutung, dass den Frühmenschen alles, was neu für ihn war, religiös berührte – und alles allmählich zu einer Mythologie verarbeitet wurde. Eine dem verwandte Theorie der Religion sah sie aus dem Sinn für das Unendliche hervorgehen, als eine Andacht gegenüber Sonne, Mond und Sternenhimmel, die wie andere Naturerscheinungen durch eine Art grammatischen Zwang personifiziert würden. Das Überwältigende, Unerreichbare bekommt einen Namen und ist damit schon fast ein tätiges Wesen.[5]

Dem entgegengesetzt waren Thesen, die behaupteten, Götter seien aus Traumbildern abgeleitet worden, in denen den Schlafenden ihre toten Vorfahren erschienen seien. Auch Visionen, Trancezustände, Wahrnehmungstrübungen hätten zur Vorstellung einer Welt von Geistern geführt, die der frühe Mensch dann auf Pflanzen, Tiere, Dinge übertrug. Darauf antwortete die Theorie des Präanimismus: Nicht eine Seelenerfahrung werde religiös in die Welt hineinprojiziert, sondern die Vorstellung einer Kraft, die durch alles hindurchgehe, stehe am Anfang. Nicht Träume mit Geistern, Gespenstern, Gesichtern und anderen persönlichkeitsnahen Elementen sind hier also die Voraussetzung aller weiteren Religion, sondern die Ehrfurcht vor anonymen Mächten, die

Tabus begründen und Faszination bewirken. Dem nicht unähnlich stellten andere die Magie an den Anfang aller Religion, die mit der Vorstellung eines von bezwingbaren Kräften dominierten Universums anfange, dessen schwer beherrschbare Sachverhalte (der Körper, das Wetter, der Jagderfolg, die Fruchtbarkeit) sich als Objekte dieser religiösen Praxis anboten. Und schließlich sorgten Berichte von australischen Totemtier-Kulten dafür, dass der Anfang der Religion im Bedürfnis von Gemeinschaften gesucht wurde, sich selbst und ihre eigenen moralischen Festlegungen zu heiligen.[6]

Alle diese Theorien sind interessant. Viele von ihnen trifft aber der Spott des Sozialanthropologen Edward Evans-Pritchard, der einst von «Wenn-ich-ein-Pferd-wäre»-Spekulationen gesprochen hat, wenn Wissenschaftler versuchen, sich in ein Mitglied schriftloser Gesellschaften hineinzuversetzen, um herauszufinden, wie diese wohl zuerst auf den Gedanken von etwas Übernatürlichem gekommen sind. Die Verlegenheit, in der sich befindet, wer nach den Anfängen der Religion fragt, liegt auf der Hand. Religion bezieht sich auf Unsichtbares, Unsichtbares fossilisiert nicht, so wenig wie die Gedanken daran, das Reden darüber oder das Gefühl davon. Was aus der Frühzeit überliefert ist, sind harte Materialien. Doch das ist religionssoziologisch und -archäologisch nur dann eine aussichtslose Situation, wenn man Religion für ein Glaubenssystem hält. Nimmt man dagegen an, dass Menschen religiös sein können, indem sie bestimmte Handlungen vollziehen, ohne dabei stark artikulierte Ansichten über die Welt, die Götter und den Sinn des Ganzen zu besitzen, eröffnen sich auch für die Erforschung der Frühgeschichte Möglichkeiten, die Anfänge der Religion zu bestimmen. Hier bietet Reverend Bucklands Fund einen guten Ausgangspunkt. Denn betrachtet man die Frage nach dem Anfang der Religion archäologisch, dann sind es nicht anwesende Geister, sondern abwesende Menschen, an denen sich das erste dokumentierte religiöse Interesse meldete. Tote und der Tod haben dieses Interesse auf sich gezogen. Die ältesten überlieferten Zeugnisse religiösen Verhaltens sind Gräber.[7]

Der Tod ist schon bei höheren Tieren etwas, das als Irritation empfunden wird. Von Elefanten und Schimpansen ist beispielsweise bekannt, dass tote Artgenossen, seien sie nun Verwandte oder nicht, erhebliche Aufmerksamkeit auf sich ziehen. Der tote Körper wird mitgeschleift, betastet, untersucht, obwohl das unter epidemischen Gesichtspunkten kein gut angepasstes Verhaltensmuster ist, es kommt zu außergewöhnlichen Rufen oder außergewöhnlicher Stille sowie zu aggressivem Verhalten. Forscher beobachteten bei einem zusammenlebenden Trio von Pottos – kleinen westafrikanischen, in Bäumen lebenden, nachtaktiven Primaten –, dass nach dem Tod eines Mitglieds die restlichen beiden ein Drittel der ihnen gereichten Nahrung für den Abwesenden übrig ließen, selbst dann, als man ihre Nahrungsmenge halbierte. Dass Schimpansen Orte meiden, an denen ein Artgenosse starb, ist ebenso beobachtet worden wie das ausdrückliche Kümmern um Sterbende.[8]

Doch erst Menschen, eingeschlossen Neandertaler, haben bestattet. Allerdings beweist die Tatsache, dass ihre Toten an einen besonderen Ort gebracht wurden, allein noch nicht, dass der Tod hier als Übergang in eine andere Welt erschien. Schutz vor Raubtieren, Ekel vor dem Zersetzungsprozess, hygienische Motive sind genauso denkbar, und nicht alle Fundstätten sind Gräber. Auch für Grabbeigaben gilt, dass sie nicht notwendigerweise als Ausrüstung für den Übergang in eine andere Welt gemeint sein mussten, sondern auch schlicht ein Ausdruck von Eigentum sein konnten.

Zunächst stellt sich aber eine noch grundsätzlichere Frage: Was unterscheidet ein Skelett, das irgendwo ausgegraben wurde, von einem Skelett, dessen Besitzer darüber hinaus auch einmal eingegraben wurde? Wie also kommt man darauf, aus einem Skelettfund auf ein Grab anstatt nur auf den Ort eines Todes zu schließen? Die Antwort ist zum einen, dass es vom mittleren Paläolithikum an auffallend viele Funde gibt: Ähnlich positionierte Skelette in Erdlöchern mit flachem, komprimiertem Boden und glatten Wänden oder in besonderen Ecken von Höhlen finden sich weder zuvor noch von Tieren; auch sprechen die Vollständigkeit vieler solcher Skelette und die Unversehrtheit ihrer Knochen bei Gräbern mit mehreren Personen dagegen, dass Steinmassen sie bei einem Unglück begraben haben oder dass sie zur Beute von Raubtieren wurden. Zum anderen finden sich mitunter markierte Gräber, die mit eingekerbten Steinen bedeckt sind. Und schließlich weisen manche Orte Bestattungsmuster auf, etwa wenn sie nur Tote eines bestimmten Alters enthalten, Einzelgräber von Frauen selten sind,[9] die Toten in einer sitzenden Haltung oder mit Grabbeigaben wie Ockerstücken und Tierknochen begraben wurden. Wenn die in der Willandra-Seenregion gefundenen ältesten Überreste eines australischen Ureinwohners, des sogenannten «Mungo Man» – der auch eine Frau gewesen sein könnte –, in roten Ocker getaucht sind, dessen nächste natürliche Vorkommen sich aber erst zweihundert Kilometer entfernt finden, spricht alles dafür, dass es schon vor 40 000 Jahren rituelle Beisetzungen gab.[10]

Dabei muss es sich nicht einmal um Gräber im strikten Sinne des Wortes handeln. Der britische Archäologe Paul Pettitt, dem wir den umfassendsten Überblick zur frühgeschichtlichen Totenpflege verdanken, unterscheidet zahlreiche Weisen bei Menschen und Artverwandten, mit ihren Toten umzugehen: (1) Sie oder Teile von ihnen werden von den Lebenden mitgeführt: Totenköpfe, Reliquien, ausgestopfte Exemplare. (2) Morbidität und Kannibalismus. (3) Liegenlassen. (4) Geordnetes Zurücklassen: Die Toten werden an einen Ort gebracht, um sie vor Aasfressern zu schützen oder einfach nur loszuwerden. (5) Bedeutungsvolles Platzieren: Die Leiche soll nicht nur vor Räubern geschützt werden, sondern an einem Ort aufgebahrt, der das Geheimnis des Todes bewahrt. (6) Steinbedeckung der Toten. (7) Begräbnis: Eine Erdmulde wird ausgehoben, eine oder mehrere Leichen hineingelegt, eventuell Grabbeigaben, dann wird alles zugedeckt. (8) Friedhöfe: Orte, die ausschließlich der Totenbestattung dienen. (9) Expressive Erinnerung: Totenfeiern, Denkmäler, Lieder, Erzählungen.[11]

Der walisische Höhlenfund von Reverend Buckland beispielsweise war kein Grab im engeren Sinne des Wortes. Aber die Einfärbung des Skeletts und der Beigaben mit rotem Ocker zeigt auch hier deutlich, dass es sich um eine Beisetzung gehandelt hat. Die Toten werden nicht nur separiert, sondern auch markiert. Der Tod ist nicht einfach nur ein Dahingehen, sondern ein buchstäblich merkwürdiger Vorgang. Das entsprechende Muster der Platzierung eines oder mehrerer Toten, das einhergeht mit Ornamentierung und sogar Kunst, ist auch in anderen Grabstätten der Epoche – zum Beispiel Les Eyzies (Dordogne), Grotte de Cussac (Dordogne), Les Garennes (Charente), Krems-Wachtberg (Niederösterreich) – nachgewiesen, ohne dass deshalb schon von einer europaweiten und auf wechselseitigem Einfluss beruhenden Praxis gesprochen werden kann. Die räumlichen Distanzen waren trotz der langen Zeiträume, die für eine Diffusion von Handlungsmustern zur Verfügung standen, zu groß dafür.

Umso erstaunlicher sind die Ähnlichkeiten der Bestattungsarten: Überreste von Muschelketten, Elfenbeinperlen, die auch an einer Kette gehangen haben dürften, gehören ebenso zu den Grabbeigaben wie eingefärbte Tierzähne oder ganze Tierskelette wie der junge Hase, der dem vierjährigen «Kind von Lagar Velho» (Portugal) vor 25 000 Jahren zu Füßen gelegt wurde, oder Schwanzwirbel von Eichhörnchen. Wie Zähne und Muscheln, die neben die Köpfe gelegt wurden, könnten sie auf Haar-, Hals-

und Körperschmuck der Lebenden verweisen oder auf Masken, die sie trugen. Der Schmuck wiederum, der aus Jagdbeute gewonnen wurde, könnte die Zugehörigkeit eines Individuums zu einem Stamm angezeigt haben. Die Einfärbung von Toten und Begräbnisstätten sind von den Teilnehmern einer langen Debatte darüber teils auf symbolische Qualitäten – Rot für Blut –, teils auf konservierende Eigenschaften des Färbemittels zurückgeführt worden. Mitunter liegen die Toten jedenfalls – wie das Skelett «Il Principe» in der Arene Candide (Ligurien) – geradezu eingebettet in Ocker.[12]

Grabbeigaben sind verlässliche Indikatoren dafür, dass etwas mit der Bestattung ausgesagt werden sollte. Ob aber aus einem mitgegebenen Speer zwingend geschlossen werden muss, dass der Tote ein Jäger war? Er könnte auch Speere angefertigt haben, es könnte der Speer seines Vaters gewesen sein, oder der Speer war für die entsprechende Gemeinschaft das Wertvollste, das sie einem Toten von hohem Status mitgeben konnte. Bezeichnen Prestigegüter wie ornamentierte Tierzähne den Reichtum des Toten oder die Identität seines Clans? Oder handelte es sich bei der Überführung solcher Güter in Gräber um eine Art symbolischer Deflation, weil dem Handel mit Prestigegütern damit Objekte entzogen wurden? Jede Muschel, jede Perle, die in ein Grab wanderte, konnte schließlich im Leben keine Rolle mehr spielen. Hatte der Tote in seiner sozialen Rolle einen Nachfolger, mussten für diesen neue Ornamente, Symbole, Instrumente angefertigt werden. Da die meisten Grabbeigaben geographischen Mustern folgen – Steinwerkzeuge und Eckzähne vom Rothirsch im Süden, Elfenbein und Fuchszähne im Osten Europas –, scheinen sie allerdings weniger den sozialen Status des Toten zu bezeichnen als seine kulturelle Herkunft.[13]

Besonders deutlich ist die Zeichenhaftigkeit der Bestattungen in den Begräbnissen der Höhlen von Barma Grande (Norditalien) und Dolní Věstonice (Tschechien), wo jeweils drei junge Erwachsene auffällig symbolisch platziert worden sind. In der tschechischen Höhle liegt der ausgestreckte Arm eines Toten – kein unabsichtlicher Vorgang kann eine solche Streckung bewirken – über dem Hüftknochen der mittleren, vermutlich weiblichen Person, die mehrere Verletzungen und Knochenverformungen aufweist, und seine Hand ruht zwischen ihren Beinen, während die dritte Person mit dem Gesicht nach unten und abgewandt von den anderen daliegt. Selbst erfahrene und gegenüber vorschnellen Bedeutungszuschreibungen skeptische, den Zufall immer in Rechnung stellende Forscher staunen – «Dies ist kein normales Begräbnis» (Paul Pettitt) – über die Ähnlichkeit dieser fünfhundert Kilometer und etwa tausend Jahre voneinander entfernten Anordnungen. Um den Eindruck, dass hier jeweils eine Geschichte nachgestellt wurde, an der ein Paar und ein Dritter beteiligt waren, kommt kein Betrachter herum.

Ähnlich beeindruckend sind die sogenannten «Kinder von Sungir», ein elf bis dreizehn Jahre alter Junge und ein neun oder zehn Jahre altes Mädchen, die Kopf an Kopf in einer Linie inmitten von Tausenden kleiner, eigens für Kinder hergestellter Elfenbeinperlen, Hunderten von Fuchsknochen und anderem Schmuck sowie Speeren aus Mammutzähnen vor etwa 24 000 Jahren zweihundert Kilometer nordöstlich vom heutigen Moskau bestattet worden sind. Folgt man Berechnungen, dass die Herstellung einer einzigen solchen Perle mindestens eine Stunde Arbeit gekostet haben muss, ist die Zahl von fünftausend solcher Perlen denkwürdig. Für die eintausendfünfhundert Muschelperlen im 10 000 Jahre alten Grab des Dreijährigen von La Madeleine (Dordogne), die zweihundert Kilometer entfernt an der Atlantikküste gesammelt werden mussten, gilt dasselbe.

Wir können also sicher sein, dass solche Bestattungen eine soziale Bedeutung hatten, wir wissen nur nicht, welche. Immerhin führt die Versehrtheit der mittleren Person des Dreiergrabs von Dolní Věstonice zur Beobachtung, dass es nicht selten ungewöhnliche Skelette sind, die gefunden wurden: Föten, Säuglinge, Kinder, Jugendliche, Behinderte, Zwergwüchsige, Verletzte. Ältere unversehrte Erwachsene hingegen finden sich in den überlieferten Grabstätten des frühen *Homo sapiens* nur selten. Andererseits konnte beispielsweise der zwergwüchsige Frühmensch, der in der kalabrischen Romito-Höhle begraben wurde, siebzehn Jahre alt werden, was unter den harten Lebensbedingungen um 11000 v. Chr. eine Fürsorge von Gemeinschaften auch für Mitglieder anzeigt, die sich nicht an der Jagd beteiligen konnten.[14]

Insofern liegt der Schluss nahe, dass Begräbnisse, als sie selbst noch eine frühe Praxis und nicht selbstverständlich waren – für die späte Steinzeit zwischen 45000 und 10000 v. Chr. sind im Gebiet Eurasiens pro tausend Jahre weniger als fünf Gräber überliefert![15] –, oft an die Außeralltäglichkeit von Sterbefällen anschlossen und von einer Art Sinn für erinnernswerte ‹Geschichten› zeugen, die sich mit dem Tod verbanden. «Vielleicht», schreibt Paul Pettitt, «reflektierten Begräbnisse ‹schlechte› Tode», und man darf ergänzen: schlechte Tode in einer Zeit, in der das Leben zwar nicht einsam, aber «armselig, ekelhaft, tierisch und kurz» (Thomas Hobbes) war. Vielleicht wurden solche anatomisch abweichenden Individuen aber auch verehrt. Und womöglich lässt sich sogar beides, der schlechte Tod und die Verehrung, verbinden, wenn man annimmt, dass es sich um die Überreste von Menschenopfern handelt; dafür könnte sprechen, dass nicht selten eine übergroße Zahl an Grabbeigaben zur Hand war, als sie beigesetzt wurden, dass also die Beisetzung vielleicht lange vorhergesehen war.[16]

Bei aller Vorsicht, die bei der Zuschreibung von Handlungsmotiven geübt werden muss: Diesen Begräbnissen ist ein religiöser Impuls abzulesen, durch die Form der Bestattung sollte etwas an einer Todesart oder einem vorangegangenen Leben unterstrichen werden, was unter den harten Umständen der frühmenschlichen Existenz als außergewöhnlich galt. Wir kennen die Geschichten nicht, die uns erzählen könnten, was jeweils genau besonders an diesen Toten und Toden war, und es gibt auch keinen Grund anzunehmen, dass alle Bestattungen einander durch die Motivlage der Überlebenden ähnelten. Aber wir kommen ebenfalls nicht um die Feststellung herum, dass es solche Geschichten gegeben haben muss. Das Ritual versucht, das nicht Selbstverständliche und das nicht für normal gehaltene Ereignis zu bearbeiten. In einer Welt, deren Bewohner man sich zumeist in Not und mit Überleben beschäftigt vorstellen muss, dokumentiert die Auszeichnung des Außergewöhnlichen am Tod ein erstes Bewusstsein von Kontingenz: Etwas oder jemand hätte womöglich anders sein sollen, sie könnten noch unter uns sein, wir leben, und sie sind tot, sie waren anders und sind es jedenfalls jetzt. Begräbnisse wie die dokumentierten belegen ein Bewusstsein, das nicht nur episodisch ist, sondern etwas festhält.

Vom allmählichen Aufkommen eines symbolischen Bewusstseins des Todes muss man allerdings jede moderne Sentimentalität fernhalten. Führte doch gerade das Interesse daran, der Leiche Bedeutungen zuzuordnen, unter anderem dazu, dass die beherrschende Begräbnispraxis die einer Zerlegung des toten Körpers war, von dem die symbolisch attraktiven Teile separiert wurden. In vielen Gräbern finden sich nur Köpfe. Deren nachträgliche Ornamentierung ist eine Praxis, die bis in die Phase der frühen Siedlungsbildung anhält. Das auf Trophäen zielende Denken ging dabei mitunter so weit, dass man vor der Bestattung die Toten ausbeinte, eine Übung, die sich an manchen Orten bis in die Zeit um 8000 v. Chr. fortsetzte. Anhand der Überreste der Toten lässt sich im Einzelfall nicht einmal ausschließen, dass dem Begräbnis kannibalistische Praktiken vorhergegangen sind.[17]

Grabstätten sind mithin in einem ganz pragmatischen Sinn

«Erinnerungsfelder», buchstäblich Denkmale. Noch bevor es zur Sesshaftigkeit frühmenschlicher Gemeinschaften gekommen ist, benennen und definieren sie den bewohnten Raum dieser Gemeinschaften im Sinne einer umgekehrten Landnahme: Nicht den Leuten gehört das Land, sondern sie gehören zu ihm, dem Land gehören die Leute. Die ersten Bestattungen finden an Orten statt, an denen oder in deren Nähe auch gewohnt wurde. Die Separation der Toten von den Lebenden ist ein symbolischer Akt, der selbst ins Leben hineinwirkt. Anders formuliert: War ein Habitat für Frühmenschen zunächst etwas, an das sie dachten, sobald sie sich in ihm befanden, änderten als Erstes Bestattungsrituale diese «situative» Lebensführung. Für den sehr viel späteren Ahnenkult ist die entsprechende räumliche Fixierung eine notwendige Voraussetzung. Die Verbreitung der Bestattungsrituale gehört insofern zu einer Phase kultureller Entwicklung, in der es auch zu den ersten Proto-Kunstwerken und zu symbolischem Handeln überhaupt gekommen ist. Die Menschheit lernt in ihr über Zehntausende von Jahren hinweg allmählich, mittels Objekten und der Gestaltung von Objekten zu kommunizieren. Die Grabbeigabe ist Ausdruck dieses Umstands, indem nicht nur der tote Körper als bedeutsam behandelt wird, sondern mühevoll hergestellte Gebrauchsgegenstände als ihm zugehörig angesehen werden, die dem Toten wegzunehmen es also Motive gab. Die Toten haben Ansprüche, die gewahrt werden, obwohl ihre Träger sie nicht mehr geltend machen können.[18]

Zu den Ernährungs- und also Überlebensmotiven für eine frühmenschliche Gruppe, an einen bestimmten Ort zurückzukehren, weil dort Beute oder Pflanzenvorkommen, Wasserquellen oder geeignete Rastplätze erwartet werden konnten, kamen auf diese Weise genuin kulturelle Motive hinzu. Wir gehören hierher. Religion ist auf solche rituellen und, wenn man so will, materiellen

Festlegungen schon darum angewiesen, weil im Umgang mit Unsichtbarem die eine Behauptung so gut ist wie die andere und anfangs noch keine Theologie zur Verfügung steht, die ausarbeitet, was gesagt werden darf und geglaubt werden soll. Sehr viel später finden sich die kulturellen Motive für Bestattungen zur Mythologie erweitert, dass die Menschen aus der «Mutter» Erde kommen, weshalb sie auch in sie zurückgehen sollen. Und noch sehr viel später berichten Migrationsforscher, dass Deutsche, die sich nach der Verrentung in Spanien niederlassen, oft nur noch zu zwei Anlässen in ihre Heimat zurückkehren: wenn der TÜV fällig ist und zu ihrem Begräbnis. Mit der Vorstellung, in fremder Erde begraben zu werden, können sich offenbar selbst jene nicht anfreunden, die sonst alle Beziehungen zu ihrer Herkunft gelöst haben.[19]

Starke Affekte für einen Ort können verschiedene Gründe haben. Die Anthropologin Elisabeth Colson hat mit Blick auf die religiöse Praxis afrikanischer Stämme darauf hingewiesen, dass es sinnvoll ist, zwischen «Orten der Kraft» (places of power), an denen einfache Gemeinschaften Naturgeister vermuten, und «Tempeln des Landes» (shrines of the land) zu unterscheiden, in denen sie ihre Ahnen verehren. Fast möchte man von zwei prototypischen Erscheinungsformen von Religion sprechen. Bei Quellen, Bäumen, Wasserfällen und Höhlen, die von Geistern bewohnt werden, denen der Mensch keine eigenen Wohnungen baut, ist entscheidend, dass sie angetroffen wurden. Die Denkmale, Schreine, Monumente hingegen sind errichtet worden. Ihre Geister werden der Gemeinschaft zugeschrieben, sie waren nicht vor ihr da, sie sind nicht zeitlos. Sie repräsentieren und sakralisieren, lässt sich mit Colson sagen, nicht die Kräfte der Natur, sondern die Kontinuität des sozialen Lebens.[20]

Um 15 000 bis 12 000 v. Chr. verändert sich die Tradition, Tote zu begraben. Schon das Erdbegräbnis selbst war angesichts der vielen Möglichkeiten, Tote in Höhlen, Felsspalten oder andere Plätze zu verbringen, ein Schritt hin zu einem neuen Umgang mit ihnen. Immerhin ist der Aufwand, ein Grab auszuheben, in einer Welt ohne Schaufeln erheblich. Zunächst war auch diese Form der Aufbewahrung wenigen Individuen vorbehalten, weswegen sie sich nicht als Ausdruck hygienischer Motive deuten lässt. Jetzt entstehen Friedhöfe. Die Bestattung löst sich vom prominenten, aufgrund von Normabweichung als erinnernswert betrachteten Einzelfall, der eines Rituals bedarf. Es erfolgt eine funktionale Reservierung bestimmter Räume, und zwar kurz bevor es zu sesshaften Gesellschaften kommt. Die Basislager von Jäger-Sammler-Gruppen waren insofern von vornherein mit einem kultischen Sinn versehen und zugleich von vornherein räumlich differenziert in Orte des Wohnens der Lebenden und Orte der Toten. Beim Übergang zur Landwirtschaft dürfte diese Anreicherung fixer Orte mit sozialem Sinn mitgewirkt haben.

In dem Maße, in dem Grabstätten diese Funktion erhalten, löst sich die Erinnerung vom konkreten Fall, und es entsteht Gedächtnis. Zunächst nach innen: Aus Toten werden Ahnen. Dann auch nach außen: Die Toten und der Ort ihres Aufenthalts werden symbolisch für den Zusammenhang einer Gemeinschaft, die sich nicht nur von ihrer eigenen Vergangenheit unterscheidet, als die Ahnen noch lebten, sondern auch von anderen Gemeinschaften. Nirgendwo ist das besser zu sehen als in den Landschaftstempeln, die vom fünften vorchristlichen Jahrtausend an im Nordwesten Europas von frühen Siedlern um Gräber herum und auf Grabstätten angelegt wurden. Ihre Lage, Größe und Befestigung lässt darauf schließen, dass es sich um zentrale Kultstätten handelte, an denen von Stämmen ihrer Ahnen im Rahmen von terminierten Festen gedacht wurde. Während wir heute sagen, der Friedhof liege nahe der Kirche, gilt für die Anfänge der Religion, dass die Kirche nahe dem Friedhof lag. Viele der entsprechenden Schreine sind von weither sichtbar. Die astronomischen und kalendarischen Qualitäten mancher solcher Anlagen, die auf bestimmte Gestirnkonstellationen hin gebaut worden sind, stehen nicht im Gegensatz zu ihren anderen Funktionen, zu denen nicht nur die einer Opferstätte gehören konnte. Unter anderem signalisierten sie Ansprüche, die eine lokale Gemeinschaft auf das Land erhob, von dem sie sich ernährte. Die Toten gehören zum Land, der Kultort gehört den Toten, die Toten sind unsere Ahnen, also gehören das Land und das, was es bietet, uns. Die größten solcher Grabmonumente – etwa das von Newgrange in Irland (3150 v. Chr.) und das von Maes Howe auf der Orkney-Insel Mainland (um 3000 v. Chr.) – setzten einen erheblichen Arbeitseinsatz voraus, den leisten zu können ein Grund für das Bedürfnis nach Markierung des Landes gewesen sein mag: Bevölkerungswachstum aufgrund agrarischer Produktion, die zugleich das Denken nach Gesichtspunkten politischer Ökonomie, also solchen der Ressourcenbewirtschaftung durch kollektiv verbindliche Entscheidungen, aufkommen lässt.[21]

Mitunter erheben sich solche monumentalen, weithin sichtbaren Steingruppen über Grabkammern, wie im Hügelgrab von West Kennt Long Barrow (5500 v. Chr.), im walisischen Pentre Ifan (3500 v. Chr.) und natürlich in der berühmtesten solcher Formationen, derjenigen von Stonehenge (2600 v. Chr.), in der es Steine gibt, die bei einem Gewicht von anderthalb Tonnen aus einer Entfernung von zweihundertfünfzig bis vierhundert Kilometern aus Südwales herbeigeschafft worden sind. Das war nicht nur technisch und logistisch eine erstaunliche Leistung, es war auch religiös ein bemerkenswerter Vorgang. Viel spricht dafür, dass der Herkunftsort jener Megalithen seinerseits für religiös bedeutsam gehalten wurde und darum so gewaltige Anstrengungen unternommen worden waren, sie herbeizuschaffen. Die Zuschreibung von Sakralität war nach wie vor an Räume und Orte gebunden, das Sakrale aber erschien nun zugleich als mobil und übertragbar. Das galt auch für Personen, denn es konnte nachgewiesen werden, dass das Vieh, das sie mit sich führten, von weither kam, sie also Pilger waren. Allmählich, heißt das, fügten sich an die Grabstätten andere rituelle Funktionen an, die nicht auf den Tod von Ahnen, sondern hier beispielsweise auf die Heiligkeit und den Demonstrationswert von Steinen bezogen waren. Für manche Megalith-Plätze ließ sich entsprechend nachweisen, dass sie auch dann noch genutzt wurden, als sie schon lange nicht mehr Bestattungszwecken dienten.[22]

Dem ging die Gründung von Kultstätten voran, die keine Friedhöfe waren. Der künstlich angelegte, etwa 12 000 Jahre alte Hügel von Göbekli Tepe (Südostanatolien) mit seinen bis zu sieben Meter hohen, zwischen achthundert Kilogramm und fast elf Tonnen schweren, in Kreisen von zehn bis dreißig Metern Durchmesser angeordneten Steinsäulen, die von konzentrischen Wänden umgeben sind, ist solch ein früher Kultort ohne bislang ermittelte Begräbnisfunktion, an dem auch keine größeren Gruppen wohnten. Steine solchen Gewichts sind für jungsteinzeitliche Häuser unbekannt, Feuerstellen und Herde finden sich nicht. Selbst wenn dereinst durch weitere Grabungen festgestellt würde, dass es auch hier Bestattungen gab – diejenigen, die den Tempel erbauten, waren keine Ackerbauern, Dorf- oder gar Stadtbewohner, die ihre Toten in der Nähe ihrer Siedlung begruben. Es fehlt jede Spur von domestizierter Fauna und Flora. Gewählt wurde der Hügel vielmehr, weil es dort Kalkstein von der Qualität gab, die für die kultischen Zwecke jener Nomaden erwünscht war. Im Grunde sehen wir in Göbekli Tepe darum den vielleicht ersten Ort der Menschheitsgeschichte, der ausschließlich religiösen Zwecken diente, und können versuchen, an ihm abzulesen, was es mit diesen Zwecken auf sich hatte.[23]

Die meisten der massiven T-förmigen Säulen, die ihn charakterisieren, tragen reliefförmige Tierzeichnungen, vor allem von Füchsen, Vögeln, Schlangen und Skorpionen. Teils wirken sie wie eine Bekleidung der anthropomorphen Statuen, in die auch Gürtel, Schals, Arme und Hände eingraviert wurden. Teils laufen die Tiere als Skulpturen atemberaubend realistisch an den Säulen entlang. Diejenigen, die das angelegt haben, verfügten offenbar über eine ganze Ikonographie. Zu ihr gehörte es, viele der Tiere nach der Natur zu zeigen, die riesigen Menschenstatuen hingegen als abstrakte Zeichen wie eine Art Steinpiktogramm zu gestalten, denen beispielsweise Geschlechtsmerkmale fehlen. Oder genauer: deren Geschlechtsmerkmale graphisch verdeckt werden. Bänke zeigen an, dass es sich um einen Versammlungsort gehandelt haben muss. Umfangreiche Knochenfunde berichten von Festen mit erheblichem Fleischkonsum, wobei es sich um eine Art Bezahlung für die gehandelt haben kann, die jene gewaltigen Steinkonstruktionen errichteten und währenddessen selbst nicht jagen konnten. Es wird geschätzt, dass mindestens fünfhundert Personen nötig waren, um die Anlage zu erbauen. Womöglich stieß die Bautätigkeit an solchen Tempeln – in einem zweihundert Kilometer großen Umkreis von Göbekli Tepe finden sich zahlreiche motivverwandte Kultstätten – sogar den Übergang zur Sesshaftigkeit an. Die Tempel wären dann vor den Häusern entstanden, womöglich unter der Regie schamanistischer Anführer von Nomaden.[24]

Was dieser Tempel jedenfalls voraussetzte, war Organisation, was in diesem Tempel fehlte, waren Götter. Es existieren hier wie in anderen monumentalen Kultstätten keinerlei Hinweise auf überirdische Erscheinungen, es sei denn, man hielte die anthropomorphen Riesenstatuen dafür. Was es ebenfalls so gut wie gar nicht gibt, sind Mischwesen. So gut wie gar nicht: hier und da ein einzelner Ziegendämon oder ein Vogelmann. Aber es finden sich wilde Tiere, nicht nur in den Darstellungen, sondern auch Tierknochen aller Art, die dafür sprechen, dass im Tempel Tieropfer dargebracht wurden. Wie sich auch den sehr viel älteren Höhlenmalereien vor allem Westeuropas entnehmen lässt, zeigt das Ritual nicht nur die Obsession mit Toten, sondern auch die Obsession mit Tieren, und zwar in Göbekli Tepe auch mit solchen, die nicht gejagt wurden. Das schließt es aus, die Ursprünge der Religion allein in der Magie zu suchen, also in Versuchen, durch rituelle Beschwörungen das Jagdglück herbeizuzwingen. Nicht zuletzt erhalten sich die kultischen Tiermotive auch nach dem Übergang zur Landwirtschaft mit seiner «Vergesellschaftung» der Tiere – was für ein Interesse an der Mensch / Tier-Unterscheidung spricht, das jenseits der Motive von Jägern liegt. Bei Göbekli Tepe und vergleichbaren Tempelanlagen hat man von einer «Domestikation der Landschaft» gesprochen, die der von Pflanzen und Tieren vorangegangen ist.[25] Die Landschaft wird nicht nur instrumentell umgestaltet – in Form von Behausungen, Sammelplätzen, später Ackerflächen – und nicht nur symbolisch interpretiert, wie es geschah, wenn die Steine bestimmter Berge für heilig gehalten wurden, sondern in ihr selbst werden Symbole platziert, und zwar solche, die den Unterschied von Mensch und Tier thematisieren. Dürfte man ihnen nur einen Satz zuordnen, könnte er lauten: Der Mensch ragt aus der Tierwelt riesig heraus.[26]

Der dokumentierte Anfang der Religion hat diese beiden zentralen Motive: den Tod und die Tiere. In der etwa 60 000 Jahre alten Grotte von La Régourdou (Montignac, Aquitanien) ruhte das Skelett eines erwachsenen Neandertalers, auf seine linke Seite gedreht, auf einem Untergrund, der mit flachen Steinen ausgelegt war. Zwei Schienbeine von Braunbären waren vermutlich Grabbeigaben. Bedeckt war der Körper mit Kalkstein und einem Steinhaufen, auf den eine Schicht gebrannten Sandes mit Bärenknochen aufgebracht wurde. In der Nähe fand sich das komplette Skelett eines ebenfalls begrabenen jungen Braunbären. Für dieses Arrangement, vielleicht in der Menschheitsgeschichte das älteste Grab im vollen Sinne des Wortes, waren nicht nur hochkoordinierte Handlungen nötig, es markiert auch ein Bewusstsein der Mensch-Tier-Beziehung, wie es später erst wieder bei den Malereien an den Höhlenwänden erscheint. Man kann sich dem Eindruck schwer verschließen, dass der Anfang der Religion an der Frage laboriert, wie sehr der Frühmensch der ihn umgebenden Umwelt angehört und ein Fall von Lebendigem unter anderen ist und was ihn von anderem Lebendigen unterscheidet.

Der Abschied vom Vorgegebenen scheint von einem Distanzbewusstsein begleitet worden zu sein, auf das Rituale reagierten. Es werden besondere Orte und besondere Zeiten für besondere Gemeinschaften geschaffen, an denen es zu besonderen Handlungen kommt, die aus dem Alltag des Jagens und Sammelns herausfallen. Diese Handlungen sind kollektive nicht nur, weil die Szenerie, in der sie stattfanden, eines gewaltigen Aufwandes bedurfte. Es handelt sich auch um Aktionen kollektiver Bewusstseinslenkung. Sie beginnen in Form von Begräbnissen, lösen sich aber allmählich davon ab, wenn der Anlass des Rituals nicht vom Tod, sondern von anderen Zäsuren und von der Gemeinschaft selbst hervorgebracht wird und beispielsweise auf einer Verabredung beruht, sich zu jenen Zeiten an jenen Orten zu treffen. Auch dort unterscheidet sich der frühe Mensch erst von Tieren und sinniert ganz offenkundig über diesen Unterschied, bevor sehr viel später erst und im Kontext von Sesshaftigkeit und politischer Hierarchie die Vorstellung von Göttern aufkommt.

Wir haben Reverend Buckland und die «Rote Dame von Paviland» weit zurückgelassen. Wer war sie? Sie war, nach dem heutigen Stand der Dinge,[27] keine Dame, sondern ein junger Mann, der von den ersten anatomisch modernen Menschen abstammte, die vor 29 000 Jahren Großbritannien zu besiedeln begannen, und der selbst vermutlich vor 26 000 Jahren dort bestattet wurde. Seine Grabbeigaben weisen auf schamanistische Praktiken hin: ein Mammutschädel, symbolfarbene Pigmente, Elfenbeinstäbe, die in magischen Zusammenhängen gebraucht wurden, Muschelornamente, die Schmuck oder Klangkörper oder beides gewesen sein könnten. Der Ort selbst, eine nicht leicht und nicht ohne Gefahren zugängliche Höhle, muss denen, die ihn nutzten, geheimnisvoll erschienen sein. Dass die Anfänge der Religion in Höhlen und anderen verborgenen, abseitigen Plätzen gefunden werden können, ist dabei kein nebensächlicher Umstand. «Die urweltliche Höhle», schreibt der Philosoph Hans Blumenberg, «ist ein Ort der Konzentration von Aufmerksamkeit, der gedämpften Wachsamkeit noch im Schlaf.» Sie ist der Rückzugsraum, in dessen Schutz es, für Momente und sofern nicht der Besuch von Bären gefürchtet werden muss, nicht um das Überleben und die schweifende Aufmerksamkeit der Selbsterhaltung geht und nicht um das Ausspielen von Stärke. «Im Schutz der Höhlen», so Blumenberg, «entstand die Phantasie» und mit der Phantasie die Vorstellung, dass es mehr als eine Welt gibt, nämlich eine drinnen und eine draußen, eine oben und eine unten, eine wirkliche und eine mögliche.[28]

SIEBTES KAPITEL

Baby, don't cry, you'll never walk alone:
Der Anfang der Musik und des Tanzes

Es klappert die Mühle am rauschenden Bach.
ERNST ANSCHÜTZ

The rain in spain falls mainly in the plain.
HENRY HIGGINS

Anfang der fünfziger Jahre des zwanzigsten Jahrhunderts besuchte der amerikanische Komponist John Cage einen schalltoten Raum an der Harvard-Universität. «Schalltot» werden solche Räume genannt, weil sie nicht nur nach außen isoliert sind. Auch innen sind sie mit derart schallschluckenden Materialien verkleidet, dass in ihnen so gut wie kein Geräusch reflektiert wird, also beispielsweise auch keines, das Personen durch ihre Bewegungen machen. Der Wellenwiderstand der meist mit Keilen aus Steinwolle versehenen Wände ist in solchen Räumen nahe dem von Luft. Die Energie des Schalls wird so fast vollständig in Wärme umgewandelt.

Cage aber hört in dieser echofreien Kammer dennoch zwei Töne, einen hohen und einen tiefen. «Als ich sie dem diensthabenden Techniker beschrieb, informierte er mich, dass der hohe Ton von meinem Nervensystem erzeugt werde, der tiefe von meinem Blutkreislauf.» Und Cage, der kurz darauf das Stück «4′33″» komponiert, das aus einer Stille dieser Länge besteht, aufgeführt «von irgendeinem Instrument oder einer Kombination von Instrumenten», fügt hinzu: «Bis ich sterbe, wird es Geräusche geben. Sie werden nach meinem Tod andauern. Man muss sich keine Sorgen um die Zukunft der Musik machen.»[1]

Musik ist nicht einfach Geräusch, der große Komponist und Nachdenker über die Grundlagen seiner Kunst hat die Differenz nicht unterschlagen wollen. Musik ist, was nach und vor der Stille erklingt und aus absichtsvollen Klangproportionen besteht. Insofern ist Musik ein besonderer Fall, auch innerhalb der Künste. Denn mit dem Material der Dichtung gehen wir im Alltag ständig um, dasselbe gilt für die bildende Kunst, deren Substrate (Stein, Leinwand, Farbe) auch außerhalb künstlerischer Zusammenhänge Verwendung finden. Wer aber im Alltag singt, der macht bereits Musik, während jemand, der einen Gugelhupf backt, nicht als Bildhauer und jemand, der ein Bier bestellt, nicht schon als Poet beschrieben würde.[2]

Umgekehrt vermag kein Vogel das Muster, das man in seinem Gesang – in seiner «Strophenfolge mit nicht-zufälliger Folgewahrscheinlichkeit» – erkennen kann, durch «melodische Transposition» in einer anderen Tonart wiederzugeben.[3] Die Natur erzeugt solche Muster, erzeugt Töne, die sich von anderen unterscheiden und als «höher» oder «tiefer» wahrgenommen werden, sowie Rhythmen, die als ähnlich empfunden werden und wiederkehren. Es gibt, wenn man genau hinhört, gar keine Stille, gar keinen schalltoten Raum. Auch wenn gerade niemand Musik macht, sagt Cage, gibt es doch immer das zu hören, woraus Musik ist. Das wiederum lässt es wahrscheinlich sein, dass jemand Musik macht, und tatsächlich trägt Musik alle Züge einer allgemeinen menschlichen Fähigkeit, Melodien zu lernen, einen Ton zu halten, sich Tonfolgen zu merken und sich dazu zu bewegen. Für die Frage nach dem Anfang der Musik ist diese Erfahrung insofern bedeutsam, als man sie als Frage nach dem Anfang des Musikmachens oder als Frage nach dem Anfang des Musikhörens stellen kann.

Was das Machen von Musik betrifft, so haben wir naturgemäß keine Zeugnisse vom ersten Gesang. Wir wissen nicht einmal, ob die erste musikalische Hervorbringung überhaupt ein Gesang gewesen ist oder nicht vielmehr ein rhythmisches Trommeln, ein Tanz oder ein phrasierter Ruf etwa nach Art des Jodelns. Was wir wissen: Vor etwa 1,5 Millionen Jahren begannen sich beim Menschen die physiologischen Voraussetzungen für Gesang zu entwickeln, mit dem *Homo heidelbergensis* waren sie vor 400 000 bis 300 000 Jahren gegeben. Über Sprache im Sinne eines ausgebildeten Vokabulars und einer Grammatik verfügte der Frühmensch zu diesem Zeitpunkt noch nicht. Auch hier berühren wir also die Grenze zwischen Geräuschmustern und Musik. Aber ganz gleich, wo wir sie ziehen: Es gibt keine Hinweise, wann und von wem sie zum ersten Mal überschritten wurde.

Was es gibt, sind die ersten bekannten Musikinstrumente. Eines davon ist die etwa 40 000 Jahre alte Knochenflöte, die, 12,6 Zentimeter lang und aus der Speiche eines Schwans gefertigt, 1990 in einer schwäbischen Höhle, dem Geißenklösterle bei Blaubeuren, gefunden wurde. Auch alle anderen Funde solcher Flöten – etwa die aus Isturitz in den französischen Pyrenäen – stammen aus dem europäischen Paläolithikum, genauer: dem Aurignacien, in dem Neandertaler und der entlang der Donau nach Mitteleuropa eingewanderte *Homo sapiens* nebeneinander lebten. In dieser Zeit kommt es zu frühen symbolischen Hervorbringungen des anatomisch modernen Menschen: figurative Bildkunst, dreidimensionale Ornamente, mythologische Darstellungen und eben Musikinstrumente. Neben den Knochenflöten wurden noch andere frühe Musik- oder Geräuschinstrumente wie beispielsweise das etwas jüngere Schwirrholz aus La Roche de Birol gefunden, ein achtzehn Zentimeter langes und vier Zentimeter breites Stück aus Rentiergeweih der Magdalénien-Zeit (vor 17 000 bis 11 000 Jahren), das durch die Luft geschwungen wurde und dadurch Töne erzeugte, die insbesondere in Höhlen interessant geklungen haben dürften. Die «Venus von Laussel» wiederum, eine Steinskulptur, die 25 000 Jahre alt ist, hält ein mit Linien verziertes Bisonhorn in Schulterhöhe, als handele es sich um ein selbsttönendes Jagdhorn.[4]

Trivialerweise kann sich die Datierung der Musikanfänge nur auf solche Objekte beziehen, die sich erhalten haben. Erste Musikinstrumente aus Holz oder anderem pflanzlichen Material, Trommeln beispielsweise, können nicht überliefert worden sein. Ob Muscheln und Schildkrötenpanzer, die in Gräbern gefunden wurden, zuvor Musikinstrumente waren, ist oft nur spekulativ zu beantworten. Der Satz von John Cage, dass es das elementare Material der Musik immer geben wird und immer gab, impliziert unter anderem, dass praktisch alles ein Musikinstrument gewesen sein kann, man es dem entsprechenden Ding also nicht ansehen muss. Schwer vorstellbar, dass sich Frühmenschen dem Reiz entzogen haben, mit einem Ast auf einem Stamm zu trommeln. Hinzu kommt die Schwierigkeit, dass nicht jeder der gut zweihundert prähistorischen Knochen mit Löchern, die schon einmal als Flöte bezeichnet worden sind, auch wirklich eine Flöte ist, selbst wenn man mit ihm Töne erzeugen kann. Soll heißen: Bei manchen prähistorischen Funden – etwa dem in Slowenien (Divje Babe I) entdeckten Bärenknochen, der 10 000 Jahre älter ist als die Flöte von der Schwäbischen Alb – bleibt zweifelhaft, ob die Perforationen nicht von Fleischfressern stammen. Die entsprechenden biomechanischen Diskussionen über das Kauverhalten von Wölfen und Bären können es an Subtilität mit den induktiven Schlüssen eines Sherlock Holmes aufnehmen.[5]

Die eindeutig auf menschliche Bearbeitung zurückgehenden Knochenflöten zeigen jedenfalls einen erheblichen Grad an Raffinesse. Zweihändig zu spielen, sind sie weit mehr als Pfeifen. Mit einem Ende, in das nicht einfach geblasen werden konnte, sondern das vom Mund umschlossen werden musste, erforderten sie vom Spieler eine erhebliche Arbeit der Gesichtsmuskeln. Außerdem tragen sie zuweilen nichtornamentale Markierungen, die möglicherweise über die Art, sie zu spielen, informieren sollten. Kurz: Es handelt sich um die ältesten Funde, aber zweifelsohne gingen ihnen frühere, nicht erhaltene Instrumente voraus.[6]

Die meisten Knochenflöten sind aus den bekanntlich oft hohlen Knochen von Vögeln hergestellt worden, und man vermutet, dass die Frühmenschen ihre Eigenschaft, besondere Töne hervorzubringen, beim Versuch entdeckt haben, sie zu reinigen. Darin liegt insofern eine Ironie, als Vögel ihrerseits die prominentesten Tonfolgen liefern, die in der Natur existieren und deswegen als Vorbild für menschliche Klangerzeugung gelten. «All music is originally vocal», alle Musik sei ursprünglich Gesang, meinte der englische Soziologe Herbert Spencer, und die gesamte Forschung ist dieser Vermutung gefolgt, dass die erste Musik eine Art Signalgesang war: entweder Gesang, der sich aus Sprache als ihre Überhöhung und als eine Art erregtes Reden entwickelte, oder Gesang, der der Sprache vorausging oder mit ihr einen gemeinsamen Ursprung hatte.[7]

Während Evolutionsbiologen dem aufrechten Gang, dem Sprechen oder der Monogamie aber eindeutige oder jedenfalls unschwer vorstellbare Vorteile für die Lebensbewältigung von Arten zuordnen können, verhält es sich beim Gesang anders. Welche Gründe sollte es gehabt haben, dass singende Wesen eine höhere Chance erhielten, sich zu reproduzieren? Welche Anpassungsleistung sollte im musikalischen Vermögen liegen? «Sancta Cäcilia blickt zum Himmel», heißt es bei Carl Stumpf in Anspielung auf die Schutzheilige der Kirchenmusik, «was hilft sie uns im Kampf ums Dasein?»[8]

Die erste Antwort der Biologie lautete, dass der Gesang von

Vögeln ein Signalsystem für die Brautwerbung sei, mit dem sich auch Konkurrenten beeindrucken ließen. Gesang ist Kommunikation, heißt das, weil er Verhaltensänderungen beim Publikum auslöst. Er vermag dies, weil er etwas über die Eigenschaften und das zukünftige Verhalten des Sängers zu verraten scheint. Wer singt, teilt mindestens mit: dass es ihn gibt, dass er sich in einer bestimmten Entfernung befindet, eventuell sogar, wo genau, dass er mitteilungsfreudig ist, welcher Art er ist, zumeist auch welchen Geschlechts.

Das ist eine Menge Information, deren Verbreitung für den Sänger den zusätzlichen Vorteil hat, dass vergleichsweise wenig Energie für sie aufgewendet werden muss, und zwar für komplexe Gesänge nachgewiesenermaßen nicht einmal mehr als für einfache. Doch weshalb wird der Gesang überhaupt zur Information beim Empfänger – zu einem «Unterschied, der einen Unterschied macht» (Gregory Bateson)? Weil es zumeist eine Empfängerin ist, meinen Biologen. Zwar gibt es neben den Gesängen auch Rufe, die vor Feinden warnen oder anzeigen, dass Nahrung gefunden wurde; manche Alarmrufe sind genau so laut, dass die Artgenossen sie hören und Raubvögel nicht. Aber die Funktionalität der Vogelrufe und -gesänge, die für den Ursprung der Musik einschlägig sind, wird gerade in den lebensfördernden Folgen einer ästhetischen Eigenschaft gesehen.[9]

Der Gesang hat demzufolge bei Vögeln ähnliche Funktionen wie das Farbenspiel ihres Gefieders, doch ist er eben, wie alle akustischen Signalsysteme, auch bei wenig Licht und in Umgebungen beziehungsweise bei Abständen nützlich, die den Sichtkontakt zwischen Signalgebern und -empfängern erschweren. Zuerst argumentierte Charles Darwin in dieser Weise, und die Forschung hat, vor allem seit es Tonaufzeichnungen und Klangspektrographen gibt, viele Belege dafür entdeckt. Der Gesang von Zaunkönigen und Rohrspatzen (Teichrohrsängern) nimmt vor dem Nestbau und dem Eierlegen deutlich zu. Trennt man Kohlmeisen von ihren Weibchen, singen sie sechsmal mehr als vorher. Der Zaunkönig wiederum stellt seinen Gesang ein, wenn es zur Paarung gekommen ist. Schwarze Strandammern, die zeitweise nicht mehr singen konnten, weil ein Ornithologe ihren Luftsack punktiert hatte, mussten mit mehr Eindringlingen in ihr Territorium rechnen. Manche Biologen vermuten, dass ein hohes Repertoire an Gesängen bei Konkurrenten den Eindruck erwecken soll, das Territorium sei schon von vielen Vögeln besetzt. Tonbandaufnahmen eines Vogelrufs genügen jedenfalls, um die Konkurrenz abzuschrecken oder bei anderen Männchen aggressive Demonstrationen auszulösen.[10]

Dass mit Gesang Anwesenheit kommuniziert werden kann, liegt auf der Hand. Welchen Gewinn aber ziehen Weibchen daraus, sich vorzugsweise mit Sängern einzulassen? Dass sie es bei Vögeln tun, ist vielfach bestätigt und beobachtet worden: bei Trauer- und Halsbandschnäppern, Hauszaunkönigen, Heckenbraunellen, Staren und anderen. Längere und komplexere Gesänge sind außerdem beliebter als kurze und einfache, Weibchen erkennen die für sie relevanten Gesänge besser als Männchen.[11]

Das Beispiel der Singvögel liefert nicht nur ein mögliches, nachahmungsfähiges Muster für frühe menschliche Signalgebung. Es enthält auch ein systematisches Argument, das den Nutzen des scheinbar Überflüssigen betrifft. Der Bedeutungsgehalt eines Gesangs ist denkbar einfach. Das Männchen singt, wenn man so will, nicht viel mehr als seinen Namen, seine Paarungsbereitschaft und seinen Aufenthaltsort, es singt «Rotrücken-Spottdrossel», es singt «bin bereit», singt «mein Territorium» und «ich kann das». Bemerkenswerterweise teilen manche Vogelarten diese Information aber in einer Vielzahl von Tonsequenzen mit. Nicht alle, es gibt durchaus eintönige Singvögel, die trotzdem überleben konnten. Bei der rotrückigen Spottdrossel (*Toxostoma rufum*) jedoch, die bislang auf dem Spitzenplatz liegt, sind mehr als eintausendachthundert verschiedene Lieder-Einheiten beobachtet worden. Da stellt sich durchaus die nagende Frage, welchen evolutionären Nutzen ein so umfangreiches Repertoire wohl bei einem Vogel haben kann, der nicht in Verhältnissen intensiver räumlicher Konkurrenz lebt und außerdem monogam.[12]

Sollte es also auch im Tierreich neben der sexuellen Beeindruckung durch rhetorische Vielfalt einen ästhetischen Überschuss über das Nützliche hinaus geben? Oder anders formuliert: Ist Vielfalt selbst die Botschaft?[13]

Da die Kosten der Reproduktion für weibliche Tiere sehr viel höher liegen als für männliche, sind jene viel wählerischer als diese. Die Information, die Gesänge enthalten, könnte damit zusammenhängen, dass sie riskant sind: Wer singt, kann nicht gleichzeitig Futter suchen, wer singt, macht auch Räuber auf sich aufmerksam. Wer also lange und komplex singt, gibt damit zu verstehen, dass er sich das leisten kann, beispielsweise weil sein Territorium nahrungsreich ist und er überlebenskräftig. Das entspricht der Theorie der Handicap-Selektion, der zufolge Signale nur informativ sind, wenn sie nicht von jedem gesendet, also auch nicht leicht gefälscht werden können. Mit anderen Worten: Reklame ist glaubwürdig, wenn sie teuer ist, weil nur erfolgreiche Anbieter sie sich leisten können, was den Umkehrschluss von der Reklame auf den Erfolg zulässt. Wer aufwendig singt und trotzdem noch da ist, hat folglich einen Test überstanden, und zwar einen desto strengeren Test, je ausgeprägter das Signal ist. Schönheit lässt mithin keinen direkten Schluss auf Kraft zu, wohl aber einen indirekten, wenn sie so kostspielig ist, dass nur Kräftige das Risiko eingehen können, in sie zu investieren.[14]

Der Gesang von Vögeln kommuniziert demnach unter anderem Gesundheit und Durchsetzungsbereitschaft, was Ansprüche auf ein Revier angeht, Schutzwille und Wohlgenährtheit. Die Versuche, dies auf musikalische Kommunikation unter Menschen zu übertragen, waren bislang jedoch nicht sehr einleuchtend. Dass Vögel dem Menschen biologisch nicht sehr nahestehen – der letzte gemeinsame Vorfahr beider Spezies lebte vor dreihundert Millionen Jahren –, dass umgekehrt die ihm nahestehenden Spezies nicht singen, dass Musik häufig keine Veranstaltung von Solisten ist, das Tierreich aber wiederum den Chor kaum kennt, sind weitere Einwände gegen eine analoge Erklärung der evolutionären Vorteilhaftigkeit musikalischer Mitteilungen.[15] Auf Bemerkungen wie die, dass der nachhaltigste Musikkonsum in die Pubertät falle und insofern Musikwahrnehmung eng mit «sexueller Involvierung» korreliere, wird man nur erwidern können: erst seit dem zwanzigsten Jahrhundert und wohl kaum im Paläolithikum.[16]

Wer Klavier spielt, hat Glück bei den Frauen? Es liegt auf der Hand, dass die Funktion des Gesangs von Singvögeln sich nicht direkt auf den Menschen und den kulturgeschichtlichen Anfang der Musik übertragen lässt. Über Vögel mit Darwin zu sagen, dass ihr Gesang dazu dient, «vielfältige Emotionen wie Liebe, Eifersucht oder Triumph auszudrücken», projiziert menschliches Musikerleben auf das Verhalten von Tieren. Vögel singen auch außerhalb von biologisch bedingten Erregungszuständen.

Dass Liebe das am meisten besungene Gefühl der Liedgeschichte ist, wie Darwin hinzufügt, besagt wiederum so lange nichts für eine Singing-for-Sex-Hypothese, solange solche Lieder nicht in Paarbildungssituationen zu Gehör kommen. Hinweise auf einen frühen Einsatz von Gesang bei der Paarbildung gibt es aber weder bei Menschenaffen noch bei Frühmenschen. So wenig wie Hinweise darauf, dass die Paarbildung bei Menschen sich jemals außerhalb von Gemeinschaften und Heiratsnetzwerken vollzogen hätte, was erst erlauben würde, das Paarungsverhalten von Vögeln zum Vergleich heranzuziehen. Das Liebeslied, das einer Einzelnen vorgesungen wird, die Analogie also zum Vogelgesang, scheint menschheitsgeschichtlich wiederum eine späte Erscheinung zu sein.[17]

Dass nicht wenige Liebeslieder gerade von der enttäuschten Liebe singen, ist dabei noch gar nicht berührt. Es wird als Argument auch nicht durch den Hinweis entkräftet, die Affektmobilisierung, an die Darwin gedacht habe, gehe nicht von den Texten, sondern von der Musik aus. Denn dann wäre nicht nur die hohe Zahl an Liebesliedern irrelevant, die soeben noch mit Darwin als Indiz für die sexuelle Funktion von Gesang angeführt wurde. Man fragt sich auch, wie die Musik das Verlangen anheizen soll, wenn die Texte ihm doch nachtrauern. Die intellektuellen Kosten des Versuchs, Darwin an dieser Stelle zu verteidigen, sind erheblich. Am Ende bleiben Urteile übrig wie das, Liebeslieder behielten auch ohne persönlich vorgetragen zu werden und auch ohne, dass beim Zuhören sexuelle Gefühle für den Sänger oder die Sängerin geweckt würden, «eine große emotionale Funktion für Individuen und Gesellschaften». Auch die Kommunikation von Liebesleid sei «hilfreich für den Prozess sexueller Werbung», weil geteiltes Leid halbes Leid sei, und dies erhöhe «die Chancen, nicht zu verzweifeln, trotzdem nicht aufzugeben, einen neuen Versuch zu starten». Welche Einsicht derlei onkelhafte Ratschläge in die Evolution ästhetischer Formen und den selektiven Vorteil musikalischer Fähigkeiten bieten können, bleibt offen.[18]

Die Bedeutung des Vogelgesangs für Vögel unterscheidet sich also, kurz gesagt, von der Bedeutung des Vogelgesangs für die Anfänge der Musik. Als der Frühmensch begann, Musik zu machen, war Gesang schon da. Seine evolutionären Zwecke sind für die menschliche Aufmerksamkeit, die ihm gelten konnte, hingegen unerheblich. «Kuckuck, Kuckuck, ruft's aus dem Wald» – für die Modellwirkung solcher einfachen Signalstrukturen ist es gleichgültig, wer damit weshalb angerufen wurde.[19] Hört man gegenwärtigen Jäger-Sammler-Gemeinschaften zu, so ist ihre Musik meist vokal, begleitet von Instrumenten wie Trommeln aus Häuten und Holz, Rasseln, zu deren Herstellung Kürbisse, Schildkrötenpanzer oder Hufe verwendet werden, Flöten und hölzernen Blasinstrumenten. Was an der Musik selbst auffällt, ist ihre Dienlichkeit für alle denkbaren Zwecke. Mal transportiert sie religiösen Sinn, mal sind die Tänze, die sie regelmäßig begleiten, Kriegstänze. Aber es gibt auch Jagdgesänge, diplomatische Tänze zwischen Nachbarstämmen, Reinigungstänze, Musik zu Statuspassagen wie Beschneidung, Pubertät und Begräbnis; und es gibt Kinderlieder, die teils zu Unterrichtszwecken eingesetzt werden, wenn sie etwa Eskimokindern die Eigenschaften von Fischen erläutern, teils Wiegenlieder sind. Auch Gesänge, die das Beerenpflücken begleiten, und Necklieder, die Streit vermeiden sollen, indem einem Beleidigten die Möglichkeit geboten wird, den Beleidiger anzusingen, wie in der Welt des Hip-Hops.

Es hat vor diesem Hintergrund wenig Sinn, den Anfang der Musik auf einem bestimmten Gebiet zu suchen. Ihre Nützlichkeit reicht weit über die Angeberei vor Frauen hinaus. Vielversprechender sind Überlegungen, die nach dem Vorteil fragen, den es gerade für den Menschen gehabt haben könnte, sich melodisch und rhythmisch mitzuteilen. Eine Urszene solcher Mitteilung ist die Kommunikation mit Säuglingen. Entsprechend universell verbreitet sind das Anheben der Stimme und das verlangsamte Sprechen im Umgang mit Neugeborenen. Diese Form der Signalgebung, die überdies hochrhythmisch und stark repetitiv ist – Mütter wie Väter wiederholen in einer Interaktionssequenz mehr als die Hälfte aller ihrer Mitteilungen gegenüber Säuglingen –, geht schon in den ersten Monaten mit einer hohen Empfänglichkeit auf Seiten des Kindes einher. Säuglinge registrieren Zeitabstände, antworten auf rhythmische Bewegungen und Töne, auf Wiege und Lied.

Mütter und Väter wiederum kommunizieren, Liedsängern nicht unähnlich, mit Gesten- und Mimikverstärkung, wie etwa weit geöffneten Augen, überdeutlichem Nicken oder Kopfschütteln, geöffnetem Mund und verlängerter Vokalisation: oooohh, jaaaah, neinneinneinnein. Es sind Mikrochoreographien und Sekundensingspiele, die hier aufgeführt werden. Der Soziologe Herbert Spencer hätte seine These, Musik sei ursprünglich Gesang und Gesang eine Form übertriebener Sprache, hier ontogenetisch bestätigt gesehen.[20]

Abstammungsgeschichtlich hat der aufrechte Gang dazu geführt, dass der durch die mit ihm einhergehenden anatomischen Veränderungen enger gewordene Geburtskanal Spätentwickler begünstigt. Entsprechend sind menschliche Kleinstkinder hilfloser als die Kinder anderer Säugetiere, beispielsweise Affen. Einen engen Körperkontakt zur Mutter zu halten, ist ihnen nicht aus eigener Kraft klammernder Arme möglich. Wenn die Mutter selbst zwei freie Arme benötigt, etwa um Nahrung zu sammeln, löst sich – jedenfalls vor der Erfindung der Babytrage – der unmittelbare Kontakt, so die amerikanischen Anthropologinnen Ellen Dissanayake und Dean Falk in einem faszinierenden Gedankengang. Menschenkinder seien in dieser Situation, in der sie selbst immobil und hilflos sind, besonders bedürftig, Signale zu erhalten, dass sie nicht allein gelassen wurden. An die Stelle der Arme, die das Kind halten, trete beruhigende, protomusikalische Kommunikation. Warum vermag sie zu beruhigen? Weil es die Stimme der Mutter ist, weil sie durch Wiederholungen Erwartung stabilisiert und weil sie durch die Kombination von Tonhöhe und Ruhe eine Situation der Gefahrlosigkeit indiziert. Diese Beruhigung hilft auch insofern im «Kampf ums Dasein», als schreiende Kinder in Umwelten voller Raubtiere sich und ihre Mütter einem hohen Risiko aussetzten. Der Anfang der Musik liegt, so gesehen, im Trost.[21]

Zu solchen Beruhigungsqualitäten kommen andere nonverbale Eigenschaften der Stimme hinzu: Warnungen, Überraschung, Zuwendung oder eine Aufforderung zum Spiel ausdrücken zu können. In den Gesängen der Jäger-Sammler-Gemeinschaften haben die Texte, die es dort gibt, ganz ähnliche Funktionen. Sie bestehen oft aus Silben ohne Bedeutung oder aus einem Satz, der unablässig wiederholt wird («Sonne sagt Singen», «Der Wald ist gut»), als bedeute Singen, sich und einander in einen emotionalen Zustand hineinzureden oder eben hineinzusingen. Vergleiche zwischen den melodischen Profilen von stammesgesellschaftlichen Wiegenliedern, Kriegsgesängen, Lobgesängen und Liedern, die vor allem Aufmerksamkeit erzeugen sollen, mit den entsprechenden Kommunikationstypen in der mütterlichen Ansprache (Beruhigung, Warnung, Ermunterung, Schau-her-Appelle) zeigen große Übereinstimmungen in der jeweiligen Länge der Melodiebogen bei positiven, auf Attraktion zielenden und negativen, zurückweisenden Mitteilungen. Kurz: Die einfachsten Lieder weisen Muster auf, denen auch die Kommunikation mit Säuglingen folgt.[22]

Dass die Schreie der trostbedürftigen Kinder ihrerseits ein musikalisches Element auf dem Weg zur Sprache sind, klingt unwahrscheinlich. Als erste Klangproduktion des Menschen, lange bevor er über Sprache verfügt, sind sie aber ernst zu nehmen. Forschungen zeigen nicht nur, dass sich Kinder in das Sprechen über akustische Qualitäten, Melodien und Rhythmen «hineinlernen». Sie zeigen überdies, dass es im frühesten Alter eine Entwicklung des Schreiens hin zu immer komplexeren Mustern gibt, die sich aus Melodiebogen zusammensetzen, die zuvor nur einzeln «ausgestoßen» wurden und mit zunehmendem Alter auch in unterschiedlicher Tonhöhe, Reihenfolge und Komprimierung artikuliert werden. Noch bevor solche Techniken auf die Sprache angewendet werden, findet hier eine Art musikalischer Erprobung ihrer Möglichkeiten statt, Drangsal auszudrücken und Beistand herbeizurufen.[23]

Das Kind ruft, die Mutter singt. Am besten jedenfalls, sie täte es, sagen Studien, die eine mütterliche Ansprache im melodischen Modus mit mütterlichem Singen als Reaktion auf schreiende Kinder vergleichen. Je musikalischer die Kommunikation, desto mehr wird die Aufmerksamkeit des Kindes gebunden und desto stärker wird es in die jeweilige Emotion hineingezogen. Da das gesungene Repertoire kleiner ist als das gesprochene, kommt es überdies schnell zu einer Beruhigung durch Wiedererkennen. Außerdem versetzt das Singen die Sängerin zumeist selbst in Bewegung, sodass sich das Kind zusätzlich in einen Tanz hineingezogen fühlt, der den Gesang interpretiert. «Wir hören die Melodie, aber wir fühlen den Takt, und wie wir uns bewegen, beeinflusst, was wir hören», lautet die Zusammenfassung eines Experiments zur Rhythmuswahrnehmung von Kleinkindern.[24]

Das verweist auf eine besondere Eigenschaft der menschlichen Musik im Unterschied zu den meisten akustischen Hervorbringungen von Tieren: dass sie sehr oft auf synchronisierten Handlungen beruht. Zwar kennt die Natur Duette, etwa zwischen monogam lebenden Gibbon-Paaren, die in der Morgendämmerung lange Sequenzen singen und dabei einander antworten, abwarten, bis der andere ausgesungen hat, wieder einsetzen. Auch unter Vögeln gibt es zahlreiche Arten, die Duette singen – etwa vierhundert Vogelarten, mithin etwa zehn Prozent aller Vögel –, die der Verteidigung des gemeinsamen Territoriums dienen. Und Löwinnen brüllen im Chor, um Eindringlinge davon abzuhalten, ihre Jungen zu fressen. Doch solche Chöre sind Rufe, keine Gesänge, und das sozial koordinierte Einstimmen in einen rhythmischen Gesang ohne territoriale Verteidigungsabsicht ist im Tierreich äußerst selten.[25]

Unter Menschen hingegen ist es weit verbreitet, ohne dass bislang nachgewiesen werden konnte, dass Männer sich besser zu Chorgesang eignen als Frauen. Ein solches Verhalten trägt zwar zum Wohl der Gruppe bei, signalisiert aber sonst nichts. Wer singt, transportiert wenig Information über die Tatsache hinaus, dass er oder sie eben singt. Die Frage, ob Pavarotti ein guter Jäger oder ein guter Vater war, bleibt durch seinen Gesang unbeantwortet. Aber das Individuum kann durch seine Teilnahme an Kriegs-, Jagd-, Regen- oder Hochzeitstänzen seine Zugehörigkeit sowie seine Bereitschaft mitteilen, sich einen kollektiven Gefühlszustand zu eigen zu machen. Und ein Kollektiv kann durch Gesang sich und anderen demonstrieren, dass es sich bei ihm um eine aktionsfähige Einheit handelt. Wenn gesungen und getanzt wird, kommt organisierter Zorn, organisierte Trauer, organisierte Freude zum Ausdruck. Tanz zu Musik ist ein Fall doppelter Synchronisierung: zwischen musterhaften Körperbewegungen im Raum und den Zeitvorgaben der Musik – ein langer Schritt und zwei kurze antworten auf eine starke Betonung und zwei schwache: Walzer – sowie zwischen den Körperbewegungen verschiedener Personen: «Dancing is the art not to bump into each other» (Merce Cunningham). Soziobiologisch ausgedrückt: Musik und Tanz signalisieren «Koalitionsqualität».[26]

Das können sie, weil Musik und Tanz nicht einfach Weisen sind, Emotionen oder eigener Kraft freien Lauf zu lassen. Sie bändigen Emotionen auch, denn Musik ist das Paradox kontrollierter Exaltiertheit, kalkulierter Passion. Das Schwanken der erregten Stimme wird im Gesang geformt, das Gefühl geführt, Steigerungen erfolgen in Stufen, exakte Wiederholung, die der Sprache weitgehend fremd ist, gehört hier zur Form. Singen heißt darum auch: hören und das Gesungene mit gefühlten Erwartungen vergleichen. Tanzen heißt darüber hinaus, Beziehungen zwischen Gehörtem, Gesehenem und der eigenen Bewegung herzustellen. Die Gehirnregionen, die von nachahmendem Verhalten beansprucht werden, sind dieselben, die aktiv werden, wenn die Füße auf Musik reagieren. Imitation aber verstärkt soziale Bindungen, wobei die zeitkritischen Aspekte synchronisierter Bewegungen das Vermögen, aufeinander zu achten, noch erheblich stärker beanspruchen als einfache Nachahmung.[27]

Das lenkt zuletzt auf eine ältere Hypothese zum Anfang der Musik, die sie in den für eine Kunst ungewohnten Kontext der Arbeit gestellt hat. Der Ökonom Karl Bücher trat mit ihr Anfang des zwanzigsten Jahrhunderts der kolonial eingefärbten Behauptung entgegen, die Fähigkeit zu ausdauerndem Tun und zur Anstrengung sei ein Merkmal des modernen, westlichen Menschen. Dem widerspreche, so Bücher, schon die Hingabe einfacher Gemeinschaften an Tänze der erschöpfendsten Art, die sich seit jeher feststellen lasse. Sobald Anstrengung rhythmisiert werde, verliere sie nämlich viel von ihrem Schrecken. Viele Arten von Arbeit prägen laut Bücher einen eigenen Rhythmus aus, der es erleichtert, sie durchzuführen: wenn die Schritte bei Märschen bewusst in raumgreifenden Mustern ausgeführt werden, wenn der Hammer im gleichen Takt das Metall bearbeitet, die Dreschflegel regelmäßig auf das Korn niedergehen und so weiter. Was immer sich wiederholt, heißt das, wird leichter, wenn die Wiederholung rhythmisiert werden kann. Was immer anstrengend ist, wird weniger anstrengend, wenn die Anstrengung sich lautlich äußert. «Hauruck» dürfte für Karl Bücher eines der Urworte der Zivilisationsgeschichte gewesen sein.

Es folgten die Trommeln, die den Ruderrhythmus oder den Takt des Ziehens von Lasten vorgaben, die Flöten, die angeblich bei den Etruskern das Kneten des Brotteigs begleiteten, der Gesang der Näherinnen. Gesang tröstet hier erneut: über Arbeitsleid oder Langeweile hinweg. Messungen haben ergeben, dass synchrones Rudern gegenüber einsamem Rudern wie gegenüber nicht synchronisiertem die Schmerzschwelle anhebt, ganz unabhängig davon, ob das Team, in dem gerudert wurde, aus einander Fremden oder eingespielten Gruppen bestand. Dasselbe ließ sich für Tanz feststellen, bei dem die Teilnehmer sich synchron sowohl zur Musik als auch untereinander bewegten, und zwar selbst dann, wenn sie kein gemeinsames Hörerlebnis hatten, weil ihnen die Musik über Kopfhörer eingespielt wurde. Der Tanz antwortet auf die Trommel, wobei die Trommel, Büchers Vorstellung zufolge, dem Eigenrhythmus der Arbeit folgt: «Die Gesänge werden durch den rhythmischen Verlauf der Arbeit hervorgerufen und passen sich ihrem Tempo an.»

Die Geschichte der Zivilisation ist für Bücher eine, die diesen Zusammenhang allmählich auflöst, den Arbeitsrhythmus an die Maschine delegiert und Musik zunehmend ins Reservat einer Kunst überführt, die zuletzt sogar ihre Verbindung mit dem Tanz verliert. Allemande, Courante, Sarabande, Menuett, Gigue – die Tänze, die den Sätzen von Bachs Cellosuiten ihre Namen gaben, wurden schon als er sie komponierte, nicht mehr getanzt, und selbst den Jazz ereilte dieses Schicksal, als er wegen seiner Raffiniertheit vom Tanzboden in die Konzerthalle verlegt wurde. Ein Schicksal, das womöglich begann, als in den christlichen Kirchen erstmals Musik gemacht wurde, zu der man sich nicht mehr bewegte.[28]

Auch hier also steht im Zentrum des Arguments, dass Musik ein soziales Medium ist, indem sie den Einzelnen an ein Gegenüber verweist, mit dem das Handeln abgestimmt werden muss, dessen unterstützende Existenz aber zugleich die eigene bekräftigt. Die evolutionäre Funktion der Melodie lag dabei in der beruhigenden Qualität der mütterlichen Stimme, die evolutionäre Funktion des Rhythmus in der Überblendung des Gegensatzes von «Selbst» und «Andere» durch kollektive Aktion. In der Musik gehen Stimmungsunterschiede unter, weil und insofern sich die

Zuhörer auf die Stimmung der Musik einlassen. Das konnte für das Handeln von frühgeschichtlichen Gruppen vor allem dann von Vorteil sein, als sie eine bestimmte Größe überschritten.

Lässt sich etwas über den Zeitraum sagen, in dem sich eine durch Musik und Tanz verstärkte Sozialität entwickelt haben könnte? In einem viel diskutierten Beitrag haben die Anthropologen Leslie Aiello und Robin Dunbar darauf hingewiesen, dass es bei Primaten einen Zusammenhang zwischen der relativen Größe ihres Neocortex – also des sensorischen, assoziativen und motorischen Teils der Großhirnrinde –, ihrer Gruppengröße und der Zeit gibt, die sie auf die Pflege sozialer Beziehungen verwenden («social grooming»). Berechnet man die entsprechenden Werte für den anatomisch modernen Menschen und seine Vorgänger, so kommt man auf eine vor 300 000 Jahren einsetzende und stetig zunehmende Entwicklung: Die durchschnittliche Gruppengröße bei Schimpansen liegt bei etwa dreiundfünfzig Mitgliedern, was zu einem Zeitbedarf für freundliches Beisammensein führt, der ungefähr dem für den *Homo habilis/rudolfensis* berechneten Wert entspricht, der vor zwei Millionen Jahren lebte. Für den *Homo sapiens* wird eine Gruppengröße von mehr als hundertzwanzig Mitgliedern geschätzt. Diese Entwicklung machte es irgendwann nötig, die Gruppenintegration durch andere Mittel als unmittelbaren Kontakt, wechselseitige Körperpflege und gestisches Zeigen sicherzustellen, weil dafür die Zeit nicht mehr reichte. Die Vorteile, die ein langsamer Anstieg der Gruppengrößen für die Beschaffung von Nahrung, das Leben in offenen Savannen und einen nomadischen Lebensstil hatte, mussten kommunikativ ausgeglichen werden. Die sprachliche Interaktion eines Gruppenmitglieds mit bis zu drei anderen genügt dabei schon, um diesen Ausgleich zu bewirken. Aiello und Dunbar haben dafür den Begriff «vocal grooming» geprägt, den man mit «lautliches Nettsein» übersetzen könnte.[29]

In diesem lautlichen Nettsein dürfte das, was sich später zu Sprache und Musik ausdifferenzierte, ähnlich verschränkt gewesen sein wie in der Kommunikation zwischen schreiendem Kind und beruhigender Mutter. Um die Vertrauensqualitäten des körperlichen «grooming» zu ersetzen, waren melodische und rhythmische Eigenschaften der stimmlichen Interaktion zweifelsohne hilfreich. Das Bild der frühmenschlichen Gruppe, die summend und singend durch die Savanne streift, um abends am Feuer gemeinsam Lieder zu singen, wie es der britische Archäologe Steven Mithen in seinem Buch über die singenden Neandertaler gezeichnet hat, ist zwar gewagt. Tatsächlich aber hat das Feuer die Zeitspanne ausgedehnt, in der neben der Nahrungsaufnahme auch die soziale Interaktion innerhalb einer Jäger-Sammler-Gemeinschaft möglich war. Geschätzt belief sich diese zusätzliche Zeit der Rast auf etwa vier Stunden pro Tag. Sollten sie in Schutzräumen wie Höhlen verbracht worden sein, wird man in das Bild der frühen sozialen Interaktion auch deren besondere Qualitäten als Schallräume mit einzeichnen müssen. So oder so ist es nicht unwahrscheinlich, dass ein früher Zusammenhang von Feuer, Geselligkeit, Erzählung und kleiner Nachtmusik die kommunikative Menschwerdung bestimmte.[30]

ACHTES KAPITEL

Weizen, Hunde und die Nichtreise nach Jerusalem:
Der Anfang der Landwirtschaft

Nie auch rastet das Jahr.
VERGIL

Die Bauern stehen zwischen den Jägern und den Städtern. Sie werden einerseits von den Nichtsesshaften unterschieden und andererseits von Leuten, die sich nicht selbst ernähren. Das hat zu wenig schmeichelhaften Beschreibungen geführt. Den Bauern fehlt der romantische Glanz, der die Jagd vor allem umgibt, seit sie nicht mehr der Selbsterhaltung dient. «Jagen», schreibt Ortega y Gasset, «erlaubt einen vorübergehenden Urlaub von der Zivilisation.» Der Überdruss an ihr hat der Jagd viele Anhänger zugeführt.

Bauern wirken demgegenüber wenig abenteuerlich. Von den Jägern und Nomaden wird der Landwirt als Figur wahrgenommen, die sich an einen Ort und an regelmäßige Arbeit bindet, deren Ertrag noch dazu meistens Pflanzen sind. Herodot erwähnt in seinen Historien, wie die Äthiopier sich ekelten, als sie erfuhren, der Perserkönig esse Brot. In vielen Mythen sind die Nomaden und Jäger Riesen, während sich mit Landwirtschaft und Bergbau nur Zwerge beschäftigen. Darin mag sich der spätere Befund niedergeschlagen haben, dass der Übergang von der Jagd zum Ackerbau zunächst mit mehr Arbeit, geringerer Körpergröße und einer schlechteren Ernährung einherging. Darin mag aber auch das Gefühl mitgeschwungen haben, dass die Jagd ein Kräftemessen mit offenem Ausgang ist: Kühe kann man nicht jagen.

ACHTES KAPITEL

Die Bewohner von Thomas Morus' Insel «Utopia», die Verbrecher damit bestraften, dass diese für sie jagen gehen mussten, weil die Jagd als mordlüsternes Vergehen an Tieren eine der niedrigsten Tätigkeiten sei, waren jedenfalls die Ausnahme.[1]

Aber nicht nur von den Nomaden aus betrachtet schneiden die Landwirte schlecht ab. Es fehlt ihrer Lebensform auch die Vielfalt der städtischen Existenz. Die Städter erinnern sich allenfalls des Landlebens, wenn sie in die Sommerfrische fahren, um sich dort bedienen zu lassen, oder wenn sich wieder einmal der Überdruss an den Zumutungen der urbanen Unruhe meldet. Krieger mit Pferden fanden seit jeher deren Einsatz als Zugtiere zweitklassig. «Der Bauer ist auch ein Mensch – sozusagen», lässt ein Schütze in Schillers «Wallenstein» wissen. Heldenrollen werden nicht mit Bauern besetzt, das europäische Theater sah für Leute vom Land, ähnlich wie für Sklaven, jahrhundertelang nur komische Rollen vor. Denn Bauern sind, jetzt von den Städtern her gesehen, auch keine zivilisierten Leute. Jemanden einen Bauern zu nennen, spielt auf zweifelhafte Manieren an. Bauern leben im sogenannten Hinterland, was heißt, dass sogar die Landschaft von der Stadt aus gedacht wird. Sie schaffen heran, was nötig ist, um die Hochleistungen einer von Technik, Verwaltung, Handel, Kunst, Wissenschaft und Politik geprägten urbanisierten Welt zu ermöglichen. Bauern sind, dieser Sicht zufolge, für Rohstoffe und nicht für Feinstoffe zuständig.

Als der englische Anthropologe Henry Ling Roth 1887 seinen Aufsatz «Über die Ursprünge der Landwirtschaft» veröffentlichte, fand er einen Grund dafür, dass fast jeder Aspekt der menschlichen Frühgeschichte schon erforscht worden sei, nur nicht der Ackerbau, in dieser Herablassung gegenüber der «peaceful art», der friedlichen Kunst des Pflanzenanbaus. Das war nicht übertrieben. Von wenigen Studien abgesehen, gab es noch um 1900 kaum Forschungen zu den Anfängen der Landwirtschaft. Dabei, so Roth, sei das Zähmen von Tieren viel leichter als der Anbau von Getreide, der im Grunde die größere zivilisatorische Leistung darstelle. Ebendiese Unwahrscheinlichkeit der Landwirtschaft zeige sich in den zahllosen Gottheiten des Ackerbaus, die in frühen Gesellschaften angebetet worden seien. Es sei als Ausdruck höchsten Beifalls wahrgenommen worden, wenn die Erde aufgrund klimatischer Bedingungen regelmäßig genug Nahrung abgegeben habe.[2]

Zwar gibt es auch Götter und Göttinnen der Jagd, aber der große Jäger kann darauf rechnen, dass ihm der Erfolg persönlich zugeschrieben wird. Er wirkt charismatisch, als Träger einer besonderen Begabung, als Held. Es gibt einzelne Jäger, aber nicht einzelne Bauern. Erfolgreiche Landwirtschaft ist ein Unternehmen großer Gruppen, und sie ist auf sehr viel Unterstützung aus ihrer Umwelt angewiesen: auf ein freundliches Klima und fruchtbare Böden, die Beherrschung zerstörerischer Einflüsse wie tierischer und menschlicher Räuber, Arbeit und langfristige Beobachtung, Sesshaftigkeit, die Fähigkeit zur Ersparnisbildung, denn es darf ein Teil der Ernte nicht verzehrt werden, und man muss abwarten können. Außerdem setzen sich Sesshafte, die dicht aufeinander und mit Tieren leben, dem Risiko von ansteckenden Krankheiten viel stärker aus als Nomaden.

Man kann dieselbe Geschichte darum auch mit einem ganz anderen Akzent erzählen. Das hat als Erster der amerikanische Archäologe Vere Gordon Childe getan. Als er 1936 den Begriff «Neolithische Revolution» prägte, stellte er die Bauern an den Anfang einer Zivilisationsgeschichte, die mit der kurz darauf erfolgenden urbanen Revolution ihre zweite und der sehr viel späteren industriellen Revolution ihre dritte große Epoche hatte. Es ist die Zivilisationsgeschichte, wie wir sie kennen: die Geschichte einer Spezies, die sich die Kontrolle über die Natur zutraut oder, wie Childe hinzufügt, die zumindest erfolgreich darin wurde, die Natur durch Kooperation mit ihr zu kontrollieren. Der Beginn des Neolithikums – der Jungsteinzeit, die seit John Lubbocks Buch über vorhistorische Zeiten von 1865 so heißt, weil ihre Werkzeuge noch nicht aus Metall waren – wird heute auf etwa 9500 v. Chr. datiert. Zuvor hatte der Mensch 2,6 Millionen Jahre lang mehr oder weniger hingenommen, was seine Umwelt ihm bot, und lernte nur die Arten des Hinnehmens – die Jagdtechniken, das Jagdgerät, die Zubereitung und Konservierung des Erjagten und Gesammelten – zu verbessern sowie besser zu unterscheiden: zuträgliche von ungenießbarer oder giftiger Nahrung. Doch vor etwa 14 000 Jahren, also schon etwas vor dem eigentlichen Neolithikum, begann er allmählich, diese Umwelt und das, was sie ihm bieten konnte, immer mehr selbst zu bestimmen. Er veränderte nicht nur sein Handeln, sondern die Gegenstände, auf die es sich bezieht. Seitdem gibt es – von vielen beklagt, von vielen begrüßt – immer weniger Natur. Und das begann mit Landwirtschaft, zunächst mit Kultivierung, später mit Züchtung. Die Bauern waren die ersten Ingenieure der Weltgeschichte, weil sie Technik nicht nur punktuell einsetzten, sondern eine Lebensform geschaffen haben, die auf der systematischen und ständigen Verbesserung von Techniken beruht, die sich wechselseitig beeinflussen. Die Weltbevölkerung konnte dadurch von zehn Millionen Menschen in der Jungsteinzeit auf derzeit etwa sieben Milliarden ansteigen, fast fünf Milliarden Hektar Land werden bebaut, deren Bewässerung siebzig Prozent allen Wasserverbrauchs ausmacht.[3]

Bevor untersucht werden kann, wie es zum Übergang zu dieser zugleich voraussetzungsvollen wie eigendynamischen Lebensform sesshafter Landwirtschaft kam, zu Tier- und Pflanzenzucht und zum Dorf, ist zunächst eine andere Frage zu beantworten: Wann und wo geschah das? Legt doch der Begriff der «Revolution» das Missverständnis nahe, es habe sich um ein Ereignis oder wenigstens um eine kurze Abfolge von Ereignissen gehandelt.

Tatsächlich aber handelt es sich um einen Prozess, der mittels Versuch und Irrtum bei wechselnden Umweltbedingungen an verschiedenen Orten über mehrere tausend Jahre verlief.

Etwas später als das im Nahen Osten geschah, der im Weiteren die Hauptrolle spielen soll, begann man in Mittelamerika vor rund 8000 Jahren in sommerlich feuchten und winterlich trockenen Flusstälern Westmexikos als erste Pflanze den Mais zu domestizieren. Solche Täler, das Motiv wird uns wiederbegegnen, bieten eine Vielfalt an Pflanzen und Tieren, die nötig war, damit die Züchter im Übergang zur Landwirtschaft eine Zeitlang Jäger und Gärtner bleiben konnten. Genauer formuliert: Sich auf Landwirtschaft einzulassen, barg aufgrund des Zeitbedarfs für Züchtungserfolge Risiken weit über die Unvertrautheit mit dieser Lebensweise hinaus. Durchschnittlich nur sechs Zentimeter lang waren Maiskolben noch vor dreitausend Jahren, was einer Forschungsrichtung Argumente liefert, die den anfänglichen Zweck des Maisanbaus gar nicht in der Gewinnung der Körner, sondern von Zucker aus der ganzen Pflanze vermutet. Anders allerdings als im Nahen Osten ging in Mittel- und Südamerika die Sesshaftigkeit dabei der Landwirtschaft nicht voraus.[4]

Demgegenüber ist heute klar, dass der Ackerbau zumindest im Nahen Osten und im sogenannten fruchtbaren Halbmond zwischen 13000 und 9500 v. Chr. der Sesshaftigkeit mit einigem Abstand folgte und nicht mit ihr einherging. Zwischen dem oberen Zweistromland, dem türkischen Südosten, dem Jordantal und dem Sinai lebten die ersten Menschen, die sich nicht nur saisonal, sondern die meiste Zeit des Jahres an einem Ort aufhielten und systematische Lagerhaltung von Nahrungsmitteln betrieben. Bevor wir den Forschungen folgen, weshalb sie das taten, ist aber der Hinweis auf ein grundsätzliches Erkenntnisproblem der Archäologie am Platz: Weil alle glauben, dass sich hier der Anfang der

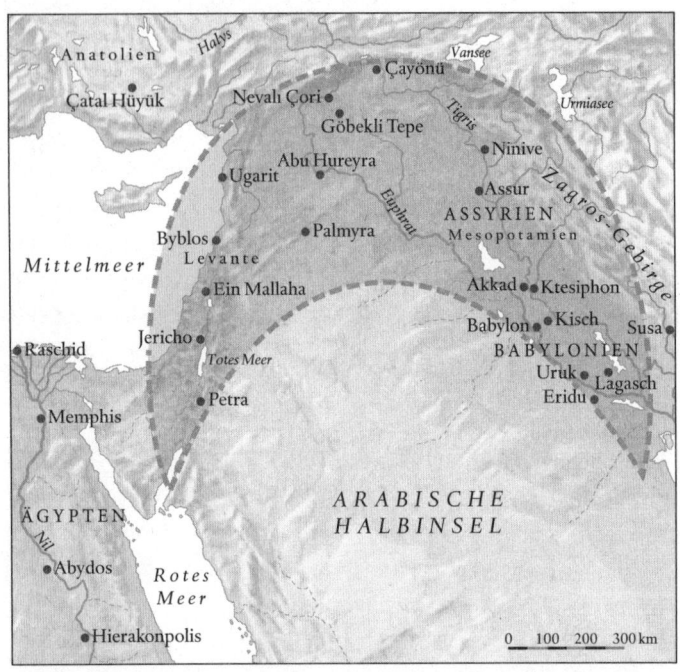

Vom Klimawandel begünstigt verdichtete sich im «fruchtbaren Halbmond» zwischen dem Persischen Golf und Nordägypten vom 12. Jahrtausend v. Chr. an die Abfolge zivilisatorischer Neuerungen: Ackerbau, Pflanzen- und Viehzucht, Städtegründung, Schrift und Staatenbildung.

Landwirtschaft zutrug, wurde hier auch am meisten ausgegraben, gemessen, Theorie investiert. Die Nähe zum wohlhabenden und mit viel theoretischer Neugierde ausgestatteten Europa war ebenfalls kein Nachteil für das Interesse an dieser Region. Schaut man im Vergleich nach China, so sind die Anfänge der Reiswirtschaft wesentlich schlechter erforscht als die des Weizenanbaus oder der Schafzucht. Das sagt in der Sache nichts, macht aber deutlich, wovon der heutige Erkenntnisstand über Anfänge auch abhängt: von Zugängen und einmal beschrittenen Pfaden.[5]

Zurück in die Levante. Grob gesprochen muss man sich diese Region im Pleistozän auch biogeographisch deutlich anders vorstellen als heute, nämlich als einen von Tieren aller Art bewohnten Park aus Eichen-, Mandel- und Pistazienbäumen. Überreste von Mörsern, Steinsicheln und Stampfern zeigen an, dass die Pflanzen, die er trug, schon weiterverarbeitet wurden. Man lebte nicht mehr ausschließlich von der Hand in den Mund. Dabei wurden Orte gewählt, deren wilde Flora in verschiedenen Jahreszeiten eine Ernte von Weizen und Gerste erlaubte und die reich an wilden Ziegen, Eseln, Schafen und Gazellen waren. Die ersten Siedler behielten also das Jagen und Sammeln bei, ja, sie setzten sich auch wieder in Bewegung, als das Klima zwischen 10 700 und 9700 v. Chr. deutlich trockener und kälter wurde.[6]

Erst nach dem Ende dieser Periode finden sich größere Siedlungen mit Gebäuden, die auf Dauer angelegt waren. Vor allem aber finden sich im Jordantal die ersten Überreste von Getreidespeichern und von Speicherstellen in Wohngebäuden, nachdem zuvor die Nahrungsmittel außerhalb der Familienunterkünfte gelagert worden waren. Wie man erkennen kann, dass es sich um solche Zweckbauten handelte? Teils an Knochenfunden von Mäusen und anderen «Haustieren» sowie an Mahlsteinen, teils an der Architektur, bei der steingestützte Bodenplatten aus Holz über dem Grund eingehängt waren, sodass der Silo von unten belüftet war und das Lagergut weniger leicht feucht wurde.[7]

Der Übergang zur Landwirtschaft erfolgte vielleicht zuerst im «fruchtbaren Halbmond» zwischen Mesopotamien, Kleinasien und dem Nahen Osten. Er erfolgte aber davon unabhängig auch noch in anderen Erdteilen – in Südamerika, wo Kartoffeln, Erdnüsse und Maniok kultiviert wurden, in Mittelamerika, dessen Maisanbau schon erwähnt wurde, und in Südostasien in der

Jangtse-Region, wo man Reis anbaute –, bevor die Getreidesorten ihren Weg in die ganze Welt fanden. Nomaden beschäftigten sich mit den Eigenschaften von Pflanzen also noch bevor sie begannen, Pflanzen und Tiere zu züchten. Umgekehrt war zumindest im Nahen Osten und in Südasien Sesshaftigkeit eine Voraussetzung für Züchtung, weil diese lange Zeiträume verlangte, um Pflanzeneigenschaften zu beobachten. Schon für die Lagerhaltung wurden wilde Pflanzen – vor allem Gerste und Linsen – nach Gesichtspunkten sortiert, die eine Vorstufe der späteren Züchtung bildeten. Wildes Getreide wurde gesammelt und wieder ausgesät, ohne dass dabei schon das Augenmerk auf besonders günstigen Mutationen gelegen hätte. In der Sprache der Archäobotaniker: Manche Pflanzen wurden kultiviert, bevor sie gezüchtet wurden. Andere – Roggen beispielsweise und Hafer – wurden kultiviert, ohne in der Region, die das als Erste tat, später auch gezüchtet zu werden. Wieder andere wurden erst gar nicht kultiviert, wie etwa die Eiche mit ihren mitunter genießbaren Früchten, den Eicheln, die aber im Unterschied zu Mandeln aufgrund genetischer Eigenschaften ihre Bitterkeit selbst dann oft vererben, wenn sie selbst zu den nicht bitteren Varianten gehören. Der unter den Jägern der Levante beliebteste Proteinlieferant, die Gazelle, erwies sich als ähnlicher Fall im Tierreich: zu scheu, um gezüchtet zu werden. Es bedurfte vieler Versuche, um die Eigenschaften der potenziellen Nahrungsmittel herauszufinden. Von zweihunderttausend wilden höheren Pflanzenarten sind letztlich nur um die einhundert domestiziert worden.[8]

Halten wir fest: Es wurde zunächst gesiedelt, ohne dass das Jagen und Sammeln als vorrangige Nahrungsbeschaffung aufgegeben und bereits Tiere und Pflanzen gezüchtet worden wären. Das gilt auch für die Entstehung der Hirse- und Reiswirtschaft in Asien um 4000 v. Chr., wo es zuvor zu einer Wildpflanzenproduktion gekommen war, bei der zwar schon geerntet und gespeichert, vor allem aber Reis von Jäger-Sammler-Gemeinschaften angebaut wurde, die lange keine systematische Trennung der wilden Sorten von den kultivierten kannten. Die ersten Dörfer waren in China ohnehin mehr als viertausend Jahre zuvor unter dem Einfluss der Klimaabkühlung gegründet worden. Auch hier war also der Zusammenhang zwischen Sesshaftigkeit, Kultivierung und Züchtung locker.[9]

Was nun aber motivierte den Übergang zur Sesshaftigkeit und die ersten Schritte in Richtung Landwirtschaft? Festzuhalten ist, dass es sich um eine risikoreiche Entscheidung handelte, da der Verzicht auf Mobilität zunächst sowohl die Menge als auch die Bandbreite der erreichbaren Nahrung reduzierte. Wenn das beispielsweise durch eine intensivere Ausbeutung der unmittelbaren Umwelt kompensiert wurde, stieg der Energiebedarf der jeweiligen Gemeinschaft. Am Ende legten die Sesshaften, die ihr Umland wieder und wieder abgrasten, in diesem womöglich genauso lange Wege zurück wie die Nomaden in ihren Jagd- und Sammelgründen – wozu also der Entschluss zur stationären Lebensweise?

Der Botaniker Jack Harlan hat vor fünfzig Jahren mit einer prähistorischen Steinsichel in der Türkei wilden Weizen geerntet und kam auf ein Kilo Körner in der Stunde, was zur Berechnung führte, dass eine Familie binnen drei Wochen ihren Jahresbedarf einsammeln konnte. Dass bis zur industriellen Revolution etwa ein Fünftel aller Erdbewohner solchen Jäger-Sammler-Gemeinschaften angehörte, macht deutlich, dass selbst bei freundlichem Klima der Übergang zur Landwirtschaft für viele nicht die erste Wahl gewesen ist. Die Sammlergemeinschaften der südlichen Halbkugel des zwanzigsten und einundzwanzigsten Jahrhunderts etwa leben nicht unter widrigen Umständen.[10]

Zwei Theorien, weshalb es dennoch vor mehr als 10 000 Jahren zum Ackerbau gekommen ist, standen sich zunächst gegenüber. Die eine nahm an, dass es klimatische Veränderungen waren, die Jäger und Sammler dazu zwangen, sesshaft zu werden. Perioden besonderer Trockenheit, so wurde vermutet, führten zu Knappheit an Pflanzen und Tieren, dem folgte der Rückzug der Menschen in Oasen und Flusstäler, wo es noch Nahrung gab; hier gewöhnten sie sich an das Leben an einem festen Ort und beschäftigten sich mehr und mehr mit der Flora und Fauna. Kurz: Das Klima trieb die Menschen an die Orte, an denen sie lernen konnten, dass sie der Natur weniger ausgesetzt sind, wenn sie bereit sind, die Natur zu studieren.[11]

Dieser Oasen-Theorie widersprachen manche Geographen und Archäologen nicht nur, weil sie für jene ursprüngliche Trockenheit keine ausreichenden Belege fanden. Sie wollten auch über anderes als das Wetter sprechen. Der Übergang zur sesshaften Lebensform erschien ihnen nicht durch die Natur erzwungen. Schließlich hatte es zuvor schon drei zwischeneiszeitliche Epochen gegeben, in denen das Klima trockener geworden war, ohne dass das Züchten von Pflanzen und Tieren in Oasen das Ergebnis gewesen wäre. Manche Forscher ersetzten dann allerdings nur das Klima durch den Bevölkerungsdruck als entscheidenden Faktor. Es wurde angenommen, dass die vor 20 000 Jahren oft nur fünfundzwanzig Mitglieder und ein Paarbildungsnetzwerk von zweihundertfünfzig bis fünfhundert Personen umfassenden Jäger-Sammler-Gemeinschaften über die vorhandenen Ressourcen hinauswuchsen – erneut aufgrund schönen Wetters! – und sich gezwungen sahen, ihre Nahrungsbeschaffung umzustellen. Die hergebrachte und nächstliegende Reaktion auf Knappheit, nämlich Migration, kann demnach um 10 000 v. Chr. bei erhöhter Bevölkerungsdichte nicht mehr effektiv gewesen sein. Stattdessen mussten andere Strategien verfolgt werden: die Verbreiterung der Nahrungsbasis, die Lagerhaltung von momentanen Überschüssen, also Ersparnisbildung, und – für Evolutionstheoretiker und Anhänger der Theorie vom egoistischen Gen die Ultima Ratio – das Senken der Reproduktionsrate. Andere Vertreter der Oasen-Theorie führten die höhere Fruchtbarkeit, geringere Kindersterblichkeit und höhere Lebenserwartung der Menschen auf die sesshafte Lebensweise selbst zurück. Zusammen mit einer homogeneren Ernährung durch die lokale Flora und Fauna habe dies allmählich die Nahrungsmittel knapp werden lassen und eine innovative Bewirtschaftung erzwungen.[12]

Welchen Vorteil kann die Sesshaftigkeit trotz Ressourcenverknappung geboten haben? Eingeschränkte Territorien sind leichter zu verteidigen, sodass in einer Abwägung zwischen reichen, aber fernen Jagdgründen und weniger reichen, aber nahen Gebieten Letztere den Vorzug erhalten können. Man hat diese Strategie mit dem unerlaubten Sitzenbleiben beim Spiel «Reise nach Jerusalem» verglichen: Je größer das Verhältnis von Spielern und Stühlen – in der ersten Runde zum Beispiel 10:9, in der zweiten 9:8, in der letzten 2:1 –, desto größer der Anreiz, gegen die Mobilitätsregel zu verstoßen und einfach sitzen zu bleiben. So begrenzt dieser Vergleich auch ist, weil im frühzeitlichen Ressourcenkonflikt jede beteiligte Gruppe darauf aus war, mehrere Stühle (Territorien) zu besetzen, weil immer wieder Spieler (Banden) von außen hinzustießen und weil die Stühle (Territorien) unterschiedlich attraktiv waren, so behält er doch seinen Sinn: Wer sesshaft ist, belegt ein Territorium und reduziert damit zugleich den Bewegungsspielraum aller anderen, was diesen dieselbe Strategie nahelegt – und plötzlich bewegt sich niemand mehr.[13]

Auch solche Modelle verlassen sich letztlich auf das Klima als erste Ursache. Tatsächlich liegt es nahe, dem Wetter als primärer Einflussquelle auf den Ressourcenreichtum einer Region und damit auch als wichtigem Faktor für den Populationsdruck in ihr die ausschlaggebende Rolle bei der Entstehung der Landwirtschaft zuzuschreiben. In der letzten Eiszeit war beispielsweise Ackerbau nicht möglich, weil die extremen Klimaschwankungen es nicht erlaubten, an Pflanzen und Ernten zu lernen. Eine gewisse Stabilität des Klimas scheint Voraussetzung zu sein für die langsamen Prozesse des Selektierens von Saatgut und die erfolgreiche Verarbeitung jener Informationen, die den Ernteerfolgen und Erntemisserfolgen entnommen werden können. Bemerkenswert ist allerdings, dass in den Theorien über den Ursprung der Landwirtschaft kontrovers geblieben ist, ob stabil gutes oder stabil schlechtes Wetter den Übergang zur sesshaften und agrarischen Lebensform bewirkt haben soll. Die näherliegende Deutung hält sich an das gute, relativ warme und feuchte Wetter. Das Klima soll es dem Menschen durch wahrscheinliche Ernteerfolge leichtgemacht haben, eine so große Schwelle wie die vom nomadischen zum sesshaften Leben zu nehmen. Weshalb aber, wird dem entgegengehalten, hätten Jäger und Sammler ausgerechnet in guten Zeiten ihre Lebensform grundsätzlich ändern sollen? Gegeneinwand: Sie haben ihre Lebensform zunächst gar nicht grundsätzlich geändert, sondern sind nur vom linearen Umherstreifen zum zirkulären im Umkreis eines Basislagers übergegangen, weil es unter den günstigen Wetterbedingungen genügte, in einem solchen Umkreis zu jagen und zu ernten.

Womöglich wird hier aber auch eine falsche Alternative diskutiert. Weder das gute Klima noch das widrige Klima könnten den Übergang zur Sesshaftigkeit befördert haben, sondern der Zwang von lokalen Populationen, sich mit in großen Zeiträumen stark wechselndem Klima auseinanderzusetzen. Man reagierte auf eine bestimmte Art des Klimawandels mit Sesshaftigkeit und musste dann bei einer anderen damit zurechtkommen. Für die Levante ist ermittelt worden – vor allem durch Untersuchungen an Höhlenmineralien und Pflanzensamen –, dass vor 19 000 Jahren das Klima deutlich wärmer und feuchter wurde. Ein erster Höchststand an Regenfällen wurde vor gut 14 000 Jahren erreicht, auf eine Trockenheits- und Kältespitze vor etwa 12 500 Jahren folgte eine schnelle Erwärmung binnen weniger Generationen mit einem Höhepunkt vor 8200 Jahren. Die ersten Siedlungen wurden in einer Wärmeperiode gegründet, das Siedeln aber in der Kälteperiode ausgedehnt, in der Nahrungsprobleme aufgekommen sein müssen und das Weiterziehen für die Nomaden nicht mehr aussichtsreich war. Sie suchten sich relativ ertragreiche Stützpunkte, die sie befestigten, von denen aus sie jagten, fischten und sammelten, an denen sie begannen, ihre Nahrung zu bearbeiten und ihre Toten zu begraben. Geschätzt wird, dass solche Siedlungen etwa fünfundsiebzig bis hundert Bewohner hatten. Diese Gemeinschaften waren keine Banden mehr, und die symbolischen Aktivitäten nahmen erheblich zu: Je größer die Gruppe, desto mehr Aufwand wird getrieben, um einerseits die Position der Einzelnen in ihr zu bestimmen und abzusichern, andererseits die Einheit der Gruppe zu artikulieren. Mit der Sesshaftigkeit entwickelte sich das Begräbniswesen wie auch die Vorstellung vom «privaten» Eigentum. Je mehr alle sind, desto weniger kann alles allen gehören.[14]

Vermutlich ging die Sesshaftigkeit aber auch mit einer Verbreiterung der Nahrungsgrundlagen solcher Gemeinschaften einher, weil das Biotop von Sesshaften besser untersucht und systematischer ausgebeutet wird als von Nomaden, die immer schon wissen, was sie an einem Ort, in einem Jagdgrund suchen. Es ist die Prämie der Geduld und der Aufmerksamkeit auch für geringe Beiträge der Natur, die den Sesshaften unter den kärgeren Umständen ihrer Lebensführung zufällt. So wechseln in der Levante die Erntemethoden bei wilden Kornarten vom Schlagen des Getreides zum Sicheln: Schlagen erntet mehr pro Zeiteinheit, es geht schneller; Sicheln erntet mehr pro Quadratmeter, es ist ergiebiger. Mit der Sesshaftigkeit entsteht die systematische Arbeit, und sie erstreckt sich bald auf alle Objekte im sozialen Umkreis, ganz gleich, ob es sich um Rohkost, Knochenwerkzeuge oder die Schädel der Toten handelt, die verziert werden.[15] Der Mensch beginnt, sich um die Dinge zu kümmern.

Das Auf und Ab des Klimas, das die von ihm Betroffenen zu ständigem Lernen zwang, enthebt die Theorie der agrarischen Anfänge der Alternative, dass diese entweder in der Kargheit oder im Reichtum ihrer Umwelt gesucht werden müssen. Beides löse Schritte in Richtung landwirtschaftlicher Produktion aus. Dem Auf und Ab des Klimas entsprach nämlich eine ständige Variation der Ernährungsgewohnheiten und der Mobilität sowie der Bevölkerungsentwicklung jener kleinen Gemeinschaften, die überdies, je nach ihren Stützpunkten, durchaus nicht alle derselben Strategie des Überlebens folgen mussten. In der späten Natufienkultur beispielsweise wird die Jagd intensiviert, und es kommen junge Gazellen und Hasen auf den Tisch, der Umgang mit Feuer wird weiterentwickelt, Sicheln tauchen auf, die Techniken des Sammelns und der Weiterverarbeitung von Pflanzen schreiten voran. Danach (vor 11700 bis 10500 Jahren) entstehen stabilere Dorfstrukturen auf Arealen, die zweieinhalb Hektar umfassen konnten, mit Speichern und einer Bevölkerung von bis zu dreihundert Personen.

Die ersten Landwirte der nördlichen Levante lebten dann am Ende der Jüngeren Dryaszeit (11000 bis 9500 v. Chr.). Einer der wichtigsten Hinweise darauf: In den Überresten ihrer Pflanzen entdeckte man Unkräuter, die bevorzugt in bearbeiteten Feldern wachsen. Angebaut wurden Roggen, Einkorn, Emmer, Gerste und Hafer. Linsen, Linsen-Wicken, Futterwicken, Erbsen. Flachs und Kichererbsen fanden sich ebenfalls, und zwar dies alles nur in einer Zone nahe der oberen Flussläufe von Euphrat und Tigris im Scheitelpunkt des «fruchtbaren Halbmonds» im heutigen Südosten der Türkei und Norden des Irak. Überall sonst treten die domestizierten Formen dieser Pflanzen, die in der Region kombiniert zwischen 9000 und 7500 v. Chr. vorkommen, erst zwischen 7300 und 7000 v. Chr. auf.[16]

Nach ein- bis zweitausend Jahren Zucht entstanden Getreidesorten, deren reife Ähren nicht splitterten und aus denen die Körner nicht herausfielen. Das ermöglichte es, die Ernte bis zur Reife der ganzen Ähre zu verzögern, anders als zuvor, wo schon geerntet werden musste, als einige Körner noch nicht reif waren, weil andernfalls viele Körner bereits zu Boden gefallen wären. Außerdem besaßen die gezüchteten Sorten deutlich größere Körner, und sie keimten auch sofort, wenn sie eingepflanzt wurden. Die erste Getreidesorte, von der eine gezüchtete Variante gefunden werden konnte, ist der Roggen, der in Abu Hureyra auf ein Alter von 11100 bis 10500 Jahre datiert wurde, aber man hat bezweifelt, ob die Körner wirklich aus den ältesten Schichten der Fundstätte stammen oder doch aus jüngeren. Die ersten unumstrittenen Belege für Pflanzenzüchtung fanden sich nicht in der Levante, sondern im Südosten der Türkei vor etwa 9200 Jahren in der Siedlung Nevalı Çori: Einkorn und Emmer.[17]

Die Fortpflanzung des Getreides wurde durch die Züchtung der nicht splitternden Ähren vom Menschen abhängig, die stabilere Ähre wiederum machte das Dreschen nötig. Doch selbst die zusätzliche Arbeit des Dreschens – und Worfelns und Siebens – fällt zivilisationsgeschichtlich auf die Habenseite. Sie ist ein gutes Beispiel, wie Nebenfolgen einer Technologie, hier die der Züchtung, eine andere, hier das Dreschen, wünschenswert machen, die dann ihrerseits verbessert werden kann. Die Fokussierung auf die ganze reife Ähre verengte den Zeitraum für die Ernte auf wenige Wochen, was dem Menschen einen größeren Sinn für befristete Zeit nahelegte: von der Saison zum Termin. Reiften mehrere Sorten gleichzeitig, musste die Arbeit entsprechend geplant werden. Die Reisernte im frühen China fiel in dieselbe Zeit wie die für wilde Nüsse. Weizen und Gerste werden erntereif während der Hochsaison der Jagd auf Gazellen und Wildesel. Gedroschen werden kann vor oder nach der Lagerhaltung. Die Rhythmen der Natur und die der Gesellschaft verschränkten sich stärker. Landwirtschaft vervielfältigte die Beobachtungsgesichtspunkte für die Wechselwirkungen zwischen beidem. Dieses Argument wurde auch mit Blick auf den mittelamerikanischen Mais- und Bohnenanbau herangezogen: Bestimmte Pflanzenarten werden durch genetische Veränderungen besonders attraktiv für Erntegemeinschaften, die sich in ihrer Lebensweise auf sie, ihre Wachstumsrhythmen und Biotope einstellen und alle Verzichte, die das bedeutet, durch desto intensivere Bewirtschaftung zu kompensieren versuchen. Irgendwann ist dann nur noch der Fluchtweg in den Fortschritt gangbar. Nicht zuletzt werden Pflanzen aus den Gegenden, in denen sie sich vorfanden, in andere, für sie besser geeignete Böden gebracht, und es wird bewässert – also wird auch das im Raum Vorfindliche als veränderbar betrachtet. Der Mensch wurde, mit anderen Worten, nolens volens experimentierend und organisierend.[18]

Die ersten gezüchteten Pflanzen waren also vermutlich Emmer und Einkorn, zwei Weizenarten, danach kamen Linsen und Erbsen. Was aber ist mit den Tieren? Ohne archäologische Informationen zu haben, die den Anfang der Tierzucht hätten klären können, fragten seit dem Ende des achtzehnten Jahrhunderts zunächst Geschichtsphilosophen – Turgot, Ferguson, Condorcet –, dann Anthropologen nach der Reihenfolge, in der sich der Mensch Pflanzen und Tiere «untertan» gemacht hat. Eine These war, dass die «Unterwerfung» von Tieren, die in Herden nomadisch mitgeführt wurden – wie Rinder, Schafe, Pferde –, die Landwirtschaft hervorgebracht hätte. An der Tiernahrung, die in viel größeren Mengen gebraucht worden sei, sei zuerst der Unterschied zwischen nützlichen und weniger nützlichen Pflanzen aufgefallen. Dagegen wurde eingewendet: Es gibt Ackerbau ohne Tierhaltung (Amerika, Ozeanien), und es gibt Tierhaltung, die nur Transportzwecken (Peru) oder nur Jagdzwecken (Nordamerika und Australien, Hunde) dient und nicht dem Ackerbau.

Das erste domestizierte Tier lieferte weder Fleisch noch Milch, noch ein Fell oder Dung, denn die ersten domestizierten Tiere waren nachweislich Hunde. Der älteste Fund, der das belegt, wurde in Bonn-Oberkassel gemacht, wo in einem etwa 14 000 Jahre alten Grab Knochen eines hündischen Haustiers gefunden wurden. Ein anderer früher Fundort eines Haushundskeletts ist das nordisraelische Ein Mallaha, wo ein sehr kleiner Hund unter der Hand eines menschlichen Toten begraben wurde. Hunde sind auch die einzigen Tiere, die als Begleiter der ersten Einwanderer vor 12 000 bis 14 000 Jahren den Weg aus Eurasien über die Beringstraße nach Nord- und Südamerika fanden. Den Hunden folgten als nächste domestizierte Tierart die Katzen vor knapp 10 000 Jahren, Ziegen und Schafe vor gut 9000 Jahren. Morphologisch veränderte Rinder und Schweine tauchen in der Levante und in Persien vor 8500 Jahren erstmals auf.[19]

Mit der Domestizierung der Hunde veränderte sich ihr Bewegungsumkreis, ihre Ernährungsweise und ihre Reproduktion. Unter den Folgen ist die der oft geringeren Körpergröße die auffälligste, die der Gewöhnung an die Nähe des Menschen die erstaunlichste. Zuerst dürften es junge Wölfe gewesen sein, die sich mit ihren Familien als Aasfresser in der Nähe menschlicher Lagerstätten aufgehalten haben, die den Menschen zuliefen und dort auf andere Ernährung «umgestellt» wurden: höhere Pflanzenanteile, kleinere Beutetiere. Durch die Paarung von «Hauswölfinnen» mit wilden Wölfen, die keine Geschlechtspartner unter anderen wilden Wölfen gefunden hatten und insofern nicht zu den «Alpha»-Tieren gehörten, konnte der genetische Pool noch lange Zeit Zufuhr von außen bekommen, ohne dass die Domestizierungseffekte sich wieder zurückbildeten. Katzen wiederum dürften durch natürliche Selektion in der Nähe von Siedlungen «entwildert» worden sein. Bei Ziegen, Schafen und Rindern erfolgte lange vor der eigentlichen Züchtung eine Auswahl durch «Herden-Management», etwa indem hier der besseren Steuerbarkeit halber weibliche Tiere männlichen vorgezogen wurden.[20]

Soweit die Deutungen von Sesshaftigkeit und Landwirtschaft, die einen äußeren Anstoß dazu vermuten. Evolutionäre Erklärungen für gesellschaftliche Errungenschaften widersprechen sich allerdings oft selbst, wenn sie einen einzigen Faktor wie das Klima oder das Verhältnis von Bevölkerungsgröße und Ressourcenmenge für ausreichend halten. Neues kommt nicht als Lösung eines Problems in die Welt, sondern als zufälliges Zusammentreffen verschiedener Probleme und verschiedener Lösungen. Andere Archäologen beobachten in der betreffenden Periode, in der Gemeinschaften zunehmend sesshaft wurden und schließlich vorwiegend vom Ackerbau lebten, weniger eine technische und ökonomische als eine symbolische Revolution. Dass der Übergang zur Landwirtschaft eine vollständig andere Haltung zur Natur verlangte, hat vor allem Jacques Cauvin zu einer darüber noch weit hinausgehenden Theorie geführt. Sie setzt mit Beobachtungen wie der ein, dass auch nach der Züchtung von Ziegen, die um 8200 v. Chr. nachweisbar ist, deren Anteil an der Ernährung der Züchter konstant niedrig blieb. Also erhöhte die Domestikation nicht das Proteinangebot, sie änderte nur die Grundlagen seiner Hervorbringung. Es wurde nicht mehr gegessen, sondern anders produziert. Umgekehrt reagierten die Sammler um 10 000 v. Chr., als ihre gewohnten wilden Getreidesorten klimabedingt seltener wurden, nicht mit Züchtung, sondern wichen auf Gräser wie Vogelknöterich und Tragant aus. Also kann der spätere Übergang zur Züchtung jener Getreide nicht aus ihren Vorteilen erklärt werden. Soll heißen: Die Landwirtschaft ist dieser Theorie zufolge keine technisch-ökonomische Anpassung an Ressourcenknappheit oder -reichtum, sondern entspringt einem kulturellen Willen. Vor der agrarischen Revolution muss sich eine «mentale Revolution» zugetragen haben.

Cauvin meint sie unter anderem in der Bauweise der Siedlungen beobachten zu können, die von runden und ovalen Formen zu rechteckigen Grundrissen übergeht, obwohl sich in der Natur dafür kein Vorbild findet. In Bilddarstellungen werden Tiere zentral, die gerade nicht ganz oben auf dem Speiseplan stehen und die zu züchten der Mensch, wenn überhaupt, noch eine ganze Weile nicht imstande sein wird: Rinder und Raubtiere oder, in Göbekli Tepe, gefährliche Kleintiere wie Schlangen, Skorpione, Eidechsen und große Vögel. Rinderschädel findet man auch als Grabbeigaben. Nützliche Tiere wie Ziegen, Schafe und Schweine sucht man in den Bildern jener Zeit meist vergeblich. Die Waffentechnik macht Fortschritte, obwohl es keine Hinweise auf eine Zunahme von Konflikten oder vermehrte Jagd gibt. Schädel werden verziert und hergerichtet, als wolle man gegen den natürlichen Zerfall das Gesicht der Toten rekonstruieren. Auch in Statuen spielt nun das menschliche Gesicht erstmals eine Rolle. Erste Steinmasken sind dokumentiert. Vor allem aber: Eine Religion kommt auf, an deren Spitze weibliche Gottheiten stehen, die in zahlreichen kleinen Tonplastiken mitsamt ihren primären und sekundären Geschlechtsmerkmalen zu sehen sind. Von Rindern gibt es Figuren in derselben Ausführung.[21]

Der Mensch, so die Deutung Cauvins, verlässt die Epoche der Koexistenz mit den Tieren und macht sich die Erde untertan, er lebt im Gefühl von Eigenmacht, er lebt in einem konstruktiven Bewusstsein. Das Konzept der Beherrschung deutet sich an, was auch Selbstbeherrschung einschließt. Darum erhöht sich laut Cauvin der Anteil des Fleisches domestizierter Tiere an der

Nahrung zunächst nicht: Weil es um ihre Beherrschung ging, nicht in erster Linie um ihre Nutzung. Das anfängliche Einfangen von Tieren und Bilden von Herden dürfte nicht mit der Viehwirtschaft verwechselt werden, zu dem es führte. So wie Claude Lévi-Strauss einst davon sprach, dass es solche Tiere gebe, die gut für das Essen sind, und solche, die gut für das Denken sind, so gibt es Cauvin zufolge auch solche, die gut für die Selbstbehauptung des frühen Menschen waren. Diese Selbstbehauptung findet in der Siedlung ihren klarsten Ausdruck: das Haus – der Bezugspunkt von «Domestizierung» – als Heim, das Dorf als Arrangement von Heimen, Plätzen und ersten Funktionsgebäuden wie Lagerhäusern und Begräbnisstätten. Ist die Aufmerksamkeit von Jäger-Sammler-Gemeinschaften darauf gerichtet, wo welches ihrer Mitglieder gerade ist und was es gerade tut, so gilt die der Siedler vor allem Außengrenzen, nicht zuletzt, weil die Bevölkerungsgröße ein durchgängig familiäres Denken nicht mehr zulässt.[22]

Cauvin hat das immense archäologische Material aus den Anfängen der Landwirtschaft mitunter sehr einseitig ausgewertet und mag auch zu viel neolithische Vorarbeit für spätere Problemkonstellationen – das Goldene Kalb, Baal, der jüdische Monotheismus, die Rinderopfer der Griechen, Zeus als Stier und so weiter – angenommen haben. Kritiker seiner These bezweifeln beispielsweise mit guten Gründen, ob die Bildwerke und Knochenfunde, auf die er sich bezieht, tatsächlich männlichen Rindern zugeordnet werden können und ob «Maskulinität» wirklich das Zentrum einer neolithischen Religion war. Außerdem wurde darauf hingewiesen, dass die Zeitspanne vom zehnten Jahrtausend v. Chr., in dem sich die symbolische Revolution zugetragen haben soll, bis zur zweitausend Jahre jüngeren Fundstätte von Çatal Hüyük viel zu groß ist, um überhaupt von einer neolithischen Religion zu sprechen. Auch für die Theorie der symbolischen Revolution gilt, dass jede Annahme eines ausschlaggebenden Fak-

Der Anfang der Landwirtschaft 183

tors für den gesellschaftlichen Wandel, wie wir ihn kennen, vorbeigreift. Dennoch billigen selbst die nüchternsten Archäologen, die den Forschungsstand zu den Anfängen der Landwirtschaft überblicken, dem Impuls, nach innergesellschaftlichen Voraussetzungen für diese Anfänge zu suchen und dabei der Religion entscheidendes Gewicht zu geben, volles Recht zu.[23]

Der Punkt ist: Es gibt sozialen Wandel, den man sich nicht vorstellen kann ohne die Annahme, dass die von ihm Betroffenen ihn registriert haben oder sogar zu ihm entschlossen waren. Nicht, dass ihre Absichten dabei für den Wandel selbst oder gar seine Richtung ausschlaggebend gewesen sein müssen. Aber seine Erfahrung wird verarbeitet und geht dadurch in ihn ein. Das ist das Argument Cauvins: Sobald die Unterscheidung von Natur und Kultur getroffen wird, die bei der Selbstbehauptung sesshafter Gemeinschaften gegen alles, was außerhalb ihrer Gemeinschaftsgrenzen liegt, vorausgesetzt ist, entstehen Gottheiten, die den Riss überwölben, indem sie für Fruchtbarkeit stehen, auf Panthern sitzen und Löwen wie Hauskatzen um sich haben. Das Besessensein von der Wildnis macht sich just in dem Moment bemerkbar, in dem die Grenze zu ihr hinausgeschoben wird.[24]

NEUNTES KAPITEL

Jemand hatte vor, eine Mauer zu bauen:
Der Anfang der Stadt

> Städte wurden geschaffen, um die Zeit zu
> messen, um die Zeit aus der Natur herauszu-
> lösen. Sie sind ein endloser Countdown.
>
> DON DELILLO

Jericho aber war verschlossen und verwahrt vor den Kindern Israel, daß niemand heraus oder hinein kommen konnte. Da sprach der HERR zu Josua: Schau, ich habe Jericho samt seinem König und seinen Kriegsleuten in deine Hände gegeben. Laß alle Kriegsmänner um die Stadt herumgehen, und zwar sechs Tage lang. Und laß sieben Priester sieben Posaunen des Halljahrs vor der Lade hertragen, und am siebenten Tage geht siebenmal um die Stadt, und laßt die Priester die Posaunen blasen» (Buch Josua, Kapitel 6, 1–4). Der Ausgang dieser Episode ist bekannt. Die Israeliten, die nach dem Auszug aus Ägypten auf Landnahme im Westjordanland aus waren, tun um 1200 v. Chr. unter ihrem Feldherrn Josua, dem Nachfolger Mose, was ihnen von ihrem Gott geheißen wurde. Die Posaunen werden geblasen, die Mauern Jerichos fallen, die Stadt wird erobert, die Einwohner werden vertrieben. Wer sie wieder aufbaue, hieß es, sei verflucht.

Manchmal hören wir von Städten, man denke an Troja, erst durch die Berichte von ihrer Zerstörung. Archäologisch gibt es allerdings keine Hinweise darauf, dass Jericho im dreizehnten vorchristlichen Jahrhundert, als der Auszug aus Ägypten stattgefunden haben soll, erobert worden ist. Damals hatte die am

Jordan liegende Stadt Jericho (Tell es-Sultan) außerdem gar keine Mauern. Wie andere Zentren blieb sie unbefestigt, weil die ägyptische Herrschaft in dieser Region unumstritten war, lokale Fürstensitze sorgten mit ihren Verwaltungsstrukturen für Sicherheit. Für eine Eroberung solcher Vasallenstädte durch eine Armee Flüchtlinge fehlt jedes Zeugnis. Ja, Jericho scheint zur Zeit seiner angeblichen Eroberung nicht einmal bewohnt gewesen zu sein.[1]

Siebentausend Jahre zuvor jedoch, im Neolithikum, war es bewohnt. Es bestand vorwiegend aus runden Häusern, deren Mauern aus Lehmziegeln auf Steinfundamenten ruhten und in deren Innern sich Herdstellen sowie Vorratsspeicher befanden. Und Jericho hatte eine Stadtmauer, einen Schutzwall samt massiven Mauern aus Stein. Sie waren ursprünglich 3,6 Meter hoch, unten 1,8 Meter dick, oben 1,1 Meter. In der Endphase ihrer Errichtung dann sieben Meter hoch und an ihrer Basis drei Meter dick. Schätzungen nehmen an, dass dazu einhundert Männer gut einhundert Tage lang arbeiten mussten. Innerhalb der Mauern befand sich ein Turm von gut acht Metern Höhe und acht Quadratmetern Fläche. Die Mauer umschloss ungefähr 2,4 Hektar Land, zwei Fußballfelder, für eine Bevölkerung von etwa vierhundert bis neunhundert Personen. Das entspräche einer Bevölkerungsdichte von dreißigtausend Einwohnern pro Quadratkilometer.[2]

In London leben heute auf derselben Fläche sechsmal weniger Menschen. Weimar zählt gegenwärtig knapp achthundert Einwohner pro Quadratkilometer, und wenn man die Bevölkerungsdichte einer heutigen Siedlung mit etwa achthundert Einwohnern nehmen würde, sagen wir: Grünmettstetten am Rande des Schwarzwalds, so kommt man auf gut siebenhundert Hektar, die sich die Leute dort teilen: fast dreihundertmal mehr Land als die Bewohner von Jericho.

War Jericho also, als erste bekannte Siedlung, die durch Mauern befestigt war, auch die erste Stadt? Wir müssen klären, was das heißt – Stadt. Denn unsere heutigen Begriffe von Stadt und Land, Stadt und Dorf, helfen nicht weiter, wenn es darum geht, zu verstehen, in welchem Sinne eine von Mauern umgebene Gemeinschaft im Westjordanland um 9500 bis 8000 v. Chr. eine Stadt gewesen sein könnte. Schon der kurze Vergleich hat gezeigt, dass eine Definition von Städten mittels ihrer Größe nicht ausreicht. Denn es ist nicht die Größe, die London und Weimar zu Fällen desselben macht, weder heute noch historisch. Weimar hatte um das Jahr 1800 etwa sechstausend Einwohner, London 1,1 Millionen – also braucht man nicht verschiedene Begriffe für beide «Siedlungen»? Grünmettstetten wiederum, das viel mehr Fläche hat als Jericho einst, ist nach heutigen Maßstäben keine Stadt, sondern ein Dorf. Nimmt man dagegen nicht die Bevölkerungsgröße als Kriterium, sondern die Bevölkerungsdichte, wäre von den genannten Orten insbesondere Jericho eine Stadt. Die Leute lebten dort enger aufeinander als heutige Bewohner von Metropolen.

So geht es also nicht. Forscher, die sich mit der Frage befasst haben, sind darum zu Stadtbegriffen gekommen, die von einer bestimmten Siedlungsgröße und -dichte zunächst absehen. Stattdessen sind für sie Städte Ansiedlungen, die auf landwirtschaftliche Produktion anderer angewiesen sind oder diesen Bedarf auf einem Markt decken, der von Ortsansässigen, aber auch von Fremden versorgt wird. Man könnte auch sagen: Größe und Bevölkerungsdichte sind Informationen über Städte bei Nacht, für einen Begriff der Stadt aber sind vor allem die Eigenschaften ausschlaggebend, die sie tagsüber hat, weil sie ihr öffentliches Leben bestimmen. Städte unterscheiden sich von ihrem Hinterland, in das ihre politischen, wirtschaftlichen und religiösen Funktionen ausstrahlen. Es sind zentrale Orte, die dem Schutz von Siedlung und Handel dienen, der Kontrolle des Umlands und der Kontrolle der Mitgliedschaft im Gemeinwesen. Markt, Festung, Gemeinde – das sind Elemente der Stadt. An sie schließt die Vermutung an, dass Städte von einer größeren sozialen Vielfalt bestimmt sind als Dörfer. Unter anderem heißt das: Städte sind Orte, an denen es zu gesteigerter gesellschaftlicher Arbeitsteilung kommt, Städte werden von Spezialisten bewohnt.[3]

Gilt dies alles auch für den Anfang der Stadt? Städte entstehen aus Siedlungen, Siedlungen entstehen, wenn die Tier- und Pflanzenwelt an einem Ort Sesshaftigkeit zulassen. Um 8000 v. Chr. haben sich die Folgen der Erderwärmung, die seit 10 000 v. Chr. zu beobachten war, vor allem in Vorderasien dahin gehend ausgewirkt. Die Menge essbarer Pflanzen und reichliche Wildbestände dürften die Mobilität der Jagdgemeinschaften zunächst eingeschränkt haben. Man verweilte länger an einem Ort und richtete sich dort vorübergehend ein. Vor den Häusern kamen die Hütten. Begünstigt wurde die zeitweilige Sesshaftigkeit durch Landschaften, in denen es ökologische Nischen gibt und sich eine Vielfalt von Arten entwickeln kann. Berge sind günstig, ebenso Flüsse, die bei starkem Regen nicht zerstörerisch über die Ufer treten und in denen es reichlich Fische gibt, sowie Wälder, in denen gejagt werden kann, um Mängelerträge in der Landwirtschaft auszugleichen und die Ernährung abwechslungsreich zu halten. Dass Jäger-Sammler-Tätigkeit und Ackerbau keine Gegensätze sein müssen, dafür gibt es auch ethnographische Hinweise, etwa wenn in Zentralbrasilien nomadische Kleingruppen sich in der Regenzeit, in der Gärten bewirtschaftet werden, zu Dörfern von bis zu 1400 Personen zusammenschließen. Auch die im achten vorchristlichen Jahrtausend aufkommende Haustierhaltung (Schafe, Ziegen) und die später einsetzende Rinderzucht ersetzt das Jagen nicht, sondern ergänzt es. Frühe Gesellschaften können sich noch nicht viele Einseitigkeiten leisten. Für die ersten Städte konnte also noch nicht gelten, was später als ihr auffälligstes Merkmal bezeichnet wurde: dass nirgendwo die Menschheit sich mehr von der organischen Natur entfernt habe als hier.[4]

Wenn Sesshaftigkeit gelingt, können Gesellschaften mit ersten Ansätzen zur Arbeitsteilung entstehen. In ihnen gibt es dann Mitglieder, die sich vorzugsweise mit der Herstellung von Gerät befassen, aber auch solche, die für kultische Tätigkeiten zuständig sind. Zugleich wachsen solche Gesellschaften: durch abnehmende Kindersterblichkeit und durch Zuzug. Das Bevölkerungswachstum erlaubt seinerseits weitere Differenzierungen. Es können beispielsweise Personen mit Tätigkeiten betraut werden, die bei geringer Erfolgswahrscheinlichkeit einen hohen Ertrag versprechen: Leute, die etwas ausprobieren, Pflanzenzüchtung beispielsweise oder handwerkliche Techniken. Damit erzwingt Wachstum ab einer bestimmten Größe der Ansiedlung aber auch Organisation, also das Abstimmen der unterschiedlichen Tätigkeiten aufeinander.

Ab welcher Größe? Vergleichende Studien zum Verhältnis von Gruppenstärke und der Ausprägung hierarchischer Organisation deuten darauf hin, dass «aufgabenorientierte» Gruppen, die mehr als sechs Mitglieder haben, zu abnehmendem Konsens bei Entscheidungen tendieren, die alle betreffen; Gruppen, die kleiner sind, erleben das Wachstum ihrer Mitgliederzahl dagegen noch als erfreulich, weil die Aufgaben dann leichter erledigt werden können. Man muss nicht auf diese Zahlen fixiert sein, um die Logik des Arguments zu verstehen. Mit der Mitgliederzahl einer Gemeinschaft steigt die Zahl der Anlässe für Diskussionen, wobei mit Mitgliedern sowohl Individuen gemeint sein können als auch Familien. Die Verwandtschaftsclans, aus denen sich die frühen städtischen Gemeinschaften zusammensetzten, hatten oft Sprecher, die den internen Dissens nicht nach außen trugen, sondern gerade abfilterten, Clans funktionierten nach außen wie Individuen. Das heißt umgekehrt: Je weniger die Mitglieder einer Gesellschaft durch Verwandtschaft miteinander verbunden sind, desto größeren öffentlichen Dissens sollte man in einer solchen

Gesellschaft erwarten. Es entsteht auf diese Weise eine Abfolge von kollektiven Entscheidungen. Erst muss Konsens in Kleinfamilien hergestellt werden, dann in den Großfamilien, die aus solchen Kleinfamilien bestehen, schließlich auf der Ebene der Gemeinschaft, die sich aus Großfamilien zusammensetzt. Mit der Gruppengröße nehmen daher auch die Rituale zu, die solche Entscheidungen bekräftigen und gegen Dissens abdichten. Wenn Archäologen auf erste Tempel stoßen, kann das also ein Bevölkerungswachstum anzeigen; Religion einerseits und Hierarchie andererseits dienten als Mittel, sozialen Dissens aufzufangen.[5]

Kehren wir an dieser Stelle nach Jericho zurück. Der Wassergraben, der die Mauern von Jericho umgab, war neun Meter breit und drei Meter tief. Um diese Größe richtig einschätzen zu können, muss man wissen, dass es damals keine Schaufeln gab, um ihn auszuheben; Metallwerkzeuge kamen erst fünftausend Jahre später auf. Auch der Bau des Turms im Inneren der Stadt erforderte eine erhebliche kollektive Anstrengung; zu ihm hinauf soll mit zweiundzwanzig Stufen die erste nachgewiesene Treppe der Architekturgeschichte geführt haben.[6]

War Jericho also insofern die erste Stadt, weil Städte befestigte Siedlungen sind? Der Verteidigung dürften die Mauern freilich nicht gedient haben, denn es gibt keine archäologischen Befunde, die in jenem historischen Zeitraum auf kriegerische Konflikte im Jordantal hinweisen. Nicht zuletzt der gute Zustand des Turms von Jericho und seine Lage inmitten der Stadt, statt an ihrem Rand, hat Zweifel gesät, ob er überhaupt ein Bollwerk gegen Angriffe und nicht vielmehr ein Gebäude mit religiöser Funktion war. Am Fuß der Turmtreppe wurden bearbeitete und bemalte Skelette gefunden sowie mit Gips überzogene und mit Muscheln als Augen ergänzte Schädel, die für einen ausgeprägten Totenkult sprechen und Versuche, die Gesichter der Toten zu rekonstruieren; Steinquader, auf die man stieß, könnten als Stützen von Totempfählen ebenfalls kultischen Zwecken gedient haben. Außerdem ist auffällig, dass die Stadtmauern im Westen viel stärker angelegt wurden als im Norden und Süden der Stadt. Wären sie gegen Angreifer gebaut worden, hätte das wenig Sinn gehabt. Der Krieg mag also der Vater vieler Dinge sein, der Vater der Stadt ist er nicht. Vielmehr scheint es sich bei den Mauern um eine Befestigung gegen das gehandelt zu haben, was zugleich die Siedlungsbildung erlaubte: regelmäßige Überschwemmungen, die zu fruchtbarem Land führten und die eben nicht aus allen Richtungen erfolgten, sondern vor allem aus dem Westen. An anderen neolithischen Ausgrabungsorten im Jordantal sind vergleichbare terrassenförmige Schutzmauern gegen Unterspülungen gefunden worden.[7]

Entscheidend an den Mauern von Jericho ist das, was sie mit dem Turm und all den Speichern teilen, die außerhalb einzelner Häuser der Stadt liegen: Es handelt sich offenbar um kollektiv errichtete, kollektive Funktionen erfüllende Bauwerke. Die Stadt ist also mehr als eine bloße Ansammlung von Familien, die sich zu Ernährungszwecken zusammentun. Stadt heißt, dass an die Stelle von Ausweichverhalten – man zieht weiter, die Gemeinschaft teilt sich, die Gemeinschaft zerfällt – politische Anstrengungen treten, den einmal gewählten Lebensmittelpunkt zu befestigen, und religiöse, die der Einheit dieser Gemeinschaft wie dem Kult ihrer Toten gelten. Auch an anderen Ausgrabungsorten aus der Zeit um 9000 v. Chr. – Çayönü, Nevalı Çori, Göbekli Tepe, die heute alle im Südosten der Türkei liegen – sind Belege für kollektive Kultgemeinschaften gefunden worden, die im Übergang zur Landwirtschaft und zur Sesshaftigkeit entstanden. Womöglich waren die Orte, zu denen es die Jäger und Sammler hinzog, um sich auszutauschen, die Beute zu sichten und zu verteilen, Kinder zu zeugen, Gemeinschaftsfragen zu beantworten, die ersten räumlichen Fixpunkte, aus denen Siedlungen hervorgingen. Denn die Jäger und Sammler mussten sie ja so wählen, dass sie ökologisch günstig lagen. Zugleich wurden manche der Orte zu sakralen Orten, deren Ausgestaltung bedeutende kollektive Leistungen erforderte. Ob man so weit gehen muss, die Siedlung auf das Fest zurückzuführen,[8] das eine organisierte, vom Jagdglück unabhängige Nahrungsbeschaffung voraussetzte, sei dahingestellt. Aus den archäologischen Befunden geht jedenfalls klar hervor, dass sich religiöse, politische und ökonomische Funktionen der Sesshaftigkeit wechselseitig verstärkten.

Dennoch sprechen die meisten Archäologen vom frühen Jericho heute nicht mehr als Stadt. Denn es fehlt Jericho das Merkmal, ein zentraler Ort mit einem unähnlichen Hinterland gewesen zu sein. Zum Begriff der Stadt gehört aber, dass sie zu anderen Siedlungen, anderen Städten, Dörfern, Außenposten in Beziehung steht. Jericho war keine Handelsstadt, die Grundlage seiner ökonomischen Existenz war Subsistenzwirtschaft. Es war eine Flussoase, kein zentraler Teil eines Siedlungssystems. Außerdem fehlen Spuren für hohe gesellschaftliche oder auch nur berufliche Arbeitsteilung. Die Technik der Keramikherstellung, die später in rascher Abfolge Spezialisierungsgewinne mit sich brachte, stand noch nicht zur Verfügung. Und da die Mauern von Jericho nicht der Verteidigung dienten, kann auch nicht angenommen werden, dass sie eine privilegierte Gesellschaftsform schützen sollten. Nicht zuletzt stellten die Mauern eine Begrenzung dar: Die Stadt konnte kaum wachsen; die Probleme, die sich durch Bevölkerungsverdichtung ergaben, mussten anders gelöst werden als durch räumliche Expansion. Die gegen Wasser, Schlamm und Überschwemmung gebaute Mauer führte zu sozialem Wandel innerhalb des geschützten Raums, verhinderte aber das Wachstum zur Stadt.[9]

Jericho war also eine befestigte Siedlung, in deren Überresten sich erste Anzeichen dessen finden, was sich viertausend Jahre später in den Anfängen der großen Stadt zeigte. Diese Anfänge liegen weiter östlich, in Mesopotamien, was so viel wie «Land zwischen den Flüssen» bedeutet, womit Euphrat und Tigris gemeint sind, einschließlich der Region zwischen dem Tigris und dem Zagros-Gebirge. Hier, in dem später Babylonien genannten Gebiet, entstand um 5500 v. Chr. nicht nur die erste Stadt, sondern in der Folge und bis 3500 v. Chr. gleich ein ganzes System von Städten, das den Norden Mesopotamiens, Assyrien, mit einschloss. Man kann angesichts von Hunderten mesopotamischer Städte in diesem Zeitraum von der ersten urbanen Zivilisation sprechen. Da sie bald über Schrift verfügte, wissen wir inzwischen viel über sie. Mindestens so entscheidend für unser Verhältnis zu ihr ist, dass wir uns in ihr wiedererkennen können. Denn sosehr die Entstehung der Stadt den Übergang zur Sesshaftigkeit voraussetzte und von den Leistungen der Landwirtschaft abhing, so sehr hob sich alles, was jetzt kam, von den überschaubaren Lebensumständen der ersten Siedler ab. Was jetzt kam, war nämlich nicht nur Schrift, sondern auch Verwaltung, Staat, Architektur, Organisation, Wohlfahrtspflege, geschriebenes Recht, Dichtung, Luxuskonsum, Fernhandel, Stadtplanung, Prostitution – um nur einige der Anfänge zu nennen, die mit dem Anfang der Stadt unmittelbar verbunden sind. Wer sich mit der Geschichte Mesopotamiens beschäftigt, steht unmittelbar vor der Frage, was die große Stadt damals überhaupt von heutigen Beispielen unterscheidet.

Die erste große Stadt war Uruk, unweit des Persischen Golfes. Für ihre Entstehung waren die Flüsse insofern wichtig, als die Überflutung und anschließende Freigabe des südmesopotamischen Landes durch die Wassermassen dafür sorgte, dass dort neue Ansiedlungen möglich wurden, ohne dass bestehende betroffen waren. Es gab reiche Weide- und Fischgründe, gute Böden, eine vielfältige Pflanzen- und Tierwelt sowie auf der Seite des Euphrat ein bestehendes System relativ flacher Flüsse, die zu Transportzwecken genutzt werden konnten. Bodenknappheit existierte in Südmesopotamien nicht, der Entschluss, in einem begrenzten Areal zu siedeln, was zu sozialer Verdichtung mit all ihren Folgen führte, muss auf seiner ökologischen Qualität beruht haben. Neue Siedler, die aus dem nördlichen Teil des «fruchtbaren Halbmondes» kamen und über agrarische Technologien verfügten, die dort bereits erprobt worden waren, strömten in dieses interessante, so aufgaben- wie chancenreiche Ökosystem. Selbst der Mangel an bestimmten Rohstoffen – Holz, Stein, Öl – kam der Stadtentwicklung insofern zugute, als er Handel stimulierte.

Dasselbe galt für das unstete Verhalten der Hauptflüsse, das ebenso wie die geringen Regenfälle die Menschen dazu veranlasste, Kanäle zu konstruieren – wie der Städtebau eine Organisationsaufgabe von Rang, die sich nicht darin erschöpfte, Arbeitskräfte bereitzustellen und zu disziplinieren, sondern auch Lernbereitschaft voraussetzte. Es wiederholte sich im Grunde, was wir schon beim Übergang zur Sesshaftigkeit beobachten konnten: Schwierigkeiten unterhalb von Katastrophen führen zu sozialem Strukturwandel. Hier erfolgte er, sehr schematisch gezeichnet, so: Trockenheit zwingt zu Bewässerung, Bewässerung ermöglicht Verdichtung, weil auf geringerer Fläche mehr Menschen ernährt werden können, Verdichtung erlaubt weitere Differenzierung der Tätigkeiten, stellt die Menschen aber zugleich vor Koordinationsaufgaben und führt zu Konflikten, die aufgrund der dichten Besiedlung nicht mehr durch Abspaltung gelöst werden, sondern kollektive Entscheidungsmechanismen herbeizwingen und eine politökonomische Zentralisierung der Gemeinschaftsversorgung nahelegen.[10]

Uruk wuchs in der Zeit, der es als «Uruk-Periode» seinen Namen gab, also zwischen 3600 und 3100 v. Chr., auf eine Fläche von zweieinhalb Quadratkilometer und zwanzigtausend Bewohner, dann (2900 bis 2300 v. Chr.) auf ungefähr sechs Quadratkilometer Stadtgebiet und geschätzte fünfzigtausend Einwohner. Die Bevölkerungsdichte betrug über die gesamte Stadtgeschichte hinweg also um achttausend Einwohner pro Quadratkilometer. Damit war Uruk zehnmal so groß wie die nächstgrößere zeitgenössische Stadt in Mesopotamien und anderthalbmal so dicht besiedelt wie London heute, doppelt so dicht wie Berlin. Welche «Supernovas» (Norman Yoffee) unter jeweils besonderen lokalen Umständen hier explodierten, zeigen ein paar weitere Zahlen: Das ägyptische Hierakonpolis beherbergte um 3300 v. Chr. etwa zehntausend Einwohner, das unweit gelegene Memphis mehr als dreißigtausend. Lagasch aber, ein mesopotamischer Stadtstaat zwischen 2500 und 2000 v. Chr., hatte ein Staatsgebiet von dreitausend Quadratkilometern, umfasste mehr als zwanzig Teilstädte und eine Bevölkerung von hundertzwanzigtausend Einwohnern. In Kisch wohnten zur gleichen Zeit sechzigtausend Menschen auf einer Fläche von fünfeinhalb Quadratkilometern, in al-Hiba, einer Untereinheit von Lagasch, fünfundsiebzigtausend. Gegenüber Jericho sind wir beim etwa Hundertfachen an Bevölkerung und beim Zweihundertfachen an Fläche. Es liegt auf der Hand, dass solche Siedlungen in nichts mehr befestigten Dörfern ähnelten.[11]

Befestigt allerdings war Uruk auch. Am Beginn des dritten Jahrtausends wurde schließlich eine neuneinhalb Kilometer lange Stadtmauer gebaut, der wir im Epos von Gilgamesch wiederbegegnen werden. Was umschlossen diese Mauern der ersten Stadt? Die mesopotamischen Stadtstaaten, die in der Mitte des dritten Jahrtausends v. Chr. von etwa achtzig Prozent der gesamten Bevölkerung Mesopotamiens bewohnt wurden, waren sprachlich und, wenn man so will, ethnisch bunt zusammengesetzt. Das Bevölkerungswachstum verdankte sich ganz wesentlich der Migration. Es lebten Sumerer, Akkadier, Amurriter, Chaldäer und

Kassiten in ihnen, um nur einige Herkunftsgruppen zu nennen. Der Fremde war also nicht mehr der Nichtzugehörige, Unverständliche, Gefährliche. Was genau eine Mitgliedschaft in der Stadt begründete, beispielsweise das Wohnen innerhalb ihrer Mauern statt in den Vorstädten, ist nicht bekannt. Sklaverei und Helotentum jedenfalls waren institutionalisiert, das entsprechende Personal kam vorwiegend über die Kriege zwischen den Städten zusammen. Die Stadtquartiere, die über eine eigene Gerichtsbarkeit verfügten, weil jeder Mesopotamier – die gerade erwähnten Sklaven ausgenommen – offenbar das Recht hatte, von seinesgleichen Recht zu bekommen, waren häufig nach der Tätigkeit ihrer Bewohner geordnet. Man wohnte zumindest zeitweise, wo die Arbeit stattfand, der man nachging. Andere Quartiere waren, dies ist eine Konstante der Stadtgeschichte bis heute, stark im Griff von Ethnien. Innerhalb der Stadtmauern lagen nicht nur Wohnquartiere, Tempel und Höfe, sondern auch Kanäle, Felder, Gärten, Silos sowie Brauereien, Bäckereien, Töpfereien und weitere Handwerksbetriebe unterschiedlichster Art.[12]

Wie kam es dazu? Interessanterweise gibt es in Mesopotamien keine Städtegründer; die Könige, die über die Städte herrschten, verzichteten auf die Behauptung, sie auch gebaut zu haben oder wenigstens vom Stadtgründer abzustammen. Das könnte mit der Vielzahl der Städte zusammenhängen, von denen keine in ihrer Dominanz unumstritten war, aber auch mit ihrer ökologischen Existenz, die von zu vielen Umständen abhängig war, als dass man sie mythologisch hätte mit einem Setzungsakt entstehen lassen können. Besser, den Göttern das Vorrecht nicht zu nehmen, über solche Umstände zu gebieten, besser, ein Gott hat die Stadt gegründet oder sie war schon vor Urzeiten da. Tatsächlich entsteht die große Stadt erst, wenn das Wachstum einer Bevölkerung nicht zu mehr Siedlungen, sondern zu einer größeren Siedlung führt. Das wiederum ist nur möglich, sofern das bewirtschaftete Land Überschüsse über den Bedarf der Ansässigen hinaus abwirft, sodass bei Bevölkerungszunahme «überzählige» Esser nicht gezwungen sind, eine neue Siedlung in der Nähe anderer Nahrungsquellen zu gründen. Im Gegenteil, die Urbanisierung geht mit einer Transformation des Umlands einher; es entsteht ein ganzes System von Siedlungen, die auf die Stadt bezogen sind, nicht zuletzt, weil die Stadtbewohner dort Landbesitz haben – auch deshalb, weil Großgrundbesitzer in die Stadt zogen –, aber vor allem durch die auf den Bedarf der Stadt spezialisierte agrarische Produktion. Die Stadt wiederum beliefert ihre Umgebung mit dem, was sie hervorbringt: mit politischen und ökonomischen Entscheidungen. Mitte des dritten Jahrtausends v. Chr., so wird geschätzt, waren fast achtzig Prozent der Siedlungen in Südmesopotamien größer als zehn Hektar. Urbanisierung ist Ruralisierung des Restlandes, die Explosion der Städte eine Implosion der Bevölkerung.[13]

Im vierten Jahrtausend v. Chr. werden im Zweistromland solche Überschüsse möglich. Die Voraussetzung dafür, ehemalige Überschwemmungsgebiete nutzbar zu machen, war die künstliche Bewässerung von Feldern, auf denen Getreide, Hülsenfrüchte und Obstbäume angebaut wurden, aus den vielen Armen des Euphrat, denn es regnet, wie gesagt, nicht viel in den Ebenen vor dem Persischen Golf. Die Flüsse wie die Nähe zum Meer sorgten überdies dafür, dass auch Fischfang eine Ernährungsquelle sein konnte, und die Lagunenbildung war für die Aufzucht von Schweinen und Rindern günstig. Ein weiteres prägendes Nahrungsmittel waren Datteln, und es wurde auch Imkerei betrieben. Der Einfluss einer derart variantenreichen Ernährung auf das Bevölkerungswachstum darf nicht unterschätzt werden. Es kann kaum verwundern, dass ein zentrales Motiv der mesopotamischen Religion unter diesen Umständen die Fruchtbarkeit war und damit zugleich die Sorge, dass die Götter die ökologischen Voraussetzungen der Zivilisation erhalten.[14]

Die entsprechenden Überschüsse, die Zuwanderung auslösten und Bevölkerungswachstum stimulierten, begünstigten Tätigkeiten, die nicht unmittelbar, sondern erst über Umwege der Nahrungsgewinnung dienten. Historisch berühmt ist das Aufkommen einer keramischen Industrie, wobei zu Recht davor gewarnt wurde, aus den damit einhergehenden Möglichkeiten der Vorratshaltung und Zubereitung von Nahrung zu weitreichende Schlüsse zu ziehen. Nur weil sich diese Gefäße so gut erhalten haben und sie sehr gut in ihrer Abfolge datiert werden können, heißt das noch nicht, dass wir wissen, wie wichtig sie und die unterschiedlichen Ornamente, mit denen sie verziert wurden, für die gesellschaftliche Entwicklung gewesen sind. Man stelle sich vor, jemand schriebe einst die Gesellschaftsgeschichte des zwanzigsten Jahrhunderts ganz aus den Überresten der Mobiltelefone, die wir hinterlassen. So aufschlussreich es wäre, würde es doch zu gewissen Einseitigkeiten führen. Gleichwohl können am Stand der keramischen Technik und an den Verzierungen der Gefäße die Fortschritte und Eigenheiten einer spezialisierten Produktion abgelesen werden, die zwar nicht direkt der Ernährung diente, aber einerseits auf die prestigeträchtige Seite der Ernährung gerichtet war: das gemeinsame Mahl und seine Vorbereitung samt seiner rituellen Aspekte; andererseits auf die Versorgung großer Bevölkerungskreise mit standardisierten Gefäßen, die als Messbecher dienten, um den Lohn in Getreiderationen auszubezahlen. Wer sich außerdem an die ständigen Klagen des Robinson Crusoe erinnert, auf seinem Eiland über alles Mögliche, aber nicht über einen Topf zu verfügen, kann den praktischen Stellenwert von Gefäßen für erste Hochkulturen einschätzen.[15]

Man könnte die städtischen Berufe also in einer Pyramide darstellen, deren Basis die Nahrungserzeugung ausmacht, die zwar im Umland stattfindet, aber von der Stadt aus organisiert und mit Arbeitskräften wie Arbeitsmitteln ausgestattet wird. Die Herstellung dieser Mittel erfolgte durch die zweite, handwerkliche Schicht, die angesichts des erheblichen Bedarfs – beispielsweise einer ständigen Bautätigkeit an Bewässerungsanlagen – wiederum koordiniert wird, etwa um Handelsexpeditionen zur Beschaffung von Rohstoffen durchzuführen. Keramik wird von einer dritten Schicht ebenfalls handwerklicher Berufe geliefert, die einerseits auf den heimischen Absatz zielt, andererseits auf den Tausch mit anderen Siedlungen. Auf derselben Ebene liegen die Berufe, die der Weiterverarbeitung von Nahrung dienen. Schließlich gibt es eine Schicht von Dienstleistern wie Ärzten, Schreibern, Richtern, Priestern sowie den «Beamten» im Planungsapparat der Stadt. Sie sind von der Landwirtschaft am weitesten entfernt, und ihre Existenz dokumentiert, dass die soziale Vorstellung, was zu einer Gemeinschaft und ihrer Selbsterhaltung beiträgt, sich unter urbanen Umständen erheblich erweitert hat.

Wenn Tätigkeiten, die auf eine solch übergeordnete Produktion zielen, institutionalisiert sind, muss der agrarische Überschuss ebenso erwartbar sein, wie wenn die Stadt militärisch befestigt wird und also Wachen und Soldaten ernähren muss. Es entsteht eine Abgabenwirtschaft, es werden Getreidespeicher angelegt, eine Gruppe von Verwaltern dieser Speicher bildet sich heraus, die Priester, die den Kontakt zu den überirdischen Garanten der Ökologie unterhalten, pflegen zugleich die Einheit der Gemeinschaft. Mit dieser Vervielfältigung von Tätigkeiten und, wenn man so will, der allgemeinen Geschäftigkeit der großen Stadt ging ein weiterer wichtiger sozialer Strukturwandel einher. Neben die Herkunft der Bewohner aus Familienclans trat die berufliche Tätigkeit und in ihrer Folge die Schichtzugehörigkeit als zweite große Quelle von sozialem Ansehen. Man diente jetzt im Grunde zwei religiösen Ordnungen: den Ahnen und den Göttern der Stadt. Im Zeitablauf wurde dabei die Zugehörigkeit zu «Stämmen» und Ahnen, ja selbst zu Berufsgruppen immer fiktiver, aus den Familiennamen konnte immer weniger darauf geschlossen werden, von wem jemand abstammte. Das kennen wir: Nicht alle Wagners sind miteinander verwandt und stellen Räder, Kutschen oder Karosserien her.[16]

Gegenüber der Welt der ersten Sesshaftigkeit hatte sich also fast alles geändert. Die Gesellschaft begann, aus nicht dementierbaren Unterschieden zu bestehen: aus beruflichen Unterschieden, Machtunterschieden, ökonomischen Unterschieden, religiösen Unterschieden, familiären Unterschieden und nicht zuletzt aus dem Unterschied von Stadt und Land. So beginnt beispielsweise die Größe der Häuser stärker zu variieren; so werden manche Leistungen in Gerste entlohnt, andere in Edelmetallen; bei schutzlosen Waisen, die diesseits der Familie leben, tauchen Versorgungsfragen auf; alle anderen leben nicht mehr von der Hand in den Mund, sondern aufgrund einer äußerst voraussetzungsvollen Organisation der Wirtschaft. Das spiegelt sich in den archäologischen Theorien über Uruk: Für die einen ist die Stadt eine riesige Bürokratie oder ein religiöser Wohlfahrtskomplex, für andere der Beginn einer Klassengesellschaft, wieder andere erkennen die Anfänge des autoritären Staates oder eines Handelskolonialismus in Mesopotamien oder sehen am Beginn der Stadt eine egalitäre Gesellschaft, die Formen primitiver Demokratie ausprägt. Nichts von all dem schließt sich wechselseitig aus, aber es bleibt der Eindruck, dass ebendieses Nichtfestgelegtsein eines sozialen Gebildes, das selbst nicht wissen konnte, was es war und worauf es hinauslief, das Hauptmerkmal der Stadtwerdung war.

Eine zweite Entwicklung ist die zu kultischen Zentralräumen in Siedlungen, wie sie sich schon in Jericho abgezeichnet hat. Dort allerdings waren die Toten in der Nähe der Lebenden geblieben, die kultischen Orte waren mit den Wohnungen verbunden. Mit dem Übergang zur Stadt wird beides deutlicher unterschieden. Religion wird eine der Stadt selbst zugeordnete Sphäre, oberhalb der Clans, aus denen sie besteht. Sie löst sich vom Ahnenkult. Auch in anderen Kulturräumen, in denen dieser Prozess später einsetzte – in Mittelamerika, am Indus, in Ägypten und in China etwa –, war die archaische Stadt weniger ein Markt oder eine Festung als ein Tempel. Das gemeinsame Merkmal der mesopotamischen Städte ist dabei, dass in ihrem Zentrum Sakralbauten standen, die meist terrassenförmig erhöht und in der flachen Geographie des Zweistromlandes um Uruk weithin sichtbar waren. Die Stadt unterstellte sich jeweils einem Gott, Uruk dem An (Himmelsgott) und der Inanna (Liebesgöttin). Kaum zufällig beginnt die Welt in den mesopotamischen Mythen mit der Erschaffung eines Tempels in der Stadt Eridu, die etwas südlich von Uruk und damals vermutlich direkt am Persischen Golf lag: «Das mesopotamische Eden ist kein Garten, sondern eine Stadt» (Gwendolyn Leick). Die Königsliste, die um 2000 v. Chr. die sumerischen Herrscher aufführt, beginnt ebenfalls mit Eridu, wo Enki verehrt wurde, der Gott des Süßwassers und darum, wir sind im Zweistromland, der Gott aller Zivilisation: «Nachdem die Königsherrschaft vom Himmel herabgestiegen war, wurde Eridu ihr Sitz.» Die Götter sind Stadtgötter, außerhalb der Städte gibt es keine Kultstätten, geschweige denn, dass Naturerscheinungen angebetet worden wären. Natur wurde durch Gottheiten repräsentiert, und diese hatten keine Nebenwohnsitze außerhalb der Stadt.[17]

Stellt man die wechselhafte Ökologie Mesopotamiens in Rechnung, die von unberechenbaren Flüssen, einer Sandwüste und Monsunwinden geprägt war, und bedenkt man, wie empfindlich diese Gesellschaft auf Klimawechsel reagierte, so leuchtet die Verehrung ein, die stabile Strukturen wie gebaute Tempel genossen. Mehr noch: Die Religion der Stadtbewohner galt der Existenz der Stadt selbst, die als Wunder erscheinen musste, für dessen Dauerhaftigkeit folgerichtig Priester zuständig waren. Gerade weil so vieles auf das Bewusstsein eindrang, was ein paar hundert Jahre zuvor ganz undenkbar gewesen wäre, kam es zu einem Kult der Ergebnisse dieses Wandels. Kein Ding, das nicht einen Gott hatte. Der Tempel als Einheit alles Guten, der Stadt nämlich, wurde gewissermaßen als Anzeichen dafür angebetet, dass aller Wandel geheiligt ist und im Grunde nichts einem Wandel unterworfen war, der sich nicht göttlicher Absicherung erfreute. Der Tempel als Bild der Stadt in der Stadt und als Wohnung des Gottes macht das fassbar: Er ist etwas, das so aussieht, als änderte es sich bei allem Wandel nicht – ein Monument.

Die Identifikation von Stadt und Gott enthielt mittelfristig das Problem, welche theologischen Folgerungen aus dem Untergang von Städten zu ziehen waren. Kriege zwischen Städten, zu denen es jetzt kam, waren Kriege zwischen und für Götter. Die Gleichsetzung von Stadt und Gott ging kurzfristig aber auch, fast möchte man sagen: modernerweise, einher mit dem Paradox einer auf Stabilität fixierten Religion, die es mit ständigen Umbauten zu tun hatte. Denn Städte sind eben bis auf den heutigen Tag dies: Strukturen, die aus einer Art Selbstverbesserungsdrang ständig umgebaut werden. Schon in Uruk wurden die Tempel auf älteren Tempeln errichtet, und zwar bevor diese durch den Lauf der Zeiten «ruiniert» waren; man zerstörte Älteres um des Neuen und des Großen willen. Manche Gebäude in Uruk waren wirklich groß: Sechsundsiebzig mal dreißig Meter soll der zentrale Kalksteintempel des Eanna-Hügels gemessen haben, dessen gesamter Bezirk sechs bis sieben Hektar umfasste. Die Terrasse, die aufgeschichtet wurde, um später alle Tempelanlagen zu einer zu vereinen, hat nach Überschlagsrechnungen eintausendfünfhundert Arbeiter fünf Jahre lang beschäftigt.[18]

Offenbar wurde immer gebaut, wurde ständig verbessert. Wenn Stadt sozial «Unterschiede» heißt und sachlich «Überschüsse», dann heißt sie zeitlich «Unruhe». Die Architektur, formuliert die Anthropologin Gwendolyn Leick, wurde experimentell. Neue Baumaterialien, neue Ornamente, neue Konstruktionsweisen kamen auf. Und das, obwohl sie aufwendig waren und es nicht allein Gesichtspunkte der Effizienz gewesen sein konnten, die sie nahelegten. Vielmehr scheint es sich um eine symbolische Ästhetik gehandelt zu haben, die neben der Multifunktionalität des Tempels als religiösem Zentrum, Verwaltungseinheit, Güterspeicher und Wirtschaftsraum auch seine Zugänglichkeit unterstrich.

Neben An, dem Himmelsgott, wurde in Uruk einer zweiten großen Gottheit gehuldigt: Inanna (babylonisch: Ischtar), der Göttin des Krieges und der Sexualität. Sie soll einst das göttliche «me», eine kosmische Kraft, durch Verführung des Süßwassergottes Enki aus Eridu nach Uruk entführt haben. Diese Kraft soll allen sozialen Einrichtungen und überhaupt allem, was von Bedeutung ist – dem Königtum, den Ämtern, ihren Insignien, dem Handwerk und der Musik ebenso wie dem Geschlechtsverkehr, der Gerechtigkeit und der Stille –, innewohnen und sie mit ihrem Wesen verbinden. Es liegt nahe, den Mythos ebenfalls als Erzählung über die Stadt zu deuten, deren Wohlstand einerseits in Konkurrenz zu und im Konflikt mit anderen Städten entstanden ist, deren Urbanität sich andererseits in Festen, dem Leben in Kaschemmen und Bordellen samt der damit einhergehenden Promiskuität äußerte – später wird der Begriff «Sündenbabel» sprichwörtlich – oder zumindest in Phantasien über alleinstehende Frauen ohne Schutz des Vaters oder Ehemanns. Die materielle Verdichtung in der Stadt setzt die sozialen Normen einem unablässigen Belastungstest aus, nicht zuletzt weil die Stadt von der dynamischen Unordnung profitiert, die zugleich ständig von denen bekämpft wird, die sich angesichts von Luxusgütern, Festen, abweichendem Verhalten sowie den Verführungen des Reichtums und der Macht um Ordnung, Moral und Gerechtigkeit sorgen. Das Lob der Stadt – «Er, der in Babylon lebt, wird länger leben»,

heißt es in einer zeitgenössischen Ode – war überschwänglich, die
Empfindlichkeit für abweichende Tatbestände entsprechend groß.
Die Stadt ist ein sich ständig selbst kommentierendes Gebilde.[19]

Je mehr die Sesshaftigkeit Gestalt annahm, desto mehr Spuren
existieren schließlich für eine Wirtschaftsform, in der die operative Kontrolle über Vorgänge der Haushaltsführung angestrebt
wird. Einerseits entsteht eine Massenproduktion an Textilien und
Gefäßen samt der Organisation des entsprechenden Handels,
der die Gefäße beispielsweise gegen edle Mineralien, Rohstoffe
und Luxusgüter tauschte. Einzelne der Keramiken haben es bis
nach Pakistan geschafft. Außerdem gründet die Stadt Trabanten
und Filialen, mittels derer ein ganzes Netz von Kleinstädten aufgespannt wurde, das den Handel mit den städtischen Produkten
in Schwung hielt oder an das Bevölkerungsüberschüsse abgegeben wurde.[20]

Andererseits wird Eigentum gekennzeichnet, Zählmarken
werden eingesetzt, Behälter werden versiegelt. Es werden, mit
anderen Worten, Ersparnisse gebildet, private wie kollektive, und
es entsteht mit dem Wachstum verdichteter Siedlungen nicht zuletzt aufgrund der Bewässerungssysteme, die ihre Grundlage waren, ein Bewusstsein dafür, dass nicht nur jeder Teil, sondern auch
das Ganze einer ökonomischen Übersicht und Regelung bedarf.
Archäologische Diskussionen darüber, ob die mesopotamische
Stadt, ihre Entscheidungs- und ihre Eigentumsordnung, einen
stärker individualistischen oder einen stärker kollektivistischen
Charakter gehabt habe, sind am konkreten Fall – etwa des Grundstücksbesitzes, der Stadtplanung oder der Handelsexpeditionen –
sinnvoll, verfehlen aber, wenn sie auf Alternativen für das Ganze
zulaufen, die Pointe der Urbanisierung, beides zu steigern: die
Unübersichtlichkeit und den Bedarf an Simplifikationen. Die
Stadt als Verwaltungseinheit und als staatsähnliches Gebilde ent-

steht als Antwort auf ihre eigene Dynamik. Am Anfang trugen sowohl der Tempel als auch das Königtum die Entscheidungen fürs Ganze, was langfristig aber auf Konflikte zwischen beiden Institutionen hinauslief, die der «militärische Komplex» zu seinen Gunsten entschied. Zunächst ist es der Tempel, der die Umverteilungsökonomie organisiert, Abgaben erhebt, Buch führt und selbst produziert – zu all dem prädestiniert durch seine Rolle als Opferverwaltung und dadurch, dass er, anders als der Königshof, nicht als großer privater Haushalt, als besonders wichtiger Clan unter anderen erscheint. Später nehmen sich militärische Führer mit eigener Gefolgschaft heraus, als Beschützer des Ganzen aufzutreten. Es sind die Konflikte zwischen den Städten – und womöglich auch in den Städten selbst, wo insbesondere bei Nahrungskrisen immer mehr Menschen Zuflucht suchten –, die dafür sorgen, dass in der großen Stadt die Monarchie sukzessive Oberhand über das Priestertum gewinnt. Wenn im Epos von Gilgamesch dieser einen Heiratsantrag der Liebesgöttin Ischtar ablehnt, um seine eigene Entscheidung auf die «Versammlung der gurusch», also seiner Soldaten und Arbeitertruppen, zu gründen, scheint das den Bruch des Königtums mit dem Tempel mythologisch anzuzeigen.[21]

Fast möchte man also sagen: Der Krieg machte aus der Stadt einen Staat und drängte die Priester zugleich in die Rolle von Hilfsdienstleistern der Kriegsherren zurück. Da es in Mesopotamien mehrere urbane Zentren gab, zwischen denen Konkurrenz und Tausch in Konflikt umschlugen, wurden Städte zu Verteidigungsanlagen mit Mauern, Toren, Wassergräben. Die Hauptaufgabe der urbanen politischen Organisation war zwar zunächst eindeutig, Arbeit im Zusammenhang von Landwirtschaft und Handel zu erzwingen, zu koordinieren und zu entlohnen sowie das Sozialprodukt zu verteilen. Hierin ähnelten sich alle mesopotamischen Städte, die durch Handel und Migration aufeinander bezogen waren. Aber im Streitfall, wer ein bestimmtes Wegerecht hatte, was aus einem Sitz am oberen Flusslauf folgen sollte oder wem ein Gebiet zwischen den städtischen Territorien zustand, sprachen irgendwann Waffen, und also wanderten die politischen Aufgaben samt der Ressourcen vom Tempel allmählich zum Königshof.

Lange hielt sich dabei der Gedanke, dass Mesopotamien selbst ein System – eine «Welt» – mit einem wenn auch wechselnden städtischen Herrschaftszentrum sei. Noch die sumerische Königsliste, deren ältestes Exemplar um 2000 v. Chr. datiert ist, identifiziert die Könige mit einzelnen Städten, so als ob sich die Autoren noch nicht daran gewöhnt hatten, dass Herrschaft über mehrere Städte oder unabhängig von einer Stadt möglich war. Die Stadt war lange der Inbegriff einer letzten Kapazität zu kollektiver Entscheidungsfähigkeit. Kapazität deshalb, weil man sich selbstverständlich die große mesopotamische Stadt nicht als ein von oben und gar von einem einzigen König gesteuertes Gebilde vorstellen darf; ein Großteil dessen, was im urbanen Gewusel an Konflikten und Entscheidungsnotwendigkeiten anfiel, wurde dezentral in den Stadtquartieren abgearbeitet. Größere politische Gebilde als die Stadt aber, wie es Reiche oder Nationen sind, entstanden im mesopotamischen Raum erst aus der Beseitigung urbaner Konkurrenz. Der erste Herrscher in diesem Sinne einer politischen Verfügung über das gesamte babylonische Städtesystem war Sargon von Akkad um 2350 v. Chr., und es ist bezeichnend, dass Akkad eine davor völlig unbedeutende Stadt war, die sich der Herrscher zur Residenz wählte, weil sie ihm geeignet schien. Seitdem verleiht die Politik der Stadt und nicht umgekehrt die Stadt der Politik ihre Bedeutung.[22]

ZEHNTES KAPITEL

Die Königsmafia:
Der Anfang des Staates

In allen Epochen, wie immer ihre Regierungsform
heißt, sei es Monarchie, Republik oder Demokratie,
lauert eine Oligarchie hinter der Fassade.

RONALD SYME

Wem von jemand anderem die Frau genommen wurde, der muss dem König erst einmal einen Hund schenken. Nur dann nämlich verschafft ihm der König die Frau wieder. So notiert es David Malo im frühen neunzehnten Jahrhundert über das alte Hawaii, in dem Hunde waren, was Anthropologen eine Prestigenahrung nennen. Und Malo fügt für die Bewohner moderner Staaten, die seine Leser sind und in die er sich einfühlt, die Erläuterung an, dass dann also der Hund und nicht das Gesetz die Frau zurückgebracht habe.[1]

So stellen wir uns einen Staat nicht vor. Staaten kennen wir unter verschiedenen Namen. Sie heißen beispielsweise «Venedig», «Savoyen», «San Marino», «Italien» oder «Vatikanstaat». Es gibt sie als Herzogtümer und Stadtstaaten, als Kleinstaaten, Nationalstaaten und Vielvölkerstaaten, als Kirchenstaaten und Republiken. Fast alle von ihnen haben Zöllner, Polizisten, Gerichte, Finanzämter und Soldaten. Wer heute «weniger Staat» sagt, meint weniger Bürokratie und gesetzliche Vorschriften, wer «mehr Staat» fordert, denkt an Verbrechensbekämpfung, Daseinsvorsorge oder Umweltschutz. Wer Staat sagt, meint also Gesetze und nicht Tauschgeschäfte mit einem Machthaber.

Man kann den Staat verschieden definieren. Zum Beispiel als auf einem abgegrenzten Gebiet wirksames Gewaltmonopol, das mit Legitimität ausgestattet ist, also mit einer Akzeptanz, die über bloßes Erdulden durch das Volk hinausgeht. Oder der Staat wird als Selbstbeschreibung eines Systems bezeichnet, das kollektiv verbindliche Entscheidungen hervorbringt. Um 1789 herum hätte man in Frankreich gesagt: Der Staat ist die sich souverän als Nation selbstbestimmende Gesellschaft, von der seine Gewalt ausgeht. Einigkeit darüber, welche dieser Definitionen die beste ist, gibt es nicht. Fest steht aber: Je anspruchsvoller der Staat definiert wird, desto später wird im historischen Ablauf Staatlichkeit erkannt. Denn selbstverständlich kannte die politische Ordnung der Römer kein Gewaltmonopol und kein Verwaltungsrecht, hatte Mesopotamien keine Polizisten, gab es im Industal vor viertausend Jahren keine Nation. Wenn es hingegen für Staatlichkeit ausreicht, dass zentrale Entscheidungen für ein Territorium regelmäßig durch eine eigens dafür zuständige Gruppe mittels Drohungen gegenüber einer Bevölkerung durchgesetzt werden können, die diese Gruppe für rechtmäßig herrschend hält, dann hatten auch die Azteken, die Griechen und die Römer sowie die Hawaiianer einen Staat.[2]

Fangen wir also bei der Frage an, wie der Staat entstand, nicht mit einer anspruchsvollen Diskussion über seinen Begriff. Halten wir uns lieber an das lakonische Urteil von Norman Yoffee: Wenn bei einem sozialen Gebilde diskutiert werden muss, ob es sich um einen Staat handelt, ist es keiner.[3] Und fangen wir mit Hawaii an.

Bislang haben wir zivilisatorische Errungenschaften immer dort aufgesucht, wo sie vermutlich zum ersten Mal angetroffen wurden. Der Staat wurde ganz sicher nicht auf Hawaii erfunden. Das ist aber kein Einwand dagegen zu untersuchen, wie das, was ihm in wichtigen Zügen ähnelt, dort entstanden ist. Schließlich gibt es in der Geschichte der Zivilisation zwei Arten, wie etwas entstehen kann. Etwas kann irgendwo entstehen und sich dann von dort aus in andere Regionen verbreiten: durch Migration, Tourismus, Export, Gerücht, Mission oder Fernleihe von Arbeit oder Wissen – kurz: durch Diffusion. Oder es entsteht etwas an unterschiedlichen Orten der Welt zu unterschiedlichen Zeiten und unabhängig voneinander. Die Stadt entstand zuerst in Mesopotamien, und später entstand sie ohne mesopotamischen Einfluss auch in Peru und Mexiko und China. Dasselbe gilt für die Schrift und die Religion, die ebenfalls an verschiedenen Orten entstanden, zwischen denen es keinen Austausch gab. Die Inder hatten weder das Gilgamesch-Epos gelesen noch Homer, als sie ihre erste Adelssaga verfassten. Der aufrechte Gang aber, so müssen wir annehmen, das Sprechen und die Domestizierung von Hunden haben ihren Anfang nicht in weit voneinander entfernten Weltgegenden genommen, zwischen denen es keine Kommunikation gab, sondern sie haben sich verbreitet. Die Zehn Gebote sind dem babylonischen Recht zu ähnlich, als dass es keinen Einfluss auf das israelische gegeben haben sollte, aber ob auch das römische Recht unter diesem Einfluss stand, ist schon Gegenstand eines Gelehrtenstreits. Meistens mischt sich in der Zivilisationsgeschichte beides: Etwas entsteht und verbreitet sich, aber es verbreitet sich nicht überallhin, sondern ist auch an anderen Orten und zu anderen Zeiten entstanden.

Auf Hawaii wusste man nichts von den sechs ersten Staaten der Menschheitsgeschichte, die zumeist genannt werden: dem mesopotamischen von Uruk und dem ägyptischen im Niltal, dem von Mohenjo-Daro und Harappa im Industal (Pakistan) und dem der Shang-Dynastie am Gelben Fluss in Nordchina, dem mittelamerikanischen von Teotihuacán und dem von Chavín in den peruanischen Anden. Nicht einmal von Athen, Rom oder dem britischen Empire wusste man etwas, als sich dort, auf Hawaii, sehr spät in der Menschheitsgeschichte staatliche Gemeinschaften bildeten. Auch jene sechs ersten Staaten waren weitgehend unabhängig voneinander entstanden, obwohl es zwischen Babylon, Ägypten und Indien einige wenige Handelsbeziehungen gab. Schon diese Staaten also werfen die Frage auf, was dazu führte, dass es in den entferntesten Weltgegenden und unter ökologisch und geographisch stark unterschiedlichen Umständen zu ähnlichen Strukturen zentraler Herrschaftsausübung über große Bevölkerungen gekommen ist.[4]

Hawaii und die Handvoll Inseln nordwestlich davon liegen Tausende Kilometer fernab von jeglicher Einflussmöglichkeit. Die Insel im Nordpazifik kam nicht vor dem Ende des achtzehnten Jahrhunderts mit «westlichen» Besuchern in Berührung. Diese Besucher, deren erster 1778 James Cook war, trafen Herrschaftsgebilde an, die sich dort noch nicht lange etabliert hatten. Und eben deswegen beginnen wir auf Hawaii. Dort war der Staat nämlich nicht nur endogen, das heißt ohne jedes Modell und ohne jeden äußeren Anstoß entstanden. Er trat auch so spät auf den Plan, dass wir der Forschung dabei zusehen können, wie der Anfang eines Staates nicht allein durch archäologische Detektivarbeit erschlossen wird, sondern aus Augenzeugenberichten und verschriftlichten Traditionen der Bewohner Hawaiis, deren Staatengebilde 1819 mit dem Tod des Königs Kamehameha und der Ankunft protestantischer Missionare ein Ende gesetzt wurde. Der große Vorzug Hawaiis ist, mit anderen Worten, dass es Schrift schon gab, als der vergleichsweise junge Staat entdeckt wurde.[5]

Woran nun konnten die ersten Besucher Hawaiis erkennen, in welcher politischen Form sich die Ureinwohner dieser Insel organisiert hatten? Vielleicht an der Konzentration von Macht in einem Willen, wie sie schon aus dem Hundebeispiel hervorgegangen ist: «Alles folgte dem Willen und Sinnen des Königs, ob es das Land betraf, die Zahlung oder Eintreibung von Schulden, die Angelegenheiten des gemeinen Volkes oder irgendetwas anderes – es folgte nicht dem Gesetz.» Oder am ausgeprägten Sinn der Hawaiianer für Schichten, der seinen Herrschern die Pflicht auferlegte, nie unter ihrem Niveau zu heiraten: «Chefs von hohem Rang ist es, um einer edlen Nachkommenschaft willen, nicht erlaubt, als erste Frau eine von niederem Rang als sie selbst zu nehmen und auf keinen Fall eine Frau aus dem gemeinen Volk.» Oder an der Schärfe ihrer Sanktionen für Regelverstöße: «Wenn ein Tabu-Chef aß, mussten die Leute in seiner Gegenwart knien, und wenn jemand sein Knie vom Boden löste, wurde er getötet … Wenn der Schatten eines Mannes auf das Haus eines Tabu-Chefs fällt, muss der Mann getötet werden und so auch derjenige, dessen Schatten auf den Rücken eines Tabu-Chefs fällt oder auf seine Kleidung oder überhaupt irgendetwas, das ihm gehört.» Es herrschten offensichtlich sehr strenge Erwartungen, was im Umgang mit dem Führungspersonal angemessen sei.[6]

Diese Erwartungen und die für uns – aber nicht für Azteken, Maya, Mesopotamier oder Ägypter der Frühzeit – grotesk blutigen Strafen, die auf ihre Enttäuschung standen, zeigen einen Machtgebrauch an, der nicht nur gelegentlich erfolgte. Die Rolle des Machthabers wurde hier offenkundig besonders unterstrichen. Dass es Chefs gab, die buchstäblich «tabu» waren – das Wort kommt aus der polynesischen Sprachfamilie, auf Hawaiianisch hieß es «kapu» –, markierte, dass sie nicht nur eine bestimmte sachliche Zuständigkeit besaßen, sondern dass diese Zuständigkeit heilig war. Sie waren Ernteaufseher und tabu, Militär und tabu, Berater und tabu, Priester und tabu. Das wurde aufwendig demonstriert und symbolisch durch ein Berührungsverbot abgesichert, so wie auch in späteren Staaten eine Uniform nicht einfach eine Jacke, eine Flagge nicht einfach ein Stück Stoff ist. Staaten umgeben Herrschaft mit Glanz, machen aus Politik eine Ehrensache. Womöglich erfolgte dabei die symbolische Erhöhung des politischen Funktionärs durch so harte Strafen, weil die Chefs und das gemeine Volk, wie es in den Aufzeichnungen von David Malo heißt, ursprünglich von denselben Ahnen abstammten. Zwischen Königen und Plebejern habe es zunächst gar keinen Unterschied gegeben.[7]

Das berührt den Anfang des politischen Systems, das wir hier vor uns haben. Es gab auf Hawaii damals vier voneinander unabhängige, durch Verwandtschaft ihrer Führungsschichten verbundene und untereinander ständig im Streit liegende Königtümer, die ihr Zentrum auf verschiedenen Inseln hatten: Hawaii selbst, mit etwa 140 000 Einwohnern, Maui mit 80 000 Bewohnern sowie die gleich großen Inseln Oahu und Kauai, die etwa 50 000 Menschen zählten. Gebilde solcher Größe – andernorts waren es Städte, in denen sich Staatlichkeit entwickelte – sind ohne hierarchische Weisungsstrukturen nicht als Kollektive handlungsfähig. Damit es sich dabei um politisch-staatliche Hierarchien handelt, die ein ganzes Territorium erfassen, und nicht beispielsweise um ein Ensemble aus Stämmen, die nach innen entscheidungsfähige und nach außen verhandlungsbefugte Sprecher abordnen, bedarf es einer zentralen Stelle, an der kollektiv verbindliche Entscheidungen gefällt werden. Und es sind Verwalter nötig, die auf das Durchsetzen dieser Entscheidungen spezialisiert sind und beispielsweise Abgaben eintreiben, Arbeit anordnen, Bestrafungen exekutieren, Kriege organisieren. Ein Gewaltmonopol in modernem Sinne meint das nicht, denn das wäre von einem archaischen Staat viel verlangt, setzt es doch so etwas wie Polizei und Rechtsprechung voraus, die Verstöße gegen das Gewaltmonopol – Schlägereien, Gewalt in den Familien, weggenommene Frauen – ahnden. Auf Hawaii hingegen wurde, ebenso wie wir es noch im babylonischen Codex Hammurapi sehen werden, dem Opfer eines Verbrechens unter Umständen zugestanden, selbst Vergeltung zu üben. Und der König wollte erst einen Hund, bevor er bereit war, sich um die weggenommene Frau zu kümmern.[8]

So gut wie alle archaischen Staaten hatten Könige. Die Azteken stellten ihrem «großen Sprecher» zwar einen männlichen Verwandten mit dem seltsamen Namen «Schlangenfrau» zur Seite, der aber vor allem die Verwaltung beaufsichtigte. Auch in Ägypten, im Reich der Inka, in den mesopotamischen Stadtkönigtümern und im China der Shang-Dynastie erschien Macht fraglos als die Macht eines Herrschers, der fast immer ein Mann war; in Ägypten wurde in Übergangszeiten eine Ausnahme gemacht, aus dem Reich der Maya wird vereinzelt von weiblichen Herrschern berichtet, und an der Spitze der Stadt Kisch am Euphrat soll zuerst ebenfalls eine Frau, die ehemalige Schankfrau Kubaba, gestanden haben. Zumeist war das Königtum erblich, aber auch davon gab es Ausnahmen, etwa wenn bei den Azteken ein Rat unter den Brüdern und Söhnen eines verstorbenen Königs den Nachfolger auswählte.[9]

Doch selbst dann blieb die Herrschaft an Verwandtschaft gebunden. In archaischen Staaten bildete die Exekutive eine eigene Schicht. Man wurde gewissermaßen als Befehlshaber irgendeines Ranges geboren. Die Herrschenden unterschieden sich darum nicht nur durch ihre Befehlsgewalt und das ihr zugeordnete Tabu vom Rest der Bevölkerung, sondern auch durch ihre Ideologie des Blutes. Auf den polynesischen Inseln, von denen aus Hawaii besiedelt worden war, hatten noch «konische Klans» die wichtigste gesellschaftliche Ordnung gebildet, also Stämme, die sich auf einen Ahnen zurückführten und die Entscheidungsbefugnisse «konisch», das heißt gewissermaßen kegelförmig nach der Nähe von Personen zu diesem Ahnen verteilten. Sie hatten einen politisch wie religiös qualifizierten Anführer. Die besondere Fähigkeit, Entscheidungen zu treffen, wurde ihm aufgrund jener Zugehörigkeit und aufgrund von Erfolgen, etwa bei der Jagd, der Ernte oder im Krieg, zugeschrieben. Solche Zuschreibung begünstigte dann in einer Art «Feedback»-Schleife weitere Erfolge, etwa indem der besonders von den Göttern Begünstigte auch den besten Ackerboden bekam, seine Töchter besser verheiraten konnte und er als Anführer, der das Ganze repräsentierte, soziale Prestigeprämien einstrich.

Der archaische Staat in Hawaii schaffte diese Struktur ab, behielt aber zentrale Elemente bei. Aus Leuten mit Landrechten, die sich auf ihre Abstammung berufen konnten, wurden so Einwohner, die auf Boden siedelten, der dem König gehörte. Sie waren, wie David Malo notiert hat, derselben Abstammung wie die Oberschicht, doch für ihre Kinder und Enkel würde das schon nicht mehr gelten. Denn zwischen den drei Schichten – Chefs, Volk, Unberührbare – wurde nicht geheiratet, nur schöne Mädchen wurden von unten nach oben durchgegeben, das aber lediglich als Zweitfrauen oder Konkubinen. Am wichtigsten war es nämlich, dass die Frau von mindestens so hohem Stand war wie der Mann. Genealogien wurden nur in der Oberschicht gepflegt, dort aber sehr aufwendig, weil sich die Binnenränge der Elite danach genauso bestimmten wie beim europäischen Adel mit seinen feinen Rangabständen von Freiherren und -frauen bis zu Fürsten und Prinzen – und was man noch alles altes Hohes sein kann, um sich mit anderem, mindestens genauso altem Hohen und seinen Grundstücken zu verbinden. Auf Hawaii blieben darum die Eheschließungen zwischen Verwandten und sogar Geschwistern – Polygamie sorgte für etliche Halbgeschwister – nicht aus und waren sogar erwünscht. Je inzestuöser, desto besser, dachte man ganz ausdrücklich, weil sich dabei ja besonders wertvolles Blut verbinde. Das gemeine hawaiianische Volk hingegen hatte, wie das gemeine Volk überall, keinen Anreiz dazu, seine Vorfahren zu erinnern oder das Inzesttabu zu verletzen. Seine Rechte beruhten nicht auf Abstammung. «Gemeine Naturen», heißt es bei Schiller, «zahlen mit dem, was sie tun, edle mit dem, was sie sind.» Der archaische Staat entsteht mit der Selbsterhebung von Leuten, die sich von da an edel vorkommen.[10]

Weshalb machte das gemeine Volk das mit? Weil es gewaltsam dazu gezwungen wurde? Weil Herrschaft besser war als Krieg? Vater des Staates konnte der Krieg freilich nur sein, wenn sein Ausgang nicht dazu führte, dass ganze Populationen zerstört wurden oder sich zerstreuten, sondern zu ihrer Versklavung oder ihrem Einrücken in die gesellschaftliche Unterschicht. Also mussten zwei Bedingungen erfüllt sein: Die Besiegten durften weder getötet werden, noch durften sie flüchten; und sie mussten als Beherrschte beherrschbar bleiben und im besten Fall sich mit ihrem Beherrschtsein nicht nur abfinden, sondern es für normal halten. Die erste dieser Bedingungen hat den Ethnologen Robert Carneiro vor mehr als vierzig Jahren zu einer Theorie der Staatsentstehung aus dem Mangel an Fluchtmöglichkeiten geführt. Ihr zufolge kommt es zur Staatenbildung am ehesten dort, wo Meere und Flüsse, Berge und Wüsten verhindern, dass angegriffene und besiegte Stämme sich allzu leicht davonmachen und neue Orte besiedeln können. So wie die Stadt nur entsteht, wenn Bevölkerungswachstum nicht zu Migration, sondern zum Wachstum der bestehenden Siedlung führt, so muss es auch physische oder soziale Mobilitätshemmnisse geben, damit Schwäche nicht zu Flucht, sondern zu Unterwerfung führt. Bevölkerungswachstum auf einer Inselgruppe, wie im Falle Hawaiis, ist ein besonders gutes Beispiel für diese «Mechanik» der Entstehung von Unterworfenen.[11]

Die zweite Bedingung, der Legitimitätsglaube von Unterworfenen, ist erfüllt, wenn Herrschaft sich als Krisenbewältigung bewährt. Es gebe immer, schreibt der Anthropologe Patrick Vinton Kirch, einen jungen Kandidaten, der an der Peripherie eines Stammessystems auf die Gelegenheit warte zu beweisen, dass die Träger älterer Vorrechte als Chefs weniger geeignet sind als er, weswegen ihn die Götter favorisieren. So fiel der Übergang vom traditionellen Stammessystem zur zentralisierten Königsherrschaft im sechzehnten Jahrhundert auf Hawaii mit dem Ende landwirtschaftlicher Expansionsmöglichkeiten auf der Insel bei hohen Bevölkerungszahlen zusammen; die Bevölkerung verdoppelte sich zwischen 1200 und 1550 n. Chr. alle vierzig bis sechzig Jahre. Die Kontrolle der Konflikte, die sich daraus ergaben, sowie die zentralisierte Neuordnung der Inselökonomie waren Leistungen des Königtums. Das Recht, auf dem Boden des Königs anzubauen und zu ernten, wurde jetzt durch Abgaben erworben. Worte, die zuvor «Landbesitzer» bedeutet hatten, bedeuteten auf Hawaii nun «Bevölkerung, Leute». Man bezeichnete die Gemeinen auch als «gerötete Männer», weil sie in der Sonne zu arbeiten hatten. Daneben gab es noch die Unberührbaren, mit denen man nicht einmal gemeinsam essen konnte, ohne sich zu verunreinigen, und die den Status von Knechten hatten, aber auch für rituelle Menschenopfer herangezogen wurden. Aus der zuvor einfachen Bezeichnung «Chef» wurde eine Rangordnung mit mehreren Stufen (großer Chef, Tabuchef, Distriktschef, Quartierschef et cetera). Außerdem trennten sich allmählich die säkularen und die religiösen Funktionen: Priester wurde ein spezielles Amt, schon bei der Machtergreifung des ersten Gottkönigs kam Priestern eine tragende Rolle zu. Die Begründung der sozialen Ordnung, auch dies ein Merkmal der ersten frühen Staaten, erfolgt mittels einer neu zugeschnittenen Religion, die das Herrschaftssystem und seine Träger für «tabu» erklärt. Die Spitze der Entscheidungspyramide wird folgerichtig von einem Herrscher mit göttlichen Eigenschaften eingenommen.[12]

James Cook mochte sich auf Hawaii also von fernher an manches europäische Ordnungsmuster der höfischen Gesellschaft erinnert haben. Das hätte auch für die religiöse Ordnung gelten können, die den Besitz von «mana», göttlicher Kraft, an das soziale Rangsystem band. Die Mitglieder des gemeinen Volks waren profan, die Aristokraten heilig, der König göttlich. Entsprechend umgab den König, der nicht residierte, sondern im Land umherreiste, ein ganzer Schwarm von fürsorglichen Subjekten, samt einem ambulanten Henker, um all die notwendigen Todesstrafen sofort zu vollziehen, die auf Störungen der charismatischen Wirkungsatmosphäre des Herrschers standen: «Wer aus dem gemeinen Volk ohne Erlaubnis hinzutrat, wurde getötet.» James Cook, der auch ohne Erlaubnis hinzutrat, ereilte das entsprechende Schicksal.[13]

Nicht überall war die Sozialstruktur archaischer Staaten so krass gegen Zweifel an ihr geschützt. Aber auch in Mesopotamien, Ägypten, Mittelamerika und andernorts entwickelte sie sich ganz ähnlich, als sich ökonomische Ungleichheit, politische Sonderrollen und eine religiös gestützte Schichtungsideologie verbanden: Agrarische Überschüsse, die einer Gruppe zufielen, führten zu Abhängigkeiten anderer, wobei sich die Ungleichheit durch Heiraten, Verwandtschaftsnetze, Landerwerb und Handel weiter verstärkte. Das Wachstum des Vermögens erlaubte es ihren Besitzern einerseits, militärische Macht zu erlangen und Arbeiter unter ihre Kontrolle zu bringen, und ermöglichte es ihnen andererseits, eine Arbeitsteilung zu verwirklichen, die die Ungleichheit durch das Erwirtschaften von Überschüssen weiter ansteigen ließ. Zugleich kommt den großen Vermögen das Prestige zu, auf göttlicher Gunst zu beruhen. Zur Bestätigung dieser Verbindung werden sie ihrerseits für Demonstrativkonsum, Opfer, Feste, Zeremonialbauten, Grabbeigaben und andere Vergoldungen der Sozialordnung eingesetzt.[14]

Inwiefern ist diese Kombination aus höfischer Kultur, Diktatur und Aberglaube nun ein Staat zu nennen? Bande, Stamm, Häuptlingstum («chiefdom») und Staat – so haben viele Anthropologen seit den sechziger Jahren des vergangenen Jahrhunderts die frühhistorische Stufenfolge politischer Gebilde unterschieden. Sie stellten sich Banden als typische Gemeinschaftsform vor 10 000 Jahren dabei als vergleichsweise egalitär vor, ohne formale Führungsrolle und ohne starke territoriale Festlegung, mit einer Arbeitsteilung, die dem Alter und dem Geschlecht der Mitglieder folgt, und mit geringem Gedächtnis, was ihre Herkunft angeht. Stämme hingegen pflegen ein solches Gedächtnis, betreiben Ahnenkult, konservieren und verzieren beispielsweise Totenschädel, beruhen also ebenfalls auf Verwandtschaft, ordnen diese und die Welt aber stärker mittels Riten, die sie regelmäßig wiederholen. Stämme leben zuweilen in Dörfern. Dissens, der zu verbindlicher Entscheidung, also Politik zwingt, wurde hier im Familienverband aufgelöst oder, wenn es Dissens zwischen Stämmen war, durch Gremien der Streitentscheidung wie Ältestenräte.[15]

Häuptlingstümer wiederum liegen vor, wenn die Aufgabe der Konfliktentscheidung einer Person zugewiesen wird und eine Reihe von Dorfgemeinschaften unter die Kontrolle eines solchen Anführers kommt, der dazu eine eigene Anhängerschaft aufbaut. In dem Moment also, in dem die Entscheidung über Dissens von jemandem getroffen wird, der nur einem der Verwandtschaftssysteme angehören kann, die im Streit miteinander liegen, oder der jedenfalls mit den Streitenden nicht gleichermaßen nah verwandt ist, bei einem Größenwachstum der Gebilde also, für die entschieden werden muss, entsteht eine genuin politische Rolle. Man könnte auch sagen: In dem Moment erhöht sich die Chance, dass kollektive Entscheidungen ohne Rücksicht auf Verwandtschaft gefällt werden. Häuptlinge sind auf das Entscheiden selbst spezialisiert, es handelt sich um Manager.[16]

Entsprechend liegt das Augenmerk dieser «Chefs» auf den Ungleichgewichten, die ihre Entscheidungen erzeugen – beispielsweise zwischen Interessengruppen, Familien, Siedlungen – und ausgeglichen werden müssen und/oder mit besonders starken Begründungen auszustatten sind. Nicht dass es sich hierbei um eine Machenschaft handelt, die Begünstigten glauben selbst daran, über einen Zugang zu mythischen Quellen zu verfügen. Für ihre Erfolge haben sie keine zweite, von magischen Deutungen befreite Sprache. Entscheidend ist aber nicht, was sie glauben, sondern was diejenigen glauben, deren Sprecher sie immer weniger sind, über die sie nun Herrschaft auszuüben beginnen. Den zur Herstellung eines solchen Legitimitätsglaubens notwendigen Ausgleich zwischen den so auf die Gesellschaft einstürmenden Kräften und Interessen leisten die Chefs und später die den König umringenden Oligarchien durch eine Umverteilung in Form von Zuwendungen, Festen, Demonstrativkonsum und Privilegien. Die besten Begründungen sind aber immer religiöse. Weshalb wurde so und nicht anders entschieden? Weil es die Götter so wollten. Diese Antwort erhöht die Autonomie des politischen Entscheidens, weil sie für das Moment an Willkür, das solche Entscheidungen immer haben, ein Vokabular jenseits der Gewalt zur Verfügung stellt.

Früh hat sich auf diese Weise die politische Führungsrolle mit sakraler Bedeutung aufgeladen. Die Behauptung mancher Religionssoziologen, es gebe keine magischen Kirchen, wird hier widerlegt: Viele archaische Staaten sind solche magischen Kirchen. Insbesondere im Erfolgsfall, wenn etwa das Bewässerungssystem, dessen Bau angeordnet und den Clans abgezwungen worden war, tatsächlich die Stadt ernährte, fiel Charisma als Prämie für die Führung an, die nun noch begünstigter durch die Götter erschien. Politisches Entscheiden mit (para)militärischer Unterstützung, ökonomische Umverteilung sowie religiöse Begründungen bildeten die wichtigsten Register der Häuptlingsrolle im Übergang zum Königtum.[17]

Bei diesem Übergang verändert sich die Form der sozialen Ungleichheit. Die Anführer und die Ihrigen stellen sich auch in anderen archaischen Staaten so dar, als seien sie von besonderer Herkunft und zu besonderen Kontakten zu den Göttern befähigt. Der König und die Seinen bezogen sich ausdrücklich nicht auf dieselben Ahnen wie das Volk, sondern etablierten eine eigene Abstammung für ihresgleichen, erfanden also Herkunft neu, und sie etablierten eine Schichtungsordnung, die selbst sakral erschien, was erheblichen Gewalteinsatz zu ihrer Sicherung rechtfertigte. Sie eignen sich Vermögen und Prestigegüter an, und sie herrschen nicht mehr nur in einer Gemeinschaft, sondern über mehrere Gemeinschaften. Teils wurde das auf demographische Umstände zurückgeführt, weil bei wachsender und sich verdichtender Bevölkerung die Ansprüche an die Organisation des kommunalen Lebens stiegen. Es müssen mehr Entscheidungen getroffen werden, also kommt mehr Gewalt und mehr Religion ins Spiel. Ora et labora: Insbesondere die Ernährung einer großen Bevölkerung durch teils aufwendige Landwirtschaft ist sicherzustellen. In Hawaii waren es vor allem Bewässerungssysteme für den Ackerbau und Steinbecken zum Betreiben von Aquakulturen, durch die das geschah. Andernorts wurde die kollektive Energie in Handels- und Transportwege investiert, die der eigenen Produktion und der Zufuhr an prestigeträchtigen Objekten nützten. Das Straßennetz der Inka umfasste vierzigtausend Kilometer. Der Bau gewaltiger Sakralarchitekturen – die Maya errichteten unter anderem eine Pyramide von siebzig Metern Höhe, was zehn bis zwölf Millionen Arbeitstage gedauert haben soll – stellt die Machthabenden vor dieselben Organisationsaufgaben und folgt auch der gleichen Logik, weil sich in allem, was gelingt, göttliche Kräfte manifestieren. So etwas leisten zu können, war der Beweis für die außerordentliche Gunst, in der das Gemeinwesen stand.

Der rituelle Komplex ist darum nichts anderes als ein religiöses Umspannwerk, das die politische Ökonomie mit Gründen und alle Beteiligten mit dem Gefühl des Unheimlichen versorgt.[18] Auf Hawaii hieß der Strom, der durch diese Leitungen floss, «mana». Dieser Begriff für eine alles durchwaltende göttliche Energie wurde ganz verschieden übersetzt: mit «Einfluss», «Elektrizität» und «Spannung», unter der das Universum stehe, ebenso wie mit «Autorität», «Prestige» und «Glück». Da dieses Wort, jedenfalls einigen Ethnologen zufolge, Verb und Substantiv zugleich ist, kann man «mana» haben und «mana» sein. Die entsprechende Kraft wurde von denen, die an sie glaubten, aber nicht abstrakt definiert, sondern nur exemplifiziert: Mana wirkt – im Wachstum der Pflanzen, dem Zurückgehen des Fiebers, dem Erfolg bei der Jagd, der sexuellen Potenz, dem Sieg im Kampf. «Nichts Menschliches war ihnen wirklich fremd – vielleicht galt aber auch immer das Umgekehrte», schreibt der Anthropologe Marshall Sahlins über die Hawaiianer, die sich durch die Tötung von James Cook in Besitz seines Mana hatten bringen wollen. Da in archaischen Gesellschaften die Kontrolle der Gesellschaft über ihre Umwelt noch schwach ist, intervenierte folgerichtig etwas Fremdes, Unheimliches in fast allen Handlungen und Kommunikationen, und darum war ihnen wohl nichts Fremdes menschlich. In gewisser Weise überboten die Religion und der Glaube an die magischen Kräfte des Königs samt seiner Umgebung, was vorher vom Ahnenkult geleistet worden war, der sich danach nur noch im Volk erhielt. Sie durchdrangen alle sozialen Beziehungen, und zwar ungleichmäßig von oben nach unten. Die Formulierung für den Inka-Staat, Religion und Politik seien dort «koextensiv» gewesen, trifft auch auf Hawaii zu: Überall, wo die eine war, war auch die andere.[19]

Zugleich war das alte Hawaii äußerst gewalttätig. Ständig gab es Streit um die Position des Königs. Rebellionen, bei denen die Chefs den König ermordeten, weil er sich zu wenig um sie und das

Volk gekümmert habe, waren nicht selten. Bei politischen Morden wurde Rücksicht auf den Mondkalender genommen, sie erfolgten religiös korrekt. In den Riten waren Menschenopfer üblich, auch wenn sie nicht so umfangreich wie bei den Inka erfolgten, wo bei einer Inthronisierung auch schon einmal mehr als zweihundert Kinder getötet werden konnten. Von den drastischen Strafen für Vergehen, die denen in anderen archaischen Staaten nicht nachstanden, war schon die Rede. Zwischen den Königtümern der Inseln herrschte fortwährend Krieg. Er zielte zumeist auf territoriale Expansion und wurde von Soldaten geführt, die aus dem Volk rekrutiert wurden. Nach allem, was man weiß, spielten dabei Anerkennungskonflikte zwischen Eliten mit hohem Prestigegüterbedarf eine große Rolle. Treffend die Bemerkung, dass die zunehmende Aggression zwischen den Inseln mindestens so viel mit der Knappheit an bunten Vogelfedern zu tun hatte wie mit der Nahrungsmittelnachfrage. Als Cook die Insel entdeckte, stand ihm jedenfalls eine Flotte von fünf Divisionen à dreihundert Kanus gegenüber. Es gab eine Vielzahl eigens dem Krieg gewidmeter Tempel – allein auf den Hauptinseln Hawaii und Maui waren es fast sechzig –, in denen unter anderem Gefangene aus der gegnerischen Oberschicht geopfert wurden. Befestigungsanlagen hingegen waren nicht sehr verbreitet. Dafür gab es als heilig ausgezeichnete Orte der Zuflucht vor kriegerischer Gewalt.[20]

Zentrales Entscheiden durch Gruppen, die privilegierten Zugang zu Gütern und Göttern und Gewaltmitteln haben und selbst nicht von anderen Weisungen abhängig sind – das ist der äußere Umriss von Staatlichkeit, der auf verschiedenen Wegen erreicht und unterschiedlich gefüllt werden kann. Auf Hawaii gab es beispielsweise keine Städte, geschweige denn Megastädte. Man lebte in einer wenig homogenen Umwelt mit stark verstreuten Wasserquellen, deren Nutzung für Bewässerung sich mit dem Anbau

Der Anfang des Staates 223

auf Flächen abwechselte, die vom Regen bewässert wurden. Die Ernährung basierte primär auf Wurzelpflanzen – Süßkartoffeln, Taro, Yams –, die sich im subtropischen Klima nicht zur Lagerbildung eigneten, was eine Grundlage zentralisierter Herrschaft in vielen archaischen Staaten entfallen ließ: den Schlüssel zum Speicher. Oder, wie der Archäologe Patrick Vinton Kirch es formuliert, die Proteine der Pflanzen wurden auf Hawaii in Form von Schweinen und Hunden gespeichert. Der König reiste mit seinem Hofstaat, seinen Beratern und Aufsehern und Schergen, ständig zwischen den Siedlungen umher, die er kontrollierte und in denen gearbeitet wurde, um ihm Abgaben zahlen zu können. Vor Ort traf er auf seine Unterchefs, die Aufsicht über die Landwirtschaft führten. Wenn die politisch optimale Größe eines Territoriums durch einen Radius von einer halben Tagesreise aus dem Zentrum in die Peripherie bestimmt wird, dann kommt man ohne Pferde und befahrbare Flüsse auf einen Durchmesser von gut fünfzig Kilometern für ein solches Staatsgebiet, sofern Autorität nicht delegiert wird, der Chef also ständig selbst nachschauen muss, ob noch alles seine Ordnung hat.[21]

Dagegen, das alles einen Staat zu nennen, ist eingewendet worden, auf Hawaii habe die Herrschaft zu sehr zwischen Monokratie, Polykratie und Anarchie oszilliert, um diesen Namen zu verdienen. Ständig drohte die Abspaltung von Siedlungen, die zu anderen Königen überwechseln konnten. Ständig rivalisierten und intrigierten die Oligarchen untereinander und hinter dem Rücken des Königs. Da es keine stehende Armee gab, die ausschließlich dem Herrscher zur Verfügung gestanden hätte, musste der König immer wieder seine göttlichen Qualitäten unter Beweis stellen, um seine Machtbasis zu behaupten. Das trieb die Herrscher ins unablässige Kriegführen mittels einer durch die Erfolge zu gewinnenden Anhängerschaft. Die Gesellschaft verfiel, sobald ein König starb, der ungeklärten Erbfolge halber in manische Zustände, die Leute gerieten außer sich und wurden gewalttätig, nur weil die Spitze einen Moment lang unbesetzt war. Man kann das als einen Beleg für die mangelnde Institutionalisierung der dynastischen Kontinuität werten, aber auch als Indiz dafür, dass «mana» tatsächlich am besten mit «elektrische Spannung» übersetzt werden sollte, wie es die Anthropologin Ruth Benedict getan hat. Doch zeigt nicht gerade diese stets am Rand des Tumults lebende Ordnung, welche Kräfte es sind, die in archaischen Staaten stets nur vorläufig gebunden werden? Und – auf die Gefahr hin, anachronistisch zu argumentieren – müsste der Einwand, ein instabiles Gebilde ständigen Wechsels von Monokratie, Polykratie und Aufruhr sei kein Staat, nicht heute auch Zweifel an der vollständigen Staatlichkeit Russlands oder Venezuelas wecken?[22]

Das Kriterium einer zentralisierten Organisation mit interner Spezialisierung, das für archaische Staaten aufgestellt wurde, erfüllte die Königsmafia auf Hawaii jedenfalls ebenso wie das der rituellen Menschenopfer als Beweis für das Gotteskönigtum oder das einer separaten Priesterschaft, wie sie beide in vielen frühen Staaten angetroffen werden konnten. Die Variationsspielräume für das Entstehen eines archaischen Staates waren aber groß, sodass von zwingenden Stadien der sozialen Evolution nicht gesprochen werden kann. Unterschiedlich war das Ausmaß an eventuell durch Schrift unterstützter Bürokratie, unterschiedlich die Richtung der ökonomischen Umverteilung, die durch einen Tempel, einen Hof oder eine Stadtregierung betrieben wurde. Mitunter war die Produktion bestimmter Güter – die mesopotamischen Keramiken etwa – ein Schlüssel zur ökonomischen Entwicklung, mitunter waren es religiöse Zentren – die Pueblo-Siedlungen im Chaco Canyon beispielsweise –, die zu einer urbanen Verdichtung und entsprechenden Veränderungen der politischen Organisation führten. Je nach den ökologischen, demographischen und siedlungsgeographischen Umständen waren für die

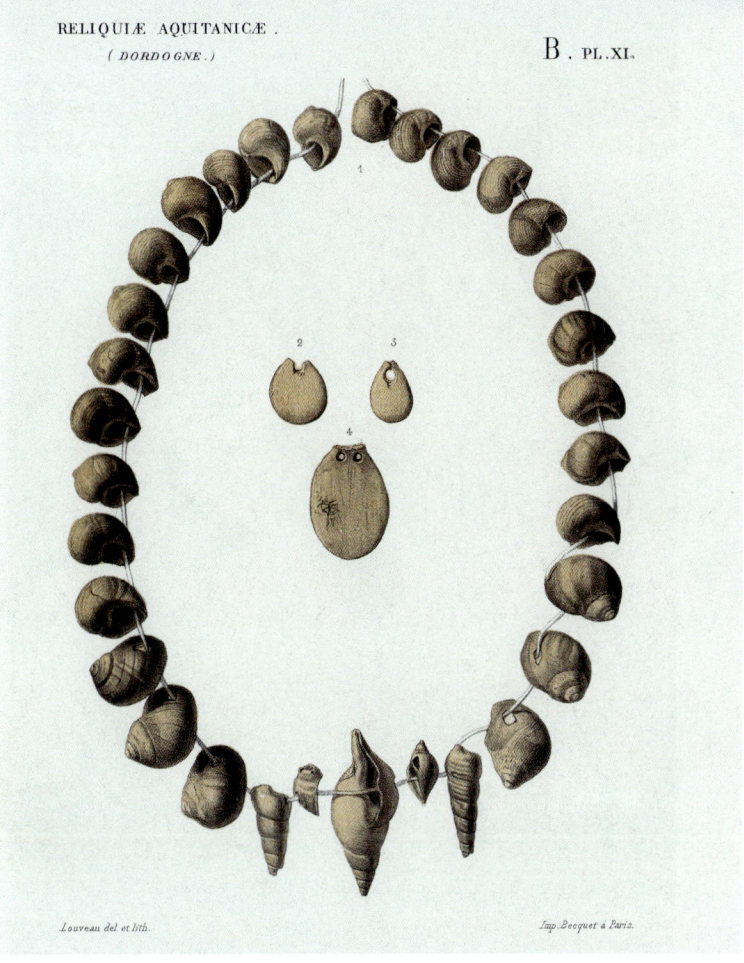

Muschelketten wie die hier in einer Lithographie abgebildete, 30 000 Jahre alte aus dem Südwesten Frankreichs, die häufig auch zu Grabbeigaben wurden, hatten in der Frühgeschichte zwei Funktionen: Sie dienten als Schmuck und als Klangquelle bei rituellen Tänzen.

Die Paviland-Höhle auf der südwalisischen Halbinsel Gower, in der der Geologe William Buckland 1823 ein rot eingefärbtes Skelett inmitten von Grabschmuck fand.

Die Überreste der «roten Dame von Paviland», die aber wahrscheinlich ein Mann war. Die walisische Paviland-Höhle ist die älteste frühzeitliche Grabstätte in Europa, die wir kennen.

Unten: Roter Ocker als Zeichen für ein rituelles Begräbnis eines weiblichen Skeletts in Saint-Germain-la-Rivière vor 15 500 Jahren.

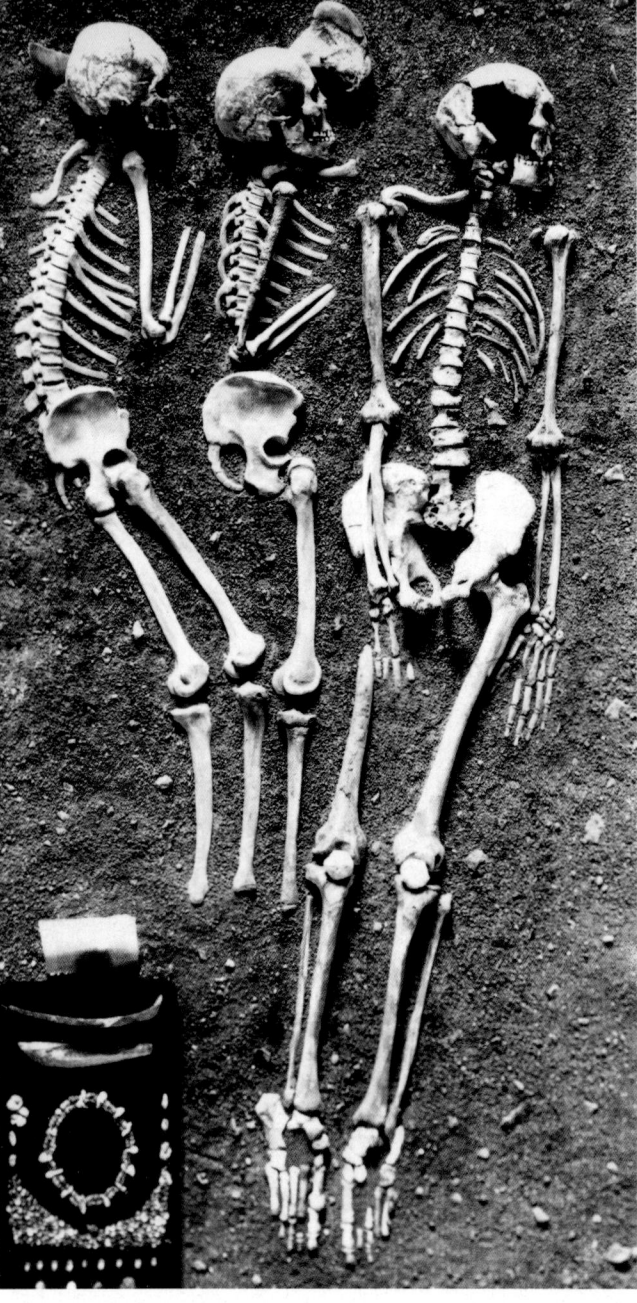

Das Bedürfnis, nicht loszulassen, als Impuls zum Ahnenkult:
In Jericho verzierte man um 7000 bis 6000 v. Chr. die
Schädel von Toten, fügte Muscheln ein, wo vorher Augen
waren, und bemalte die Gesichtsknochen.

Links: Nähe im Leben und im Tod: die Dreifachbestattung in der
Barma-Grande-Höhle (Ligurien), etwa 18 000 v. Chr.

Oben: Das irische Hügelgrab von Newgrange (um 3150 v. Chr.), in dessen Innerem sich am Ende eines langes Ganges ein Altarstein und verbrannte Menschenknochen fanden.

Unten: Unsere Ahnen, unser Stamm, unser Land: Mit Hügelgräbern wie dem walisischen Pentre Ifan (um 3500 v. Chr.) haben jungsteinzeitliche Gemeinschaften womöglich auch Besitzansprüche weithin sichtbar gemacht.

Göbekli Tepe heißt «bauchiger Hügel». Die Kultanlage in Südostanatolien war vermutlich keine Siedlung, der Kult galt nicht mehr dem Land, und Religion begann, ein eigener Anlass für soziales Handeln zu werden. Die großen menschenähnlichen Pfeiler sind von Sitzreihen umgeben, man kann von einem Tempel sprechen.

Von den ersten Musikinstrumenten sind nur die aus Knochen überliefert: die etwa 40 000 Jahre alte Flöte aus der Speiche eines Gänsegeiers von der Schwäbischen Alb.

Links: Kaum, dass der Ackerbau etabliert war, erscheinen im Kult vorzugsweise wilde Tiere: Pfeiler mit Geier, kopflosem Menschen und Skorpion aus Göbekli Tepe.

Die jungsteinzeitliche Siedlung von Çatal Hüyük (Anatolien) am oberen Rand des «fruchtbaren Halbmonds» bestand zwischen 7500 und 6200 v. Chr. aus dicht aneinandergedrängten Einraumhäusern, die über ihre Dächer zugänglich waren.

Links: Das etwa 25 000 Jahre alte Relief aus dem Abri – deutsch: Felsüberhang – von Laussel (Dordogne) zeigt eine ursprünglich rot bemalte Frau mit gekerbtem Bisonhorn, das zur Erzeugung von Tönen gedient haben dürfte.

«My home is my chapel»: Die ersten Wohnbauten waren zugleich Kultstätten, in Çatal Hüyük sind Wandmalereien und Trophäen von Wildtieren (Eber, Fuchs, Geier) nachgewiesen worden.

Rechts: Der Turm von Jericho (8300 bis 7800 v. Chr.) im Jordanland war 8,25 Meter hoch und hatte an der Basis einen Durchmesser von acht Metern. Seine Funktion und die der berühmten Stadtmauer sind umstritten: Festungselement, Schutz vor Überschwemmungen, religiöser Versammlungsort, lauten die Vermutungen.

Schwerzugänglichkeit gehört zur Stellenbeschreibung von Göttern. Die erste Stadt, Uruk, lag auf einem etwa zwanzig Meter hohen Hügel. Folgerichtig musste das Symbol der Stadt seinerseits erhaben liegen. So könnte der «Weiße Tempel» des Himmelsgottes An in Uruk um 3200 v. Chr. ausgesehen haben, der auf einer pyramidenähnlichen Plattform (Ziggurat) ruhte.

In Mesopotamien drehte sich fast alles um Bewässerung.
Relieffigur einer wasserspeienden Göttin an der Fassade
des Kalksteintempels der Göttin der Liebe und der Sexualität,
Inanna oder Ischtar, in Uruk.

regionale Herrschaftsausübung mehr militärische, kultische oder infrastrukturelle Motive ausschlaggebend. Es ist, kurz gesagt, etwas anderes, auf einer Insel, in einer Wüste, an einem Fluss oder in einer bergigen Landschaft politische Kontrolle auszuüben. Wenn die Nahrungsquellen dicht beieinanderliegen, kann anders über sie verfügt werden, als wenn sie, wie auf Hawaii, teils an der Küste, teils im Landesinneren zu finden sind. Mal war es das Privileg der Herrscherschicht, auf die besten Böden zuzugreifen, mal war Bautätigkeit das große Thema, mal der Handel. Es gab archaische Staaten wie den Azteken-Staat, die sich aus ihrem Zentrum definierten, andere, wie Ägypten, die sich von ihren Grenzen her verstanden, und solche, die als «Talstaaten» im Plural bezeichnet worden sind, weil alle dreißig Kilometer ein anderes Königtum an einem anderen Fluss siedelte. Und schließlich gab es auch Weltgegenden, in denen die Jäger-Sammler-Gemeinschaften der Evolutionstheorie partout nicht den Gefallen taten, zu Siedlungen und hierarchisch ausdifferenzierten Königtümern überzugehen: Australien ist hierfür beispielhaft.[23]

Entscheidend für die Zäsur, die der archaische Staat in der Geschichte der Zivilisation darstellt, war in all diesen Varianten seine konstruktive Leistung. Es wurden wie auf Hawaii vielfach neue, aristokratische und oligarchische Verwandtschaftssysteme gebildet, auch um Statusrivalitäten durch Heiraten zu unterbinden. Verwandtschaft wird also politisiert. Die Rituale, die überall, in Uruk so sehr wie in Teotihuacán – ein Stadtname, der wörtlich «Wo man zu einem Gott wird» bedeutet –, die Herrschaft und den König ins Zentrum stellten, vollziehen dasselbe im religiösen Bereich. Die Monumentalität der Bauten, in denen sie stattfanden, symbolisierte dabei geradezu den Bruch mit allem Gewohnten. Politik übertrumpfte Tradition oder legte fest, was als Tradition zu gelten hatte. Die Bewohner von Stadtstaaten waren zwar mit denen des Umlandes verwandt, aber ihre Zugehörigkeit zum Stadtstaat war für die Lebensführung bedeutsamer als ihre ethnische Herkunft. In Mesopotamien und China waren die ersten Staaten multiethnisch und vielsprachig. Der Handel, der sich entwickelte, weil die Wirtschaft staatlich organisiert und zum Gegenstand von Beschlüssen wurde, die auf politisch verwertbare Überschüsse zielten, führte zu zusätzlicher Mobilität. So auch der Krieg. Vielleicht aber ist nichts vielsagender für den durch Staatlichkeit bewirkten Nutzen innerhalb des sozialen Lebens als die Gründung der Hauptstadt des mexikanischen Zapoteken-Staates, Monte Albán. Sie wurde nämlich als «herausgelöste Kapitale» von rivalisierenden Fraktionen der herrschenden Oligarchie aus rein politischen Gründen auf neutralem Gebiet in der Nähe eines zu beherrschenden Tals errichtet, weit entfernt von Nahrungs- und Wasserquellen.[24]

Der Anfang des Staates im Sinne eines politischen Systems, das sich von Hergebrachtem abstößt, um Verwandtschaft, Religion und Ökonomie neu zu definieren und ganzen Bevölkerungen dabei Gewaltiges abzuverlangen, geht mit erheblichen Konflikten einher. Auf Hawaii vollzog den Übergang vom Häuptlingstum zur Herrschaft eines göttlichen Königs am Ende des sechzehnten Jahrhunderts der uneheliche Sohn des bis dahin regierenden Chefs, dessen Mutter gegen alle Regeln aus dem gemeinen Volk stammte, ein Usurpator also. Seinen Stiefbruder ließ er zu Tode steinigen, die Priester gaben ihren Segen dazu, weil der Vorgänger sie schlecht behandelt hatte, die Macht ergriff der Gottkönig im Zeichen des Gottes der Süßkartoffeln und des Regens, Lono. Am Beginn seiner Herrschaft standen die Heirat mit seiner Halbschwester und eine Neuverteilung des Ackerbodens, die mit Gewalt gegen die Unterchefs durchgesetzt wurde, die an ihren geerbten Ländereien festhalten wollten. Tradierte Privilegien standen gegen bewiesenes «mana», wie Kirch formuliert, der Träger dieses «mana» wiederum beschränkte sich nicht mehr auf die Rolle des obersten Sachwalters der Ritualgemeinschaft, sondern machte sich ans politische Werk: Landreform, Kontrolle der Ökonomie, Einführung von Abgabepflichten, Straßenbau und Errichtung neuer, monumentaler Tempel, samt Selbstvergöttlichung, Sakralisierung des Herrschaftsapparats und gleichzeitiger Erfindung des «Volkes». Thomas Hobbes mit seinem Bild vom Souverän als sterblichem Gott hätte womöglich seine Freude an Hawaii gehabt.[25]

ELFTES KAPITEL

Buchhaltung mit gravierenden Folgen:
Der Anfang der Schrift

> Sprechen muss gelernt werden,
> Schreiben muss studiert werden.
>
> PETER J. DANIELS

Wie kam es zu A und O, Alpha und Omega, A bis Z? Die Erfindung der Schrift ist eine besondere Epochenzäsur der Menschheitsgeschichte. Denn die Schrift ist nicht nur eine Technik, die vieles verändert hat, weil sie es erlaubt zu kommunizieren, ohne da zu sein, zu erinnern, obwohl man vergessen hatte, und Unabänderliches zu behaupten, nur weil es geschrieben steht. Kommunikation wird durch sie, «obwohl sie nach wie vor Handeln erfordert, in ihren sozialen Effekten vom Zeitpunkt ihres Erstauftretens, ihrer Formulierung abgelöst».[1] Darüber hinaus erschließt Schrift, wenn sie haltbar überliefert wird, das Flüchtige und das Unsichtbare. Handlungen, Gedanken, Gefühle, Beobachtungen, Erfahrungen sind auf sie angewiesen, wenn ihre unmittelbaren Zeugen nicht greifbar sind. In schriftlosen Gesellschaften gab es das alles selbstverständlich – oder sollen wir sagen: vermutlich –, nur sind keine Dokumente davon überliefert. Erst seit Schrift existiert, zeigt sich die Vergangenheit nicht bloß in Steinen, Zähnen, Knochen und Herdstellen. Schrift hält fest, was anders verloren wäre; Schrift hält allerdings auch fest, was es nie gegeben hat, weswegen man den schriftlichen Berichten über den Anfang der Schrift genauso wenig trauen kann wie allem anderen.

Wie also kam es zu A und O? Na, so kam es, sagt der Dichter: Das A ist ein Karpfenmaul mit einem Fühler, denn wer «A» sagt, sieht wie ein Karpfen aus. Das Y ist ein Karpfenschwanz, denn der Karpfen kann ja nicht nur ein Maul haben. Das O ist ein Ei, weil der Mund ein solches formt, wenn er es ausspricht. Und die Schlange macht «sssss», darum sieht das S wie eine Schlange aus. «Yo» heißt «schlechtes Wasser», «So» heißt «Essen kommen» und «Shu-ya» heißt «Regen». Jedenfalls in der Sprache Taffys, des Steinzeitmädchens, das eigentlich Taffimai Metallumai hieß. «Und nach Tausenden und Tausenden und Tausenden Jahren», fährt der große englische Schriftsteller Rudyard Kipling in seiner Geschichte «Wie das Alphabet entstand» fort, «und nach Hieroglyphen und Demotisch und Nilotisch, Kryptisch und Kufisch und Runisch und Dorisch und Ionisch und allen möglichen anderen -rischen und -fischen (weil die Woons und die Negusse und die Akhoonds und die Bewahrer der Überlieferung nie die Finger von etwas Gutem lassen konnten, wenn sie es zu fassen kriegten) kam das schöne alte einfache verständliche Alphabet – A, B, C, D und die andern alle – wieder zurück zur richtigen Form, damit alle Bestgeliebten es lernen können, wenn sie alt genug sind.»[2] Kipling hat seine Geschichte nicht umsonst eine «Genau-so-Geschichte» genannt: Weil es eben eine phantastische Geschichte war, wie es hätte gewesen sein können, obwohl alle wissen, dass es genau so nur vielleicht gewesen ist.

Eine andere Geschichte, wie die Schrift entstand, erzählten sich die Sumerer, die es eigentlich wissen mussten, weil sie die Schrift als Erste erfunden haben. Halt, «als Erste erfunden»? Ist das nicht dasselbe wie erfunden? Nein, ist es nicht, wir kommen gleich noch dazu. Die Sumerer jedenfalls erzählten sich, ein Bote des Königs von Uruk am Euphrat sei vom schnellen Laufen immer so atemlos und unfähig gewesen, noch irgendetwas zu sagen: «‹kig-gi-a ka-ni dugud schu nu-mu-un-da-an-gi-gi› – der Bote, dessen Mund schwer war, konnte es nicht wiederholen», wie es in der Erzählung heißt. Darum habe der König seine Nachricht an den Herrscher von Aratta lieber auf einer Tontafel notiert und dem Boten mitgegeben. Zack, war die Schrift erfunden.[3]

Die Schrift wurde erfunden, weil ein Sprecher außer Atem war und eine schwere Zunge hatte. Das ist nicht nur eine Geschichte, das war lange Zeit das gängige Schema, um zu erklären, wozu Schrift gut ist: um Schwächen des Sprechens zu überwinden. Finde den Fehler. Wie hätte der Herrscher von Aratta die Nachricht wohl verstehen können, wenn vor ihrer Absendung die Schrift noch gar nicht erfunden war?

Beide Geschichten sind als Erklärungen mithin ziemlich löchrig. Nicht so löchrig zwar wie die Behauptung, der Dichter Simonides habe vier Buchstaben des griechischen Alphabets erfunden: das Eta, das Xi, das Psi und das Omega. Trotzdem sind es gute Geschichten. Die sumerische Legende ist gut, weil sie einen Widerspruch festhält, der uns daran erinnert, dass Kommunikation mindestens zwei voraussetzt. Es hat, mit anderen Worten, nie einen Sinn, den Anfang einer Sache darin sich erschöpfen zu lassen, dass etwas gemacht wurde. Denn wenn es um Kommunikation, also um soziale Erfindungen geht, muss das, was erfunden wurde, auch «abgenommen» werden. Produktion setzt Konsum, Erzählung setzt Zuhörer, Kunst Betrachter, Schrift Leser voraus. Insofern ist es ziemlich wahrscheinlich, dass der erste Schreiber nicht jemand anderem, sondern sich selbst etwas aufgeschrieben hat.[4]

Und Kiplings Geschichte ist gut, weil sie auf den Kopf stellt, was jahrhundertelang über Schrift gedacht wurde. Denn jahrhundertelang wurde angenommen, dass sie als Bilderschrift begonnen und sich über die Silbenschrift zum Alphabet entwickelt habe, zur «phonetischen» Schrift, bei der jedes Zeichen (mehr oder weniger) für einen Laut steht. Noch der Altorientalist Ignace Jay Gelb, der 1952 den ersten Abriss der Schriftgeschichte vorlegte, dachte so.

Worum es sich bei Schrift handelt, war auch ihm klar: um festgehaltene Sprache. Schreiben heißt, Gedanken und Laute in Buchstaben oder Bilder oder – wenn wir an die Blindenschrift denken – in taktil erfassbare Zeichen zu übersetzen. Wörter verweisen auf Worte. Wer eine Schrift entziffern möchte, muss sie demzufolge in das mündliche Zeichensystem zurückübersetzen, das sie repräsentiert. Genau so sind viele der ältesten Schriftdokumente, von den ägyptischen Hieroglyphen bis zur mykenischen Schrift Linear B, auch entschlüsselt worden. Von Zeichen auf Stein- oder Tontafeln wurde auf eine Sprache geschlossen, auf deren Grammatik und Vokabular. Die Geschichte der Schrift erschien dabei als die immer besser gelingende Repräsentation von Sprache: zuerst durch Bilder (Piktogramme) und ideographische Zeichen (ein Schädel mit gekreuzten Knochen steht sowohl für «Pirat» als auch für «giftig»), dann durch Zeichen für ganze Wörter (Logographie), dann Silbenschriften (syllabische Schrift), schließlich durch Zeichen für einen oder mehrere Laute: die alphabetische Schrift.[5]

Das sind Idealtypen, denn so gut wie kein entwickeltes Schriftsystem besteht ausschließlich aus Zeichen einer dieser Klassen. Nehmen wir unsere alphabetische Schrift. Auch hier gibt es Zeichen wie «§» oder «&», die logographisch sind, oder es werden Zeichen wie in einer Silbenschrift eingesetzt: «You2», «2fel», «Merry Xmas». Im Großen und Ganzen aber schien die Geschichte von den Bildern, die sich zu Lautzeichen entwickelten, zu stimmen. Die letzten erhaltenen Hieroglyphen stammen aus dem Jahr 394 n. Chr. Als Sprachforscher vor mehr als zweihundert Jahren begannen, die Hieroglyphenschrift des berühmten Steins von Rosette zu entziffern, erwies sich die Vermutung, es handele sich um Lautzeichen, als richtig. Ein französischer Offizier hatte den Stein im Juli 1799 während des napoleonischen Feldzugs nahe der ägyptischen Hafenstadt Raschid (Rosette) gefunden. In den Stein ist 196 v. Chr. dreimal derselbe Text eingeritzt worden, eine

Art Steuerdekret, das die Abgabenpflicht der Tempel betraf: einmal auf Griechisch für die ptolemäischen Herrscher in Ägypten, einmal auf Demotisch (entstanden um 650 v. Chr.) für die ägyptischen Beamten und einmal in Hieroglyphen für die ägyptischen Priester. Jean-François Champollion, der ihn 1822 entzifferte, konnte so aus einer Schrift auf eine andere schließen. Das ging mit weiteren Annahmen einher, zum Beispiel über die Vollständigkeit einer Sprache: Wenn es im Griechischen ein Wort und eine graphische Repräsentation für «Maus» gibt, dann muss sich, sofern es in Ägypten Mäuse gab, auch im Ägyptischen eine solche Zeichenfolge oder ein Zeichen für «Maus» finden lassen. Hieraus folgt, dass die Schrift eine komplette Sprache voraussetzt, die schon da ist, wenn Schrift als Hilfsmittel und gewissermaßen als Übersetzung des Gesprochenen erfunden wird.

Am Anfang der Schrift aber stand nicht die Sprache. Jedenfalls nicht, wenn man darunter die gesprochene Sprache versteht. Je weiter man in der Geschichte der Schrift zurückgeht, hat der Wissenschaftshistoriker Peter Damerow einmal formuliert, desto loser werden die Verbindungen zwischen den Schriftzeichen und dem Bedürfnis, mündliche Mitteilungen zu ersetzen. Mitunter sei es sogar unmöglich, aus den schriftlichen Hinterlassenschaften einer Kultur ihre Sprache zu rekonstruieren. Das gilt selbst dann, wenn Tausende von beschriebenen Tontafeln der betreffenden Kultur überliefert sind.[6]

Welche Art von Information enthalten solche frühen Schriften aber dann? Denn dass es sich bei Schrift um eine Informationstechnologie handelt, ist unbestreitbar. Ein Beispiel aus dem gegenwärtigen Schriftgebrauch kann ihre früheste Funktion illustrieren. Wir sehen, dass im Kühlschrank Milch fehlt, und notieren auf einem Zettel «Milch». Vielleicht mit einem Ausrufezeichen oder mit einer Mengenangabe versehen. Vielleicht auf einer Liste, deren weitere Einträge «Lakritz» lauten, «Rote Beete», «zwei Stück Butter», «Mülltüten, 40 Liter» und «zur Post, Paket abholen». Fände ein Archäologe, wenn unsere Gesellschaft längst untergegangen ist, unwahrscheinlicherweise diesen Zettel, dann müsste er, um ihn zu verstehen, weder große Teile der Grammatik des Deutschen rekonstruieren, noch wäre es ihm aufgrund einer lokalen Zettelsammlung solcher Einkaufslisten aus der Frankfurter Innenstadt überhaupt möglich. Gewiss könnte er durch Vergleiche herausfinden, dass «rot» ein Eigenschaftswort ist, «Stück» eine Form-, «zwei» eine Mengenangabe und «Liter» ein Maß, das niemals für Lakritz und Rote Beete, aber häufig für Flüssigkeiten verwendet wird, obwohl «Mülltüten» kein Substantiv für etwas Flüssiges ist. Hätte man genügend Einkaufszettel, könnte man vielleicht sogar ermitteln, dass «abholen» ein Verb ist, was ein Ausrufezeichen bedeutet oder dass «zur» eine Bewegungsrichtung bezeichnet.

Von der Grammatik und vom Vokabular des Deutschen wäre man natürlich trotzdem noch unendlich weit entfernt. Einkaufszettel enthalten vor allem Substantive und Zahlangaben, von den Substantiven wiederum fast nur Maßeinheiten und Dinge. Dafür muss man, um solch einen Zettel zu verstehen, aber auch nicht Deutsch sprechen. Für das Verständnis einer Sprache so entscheidende Elemente wie die Personalpronomen, die Fälle, die Zeiten, die Verbformen, Partizipien und Konjunktionen spielen hier so gut wie keine Rolle. Es ist hingegen hilfreich, einen Begriff davon zu haben, worum es sich bei einem Kühlschrank, einer Mülltonne, einem Supermarkt und einer Post handelt.

Am Anfang der Schrift standen Notate, die dem Einkaufszettel ähneln. Die ersten Schriften dienten nicht dazu, Gesprochenes festzuhalten. Sie waren Notizen, Markierungen, Gedächtnisstützen für Vorgänge, die selbst gar nicht komplizierter sprachlicher Natur waren. Schrift ist eine vergleichsweise junge Erfindung. Die vermutlich ältesten Texte sind etwa 3500 Jahre alt und in der sogenannten Keilschrift – der englische Ausdruck lautet «Cuneiform» – auf Tontafeln festgehalten. Überliefert sind sie vermutlich aus zwei Gründen: der Härte des Tons wegen und weil sie als Füllmaterial für Gebäude dienten, nachdem sie keine kommunikative Bedeutung mehr besaßen. Es handelt sich bei diesen Tafeln um Dokumente der mesopotamischen Buchhaltung. Die Art, wie sie beschriftet sind, gibt bereits den ersten Hinweis darauf, dass sie keine Sätze – etwa von Liedern, Gebeten, Befehlen oder Mythen – übermitteln sollten. Denn die mit einem Griffel in den Ton geritzten Schriftzeichen sind auf ihnen in den allermeisten Fällen nicht in Sequenzen, sondern listenförmig angeordnet. «Schreiben», soll im ersten vorchristlichen Jahrhundert der griechische Grammatiker Dionysios Thrax gesagt haben, «kommt von ‹kratzen›.»

Aufgekommen ist diese Schrift im vierten Jahrtausend v. Chr. bei den Sumerern, also in der heutigen Region des südlichen Irak und Kuwaits. Dahin waren die Sumerer unter unbekannten Umständen vermutlich aus dem Südosten eingewandert. Gefunden wurden die ersten Schriftdokumente in Uruk, wo deutsche Archäologen 1929 in einem Tempel auf große Mengen dieser Tontafeln stießen. Die Schrift ist ein Kind der Stadt. Deren wirtschaftliche Grundlagen waren damals Getreideanbau und Viehzucht. Produziert wurde unter zentraler Aufsicht, man betrieb Lagerhaltung, und es herrschte Abgabenzwang. Die Ersten, die sich der Schrift bedienten, waren Buchhalter und Aufseher von Nahrungsmittelspeichern, und wenn es sich um Priester handelte, dann nur insofern, als der Tempel die Aufsicht über solche Speicher hatte und das Zentrum der Umverteilung landwirtschaftlicher Erträge war. Die Schrift ist also ein Kind der städtischen Wirtschaftsverwaltung, ihre Zeichen hatten zunächst nur in diesem Zusammenhang eine Bedeutung.[7]

Begonnen hatte die Buchhaltung 4500 Jahre zuvor mit Zählsteinen. Das sind kleine, zwischen einem und drei Zentimeter große, symbolisch geformte Steine aus Ton, die für Einheiten eines bestimmten Gutes standen: zwei ovale Kiesel und drei zylindrische beispielsweise für zwei Flaschen Öl und drei Körbe Getreide. Einen sprachlichen Aspekt hatte diese Symbolik – Oval, Scheibe, Kugel, Zylinder – nur dadurch, dass jemand, um sie zu nutzen, wissen musste, worauf die geometrischen Formen verweisen, eben auf «Flasche» und «Korb». Es handelt sich also um einen Fall von «konkretem Zählen», der sich an unseren Worten für «Zwilling» oder «Quartett» erläutern lässt: Eine Zahl und das Gezählte (Geburten, Musiker, Karten) werden in einem Symbol, hier einem Wort, dort einem Ding, zusammengeschlossen. Hatten die Zählmarken bei gleicher Form eine unterschiedliche Größe, transportierten sie eine weitere Information: «großer Korb Getreide» statt «kleiner Korb», «Liter», «Herde» und so weiter. Der Warenverkehr legte es nahe, Standardmaße einzuführen. Aber es existierte noch kein Zahlzeichen, das es erlaubt hätte, eine Mehrzahl anders als durch Wiederholung der Einzahl auszudrücken, und es gab keine Schriftform für eine Syntax, mit der es möglich gewesen wäre, etwas anderes über die bezeichneten Dinge auszusagen als ihre Art, Anzahl und Größe. Deswegen wissen wir heute, wenn wir irgendwo eine solche Menge an Zählsteinen finden, nicht, ob sie aussagen sollten «zwei Flaschen Öl und drei Körbe Getreide» (a) wurden geliefert oder (b) sind noch zu bezahlen oder (c) gehören uns. Man kann noch einmal an den Einkaufszettel denken: Wenn auf ihm notiert ist «500 g Mehl», «sechs Eier» und «ein Viertelliter Milch», wäre auch hier eine weitere Information nötig, um zu entscheiden, ob es sich nur um eine Liste von Gütern oder um eine von Zutaten handelt.[8]

Die Vorform der Schrift war also eine Gedächtnisstütze im Warenverkehr. Mit seiner städtischen und politischen Zentralisierung von der Mitte des vierten Jahrtausends an nahm der Bedarf an rechnerischer Exaktheit ebenso zu wie der Warenumfang und mit ihm der Umfang der «Akten». Man begann darum einerseits, die Zählmarken selbst zu markieren, um sie zum Träger zusätzlicher Information zu machen: «Scheibe mit eingeritztem Kreuz», «Scheibe mit Loch», «Scheibe mit drei Strichen» und so weiter; für Uruk sind zweihundertfünfzig verschiedene Formen von Zählsteinen belegt, und manche von ihnen sehen schon so aus wie später Geldstücke. Andererseits kam die Technik auf, mehrere Zählmarken in kugelförmigen tönernen Umschlägen zu sammeln, um beispielsweise die Schulden oder die Steuerpflicht einer Person festzuhalten, und diesen Umschlag wiederum mit einer Inhaltsangabe zu beschriften. Diese übersetzte die geometrischen Formen in eingravierte Zeichen. Damit war die Schrift als zweidimensionaler graphischer Merkposten für dreidimensionale Objekte entstanden.[9]

Eine frühe Variante davon sind Etiketten, auf denen keine Güterbezeichnungen und Zahlen zu lesen waren, sondern die die Behälter vermutlich mit den Namen derjenigen versahen, die für sie zuständig waren – Aktenzeichen gewissermaßen. Um 3200 v. Chr. beginnen dann kleine Tontafeln mit Zahlzeichen die Umschläge zu ersetzen, denn man hatte gelernt, dass Beschriftung und Inhalt des Umschlags dieselbe Information enthalten, der Inhalt also entfallen kann, sofern die Richtigkeit der Verbuchung verbürgt bleibt. Damit ging der Fortschritt einher, dass Schrift eine Technik der Zusammenfassung ist, die es erlaubt, «sieben Körbe Gerste» anders festzuhalten als durch siebenfache Wiederholung des Gerstenkorb-Zeichens. Weitere Innovationen betrafen die Schreibtechnologie selbst, die sich zunehmend Rollsiegeln bediente, die in Form einer Unterschrift in den Ton einprägten, wer bei der jeweiligen Transaktion zugegen war. Neben Zeichen für Objektsorten, Maße und Zahlen waren damit auch Zeichen für Personen etabliert. So finden sich Tafeln, auf denen beispielsweise Berechnungen für die im Zuständigkeitsbereich eines bestimmten Beamten befindliche Bierproduktion, aufgeteilt nach Getreidesorten und Tagesrationen, festgehalten ist. Andere Texte enthalten Listen von Berufsnamen, Übersichten über Grundstücke, Abrechnungen von Arbeitskräften. Kurz: Wurde die Wirtschaft komplexer, so wurde es auch das Schriftsystem. Außerdem entwickelte sich die Schrift weiter, weil die immer besser trainierten Schreiber um 2400 v. Chr. dazu übergingen, gerade Linien zu verwenden. Das Schreiben nahm immer weniger Rücksicht auf bildliche Verweise (etwa Zeichen für Gegenstände), die Profis, die sich der Schrift bedienten, wussten auch so, worum es jeweils ging, und richteten das Zeichensystem nach praktischen Gesichtspunkten ihrer Arbeit ein. Dass auf Ton – anders als in Ägypten, in China und in Mittelamerika auf Papyrus, Knochen und Holz – nicht gezeichnet und gemalt werden konnte, trug zu dieser frühen «Entbildlichung» der Schrift in Mesopotamien bei.[10]

Bis 2800 v. Chr. wird diese Schrift in Uruk ausschließlich zu politökonomischen Zwecken verwendet. Um 2700 v. Chr. erscheinen die ersten königlichen Inschriften. Dann verschiebt sich der Kontext: Zwischen 2600 und 2500 v. Chr. kommen Erzählungen auf und werden erstmals Namen von Verstorbenen notiert – was eine Wendung zur phonetischen, Laute repräsentierenden Schrift beinhaltet – und mit kurzen Gebetsformeln versehen, was Schrift und Sätze zusammenbringt. Die ersten mesopotamischen Briefe sind für 2400 v. Chr. dokumentiert. Es hat mithin mehr als achthundert Jahre gedauert, bis aus einem Aufzeichnungssystem eines wurde, das längere sprachliche Abfolgen wiedergab und Mündlichkeit ersetzte, statt nur ein Gedächtnis operativer Vorgänge zu sein. Etwa eintausendsechshundert verschiedene Zeichen sind unter den vierzigtausend Einträgen auf den Tontafeln gefunden worden. Gut einhundert davon wurden mehr als einhundertmal verwendet, am häufigsten sind die Zeichen für Bier, Brot, Kleidung, Schafe und Vieh. Gut fünfhundert Zeichen hingegen erscheinen nur ein einziges Mal, gut sechshundert weniger als zehnmal. Es gab also ein System zentraler Zeichen, das ergänzt wurde von extrem vielen, die nur ganz selten zum Einsatz kamen. Vielleicht handelt es sich bei Letzteren auch um idiosynkratische, also nur von bestimmten Schreibern verwendete Zeichen, die nur sie sich merken können mussten – etwa, wie wenn jemand auf seinem Einkaufszettel statt «Holzkohle» immer «Hlzk.» notiert. Wenn man nur schreibt, um sich etwas selbst zu merken, in einem Tagebuch beispielsweise, kann man gut mit Abkürzungen und Chiffren arbeiten. Im Verlauf der sumerischen Schriftentwicklung wird die Zahl der Zeichen jedenfalls allmählich reduziert, und das phonetische Schriftsystem, das allmählich hervortritt, besticht dann durch seine Möglichkeit, mittels weniger Elemente prinzipiell beliebig viele Sonderbezeichnungen zu erzeugen.[11]

Manche Forscher halten die Anfänge der Keilschrift nicht für einen Fall von Schreiben, weil Schrift nur ein Zeichensystem sei, das Sprache repräsentiere. Sie unterscheiden zwischen «recording» und «writing». Das jedoch ist insofern eine einseitige Betrachtung, als die Tatsache umgangen wird, dass auch das, was noch nicht Schrift ist, gelesen werden kann. Nicht nur in Mesopotamien entsteht die Schrift, sie wurde weltweit gleich viermal erfunden, und zwar jedes Mal aus einem nicht im engeren Sinne «textlichen Markierungssystem». In China lehnte sich die Schrift an die Wahrsagekunst an, in Ägypten machte eine religiöse Bürokratie den Anfang, bei den Maya waren es Kalender, für die das erste schriftliche Vokabular entwickelt wurde.[12]

In China entsteht die Schrift zur Zeit der Shang-Dynastie um 1200 v. Chr. in der Stadt Anyang, wo in Schildkrötenbauchpanzer und Schulterblätter von Rindern eingravierte, mitunter auch mit Tinte und Pinsel gezeichnete königliche Weissagungen gefunden wurden, die als Protokoll der Mitteilungen von Ahnen gemeint waren. Diese Orakelknochen waren zuvor erhitzt worden, und die Rissmuster, die dabei entstanden, waren der Gegenstand jener schriftlichen Darlegungen. Sie galten günstigen oder ungünstigen Geburtsterminen, Jagd- oder Wettervorhersagen und dergleichen. Hier ging also das Lesen von Nichtgeschriebenem, jenen geheimnisvollen Risszeichen nämlich, dem Schreiben voraus, und Magie löste das Paradox auf, dass es für die erste Schrift einen ersten Leser braucht. Es war also, ebenso wie in Mesopotamien, keine mündliche Kommunikation, die durch Schrift festgehalten werden sollte, sondern eine Deutung und Übersetzung der magischen Mitteilung. Zuweilen verstärkte der Schreiber die Hitzerisse im Knochen, zuweilen färbte er Risse und Schriftgravur, was deutlich macht, dass zwischen den göttlichen und den von Menschenhand geschriebenen Zeichen kein prinzipieller Unterschied gemacht wurde. Die Schreibfläche für die Notate gingen aus Tieropfern hervor, die den daraufhin mitteilsamen Ahnen dargebracht wurden. Schreiben war Kommunikation mit den Toten, und die Schriftzeichen verhielten sich zu den Worten wie die Toten zu den Lebenden: deutungsbedürftig, ahnungsvoll.[13]

Mehr als hundertfünfzigtausend solcher Orakelknochen sind gefunden worden, und es wird vermutet, dass diese nur etwa zehn Prozent des gesamten Aufkommens ausmachen. Da viele von ihnen gelocht sind, offenbar um archiviert werden zu können, da die Hitzerisse auf den Knochen häufig nummeriert wurden, und da nicht selten auch vermerkt wurde, wie viel Zeit zwischen der Vorhersage und ihrem Eintritt – der König irrte sich nie – verstrichen war, hat man zu Recht von einem bürokratischen Charakter der «Shang-Pyromantik» gesprochen. Auch hier also erfolgte die Erfindung der Schrift in einem Rahmen höfischer Systematisierung des sozialen Lebens. Die Buchstaben dieser Schrift notierten Laute, nicht Bilder, man musste sie lesen, um sie zu verstehen, es genügte nicht, sie anzuschauen, um ihre Bedeutung zu erschließen. Wer mit Schrift umzugehen verstand, gehörte zu einer Elite, die über einen besonderen Zugang zu codierten Geheimnissen verfügte. Die Schrift selbst war Teil der Botschaft. Dass sich in China die Kalligraphie anschloss, war nur folgerichtig.[14]

Die ägyptischen Hieroglyphen entstanden vermutlich angeregt durch die Kenntnis mesopotamischer Praktiken, auch wenn sich das Schriftsystem am Nil dann ganz anders entwickelte. Die sumerische Schrift begann piktographisch – ein rundes Zeichen für etwas Rundes – und erweiterte sich dann über Logogramme – Symbole für ganze Worte wie § für «Paragraph» oder & für «und» – sowie über Kombinationen nach dem Prinzip des Rebus. Unabhängig vom Wortsinn werden dabei die Lautqualitäten von Buchstaben oder Worten genutzt, um neue Worte oder ganze Sätze zu bilden. Beispielsweise so: URYY4me = You (U) are (R) too wise (two Ys) for (4) me. Das half insbesondere bei Personen- oder Ortsnamen, die sich schlecht piktographisch wiedergeben lassen. Das dafür besser geeignete, an den Sprachlauten orientierte Prinzip überführte die Bilderschrift also in eine Silbenschrift, wobei zweideutige Wörter um Zusatzzeichen ergänzt wurden.

Auch in Ägypten begann die Schrift piktographisch, und auch dort machte sie Gebrauch von der Rebus-Technik, aber ihre Zeichen waren von vornherein viel bildhafter als die der Keilschrift und blieben es, weil sie von Beginn an Teil repräsentativer Darstellungen waren. Dem gingen einerseits schematische Tierzeichnungen voraus, solche von Booten und Menschen an Höhlenwänden um 3750 bis 3500 v. Chr., andererseits Markierungen auf Gefäßen, die wohl auf den Namen ihrer Hersteller verweisen, also «Markenzeichen» waren. Die in einem Grab aus der Zeit um 3320 v. Chr. – dem Grab «U-j» auf dem Umm-el-Qaab-Friedhof im oberägyptischen Abydos – gefundenen, gelochten und zumeist aus Elfenbein hergestellten Etiketten zeigen menschliche Figuren,

Vögel, Reptilien, Elefanten, aber auch Symbole für die Nacht oder eine Himmelsrichtung. Etwa ein Viertel von ihnen trug Zahlen, und es wird vermutet, dass es sich dabei um Größenangaben von Textilien handelt, die in den Grabkammern, in Schachteln aus Zedernholz eingelagert, ebenfalls gefunden wurden. Vergleichbare Zeichen finden sich auf Gefäßen, wo sie aber malerischer ausgeführt sind und man förmlich zusehen kann, wie die Schrift zwischen Bild und Schema oszilliert. Es ist, als ob der Zeichner sich nicht hat entscheiden können, aus der Schreibfläche hinaus auf einen Sachverhalt zu verweisen oder durch die Details der zeichnerischen Ausführung zu faszinieren. In beiden Fällen ging es jedenfalls nicht um die graphische Wiedergabe gesprochener Sprache. Bei den Zeichen selbst handelt es sich um Namen, seien es solche von Göttern, von Amtsträgern oder von Orten. Der Verwendungszusammenhang ist ein religiöser, kein politisch-ökonomischer, und auch die spätere administrative Nutzung von Schrift hält die Verbindung zum religiösen Schriftsystem.[15]

Der wichtigste Unterschied der ägyptischen zur mesopotamischen Schrift liegt in der strengen Sachlichkeit Letzterer. Ihre Bezugsobjekte waren in erster Linie Dinge, Quantitäten, Verhältnisse und nicht Namen. Dadurch entwickelte sie sich mit der Dynamik des von ihr Bezeichneten, des ökonomischen und rechtlichen Verkehrs. Das ägyptische Schriftsystem hat dagegen an seinem Beginn einen sehr viel zeremonielleren Charakter. Es diente der Artikulation von Prestige, Hierarchie, Verortung, Zugehörigkeit und weniger der bürokratischen Bearbeitung von Informationsproblemen.

Schließlich belegt auch die völlig unabhängig von den Entwicklungen in Mesopotamien entstandene Schriftkultur Mittelamerikas – genauer: der Region zwischen der Mitte Mexikos und dem Westen von Honduras – den Ursprung der Schrift als Gedächtnisstütze. Die frühesten Dokumente hierfür stammen aus dem zweiten und dritten Jahrhundert, die einander sehr ähnlichen Notationssysteme der Maya, der Zapoteken und der sogenannten Olmeken selbst dürften einige hundert Jahre älter sein. Sie sind bei weitem noch nicht vollständig dechiffriert, aber es ist offenkundig, dass sie zur Aufzeichnung von Chronologien entstanden – sie dienten dazu, Tage und Jahre und Epochen zu zählen. Die mittelamerikanischen Schriften sind Mischungen aus Piktogrammen, Ideogrammen und Silbenschrift. Ihre Zeichen sind in eine ovale oder rechteckige Form eingetragen und ähneln ornamentalen Profilen und Umrisszeichnungen von Köpfen oder Gegenständen. Mitunter hat man den Eindruck, vor einem Teppich, einer Wand mit Graffiti oder einem tätowierten Körper zu stehen. Geschrieben wurde in Spalten, von oben nach unten, mit drei oder mehr Zeichen je Spalte, der Eindruck von Linearität entsteht in dieser Tradition dennoch lange nicht.[16]

Diese Obsession mit Zeitangaben ist beeindruckend. Der Maya-Kalender hatte zweihundertsechzig Tage, von denen jeder durch eine Zahl von eins bis dreizehn und einen von zwanzig verschiedenen Namen bezeichnet war. Außerdem gab es noch ein 365-Tage-Jahr, sodass jeder Tag in zwei Zyklen bestimmt werden konnte. Jeder Tag wurde als Einflussgröße wahrgenommen: auf Personen, die an ihm geboren wurden – die Individuen hießen «7 Krokodil», «9 Jaguar» oder «13 Wind» –, und auf Handlungen, die an diesen Tagen zu vollziehen waren. Heiraten beispielsweise sollten nur zwischen Personen stattfinden, denen bestimmte Tageszahlen zugeordnet werden konnten. Eine guatemaltekische Platte aus dem Jahr 320, die anlässlich einer Thronbesteigung angefertigt wurde, zählt so in Form von fünf Zahlschriftzeichen nach dem komplexen Zählsystem der Maya 1 253 912 Tage bis zur Inthronisierung des neuen Herrschers, wobei unter anderem auch Zeichen für «Sitz», «Nacht», «Herrscher» und «Monat» zu lesen sind. Andere Kalender dienten dazu, mythologische Ereignisse und Genealogien, Kriegserfolge, Hochzeiten, Opferrituale und Spiele festzuhalten, wobei auch besondere Himmelskonstellationen eingetragen wurden, sofern es sie gab. Die Maya lebten offenbar in der Vorstellung, dass alles Wichtige in bestimmten Zahlen-, Zeit- und Gestirnverhältnissen zueinander steht. Sie ehrten die «Götter der Zeit» (Floyd G. Lounsbury) und deren verlassliches Verhalten. Entsprechend sind Zahlen und Namen die zentralen Elemente einer frühen Schrift, die sich hier nie ganz vom Bild gelöst hat.[17]

An dieser Stelle meldet sich noch einmal die Eingangsfrage: Wie kam es denn zu A und O und A bis Z? Schließlich ähnelt die Alphabetschrift, die wir benutzen und die Konsonanten wie Vokale notiert, den hieroglyphischen und keilschriftlichen Systemen kaum. Um ihren Anfängen nahezukommen, muss man sich der Insel Kreta um 1900 bis 1650 v. Chr. zuwenden. Denn in dieser Zeit existierten dort nebeneinander zwei Schriftsysteme. Ein hieroglyphisches, das rund um Knossos sowie im Nordosten der Insel verbreitet war, findet sich vor allem auf Siegelsteinen aus kostbaren Materialien wie Jaspis, Amethyst oder Gold. In sie waren Piktogramme eingeritzt. Die sogenannte Linear-A-Schrift hingegen, die im Süden rund um Phaistos verwendet wurde, ist auf Tontafeln dokumentiert. Knossos und Phaistos aber sind nur gut sechzig Kilometer voneinander entfernt. Das spricht dafür, dass die Schriftsysteme vorwiegend zu Verwaltungszwecken eingesetzt wurden, denn offenbar bestand wenig Bedarf nach einer Angleichung der beiden – es war womöglich, wenn der anachronistische Vergleich erlaubt ist, so wie wenn heute eine Organisation mit SAP und die andere mit Oracle arbeitet. Die Linear-A-Schrift, die von links nach rechts lief und wie eine abstrakte Variante der Piktogramme aus dem Norden der Insel aussieht, wurde vor allem für Objekt- und Personenlisten der kretischen Palastwirtschaft verwendet, die hieroglyphische diente vermutlich in erster Linie der Markierung von Eigentum. Beides waren Silbenschriften, die bis heute nicht entziffert worden sind, die Zerstörung der ersten Paläste Kretas um 1700 v. Chr. überlebte nur Linear A.[18]

Dreihundert Jahre später wurde diese Schrift durch Linear B ersetzt, wovon beinahe viertausend Dokumente existieren, weil der Großbrand, der den Palast von Knossos um 1380 v. Chr. heimsuchte, zugleich die entsprechenden Tontafeln härtete und überlieferungsfest machte. Diese Schrift ist vor mehr als sechzig Jahren durch den englischen Architekten Michael Ventris und den Altphilologen John Chadwick als eine Silbenschrift von etwa neunzig Zeichen identifiziert worden, die eine mykenische Frühform des gesprochenen Griechisch festhielt. Der Inhalt der meisten Tontafeln, auf denen die Worte mittels vertikaler Striche voneinander getrennt und die Zeilen durch horizontale Linien markiert sind, betraf wirtschaftliche Transaktionen, das Palasteinkommen, die Produktion. Erneut handelt es sich also um eine Schrift aus dem Geist der Buchführung; außerhalb von Knossos existiert kein einziger Beleg für Linear B.[19]

In den vierhundert Jahren nach der Zerstörung des Palastes von Knossos existiert so gut wie kein Beleg für Schriftgebrauch im gesamten griechischen Raum! Mit der Buchhaltung der Paläste verschwand auf rätselhafte Weise das Schreiben ganz, und als es wieder auftauchte, benutzten die Griechen eine Schrift, die nichts mehr mit den kretischen Systemen gemein hatte. Auch das gehört zu den Anfängen der Zivilisation, dass sie mitunter wiederholt werden müssen, um Anfänge von etwas Andauerndem zu sein. Der zweite oder dritte oder vierte Anlauf zu einer griechischen Schrift erfüllte nun jedenfalls eine kommunikative Funktion. Während nämlich nicht eine einzige Inschrift, nicht ein einziges Graffito in Linear B überliefert ist, sondern nur Verwaltungsnotizen, gibt es umgekehrt keinen einzigen Buchhaltungsvorgang in der frühesten griechischen Alphabetschrift, sondern vor allem Graffiti. Das heißt nicht, dass in der Ägäis nicht mehr Buch geführt wurde, es geschah nur offenbar auf Materialien, die sich nicht erhalten haben.

Die alphabetische Schrift selbst entstand vermutlich so: Nach dem Untergang der minoischen, auf Kreta heimischen, und der mykenischen, auf dem griechischen Festland bis etwa 1100 v. Chr. dominanten Kultur kam es nach 900 v. Chr. zu immer engeren Kontakten der Griechen mit den damals im Mittelmeerraum expandierenden Phöniziern, die aus der Levante stammten und entlang der südlichen Mittelmeerküste eine ganze Reihe von handelsintensiven Stadtstaaten gegründet hatten. Phönizier wohnten auf Kreta und Zypern, Griechen in Nordsyrien, die phönizischen Handelsschiffe legten auf ihrer Route in Kreta und Rhodos an. Im Zuge dieses Austauschs kam das phönizische Alphabet auch bei den Griechen in Umlauf, womöglich durch Handelsreisende, die in griechischen Tempeln auf Kreta und Rhodos Weihgeschenke mit Widmungen hinterließen. *Alpha, beta, gamma* – das sind auf Griechisch nur Buchstaben, aber auf Semitisch heißen *aleph, bet* und *gaml*: Ochse, Haus, Kamel. An den Bildwerten, die den Buchstaben im phönizischen Alphabet noch zukamen, lässt sich die Überlieferungsrichtung ablesen. Das phönizische Alphabet notierte zwar nur Konsonanten, aber es verfügte auch über Zeichen für Konsonanten, die es in der griechischen Sprache gar nicht gab. Warum sie nicht für Vokale im Griechischen – für A, I und Y, um genau zu sein – benutzen? Und fertig war das Alphabet, wie wir es kennen.[20]

So entstand – unbekannt, wann genau und durch wen, aber spätestens zwischen 800 und 750 v. Chr. – eine Schrift, deren Buchstaben meist nur zusammen mit anderen Buchstaben richtig ausgesprochen werden können. Die griechische Alphabetschrift bemüht sich um eine möglichst enge lautliche Annäherung des

Geschriebenen ans Gesprochene. Das war ihren ersten Benutzern bewusst, denn viele der ersten Inschriften sind so auf Objekten platziert, als würden diese selbst sprechen: «Barbax tanzt gut, und er bereitete mir Lust» (an einer Felswand), «Mantikos widmete mich dem Fernhintreffenden» (auf einer Statuette), «wer immer mich stiehlt, soll mit Blindheit geschlagen werden» (auf einem Topf), «ich bin der köstliche Becher des Nestor» (auf einem Trinkgefäß) und so weiter. Es waren Sprüche, Anrufungen, Zoten, Widmungen und kurze Verse, die in der ersten griechischen Schrift festgehalten wurden. Einzelne Forscher haben sogar vermutet, die Griechen hätten die Alphabetschrift übernommen, um Homers Epen und andere Poesie niederschreiben zu können, weil nur hierfür die lautlichen Qualitäten dieser Schrift nötig waren. Für Buchhaltung und andere Alltäglichkeiten wäre es, mit anderen Worten, nicht erforderlich gewesen, sich ein neues Schriftsystem anzueignen. «Von einfachen Sprüchen und gelegentlichen Namen abgesehen», schreibt der Altphilologe Barry Powell nach Sichtung aller griechischen Inschriften vor 650 v. Chr., «verhalten sich die ersten alphabetisierten Griechen, als könnten sie überhaupt nur Hexameter schreiben», also das Versmaß der epischen Dichtung. Diese wurde durch die Schrift von einer mündlichen Praxis zu einer Kunstform ungeahnter Komplexität, Länge, Genauigkeit – und sie wurde zu etwas, das nicht nur ein Text war, sondern seinerseits Texte hervorbrachte: Kommentare, Variationen, Zitate, Übersetzungen. Dass jene frühe alphabetische Becher-Inschrift auf Nestor anspielt, den legendären Herrscher von Pylos und Ratgeber des Agamemnon vor Troja, belegt anschaulich die Herausbildung eines literarischen Bewusstseins durch die Schrift. Texte beginnen, andere Texte zum Inhalt zu haben, und es entsteht ein zweiter, schriftlicher Kosmos.[21]

ZWÖLFTES KAPITEL

Störungen der Impulskontrolle:
Der Anfang des geschriebenen Rechts

> Ohne schlechte Menschen
> gäbe es keine guten Anwälte.
>
> CHARLES DICKENS

Von Diebstahl lässt sich so abraten: «Wer eine fremde bewegliche Sache einem anderen in der Absicht wegnimmt, die Sache sich oder einem Dritten rechtswidrig zuzueignen, wird mit Freiheitsstrafe bis zu fünf Jahren oder mit Geldstrafe bestraft. Der Versuch ist strafbar.»

Oder so: «Wenn ein Mann Eigentum des Gottes oder des Palastes gestohlen hat, so wird dieser Mann getötet; und wer das Gestohlene aus seiner Hand empfangen hat, wird getötet ... Wenn ein Mann entweder Silber oder Gold oder einen Sklaven oder eine Sklavin oder ein Rind oder ein Schaf oder einen Esel oder irgendetwas aus der Hand eines Freigeborenen oder jemandes Sklaven ohne Zeugen und Vertrag gekauft oder in Verwahrung genommen, so gilt dieser Mann als Dieb und wird getötet ... Wenn ein Mann einen minderjährigen Freigeborenen gestohlen hat, so wird er getötet.»

Zwischen diesen beiden Texten liegen 3700 Jahre. Die ersten Sätze stehen im § 242 des deutschen Strafgesetzbuches und standen dort fast wortgleich auch schon 1871. Die anderen sind die §§ 6, 7 und 14 des Codex Hammurapi, eines der ersten Dokumente geschriebenen Rechts. Es wurde um 1800 v. Chr. in Babylon verfasst. Älter sind nur ähnliche Sammlungen solcher Rechtssätze, die von Ur-Nammu (2100 v. Chr.), Eschnunna (1920 v. Chr.) und Lipit-Ischtar (1870 v. Chr.), die aber deutlich lückenhafter überliefert sind und nichts grundsätzlich anderes enthalten. Noch älter und womöglich das älteste schriftliche Rechtsdokument ist das um 2350 v. Chr. erlassene Edikt des sumerischen Königs Irikagina von Lagasch, das eine Reihe von Anweisungen an die höfische Bürokratie wie Schuldenerlasse, Steuererleichterungen und Amnestien enthält. Doch bei solchen Erlassen handelte es sich nicht um Normen, die vom Einzelfall – und sei es dem Einzelfall eines wichtigen königlichen Willens – abzusehen vermochten. Es handelte sich, genau genommen, um Befehle, aber nicht um Recht.[1]

Der Codex Hammurapi dokumentiert demgegenüber eine systematische Anstrengung, ein Recht darzustellen, das mehr als ein machtvoller Befehl war. Er umfasst insgesamt 282 Paragraphen samt Ein- und Ausleitung, die in Keilschrift auf einer mehr als zwei Meter hohen Stele festgehalten wurden. 1901 wurde sie in Susa, der späteren Hauptstadt des altpersischen Reiches, in drei zueinanderpassenden Bruchstücken ausgegraben. Der Namensgeber dieser Sammlung von Rechtssätzen war Hammurapi, erst Militärführer, dann der sechste babylonische König der Ersten Dynastie, der von 1792 bis 1750 v. Chr. über Mesopotamien geherrscht hat. «Die Sonne heilt», «Das Volk ist groß» oder «Der Ahn heilt» sind Deutungen seines Namens. Häufig wird ihm der Versuch zugeschrieben, in allen Teilen des Landes dieselbe Rechtsprechung durchzusetzen. Da der Text des Codex wiederholt auch auf Tontafeln aufgetaucht ist – was es erlaubte, den unleserlichen unteren Bereich der Stele zu rekonstruieren –, liegt die Vermutung nahe, dass er als Vorlage für juristische Kopisten und eventuell zu Unterrichtszwecken diente. Der Codex Hammurapi wurde im Vorderen Orient etwa eintausend Jahre lang abgeschrieben. Die Stele selbst hingegen muss eine andere Funktion gehabt haben, dafür spricht allein schon das schwarz glänzende Material Diorit, aus dem sie bestand und das als teurer Importstein damals nur für Herrscherbildnisse verwendet wurde, um die Ewigkeitsbehauptung des Dargestellten zu unterstreichen. Wir kommen darauf zurück.[2]

An den Anfängen des geschriebenen Rechts fällt zunächst seine Ausführlichkeit auf. Das Strafgesetzbuch, dessen Diebstahlsparagraph schon 1871 weitgehend so aussah wie heute, formuliert zielstrebig. Wer prüfen will, ob gestohlen wurde, den weist es eindeutig an: War die weggenommene Sache fremd? War sie beweglich? Gab es eine Absicht der Zueignung, hatte der Täter also vor, die Sache nicht nur zu nehmen, sondern auch Weiteres mit ihr anzustellen? War seine Absicht rechtswidrig, hatte der Täter also keinen Anspruch auf die Sache, wie beispielsweise gegenüber einem Verkäufer, den er bezahlt hatte, der ihm die Ware aber nicht aushändigte? All diese Schritte zur Klärung, ob Diebstahl vorlag, erfolgen entlang des Gesetzes hochökonomisch. Kein Wort des Gesetzes, das durch begriffliche Präzision jedem Einwand Rechnung zu tragen versucht, den die Wirklichkeit machen könnte, scheint zu viel. Gesetze schauen in die Zukunft und versuchen, möglichst vollständig zu erfassen, was in ihr der Fall sein könnte.

Demgegenüber dringt das älteste Recht nicht auf sparsame und zugleich möglichst viele Aspekte abdeckende Begriffsbildung. Es hat die Form einer Liste von Fällen, es geht kasuistisch vor. So enthält der babylonische Codex noch vierzehn weitere Paragraphen, die sich mit Strafen für Diebstahl befassen. Diejenigen, die sie im Namen des Königs Hammurapi aufstellten, sind dabei auf konkrete Tatumstände fixiert. Wenn etwa das Diebesgut als «ein Rind oder ein Schaf oder ein Esel oder irgendetwas» (§ 7) bezeichnet wird, dann steckt in jenem «irgendetwas» zwar schon die Einsicht, dass es im Grunde auf bestimmte Objekte nicht ankommt, wenn festgestellt werden soll, ob gestohlen wurde. Aber

Beispiele werden trotzdem gegeben, um gleich im nächsten Paragraphen zu regeln, welche Strafe zu bezahlen ist, wenn der Dieb «ein Rind oder ein Schaf oder einen Esel oder ein Schwein oder ein Schiff» (§ 8) gestohlen hat, das Eigentum eines Gottes oder des Palastes ist. Ähnlich verfährt der Katalog von Rechtssätzen im Alttestamentarischen, wo etwa separat erörtert wird, was bei Totschlag geschieht und was bei Totschlag der eigenen Eltern.[3]

Diese Eigenschaft des ersten geschriebenen Rechts, mittels einzelner Rechtssätze zu behandeln, was in späteren Gesetzestexten begrifflich zusammengefasst wird, spricht für eine große Nähe der damaligen Rechtsentstehung zu Gerichtsprozessen. Es enthält keine Gesetze, die in die Zukunft schauen, sondern beginnt mit zurückliegenden Urteilen. In Vorschriften wie «Wenn ein Mann seinem Sohn eine Braut gefreit hat, und sein Sohn hat sie erkannt, nachher aber hat der Mann in ihrem Schoße geschlafen und man hat ihn dabei ertappt, so wird man selbigen Mann binden und ihn ins Wasser werfen» (§ 155) meint man mehr die Erzählung eines bestimmten Tathergangs als eine Strafnorm zu lesen. Das «und man hat ihn dabei ertappt» wäre in einem Paragraphen, der nur dazu dient, die Norm festzuhalten, entbehrlich. Schließlich käme sie ohne Ertapptwordensein des Täters ohnehin nicht zur Anwendung. Man sieht dem frühen Recht also noch an, dass es sich an konkrete Falltypen und «Tatbilder»[4] erinnert. Diese Anlehnung an tatsächliche Fälle und Prozessprotokolle belegt ein anschauungsnahes Recht, das nicht einer Gesetzgebung, sondern ausformulierter und durch die politische Autorität bestätigter Gewohnheit entsprang. Der Anfang des Rechts – im engeren Sinne verbindlich festgehaltener Entscheidungen über soziale Normen – liegt also bei den Gerichten.[5]

Diese hatten, legt man den Codex Hammurapi zugrunde, vor allem über Kapitalverbrechen zu entscheiden, über Eigentumsdelikte, über Grundstücksfragen («Feld, Garten oder Haus») und solche der Bewirtschaftung von Land, über schuldrechtliche Probleme (Kauf auf Zins), über Ehebruch und Verletzung von familiären Pflichten sowie über erbrechtliche Fragen. Schon das macht deutlich, dass der Codex keine vollständige Sammlung dessen war, was in Mesopotamien als Recht galt.

Verweilen wir aber, bevor wir zu den Rechtsmaterien kommen, noch einen Moment bei der Form, in die sie hier gebracht wurden. Der große französische Assyrologe Jean Bottéro hat darauf hingewiesen, dass die Babylonier und Assyrer listenförmig dachten, wenn es um Erkenntnisgewinn ging. Ob es sich um medizinische, magische oder juristische Zusammenhänge handelte, stets wurde die jeweilige Sache fallweise dargestellt, um aus dem Vergleich der Fälle (Symptome, Vorzeichen, Konflikte) das richtige Urteil zu gewinnen. Dazu wurden aus den Fällen die konkreten Namen der Patienten, der von Omen Heimgesuchten oder der Kläger weggelassen. Auch von den Umständen wurden nur die für das Problem typischen notiert. Danach wurde die Lösung des Musterfalls in der Form «Wenn X, dann Y» präsentiert. Anschließend variierten die Fachleute die Probleme, um eine Lösung ähnlicher, aber in wichtigen Punkten abweichender Fälle anzugeben.

In den deutlich umfangreicheren babylonischen Listen von Vorzeichendeutungen – zweitausend Omen werden darin erklärt – geht das beispielsweise so: «Wenn eine Frau ein Kind bekommt, dessen rechtes Ohr auffällig klein ist, wird der Besitz des Vaters in alle Winde zerstreut werden» – woraufhin die Deutung eines auffällig kleinen linken Ohres (der Besitz wird größer) folgt sowie die zweier kleiner Ohren (Verarmung). In medizinischen Traktaten wird auf gleiche Weise das Konzept der Kausalität aus Symptom-Krankheit-Sequenzen entwickelt: «Wenn ein Mann in seinem Bett ständig zittert, seine Libido ihn verlassen hat …, dann Lupine, Edu-Pflanze, Harmunu-Pflanze. Wenn Unterleibsschmerz,

Fieber und gelbe Hautfarbe sowie Appetitlosigkeit, dann liegt eine Geschlechtskrankheit vor. Wenn heftiges Schwitzen stattfindet, das nicht bis zu den Füßen reicht, dann ...» und so weiter. Man darf vermuten, dass oft der erste Fall tatsächlich zu entscheiden war, bei den anschließend behandelten kann es sich auch um Konstruktionen zum Zwecke der Einübung in Folgerichtigkeit gehandelt haben. So erörtert die Schrift über das Wahrsagen aufgrund der Eigenschaften Neugeborener nicht nur Zwillinge und Drillinge, sondern selbst Acht- und Neunlinge.[6]

Listenförmig operiert auch das erste notierte Recht auf dem Weg zu begrifflichen Unterscheidungen. Ein aussagekräftiger Einzelfall wird daraufhin untersucht, ob andere Umstände andere Rechtsfolgen nahelegen. Entsprechend setzt der Codex Hammurapi in seinen §§ 1–5 mit einer zeitlichen Variation ein, die unbeweisbare Anschuldigungen betrifft. Zunächst (§ 1) wird festgehalten, dass der Kläger, sofern er den Angeklagten zu Unrecht einer Mordtat bezichtigt, selbst getötet wird. Was gilt, wenn jemand zu Unrecht des Diebstahls bezichtigt wird, bleibt offen, womöglich war der Fall nicht prominent im Gedächtnis der Schreiber des Codex. Dann (§ 2) wird ein Entscheidungsverfahren bei der – naturgemäß schwer zu überprüfenden – Bezichtigung der Zauberei beschrieben, das ebenfalls mit der Tötung des Bezichtigers endete, wenn der Beklagte das Verfahren überstand. Anschließend (§ 3) geht es um falsche Angaben von Zeugen in einem «Prozess ums Leben» und (§ 4) in Prozessen um Zahlungen. Und schließlich (§ 5) wird geklärt, was mit einem Richter zu geschehen hat, der sein Urteil nachträglich abändert. Man sieht förmlich, wie die Autoren des Codex Schritt für Schritt ihre Gedanken zur Manipulation von Recht entlang des Ablaufs eines Gerichtsprozesses geordnet haben: Falschanzeige, Beweisaufnahme, Falschaussage im Prozess, Korruption des Richters.

Was das mesopotamische Denken sich auf diese Weise erarbeitete, sind zwei Kategorien: Analogie und Notwendigkeit. Es verfügte zwar nicht über diese Begriffe, aber über die Operationen, die durch sie bezeichnet sind: Aus dem einen folgt zwingend das andere, und Fälle ähneln sich, weswegen ein Fall für andere informativ ist. Gesetze schauen in die Zukunft und reagieren auf deren Ungewissheit mit Begriffen, die beanspruchen, alles zu erfassen, was vorfallen kann. Die Kasuistik des ersten geschriebenen Rechts hingegen schaut in die Vergangenheit tatsächlicher Urteile und versucht mit der Zerlegung bekannter Fälle, den Richtern zukünftiger Fälle Regeln an die Hand zu geben. Das Denken kann sich dabei noch nicht von Beispielen lösen, genauer gesagt: Die Fälle sind keine Beispiele, sondern Ausgangspunkte. Bottéro verweist mit Recht auf die vergleichbare Art, wie wir die Grammatik und das Grundrechnen lernen: nicht durch linguistisches oder zahlentheoretisches Begreifen, sondern durch Memorierung der Möglichkeiten. Er stiehlt, er stahl, er hat gestohlen.[7]

Dabei kann die Listenbildung anhand ganz verschiedener Merkmale von Fällen erfolgen. Nach Maßgabe von §8 soll nur derjenige Dieb getötet werden, der die Strafgebühr – das Dreißigfache bei sakralem und königlichem Eigentum, das Zehnfache beim Eigentum eines Abhängigen – nicht bezahlen kann. Ob die allgemeine Bezeichnung «Eigentum» im schon zitierten, viel schärferen §6, der bei Diebstahl die Todesstrafe fordert, also noch wertvollere Dinge im Besitz von Tempel und Palast meinte, als es Gold und Silber sind, wie manche Kommentatoren vermuten?[8] Vielleicht ist die Erklärung viel einfacher. Womöglich handelt es sich um Normen unterschiedlichen Alters, die hier zusammengestellt worden sind. In einer Schicht gilt die Todesstrafe, in einer anderen ist die Wahrscheinlichkeit, ihr zu entkommen, stark vom Vermögen abhängig. Dem entspricht, dass Diebstahl von königlichem oder priesterlichem Eigentum für die babylonische Gesellschaft jener Zeit offenbar schwerer ins Gewicht fiel als Diebstahl außerhalb von Oberschichten. Das Recht gilt darum nicht einfach, es gilt unter Umständen, und zu diesen Umständen gehört, dass Konflikte unterschiedlich eingeschätzt werden, je nachdem, wer an ihnen beteiligt ist. Während das moderne Recht nicht nur dazu dient, Konflikte zu regulieren, sondern Personen auch mit Konfliktfähigkeit ausstattet, hat das frühe Recht vor allem die Aufgabe, Streit einzudämmen. Der Zweck des Rechts ist, Störungen zu beseitigen. Deswegen beachtet es ganz offen Machtpositionen und die Chance der Beklagten, weiteren Ärger zu verursachen. Das ausgeschlagene Auge eines Adligen ist kompensationsbedürftiger als das eines gewöhnlichen Freien, von Sklaven ganz zu schweigen (§§ 196–199). Eine Durchsetzung von Normen ohne Rücksicht auf den sozialen Status der Betroffenen kennt das frühe Recht nicht. In jedem Konflikt muss gefragt werden, wer die Streitparteien sind, aus welchen Familien sie kommen, welches Eigentum sie haben, welche gesellschaftlichen Funktionen sie erfüllen. Es gibt vor Gericht keine Rollentrennung. Wer dort in der Rolle des Hofbeamten auftritt, wird ganz offiziell anders betrachtet als diejenigen, die Tagelöhner sind. Justitia ist am Anfang also nicht blind, sondern nimmt in ihren Texten starke Rücksichten, etwa auf das Interesse des Königs am eigenen Hofgut, am Wohlergehen seiner Beamten oder am sozialen Frieden. Das heißt nicht nur, dass die Gesetzestexte die Ungleichheiten spiegeln, die es in der mesopotamischen Gesellschaft gab. Es heißt auch, dass die Rechtsprechung mit sich reden ließ, beispielsweise wenn die gesellschaftliche Ruhe durch Ausnahmen von der Regel gewährleistet blieb. Eben darum konnte das, was soeben noch mit der Todesstrafe belegt war, auf einmal auch durch Silberzahlungen aus der Welt geschafft werden.

Warum aber nehmen drakonische Sanktionen überhaupt einen derart großen Raum im frühen Recht ein? Ständig stößt der Codex Hammurapi Todesdrohungen aus: gegen Baumeister, die schlecht arbeiten und damit andere gefährden; gegen Offiziere, die einen Soldaten schädigen; gegen Tempelprostituierte, die beim Biertrinken erwischt werden. An symmetrischem Bestrafen hat der Codex besondere Freude: Ein Kind, das den Vater schlägt, dem wird die Hand abgeschlagen, wer Knochen bricht, dem werden sie gebrochen, wer eines anderen Kind fahrlässig tötet, dem wird das eigene genommen.

Um die Frage zu beantworten, wie archaisch das erste geschriebene Recht ist, muss zunächst festgehalten werden, dass es nicht das erste Recht überhaupt war. Bei den Sammlungen des Hammurapi wie bei den noch älteren handelt es sich nicht um gesetzte, politisch geschaffene Normen der jeweiligen Könige. Innerhalb von dreihundert Jahren war es im mesopotamischen Gebiet vielmehr zur guten Übung geworden, Gewohnheiten zu fixieren, von denen viele zuvor schon galten.[9] Recht gibt es in allen Gesellschaften, auch in solchen, die nicht über Schrift verfügen. Denn in jeder Gesellschaft werden bestimmte Erwartungen als kollektiv verbindlich behandelt und festgehalten, auch wenn sie immer wieder enttäuscht werden. Vor Diebstahl wurde wenig später so gewarnt: «Du sollst nicht stehlen ... Du sollst nicht begehren deines Nächsten Haus. Du sollst nicht nach der Frau des Nächsten verlangen, nach seinem Sklaven oder seiner Sklavin, seinem Rind oder seinem Esel oder nach irgendetwas, das deinem Nächsten gehört.» Schon wieder «Sklaven, Rind oder Esel oder irgendetwas». Das neunte und das zehnte Gebot im 2. Buch Mose, das vermutlich zwischen 1500 und 1000 v. Chr. entstanden ist, liest sich wie ein Echo des Codex Hammurapi. Und doch hat es einen ganz anderen Akzent, denn es spricht, wo das babylonische Recht nur skizziert, was im Fall der Normverletzung geschieht, vom Sollen als dem Kern der Norm. «Du sollst nicht stehlen» – es wird aber gestohlen. Was heißt dann aber, dass ich nicht «soll»?

Normen stellen nicht Handlungen sicher, sondern bekräftigen

Erwartungen. Sie verhindern nicht das Delikt – etwa 2,4 Millionen Diebstähle jährlich führte die deutsche Kriminalstatistik zuletzt, bei einer Aufklärungsquote von gut siebenundzwanzig Prozent[10] –, sondern unterstützen diejenigen, die sich an sie, an das Gesollte halten. «Du sollst nicht stehlen» bedeutet insofern: Wenn du uns tätig widersprichst, werden wir nicht darüber hinweggehen, wir werden nicht gleichgültig sein, wir werden an unseren Vorstellungen, was richtig gewesen wäre, festhalten. Nicht wir haben falsch erwartet, sondern du hast falsch gehandelt. «Sollen» heißt, dass etwas gilt, unabhängig davon, ob es stattfindet.[11]

Solche unnachgiebigen Erwartungen gibt es auf allen Ebenen des sozialen Verhaltens, beispielsweise als Normen der Höflichkeit, des öffentlichen Auftretens, des Umgangs unter einander Nahen und Fernen. Wenn sie enttäuscht werden, kann das zu ganz unterschiedlichen Reaktionen diesseits des Rechts führen: Es ist von Missverständnissen die Rede, oder es werden Entschuldigungen gefordert. Die Kommunikation *mit* den Normverletzern wird abgebrochen, stattdessen findet vermehrt Kommunikation *über* sie statt, etwa indem von ihnen schlecht geredet wird; sie werden als merkwürdig behandelt, oder es werden Erklärungen für ihr Verhalten gesucht, die beispielsweise mit ihrem Alter, ihrer sozialen Lage oder ihrem medizinischen Zustand zu tun haben – je nachdem, kann es in der Sphäre rechtlich geregelter Verstöße sogar Minderung beim Strafmaß geben. Das neunzehnte Jahrhundert sprach bei obsessiver Verletzung der Diebstahlsnorm von «Kleptomanie», heute lautet eine psychiatrische Formel «Störungen der Impulskontrolle». Ältere Gesellschaften erklärten abweichendes Verhalten im Einzelfall mit Verhexung, dem Teufel oder mit Sündhaftigkeit und hatten Schwierigkeiten, daraus Motive für Nachsicht abzuleiten – eine Erklärung durch unerreichbare Ursachen machte die Sache natürlich noch unheimlicher.[12]

Der Zeit, in der die ersten Rechtssätze niedergeschrieben wurden, war derlei magisches Denken nicht fremd. So sah der Codex Hammurapi beim Verdacht der Zauberei (§ 2) und des Ehebruchs einer Frau, auf die «der Finger ausgestreckt worden ist» (§ 132), Gottesurteile in Form sogenannter Flussordale oder Wasserproben vor: Versanken die in einen Fluss geworfenen Beschuldigten, denen zuvor nichts nachgewiesen werden konnte, galten sie als schuldig. Nach unseren Maßstäben war das grausam, denn wir glauben nicht, dass Schuldige mit größerer Wahrscheinlichkeit ertrinken als Unschuldige. Weshalb ließ man überhaupt den Fluss entscheiden und setzte ein Verfahren in Szene, anstatt es einem strafenden Gott zu überlassen, den Verdächtigen irgendwann mit seinem Blitz zu treffen?[13]

Die Pointe lag im Fall der Unschuld, die dadurch erwiesen war, dass jemand nicht ertrank. Dann nämlich wurde derjenige, der fälschlich angezeigt hatte, getötet, und sein Eigentum fiel an den zu Unrecht Angeklagten. Das ist gegenüber schlichteren Versionen eines Gottesurteils ein zivilisatorischer Fortschritt. Genauer muss man sagen: Im Vergleich mit dem Codex Hammurapi kam es im Verlauf der Rechtsgeschichte durchaus zu Rückschritten. Gottesurteile in Form von Zweikämpfen nämlich, die in anderen Rechtskulturen unentschiedene Situationen bereinigen sollen, sind nur eine Weise, dem Stärkeren das Recht zu geben. Hier hingegen handelte es sich um die ganz andere Einsicht, dass die Wünschbarkeit einer Entscheidung mit einem Mangel an guten Entscheidungsgründen einhergehen kann.[14] Die Gerichte, deren Praxis sich im Codex abbildet, sagten also: Es muss entschieden werden, aber wir können nicht entscheiden. Jenes Muss dokumentiert eine Rechtsvorstellung, in der bestimmte Streitfälle (Zauberei, Ehebruch) als eine Zumutung solchen Ausmaßes begriffen wurden, dass man sie nicht auf sich beruhen lassen konnte. Das Eingeständnis aber, keine ausschlaggebenden Gründe für die eigene Entscheidung über sie zu haben und diese deshalb an den Fluss zu delegieren, dokumentiert, dass die ersten Schritte hin zum «in dubio pro reo», «im Zweifel für den Angeklagten», schon innerhalb des abergläubischen Bezirks der Gottesurteile gemacht wurden. Am Ende von Prozessen wurde der unterlegenen Partei überdies ein Eid abgenommen, den Fall nicht noch einmal vorzubringen. Auch das ist ein Anzeichen dafür, dass es dem frühen Recht vor allem darum ging, Streit einzudämmen.

Zauberei und Ehebruch waren im Codex Hammurapi also einerseits Tatbestände, die mit der Todesstrafe belegt waren. Andererseits wurde über Zauberei selbst im magischen Glauben daran entschieden, es ließen sich übernatürliche Zeichen erzwingen. Die Strafen waren drastisch, weil die Verfehlungen als unerträglich aufgefasst wurden, aber bei falscher Anklage fielen sie auf den Bezichtiger zurück, sodass in vielen Verfahren am Ende jemand starb. Es war mithin riskant, das Recht anzurufen, ein Missbrauch der Möglichkeit, jemanden zu beschuldigen, konnte tödlich sein. Das Unrecht erschien in beiden Fällen, dem der Tat wie dem der falschen Anschuldigung, als eine derart einschneidende Bedrohung des Gemeinwesens, dass dem Gerichtsverfahren die Funktion einer rituellen Reinigung zukam.

Das ist bis in Details des babylonischen Aberglaubens nachgewiesen worden. Er pflegte die Vorstellung, es gebe geheimnisvolle Vorzeichen von zukünftigen Ereignissen, die den Menschen, den sie betreffen, gleichsam mit Unglück infizierten. Interessanterweise sahen die Babylonier dabei die Möglichkeit, die Wirkung böser Omen mittels eigener Rituale abzuwenden. Dazu hatten sich die Betroffenen just an den Gott zu wenden, der auf der Stele Hammurapis zu sehen ist, den Sonnengott Schamasch als Gott des Rechts wie der Gerechtigkeit. An ihn wurde, unter Aufbietung von Reinigungshandlungen, Demutsgesten und mitunter auch Lösegeld, appelliert, das ungünstige Urteil über das

Schicksal des von einem schlechten Omen Betroffenen zu revidieren. Das entsprechende Ritual trug alle Züge eines Gerichtsverfahrens, das vom Betroffenen gegen die Boten und Träger des schlechten Omens (Hunde, Eidechsen, Schlangen) angestrengt wurde. Es endete bei gewährter Rücknahme des ersten Urteils wie ein Verfahren, in dem es um die Freilassung von Sklaven ging: mit dem Zerbrechen tönerner Gefäße.[15]

Dass die Traktate über Vorzeichen, über körperliche Symptome für Krankheiten und über Rechtssätze dieselbe Form hatten, ist nicht nur auf die Erkenntnistechniken der mesopotamischen Schriftgelehrten zurückzuführen. Es entsprach auch einer grundsätzlichen Ähnlichkeit, die sie bei Fragen der Schicksalsbestimmung, der Medizin und des Rechts sahen – ging es doch immer darum, Krisen zu markieren. Bei Omen, bei Krankheit, im Konflikt sehen sich Menschen unter Entscheidungszwang – in einer Situation, in der es bei hoher Irritation keine Gewissheit über Richtig und Falsch gibt, sondern nur Ahnungen. Das geschriebene Recht lehnt sich an Techniken des Ahnens an, um dort Begründungsgewinne zu erzielen. Denn zu jenen Krisen der Seele, des Körpers, der Sozialität gehört es ihres Folgenreichtums halber, dass begründet werden muss, obwohl keine fraglosen Begründungen zur Verfügung stehen. Also operiert die in dieser Zwangslage steckende Gesellschaft mit Analogien, Mustern, Kasuistik und hofft, dass die Begründungen sich zwingend nicht im Einzelfall, aber aus dem System der Fälle ergeben. Das legt die Schriftform als Technik nahe, den Überblick über ein solches System zu behalten.

Auch in anderen Hinsichten erweisen sich die ersten verschriftlichten Rechtssätze als Dokumente einer Übergangszeit zu dem, was später «Hochkultur» genannt worden ist. So gibt es im Codex Hammurapi persönliche Schuld, Verwandtschaft führte also nicht automatisch zu Haftung. Wenn der Vater, der das Kind eines anderen Vaters fahrlässig oder absichtlich getötet hat, zur Strafe sein eigenes Kind verlieren soll (§§ 116, 210, 230), steht im Hintergrund nicht die Vorstellung, das Kind trage durch Verwandtschaft Mitschuld. Vielmehr richtet sich die Strafe gegen einen «Eigentümer», der empfindlich getroffen werden soll. Ähnlich geht es im schon erwähnten Fall zu, dass falsche Zeugen die Strafe erleiden, die der erhalten hätte, über den sie logen (§ 3).

Oder nehmen wir noch einmal einen Fall des Konflikts unter Eheleuten. Einerseits konnten Frauen Familienoberhäupter sein, und verheiratete Frauen waren geschäftsfähig. Wenn, so heißt es andererseits im § 142, einer Gattin ihr Ehemann widerstrebe, wenn sie sich ihm verweigere – «Du sollst mich nicht besitzen» –, dann müsse geprüft werden, ob sie sich irgendwelcher Fehler schuldig gemacht habe. Falls nicht und vielmehr der Gatte sie vernachlässigt habe, «wird sie ihre Mitgift nehmen und ins Haus ihres Vaters gehen». Hat sie sich hingegen «nicht in Acht genommen» und Haus wie Gatten vernachlässigt, «so wird man sie ins Wasser werfen». Man erkennt also sowohl eine symmetrische Pflichtenverteilung wie eine Asymmetrie zwischen den Geschlechtern: Der schuldige Mann verliert Mitgift und Frau, die schuldige Frau wird ins Wasser geworfen.

Auch trug das erste verschriftlichte Recht unter der Prämisse, dass Sklaven Dinge sind, den besonderen Eigenschaften dieser Dinge ökonomisch Rechnung. Wenn einer auswärts einen Sklaven erworben hatte, von dem später festgestellt wurde, dass er seinem eigentlichen Besitzer abhandengekommen war, so musste der Sklave ohne Entschädigung zurückgegeben werden, sofern nicht nur der Eigentümer, sondern auch der Sklave aus der Heimatstadt des Käufers stammte. Es wurde nämlich unterstellt, dass der Käufer dann über die Eigenschaft des Sklaven, jemand anderem zu gehören und weggelaufen oder gestohlen worden zu sein, hätte informiert sein können.[16] Dass ein minderjähriger Freigeborener in Mesopotamien gestohlen und nicht nur entführt werden konnte, dass also nicht der Freiheitsverlust des Minderjährigen, sondern der Herrschaftsverlust des Vaters registriert wurde, zeigt kein mangelndes Vermögen des Rechts, zwischen Delikten zu unterscheiden. Das Recht war vielmehr das einer Gesellschaft, in der Minderjährige als Eigentum ihres Vaters selbst dann betrachtet wurden, wenn sie frei geboren waren. Wo es Sklaven gibt, können Menschen Sachen sein. Also kam das eventuell sogar für manche Nichtsklaven in Betracht.

Die Rechtspflichten waren entsprechend komplex und mit Formulierungen wie «ja, aber» und «in der Regel so, doch gegebenenfalls anders» verteilt. Mit der Verschriftlichung des Rechts ging mithin ein folgenreiches Nachdenken über Begriffe wie «Schuld», «Zumutbarkeit», «Ausnahme», «Kenntnisstand», «Maß» und «Gerechtigkeit» einher. Sie wurden auch in den Verfahren berücksichtigt, weshalb es kein Widerspruch war, wenn derselbe Paragraph zwei verschiedene Strafen für dieselbe Tat vorsah: Dem Geschädigten wurde oft eine Wahlmöglichkeit zwischen körperlicher Rache und Kompensationszahlung eingeräumt, weil auch Strafprozesse als Prozesse zwischen Täter und Opfer betrachtet wurden. Eine klare Unterscheidung von Straf- und Privatrecht wurde ohnehin nicht getroffen, dasselbe gilt für die Unterscheidung von körperlichen Strafen und Strafzahlungen, die nicht an den Staat oder den König zu entrichten waren, sondern an die Gegenpartei im Prozess. Die Strafe sollte den Geschädigten zufriedenstellen. Andererseits wurde auch dem Geschädigten Folgerichtigkeit zugemutet. Verzieh beispielsweise der betrogene Ehemann seiner Gattin, durfte auch der männliche Ehebrecher nicht bestraft werden (§ 129): Das Verzeihen, hieß das, muss sich, wenn es gerecht zugehen soll, auf den Akt beziehen und also beide «Betrüger» betreffen, es kann nicht ein Mittel der Vergeltung sein.[17]

Der Begriff der Gerechtigkeit ist hier zentral. Das berühmte «Auge um Auge»[18] ist im Codex Hammurapi vorgebildet. Wer einen Sklaven verletzt habe, heißt es (§ 219), müsse «Sklave für Sklave ersetzen». Ein geliehenes Vieh, das fahrlässig zu Tode gekommen sei, müsse «Rind für Rind» (§ 245) oder «Schaf für Schaf» (§ 263) dem Eigentümer erstattet werden. Und § 196 regelt sogar: «Wenn ein Mann das Auge eines Freigeborenen zerstört hat, so wird man sein Auge zerstören.» § 200 sieht dasselbe für das Ausschlagen von Zähnen vor. Was heute vielen als Ausdruck eines Rechts erscheint, das am Gedanken der Rache und Vergeltung orientiert ist, ist tatsächlich der Versuch, Rache zu begrenzen. Oder genauer: Das fixierte Recht als Lösung eines Problems zu behaupten, das zuvor von Rache gelöst wurde.

Denn Rache ist nichts anderes als der einseitige Protest dagegen, dass es bei Normverletzungen in erster Linie darum geht, den Zustand vor der Tat wiederherzustellen. Wer sich rächt, hat sachlich überhaupt nichts davon. Rache ist insofern ein elementarer Ausdruck des Rechtsempfindens, als es ihr nicht um bestimmte sachliche Zustände geht, sondern darum, dass Erwartungen an Handlungen bestätigt werden. Der erwischte Dieb kann nicht sagen: «Na gut, dann gebe ich es eben zurück, plus Zinsen.» Damit ist es nicht getan, er wird darüber hinaus bestraft, weil es nicht primär darum geht, was er sachlich verändert hat, sondern darum, wen er sozial brüskiert hat: nicht nur den Geschädigten, sondern auch alle anderen. Es gibt, mit anderen Worten, nicht nur eine sachliche, in monetären Zinsen oder Objekten abzahlbare Verschuldung, sondern auch eine soziale.

Doch wodurch und wie sehr soll die Strafe über die Wiederherstellung des früheren Zustands hinausgehen, um das auszudrücken? Die *lex talionis* – Auge um Auge, Zahn um Zahn – scheint durch ihr Äquivalenzprinzip, dass Schaden und Strafe einander entsprechen sollen, auf paradoxe Weise diese Aufgabe des Rechts zu beschränken. Derjenige, dem ein Auge ausgeschlagen wurde, bekommt es dadurch, dass dem Täter dasselbe geschieht, nicht wieder. Oder man stelle sich vor, dass der Täter selbst blind war. Früh kam der Gedanke auf, dass «Auge um Auge» im Grunde bedeutet: «der Wert eines Auges für den Wert eines Auges». In Exodus 21:24 schließt die berühmte Formel an eine Fallgeschichte an, die von dem Schaden handelt, den raufende Männer einer Schwangeren verursacht haben, und steht im Kontext von Regulierungen, die damit enden, dass ein Sklave, dem der Herr ein Auge oder einen Zahn ausschlägt, gerade nicht seinerseits dem Herrn etwas ausschlagen darf, sondern dafür freigelassen werden soll. Von einer gedankenlosen Gleichsetzung des Schadens mit der Strafe kann also nicht die Rede sein. Im 5. Buch Mose wird dann das über den Codex Hammurapi hinausgehende Verbot der Sippenhaft bei Kapitalverbrechen festgehalten: Jeder soll nur für sein eigenes Verbrechen mit dem Tod bestraft werden.[19]

Wenn das erste geschriebene Recht Gerichtsgewohnheiten die Umrisse von Regeln abgewann, dann war das auch eine Eigenschaft anderer früher Rechtsdokumente. Die ersten privaten Rechtsurkunden, die auf gesiegelten Tontafeln festgehalten sind, beziehen sich auf Grundstücksübertragungen, die teils mit Erbschaften, teils mit Heiraten zusammenhängen, auf Hauskäufe und auf den Erwerb von Sklaven. Neben den Objekten, auf die sich die Transaktionen bezogen, waren die Parteien festgehalten, Verzichtserklärungen, was Klagen oder Einsprüche angeht, die Namen von Zeugen des Geschäfts und des Schreibers. Aber es handelt sich nicht um Verträge im strikten Sinne des Wortes, bei denen die schriftliche Fassung den Sinn hat, die Verbindlichkeit zu erhöhen und eine Prüfung zu erlauben, ob alles formgemäß vonstattenging. Vielmehr waren es faktische Feststellungen dessen, was vereinbart worden war. Außerdem gibt es Protokolle von Prozessen, die verzeichnen, wer mit wem worüber und mit welchen Argumenten gestritten hat und wie die Sache ausging. Der Sinn solcher Urkunden war es, dem Gewinner des Prozesses zu ermöglichen, seine sich daraus ergebenden Forderungen nachzuweisen. Auch hier zeigt sich, dass das geschriebene Recht zunächst ein Kondensat von Gerichts- und Schiedsverfahren sowie von ökonomischen Transaktionen war, kein Gesetzesrecht und kein Vertragsrecht, das sich auf Gesetze berief. Die Gerichte waren Schiedsgerichte und wendeten nicht allgemeine Prinzipien an.[20]

So wie die mesopotamische Wissenschaft keine Experimente kannte, die durch Abstraktion Vorhersagen erlauben, kannte das mesopotamische Recht keine Gesetze. Die Bezeichnung «Codex», die der Text sofort nach seiner Entdeckung erhielt, ist deshalb irreführend. Der Codex war ein Rechtsbuch, in dem Normen stehen, weil sie gelten, kein Gesetzbuch, bei dem Normen gelten, weil sie darin stehen.[21] Es handelt sich also nicht wie beim «Code Napoléon», mit dem er verglichen wurde, um eine geordnete Gesamtübersicht des Rechts jener Zeit. Von Kodifikation wird im Recht gesprochen, wenn Normen in eine systematische Abfolge gebracht werden. Um 1900, als die Stele entdeckt worden war, wurde in etlichen Ländern das Recht gerade neu kodifiziert; das deutsche BGB ist dafür nur ein Beispiel von vielen. Dieser Umstand mag mit zur Vorstellung beigetragen haben, der einstige Militärführer Hammurapi habe erst das babylonische Reich gegründet und dann im Zuge von einheitlicher Verwaltung die lokalen Gebräuche, Gerichtsentscheidungen, Weisungen in einem einheitlichen System von «nationaler» Geltung auf seine Linie gebracht. Die Spuren der lokal unterschiedlichen Konfliktregelungen seien in den Doppelungen und kleinen Widersprüchen des Textes noch lesbar.

Doch die Vorstellung, der auf dem Stein zu lesende Text sei als verbindliches Recht «verabschiedet» worden, ist verwegen. Es gab gar kein einheitliches Recht in Mesopotamien. Gewohnheitsrecht stand auch weiterhin neben königlich verfügtem Recht, Gerichte des Königs arbeiteten neben Gerichten des Tempels, der Stadt und des Wohnquartiers. Der Codex hält die Rechtsprechung königlicher Gerichte anhand von Fällen fest, die Staatsinteressen berührten: gravierende Delikte, Pachtverhältnisse in einer Palastwirtschaft, Schuldeneintreibung durch den Staat, Versorgungsfragen von privat nicht mehr abgesicherten Personen, Rechtsbelange der Oberschichten, das Rotlichtmilieu in der Umgebung von Tempeln.[22]

Außerdem hatten die Könige gar kein Interesse daran, die Rechtsprechung von sich unabhängig zu machen, in Textform zu objektivieren und sich damit selbst zu binden. Schließlich fehlt in allen anderen Rechtsdokumenten, die aus der Zeit Hammurapis überliefert sind, jeglicher Bezug auf den Codex und seine Paragraphen. Hätte es sich um eine Gesetzessammlung gehandelt, wäre zu erklären, weshalb erhebliche Rechtsmaterien darin unerwähnt sind. Es fehlt beispielsweise ein Paragraph, der die Folgen vorsätzlicher Tötung beschreibt. Der Grund dafür liegt auf der Hand: Wenn schon Diebstahl mit der Todesstrafe belegt war, wusste jedermann, wozu Mörder verurteilt würden. Verschriftlicht wurde also nur, was nicht selbstverständlich erschien, eventuell zu Schulungszwecken für angehende Richter.[23]

Das lenkt den Blick noch einmal zurück auf die Stele, auf der uns der Codex Hammurapi überliefert ist. Denn in ihrem oberen Bildfeld ist Hammurapi selbst sowie der Sonnengott Schamasch zu sehen, vor dem der babylonische König betend steht. Der sitzende Gott des Rechts und der Gerechtigkeit hält dabei einen Ring und einen Stab in der Hand. Die Bedeutung der Symbole ist umstritten, die Deutungen lauten: Messstab und Maßband oder Leitseil und Nasenring oder Schreibgriffel und Rollsiegel oder Zepter und irgendwas. Der Gott Schamasch jedenfalls wurde in

Babylon als derjenige angesprochen, der alle sieht, weil er, wie die Sonne, Tag und Nacht auf Reisen ist, auf der Erde und in unterirdischen Gegenden, und der deshalb darüber wacht, dass alles auf dem rechten Pfad bleibt oder auf ihn zurückgeführt wird. Als Richter richtet er alles wieder gut ein.[24]

Diese Verpflichtung auf die Ordnung des Ganzen gilt auch für den König. «Damit der Starke den Schwachen nicht in Schuldhaft nehme, um der Witwe und dem Waisenkind es recht zu machen, habe ich in Babylon, der Stadt, die An und Enlil erhöht haben, im Heiligtum Esagila, dessen Fundamente wie Himmel und Erde beständig sind, um die Rechtssachen des Landes zu richten, um Entscheidungen für das Land zu fällen, um demjenigen, dem Unrecht geschehen ist, die Dinge wieder recht zu machen, meine überaus kostbaren Worte auf einem Monument von mir niedergeschrieben ...» So setzt der Prolog auf der Stele ein, der den Rechtssätzen vorangestellt ist. Wem Unrecht geschah, solle zu ihr – «vor mein Bild» – kommen, und er möge sie lesen, oder sie möge ihm laut vorgelesen werden, damit er die erleichternde Einsicht erhält, Hammurapi werde ihm Recht verschaffen. Damit war nicht der Anspruch erhoben, im Text der Stele finde sich jedweder Rechtskonflikt geregelt. Gesagt wird vielmehr, dass der König den Machtmissbrauch nachgeordneter Instanzen wiedergutmachen wird und an ihn appelliert werden kann, es sei denn, die königlichen Gerichte selbst hätten schon gesprochen – denn dann wird der, der sich ins Unrecht gesetzt sieht, an die Weisheit des Stelentextes verwiesen.[25] Ein überlieferter Brief des Hammurapi, in dem er den Einbruch bei einem Goldschmied «durch die Wand» zum Anlass nimmt, die Überstellung von Tätern und Zeugen an ihn, den König, zu befehlen, zeigt, dass das nicht nur Rhetorik war. Tatsächlich zog der König Rechtsfälle an sich, und im betreffenden Fall haben Formulierungen aus jenem Brief Eingang in den Codex gefunden, wo es im Sinne eines «Tatbildes» im

§ 21 heißt: «Wenn ein Mann in ein Haus eingebrochen ist, töte man ihn vor dem Loch in der Wand und begrabe ihn dort.»[26]

Weshalb aber wurde in einer auf Mündlichkeit beruhenden Kultur wie der des Alten Orients das Recht überhaupt verschriftlicht? Schrift hat verschiedene Vorzüge. Einen zeitlichen: Sie speichert, was sonst vergessen würde. Einen sachlichen: Sie vereindeutigt, wovon es sonst kontroverse Berichte geben könnte. Einen sozialen: Sie stellt, zumindest prinzipiell, vielen Lesern zur Verfügung, wovon sonst nur wenige Ohrenzeugen erfahren hätten. Kurz: Sie erlaubt es, Mitteilungen aus Kontexten zu lösen. Als Archiv unterstützt sie das Gedächtnis, als Festlegung befördert sie das Nachdenken, als Kommunikationsmittel erweitert sie die Möglichkeiten der Stimme.[27]

Zugleich aber gab es das Bedürfnis, rechtliche Entscheidungen als gerecht und als Beiträge zur gesellschaftlichen Ordnung darzustellen. Als Hammurapi die Stele herstellen ließ, war er schon beinahe vierzig Jahre lang König in Mesopotamien; im Prolog wird der Eroberung von Eschnunna gedacht, die erst im zweiunddreißigsten Jahr seiner Herrschaft erfolgte. Seine im Epilog der Stele festgehaltenen zahllosen Flüche über all jene, die es wagen sollten, von seinen Rechtsvorstellungen abzuweichen, richten sich nicht an Gesetzesbrecher, sondern an kommende Könige, die sich anmaßen könnten, das Recht zu ändern. Der König symbolisierte die Gerechtigkeit im Recht, weil er selbst nur noch dem Urteil der Götter untersteht. Diese selbst sind keine Rechtsquelle, das Recht ist nicht geoffenbart, es kann nicht gegen den König ausgespielt werden. Insofern ist es bezeichnend, dass Prolog, Urteile und Epilog auf der Stele nicht graphisch getrennt sind, sondern als Text ineinander übergehen. Es sollte mit Hilfe einer Stele offensichtlich gemacht und daran erinnert werden, dass sich das Recht dem König verdankt und der politische Herrscher zugleich der Gerichtsherr Mesopotamiens ist. Als solcher vermittelt er zwischen Göttern und Menschen. Der Codex Hammurapi hatte darum nicht die Aufgabe, königliche Rechtsnormen zu publizieren, als solche eindeutig festzuhalten und jedermann zur Kenntnis zu bringen. Selbstverständlich konnten nicht alle lesen. Die Stele galt nicht der Mitteilung von Recht, es war die Errichtung eines politischen Denkmals. Sie informierte nicht, sie demonstrierte. Sie wurde, mit einer glücklichen Formulierung, nicht gemacht, um gelesen, sondern um gesehen zu werden. Ihre Normen galten nicht als geschriebene, sondern weil von ihnen behauptet wurde, sie kämen vom König, auch wenn sie aufgezeichnete Gewohnheiten waren.[28] Schrift gibt etwas zu lesen, aber sie gibt unter Umständen auch etwas zu sehen. So wie man Bilder betrachten und lesen kann. Das erste geschriebene Recht wollte ein solches Bild der Gerechtigkeit sein.

In Rom hingegen gründete alles auf etwas, das unsichtbar blieb. Kein Römer hätte bezeugt, so die Rechtshistorikerin Marie Theres Fögen, die Zwölf Tafeln, auf denen angeblich das Gesetz Roms beruhte – «das erste und einzige römische Landrecht» (Theodor Mommsen) –, je gesehen zu haben. Und das, obwohl sie im Jahr 449 v. Chr. an der Rednertribüne vor dem Rathaus angeschlagen gewesen sein sollen. Schon Cicero schimpfte, keiner von den Jungen könne sie mehr auswendig, früher habe man den Text noch gesungen. Doch wie soll man auswendig können, was nicht da ist? Niemand wusste sicher, aus welchem Material die Tafeln waren: Eiche (arboreae), Elfenbein (eboreae), Stein, Kupfer, Bronze? Unklar, was darauf stand, selbst von Cicero wird geargwöhnt, er habe eine Stelle der Tafeln, die er zitiert, einfach erfunden und insofern selbst ausgenutzt, dass sich niemand mehr genau an sie erinnern konnte. Nicht einmal darüber, weshalb es zwölf Tafeln waren, herrschte Einigkeit.[29]

An die Stelle des sichtbaren Gesetzes rückte so die Erzählung von ihm. Die Plebejer hätten verbindliche und darum schriftlich zu fixierende Rechte gefordert, um die Willkür einer stets den Patriziern günstigen Gerichtsbarkeit zu beenden. Nach der dreijährigen Dienstreise einer dreiköpfigen Kommission gen Athen, um die Gesetze Solons abzuschreiben – strittig aber, ob die Gesandten dort jemals ankamen, nur bis Süditalien gelangten oder gar niemals losfuhren[30] –, habe der Senat eine Zehnerkommission eingesetzt, die das römische Recht verschriftlichen sollte. Zehn Tafeln, auf denen das geschehen war, wurden auf dem Forum aufgestellt. Im Jahr danach kamen dann noch zwei Tafeln hinzu. So die Geschichtsschreiber Livius und Dionysios von Halikarnassos mehr als zweihundert Jahre danach.

Hier kehrt sich die Beschreibung also um. Vom Ursprung des Rechts gibt es nur Geschichten, aber das ficht das Recht nicht an. Es muss nicht auf eine Quelle zurückgeführt werden, und schon gar nicht auf eine klare, saubere, gerechte. Die alte Vorstellung, dass der Anfang der Grund aller Ordnung ist, lässt sich nicht halten. Denn je genauer man den vermeintlichen Anfang betrachtet, desto ungreifbarer und zufälliger erscheint er: Das, was an ihm greifbar ist, wäre auch anders möglich gewesen. «Die Gesetze der Decemvirn», also jener zehn Gesetzgeber Roms, heißt es in der «Römischen Geschichte» des Althistorikers Barthold Georg Niebuhr, «blieben bis in die kaiserliche Zeit die Grundlage alles bürgerlichen und peinlichen Rechts, obwohl dem Blick fast entzogen unter dem ungeheuern zum Teil schon willkürlich darüber aufgetürmten Gebäude.»[31] Der Anfang des Rechts ist hier also nicht nur unsichtbar, weil die Tafeln, die ihn festhielten, 387 v. Chr. schon wieder zerstört worden waren, wenn man der Erzählung glauben will. Das Recht selbst macht seine Anfänge ungreifbar, weil normative Bauwerke, je umfangreicher und älter sie sind, desto weniger ihre Fundamente erkennen lassen.

Heute würden wir so fragen: Wann gilt ein Gesetz? Wenn es vom Parlament verabschiedet worden ist und vor dem Verfassungsgericht Bestand hat. Kann das Parlament die Verfassungsgesetze ändern, anhand deren geprüft wird, ob ein Gesetz gilt? Ja, aber die Verfassung legt selbst fest, wie und wo sie geändert werden kann und wer überprüft, ob das verfassungsgemäß geschah. Hat das Recht also in der Verfassung sein Fundament? Vielleicht, aber nur, wenn es Fundamente gibt, die nichts Festes sind. Und was wären ihrerseits die Fundamente der Verfassung? Das sind die Dinge, die in ihren Prologen und Epilogen stehen und in den Geschichten, die über sie erzählt werden, mit denen aber Juristen nicht viel anfangen können.

DREIZEHNTES KAPITEL

Von der Hand in den Kopf und zurück:
Der Anfang der Zahlen

> Und Neun ist Eins
> Und Zehn ist keins.
>
> JOHANN WOLFGANG VON GOETHE

Zwei Kiesel und ein Kiesel sind drei Kiesel. «Alle Zahlen», schreibt John Stuart Mill 1843 in seinem «System der Logik», «müssen Zahlen von Etwas sein: es gibt nichts derartiges, wie Zahlen an und für sich.» Allerdings, fügt er hinzu, haben Zahlen zugleich die merkwürdige Eigenschaft, dass sie Zahlen von allem sind. Aussagen, die mit ihnen gemacht werden, gelten ausnahmslos für alle Dinge dieser Anzahl. Wovon immer es also zwei gibt, wenn man ein weiteres davon dazutut, ergibt sich drei. Die Gleichung 2 (a + b) = 2a + 2b wiederum gilt für alle Zahlen a und b, worauf immer sie sich beziehen. Und doch, so Mill, stammt die ganze Beweiskraft des Rechnens aus der Welt der Dinge, nicht aus der der Symbole. Denn die Regel, «daß Gleiches zu Gleichem hinzugefügt gleiche Summen gibt» und «Gleiches von Gleichem abgezogen gleiche Unterschiede zurückläßt», gehe auf eine Eigenschaft von Größen zurück, nicht von Zeichen. Mathematik beruht in ihren einfachsten Elementen auf Erfahrung. Der Eindruck, dass man die Dinge aus der arithmetischen oder algebraischen Operation weglassen und beim Rechnen gewissermaßen «mechanisch» vorgehen kann, ist richtig, aber er entsteht, weil sie für alle Dinge gelten, nicht weil sie mit Dingen nichts zu tun haben.[1]

Fast dreißig Jahre später kommt der Gründervater der Sozial-

anthropologie, Edward Burnett Tylor, auf diese Ansichten von
«Mr. J. S. Mill» zu sprechen. Denn in seinem Werk «Primitive
Culture», in dem er das Wissen seiner Zeit über die Mythen, das
Denken, die Religion, die Kunst und die Gewohnheiten schriftloser Kulturen zusammengestellt hat, behandelt Tylor auch die
Kunst des Zählens in solchen Kulturen. Das Studium der Zahlbegriffe einfacher Gesellschaften bestätige nicht nur Mills Ansicht, dass unser Wissen von den Zahlen auf Erfahrung beruhe.
Es erlaube auch herauszufinden, in welchen Schritten die Fähigkeit zu zählen entstanden sei. Die Zahlen kommen nämlich vom
Zählen, die Anfänge der numerischen Erkenntnis und insofern
der Mathematik sind praktischer Natur; das Wissen davon, was
für alle Quantitäten gilt, macht nur einen überhistorischen Eindruck, verdankt sich aber, wie alle Strukturen des menschlichen
Denkens, der Überwindung sehr handgreiflicher Probleme. Wir
finden es selbstverständlich, dass zwei Kiesel und ein Kiesel drei
Kiesel sind – aber selbstverständlich ist es gerade nicht.[2]

Zu den Problemen, die gelöst werden müssen, um zu Zahlen
zu kommen, gehört zunächst die Schwierigkeit, größere Mengen
sprachlich zu bezeichnen. Bis zu vier Objekte können unmittelbar
wahrgenommen werden, danach beginnt das Zählen. Eins, zwei,
viele – so zählten noch um 1900 manche der Stammesgemein-
schaften, die damals noch nicht ständig in Kontakt mit den kognitiven Techniken von Kolonisatoren gekommen waren; Tylors
Kapitel ist voller Belege dafür. Auch moderne Sprachen kennen
diese Zählweise: Monogamie, Bigamie, Polygamie – es gibt Le-
bensbereiche, in denen bei größeren Anzahlen keine Exaktheit
beansprucht wird. Die Ausdrücke für «viel» sind selbst vielfältig:
zahlreich, Haufen, Menge, Herde, mehrsprachig, Klasse, Or-
chester. Von den Aranda und anderen australischen Stämmen ist
bekannt, dass sie ursprünglich gar keine Wörter für die Zählfolge
kannten, sondern nur Worte für Mengen mit einem oder zwei

Elementen: eins – Paar. Wer drei bezeichnen will, sagt dann: «eins und Paar», vier ist «Paar und Paar», aber danach kommt nur noch «viel» oder in ordinaler Hinsicht «noch ein Weiteres». Die Mundurukú im Herzen Brasiliens wiederum zählen verlässlich bis drei und einigermaßen verlässlich bis fünf, danach wird es vage, das Wort für «fünf» wird von ihnen auch für sechs, sieben, acht oder neun verwendet, und wenn sie fünf Punkte sehen, sagen sie mitunter auch «vier» oder «einige».[3]

Ähnlich verhält es sich bei den Pirahã-Indianern, einer stark isoliert lebenden Jäger-Sammler-Gesellschaft im nordwestlichen Regenwald Brasiliens, die durch die These des Linguisten Daniel L. Everett berühmt geworden ist, ihre Sprache weiche von allen anderen bekannten ab. Auch sie zählen nicht über zwei hinaus, verfügen aber außerdem nicht einmal über die Möglichkeit zu rekursiven Anwendungen der Zahlen auf sich selbst, wie es «eins und zwei» als Ausdruck für drei wäre. Zugleich bezeichnet «eins» bei den Pirahã auch so viel wie «wenig». Es wird mithin nicht einmal bei der elementarsten Zahl von allen der Unterschied zwischen diskreten Größen – eins, zwei – und kontinuierlichen – mehr, weniger – verbal festgehalten. Sollen Angaben für größere Mengen gemacht werden, erscheinen sie den Pirahã schon bei sechs Objekten unterschiedlich, je nachdem, womit verglichen wird. So bezeichnen sie sechs Objekte als «zwei» oder «wenig», wenn von zehn Objekten, die man ihnen zeigt, vier weggenommen werden, aber als «zwei» oder «viel», wenn zu einem Objekt, das vor ihnen liegt, fünf hinzugefügt werden. Wurde von zehn heruntergezählt, belegten die Befragten sogar die Anzahl von zwei Objekten mit dem Wort für «eins», während allen befragten Pirahã klar war, dass, wenn man mit einem Objekt anfängt, das nächste Objekt mit «zwei» zu bezeichnen ist. Konsistent wird also keines dieser Wörter verwendet, was den Befund nahelegt, dass es sich gar nicht um Zahlbegriffe handelt.[4]

Wenn in einer Sprache nicht einmal eine eindeutige Bezeichnung für «eins» existiert, macht das deutlich, wie voraussetzungsvoll schon die einfachsten Zählvorgänge sind. In manchen Sprachgemeinschaften kommt es, wenn mehr als vier ausgedrückt werden soll, zum wortlosen Einsatz von Zeichen wie Markierungen im Sand oder dem Zeigen der Zahl mit beiden Händen. In anderen werden Größen über fünf mit Ausdrücken wie «eins von der anderen Hand» ausgedrückt. Acht ist dann «drei und die andere Hand». Zugleich aber wurde beispielsweise das englische Vokabular für Zahlen im Zuge der Kolonisation mühelos in die betreffenden Stammessprachen integriert. Und nonverbale Aufgaben des Mengenvergleichs, bei denen bis zu achtzig Elemente im Spiel waren, wurden von den Munduruku durchaus gelöst, während einfache Additionen und Subtraktionen selbst dann geschätzt wurden, wenn die Indianer Portugiesisch sprachen, also über ein Zahlenvokabular verfügten. Die Mitglieder der Stammesgesellschaften waren also nicht unfähig, weiter als bis drei oder vier oder zehn zu zählen, sie hatten nur keinen Bedarf und keine Routinen und in ihrer Sprache darum keine Zahlbegriffe dafür. Ungefähres Vergleichen genügte für die Fragen, die sich im Alltag stellten.[5]

Die ersten Ansätze zur Entwicklung von Zahlbegriffen sind also symbolischer Natur. Ein Zeichen steht für das Gezählte, und die gezählte Quantität wird durch Wiederholung des Zeichens ausgedrückt. Dabei kann es sich um Finger oder andere Körperteile handeln, in einem weiteren Schritt aber auch um Strichlisten, Knoten, Punkte, Steine. Sie alle repräsentieren keine Zahlen, sondern die gezählten Gegenstände und informieren nur über diese.[6]

Wenn wir uns von den einfachen Gesellschaften der Gegenwart abwenden, um die prähistorischen Anfänge der Zahl zu suchen, so ist es wichtig, den Umkehrschluss zu vermeiden: Nicht überall, wo Strichmarkierungen oder andere Symbole angetroffen werden, handelt es sich um frühe Mathematik. Vor dem späten Neolithikum sind keinerlei Objekte bekannt, die zweifelsfrei als Zählhilfen gedeutet werden könnten: Kerbhölzer, Zählsteine oder dergleichen. Selbst die berühmten, 1957 und 1959 im kongolesischen Grenzgebiet zu Uganda gefundenen, etwa 20 000 bis 22 000 Jahre alten Pavianknochen von Ishango, die mit ihren parallelen Kerben in mancher mathematikgeschichtlichen Darstellung als erste Rechentabellen der Menschheit und als frühestes Dokument arithmetischer Fähigkeiten bezeichnet werden, geben eine solche Deutung nicht her. Zahlen entwickeln sich aus dem Zählen, aber Zählungen sind noch keine Zahlen, und es ist müßig zu spekulieren, ob jemand, der in einen Knochen erst drei und dann sechs Markierungen machte, über das Konzept der Verdopplung verfügte.

Dasselbe gilt für den 1937 in Dolní Věstonice (Tschechien) gefundenen Wolfsknochen, der auf 30 000 v. Chr. datiert wird und dessen fünfundfünfzig Kerben angeblich Fünfergruppen bilden – auch wenn ein nicht mit urgeschichtlichen Schlüsselimpulsen versehenes Auge das nicht zu erkennen vermag. Oder nehmen wir die 1973 gefundene, neunundzwanzigmal gekerbte Pavian-Speiche aus den Lebombo Bergen Südafrikas, die zwischen 44 000 und 43 000 Jahre alt ist. Jedes Mal haben wir es mit Markierungen zu tun, die leicht als Umgang mit Zahlen interpretiert werden, obwohl sie nicht mehr als ein Dokument für Zeichengebrauch sind. Wer einen Knoten ins Taschentuch macht, bedarf keines Begriffs der Zahl «eins» – und das gilt selbst dann, wenn es drei oder zwölf Knoten sind. Es impliziert kein Wissen davon, dass drei ein Viertel von zwölf ist oder näher bei eins liegt als bei zwölf, es impliziert nur das Vermögen, zwischen verschiedenen graphischen Zeichen unterscheiden zu können.[7]

Ein gutes Beispiel dafür, wie sinnvoll es ist, zwischen Zeichen und Zahlen auch dann zu unterscheiden, wenn man die Zeichen zählen kann, ist das Schicksal der Thesen des Archäologen Alexander Marshack. Er ging zunächst ebenfalls vom Ishango-Knochen aus, interpretierte seine Kerben aber nicht als reines Zahlenmuster, sondern als Aufzeichnungen von Mondphasen. Auch andere prähistorische Objekte, die mit Markierungen versehen sind – etwa den Knochenfund des Abri Blanchard in der Dordogne (30 000 v. Chr.), den Kiesel aus der ligurischen Barma-Grande-Höhle (33 000 bis 27 000 v. Chr.), den gemusterten Kalkstein aus der Parpalló-Höhle nahe Valencia (20 000 bis 18 000 v. Chr.) oder die mesolithische Axt aus Horn, die im dänischen Ugerløse gefunden wurde –, deutete Marshack als solche Kalender und kalendarische Notationen, aus deren Regelmäßigkeiten sich eine Vorstellung von Zahlen entwickelt habe. Dabei war es nicht nur erstaunlich, dass keine zwei Notationssysteme übereinstimmten und dass die Markierungen oft zu klein waren, um sie ohne Mikroskop und Fotografie zählen und auswerten zu können. Viel schwerwiegender ist der Einwand des Anthropologen Edmund Carpenter, solche Notizen wären in Gemeinschaften von Jägern völlig nutzlos gewesen: «Man jagt nicht Eisbären im Oktober – es ist Oktober, wenn man Eisbären jagt; und das ist keine Frage des Vokabulars, sondern von Leben oder Tod.» Will sagen: Kalender informieren nicht, wenn die Zeichen, die um des Überlebens willen gelesen werden müssen, in der gefährlichen Natur selbst zu suchen sind und nicht am Himmel. Buchführung generell ist eine Errungenschaft von Siedlergemeinschaften, die Ackerbau betreiben. Erst hier kommt ein Bedürfnis auf, nicht nur größere Mengen zu messen, sondern dabei auch Genauigkeit anzustreben.[8]

Pünktlich mit dem Übergang einer frühen Zivilisation zur Landwirtschaft macht auch das Zählen einen Sprung. In Mesopotamien tauchen um 7500 v. Chr. unterschiedlich – zum Beispiel als Kugeln, Zylinder, Kegel, Tetraeder oder Scheiben – geformte Symbole aus Ton auf, die zwischen einem und drei Zentimeter groß sind. Man hat die ältesten dieser Zeichen in den Ausgrabungsschichten gefunden, die dem Beginn des Ackerbaus in der Region zugeordnet werden können, die heute von der Türkei bis in den Nahen Osten reicht. Es sind, darauf bin ich schon im Kapitel über den Anfang der Schrift eingegangen, Zählsteine, die dazu dienten, Mengen von landwirtschaftlichen Stapelgütern wie Getreide oder von Herdentieren festzuhalten. Wann immer ein Gut in bestimmter Menge an einer «offiziellen» Stelle wie einem Tempel oder einer Verwaltung angeliefert wurde, deponierte ein dafür Zuständiger Steine in der entsprechenden Anzahl, um den Eingang zu registrieren. Das soziale Gedächtnis für Leistungen wird also von Personen auf ein unpersönliches Speichermedium übertragen. Seine Symbole, die viertausend Jahre lang in Gebrauch waren, dokumentieren dabei noch immer einen Abstand zu einem entwickelten Zahlbegriff, denn sie vereinen noch beides, die Quantität und die Qualität des Gezählten. Was mit runden Steinen gezählt wird, wird nicht mit scheibenförmigen Steinen gezählt.[9]

Im Zuge der ersten Stadtgründungen des Orients in der Mitte des vierten Jahrtausends v. Chr. kommen neue Typen solcher Symbole auf, die durch ihre Form oder durch Markierungen mitteilen, was gezählt wurde, zudem versiegelte Tonkugeln, die als eine Art Aktenordner – die Forschung spricht von «Umschlägen» – mehrere dieser Symbole enthalten konnten. Die Formenvielfalt dokumentiert das wachsende Güterspektrum. Zwei Tonsteine und ein Tonstein sind, sofern es sich um eiförmige «Tokens» (Marken) handelt, drei Kannen Öl. Andere Symbole bezeichneten Schafe, Kleidungsstücke, Mengen an Parfüm oder Honig. Tetraeder erweiterten das Spektrum erneut um eine Abstraktionsstufe, indem sie für Arbeitseinheiten standen. Tauschfunktion aber hatten diese Zeichen nicht, es handelte sich um Mittel einer Buchhaltung, die dazu dienten, den Überblick über die Leistungsverhältnisse in der kommunalen Speicher- und Umverteilungswirtschaft zu behalten.

Sobald gezählt und markiert wird, stellt sich die Frage nach dem Leistungsvermögen des jeweils gewählten Systems. Schon zwei Hände reichen nur bis zehn. Doch das stimmt nur für eine Person, wie das hübsche Beispiel zeigt, das sich der Mathematikhistoriker Georges Ifrah für seine Universalgeschichte der Zahlen ausgedacht hat: Wenn die Finger einer Person dazu verwendet werden zu zählen, wie oft eine andere Person bis zehn gezählt hat, kommen die beiden nicht nur bis zwanzig, sondern schon bis hundert, drei Personen bis tausend. Mit anderen Worten und unabhängig von solchen menschlichen Computeraggregaten: Zählordnungen können hierarchisch ausgedehnt und auf sich selbst angewendet werden. Schon unter den ältesten Tonzeichen finden sich größere Steine, die eine Summe von Steinen geringeren Zählwerts und deshalb geringerer Größe symbolisieren.[10]

Die entscheidende Abstraktion auf dem Weg zur Zahl stand den Zählzeichen aber noch bevor. Die franko-amerikanische Orientalistin Denise Schmandt-Besserat, der wir die ausführlichsten Studien zu ihnen verdanken, spricht, was ihre Funktionsweise angeht, von «konkretem Zählen», wie wir es bei manchen Zahlworten immer noch kennen: Solo, Paar, Zwilling, Trio, Zentner. Immer handelt es sich um die Kombination einer Menge und eines spezifischen Gezählten, weswegen man nicht von einem Paar «unzusammengehöriger» Dinge sprechen kann und es zwar ein «Trio von Edelfischen» geben mag, aber kein Trio von Kopfschmerztabletten oder einen Zentner Polizisten. Musiker werden also anders gezählt als Tabletten. Das findet sich auch in ethnologischen Beobachtungen, wenn einer Anzahl von Booten, Männern, Kokosnüssen, die für uns jeweils «zehn» wäre, je eigene

Zahlworte zugeordnet werden. Vor allem bei Maßen für Waren und in Fachsprachen haben sich solche Bezeichnungen lange erhalten: Ein Ballen waren zwölf Stück Tuch, ein Karat sind zweihundert Milligramm Edelstein. Erst wenn man den kompakten Ausdruck übersetzt, der in der Fachsprache der Abkürzung dient, zerlegen sich die in ihm festgehaltenen Merkmale: zweihundert – Milligramm – Edelstein. Erst dann wird es möglich, schon auf der Ebene der Symbole zu unterscheiden, worum es geht, nämlich selbst um Unterscheidungen und Vergleichsmöglichkeiten von Objekten – bei «Karat» beispielsweise um (1) Objekte einer bestimmten Art und um (2) ihr genaues Gewicht – oder bei «Duett» um (1) Personen, (2) ihre Zahl und (3) ein koordiniertes Handeln.[11]

Solche Unterscheidungen sind im Sinne von John Stuart Mill ebenso empirische wie gedankliche Operationen an Dingen (wiegen, zählen, qualifizieren). Erst wenn Zahl und Ding unterschieden werden, lassen sich Dinge zählen, die nicht wahrgenommen werden können (die trinitarische Erscheinungsform Gottes), oder zahlenmäßig bestimmte Dinge herstellen, die es zuvor nicht gab (ein Achteck), oder Rechenoperationen an völlig heterogenen Objekten durchführen (das Bläserquartett der Polizeikapelle wiegt sechs Zentner).

Die entsprechenden Unterscheidungen an Objekten sind leichter möglich, wenn es Schrift gibt. Auf die kugelförmigen Umschläge, in denen manche Zählzeichen von etwa 3500 v. Chr. an aufbewahrt wurden, um das Verwaltungsgedächtnis zu stützen, wurden zur Inhaltsangabe bildhafte Zeichen geritzt, Piktogramme der jeweiligen Ölkannen-, Gerste- oder Schaf-Tonsymbole. Dies war, wie bereits im Schrift-Kapitel gesehen, einer ihrer Ursprünge. Noch steht dann also auf einer solchen geprägten Hohlkugel beispielsweise siebenmal «Kanne Öl». Dreihundert Jahre nach der Einführung dieser Umschläge gibt es in Mesopotamien Schrifttafeln, mit denen Buch geführt wurde und die jene Tonkugeln ersetzten. Auch auf ihnen finden sich zunächst noch jene konkreten Zählungen, aber um 3100 v. Chr. geht mit einer neuen Schreibtechnik, die sich Griffeln bedient, eine fundamentale Neuerung einher: Die Bildzeichen werden nicht mehr wiederholt, um die Mengenangabe zu machen, sondern vor den Bildern, die das Gut bezeichnen, stehen, tief in den Ton eingeritzt: Zahlen.

Ein Keil bedeutet dann «eins», ein kreisförmiges Zeichen «zehn», ein großer Keil «sechzig» – unter den etwa eintausendzweihundert Zeichen in den ältesten Schriftdokumenten der Menschheit sind rund sechzig solche Ziffern. Die Schreiberparsnis, die das mit sich brachte, liegt auf der Hand. Das Gezählte musste nur noch einmal erwähnt werden. Da es sich nach wie vor um Zahlen für Messungen handelte und es naheliegt, Objekte, also beispielsweise Öl, Tiere und Getreide, in ganz unterschiedlichen Einheiten zu zählen, änderten solche Zeichen ihren Zahlenwert, je nachdem, was mit ihnen gemessen wurde. Ein Kreis bedeutet bei Tieren «zehn», bei Getreide aber «sechs» Einheiten – so als würden wir mit «dreißig Kiesel» dreißig Kiesel meinen, aber mit «dreißig Hühner» ein Dutzend. Aber es ist nicht mehr einfach von «viele» oder «einer Herde» die Rede. Das Rechensystem war noch nicht homogen, doch schon ein Rechensystem. Weil einzelne Zahlzeichen in unterschiedlichen Zählsystemen verschiedene Werte repräsentierten, gab es sogar Zahlzeichen, die nie in Verbindung miteinander kamen. So verfügten die Buchhalter von Uruk zwar über Symbole für 60, 120 und 600, aber die letzten beiden Zeichen kommen in keiner einzigen ihrer Rechnungslisten gemeinsam vor. Statt 120 zu notieren, wiederholten die Schreiber in Additionen, in denen 600 vorkam, lieber zweimal 60. Beide Zahlen gehörten offenbar zu strikt getrennten Zählordnungen.[12]

Noch also transportierten die Zahlen mehr als reine Quantitäten und Abfolgen, noch hingen sie und ihre Symbole an den

Dingen, die sie zählen. Es gab ein Zählsystem, das auf Sechserschritten beruht, doch es wurde nur in weniger als der Hälfte aller überlieferten Texte jener Periode genutzt. Bemerkenswert ist allerdings, dass manche der entsprechenden Zahlzeichen – 1, 10, 60, 600 – noch eintausend Jahre später in mesopotamischen Texten anzutreffen sind, bevor sie durch Keilschriftzeichen ersetzt wurden. Noch nehmen die Zahlen auch in Kalendern andere Werte an als in Warenlisten, und in Listen für diskrete Objekte wird anders gerechnet als in solchen für Schüttgüter wie Getreide. Doch die Möglichkeit, die Zahlen von solchen nicht numerischen Darstellungsfunktionen abzulösen, ist zu diesem Zeitpunkt schon abzusehen – weil sie von den Objektnamen des Gezählten getrennt notiert werden, weil sie große Mengen bezeichnen, was eine Vielzahl von Rechenoperationen dokumentiert, und weil sie Instrumente eines systematischen Wirtschaftshandelns sind, an dessen steigender Komplexität die Ausarbeitung des Zählsystems teilhat.[13]

«In einer Welt von Kalebassen, Bambusröhren, ausgehöhlten Baumstümpfen, Netzen und Tierhäuten, die zum Transport und dazu benutzt werden, die Dinge aufzubewahren und nicht, um sie zu messen, ist es außerordentlich schwierig, die Erhaltung und die Veränderung von Quantitäten wahrzunehmen», schreibt der Anthropologe Christopher Hallpike über die Restriktionen, denen die Entwicklung des Zählens in einfachen Gesellschaften unterliegt, weil das Messen in ihnen einen anderen Stellenwert besitzt. Es sind Probleme und Leistungen der politischen Ökonomie, die dementsprechend in einem nächsten Schritt zur Entwicklung arithmetischer Techniken führen. Die Mathematik ist ein Kind der Stadt, sie erprobt sich zunächst an großen Gütermengen und an Entscheidungsproblemen der Verteilungs- und Abgabenwirtschaft und ihrer Produktion. Wie groß ist ein Feld? Wie viel Ertrag ist dann von ihm zu erwarten? Wie viel Arbeit ist nötig, um es zu bestellen? Welche Anteile von Gerste und Malz sind nötig, um eine bestimmte Sorte Bier zu brauen?[14]

Solche praktischen Probleme der Registratur, der Landverteilung, der kalendarischen Messung und der Rationalisierung von Produktion dominieren lange Zeit die Arbeit mittels Zahlen. Dann aber kommt es zur Arbeit an den Zahlen selbst, ohne Rücksicht auf das, was man mit ihnen ausrichten kann. So werden Größenbeziehungen zwischen ihnen entdeckt, etwa zwischen der Diagonale, der Fläche und den Seitenlängen eines Feldes, die in der Landwirtschaft und der Eigentumsordnung zunächst keine operative Bedeutung haben und trotzdem faszinieren. Nun entsteht, im dritten und zweiten Jahrtausend v. Chr., allmählich die professionelle Auseinandersetzung mit den Relationen zwischen Zahlen und geometrischen Größen. Man findet Listen mit Quadratzahlen, Lösungen für quadratische und kubische Gleichungen, Berechnungen von Quadratwurzeln. Es kommt also zu Aussagen über die Eigenschaften von Zahlen, die nichts mehr mit arithmetischen Handlungen im Sinne des Zählens, Messens oder technischen Berechnens zu tun haben. Die deutlich spätere, den Griechen zugeschriebene und im dritten vorchristlichen Jahrhundert dokumentierte Entdeckung der Primzahlen ist ein hierfür vielfach genanntes Beispiel. Doch auch die Teilungseigenschaften von Zahlen sind noch Eigenschaften von numerischen Einheiten, die aus Zählungen hervorgegangen sind.

Der Anfang der Zahlen ist erst vollendet, wenn es eine Zahl gibt, die ihre Entstehung keinem Zählakt verdankt, weil sie nichts zählt und sich auf keine Größe bezieht: die Null. Im System der babylonischen Mathematik existiert sie und existiert zugleich nicht. Denn hier ist sie – wie auch in den sehr viel späteren Kalendersystemen der Maya, die ein schneckenhausförmiges Zeichen für sie hatten – nur als eine Leerstelle des Zählens festgehalten. So wie in unserem Notationssystem die Nullen in «007» signalisieren, dass es ein Hundertschaft von Agenten gibt und James Bond im Einerbereich gezählt wird, so wie die Null in «1001» anzeigt, dass es keine Hunderter und Zehner in dieser Zahl gibt, so ließen auch die Babylonier in ihren Zählungen Stellen frei, wenn die Anweisung lauten sollte: «In dieser Position erfolgt kein Eintrag.» Ein eigenes Zeichen für die Leerstellen gab es nicht. Noch heute steht die Null auf Computertastaturen hinter den neun Ziffern, nicht vor ihnen, weil sie als Zeichen für eine Leerstelle aus der Ziffernfolge herausfällt und für uns, die wir mit 1 zu zählen beginnen, überall stehen könnte – nur als Zahl gehört sie vor die 1.[15]

Selbst die Griechen, denen man keine Schwäche in Mathematik attestieren kann, verfügten nicht über die Null. Weshalb nicht, verdeutlicht eine Passage aus der «Physik» des Aristoteles, in der es um die Geschwindigkeit geht, mit der ein Körper sich bewegt. Sie sei, so der Philosoph, abhängig vom Widerstand desjenigen Mediums, durch das die Bewegung hindurchgeht, also vom Verhältnis beider Körper: «Je körperloser, weniger hinderlich und besser teilbar der Körper ist, durch welchen die Bewegung vonstattengeht, umso schneller wird die Bewegung sein.» Also, schließt er, würde ein Körper unendlich schnell, wenn er sich durch einen leeren Raum bewegen würde, den es aber nicht gibt, weil ja «nichts kein Verhältnis hat zur Zahl». 4 ist um 1 größer als 3, um 2 größer als 2, um noch mehr größer als 1, aber 4 übertreffe «nichts» um keine Größenordnung. 4, heißt das, ist kein Vielfaches von 0, durch 0 kann man nicht teilen, die Zahlenordnung aber ist eine von Verhältnissen und «Mehrheiten von Einsen», also ist «nichts» keine Zahl. «Die kleinste Zahl, diesen Begriff im Allgemeinen genommen», notiert Aristoteles, «ist die Zwei», weil die 1 für ihn kein Verhältnis markiert. Der Anfang von etwas erscheint diesem Denken prinzipiell von anderer Art als das Etwas selbst. Für die Null ist das Erkenntnishindernis entsprechend größer, ist sie doch, mit einer Formulierung des Zahlenforschers Karl Menninger, etwas, das da ist, um zu bezeichnen, dass da nichts ist.[16]

Die Null kam sehr viel später, und sie kam aus Indien, wo um 500 n. Chr. festgehalten wurde, dass sich der Wert einer Zahl nicht ändert, wenn zu 0 addiert oder von ihr abgezogen wird. Die indische Zahlennotation kam zwischen dem sechsten und achten Jahrhundert v. Chr. auf, und zwar in gleich zwei Schreibsystemen, aber erst im siebten Jahrhundert n. Chr. entwickelte sich aus dem einen, Brahmi, eine Schreibweise, bei der 777 so und nicht mehr in Form der einzelnen Zeichen für 700, 70 und 7 notiert wurde. An diesem Punkt kam die Null ins Spiel, zunächst erneut als Markierung einer Leerstelle. Die Längenangabe 270 wurde in der Inschrift von Gwalior aus dem frühen sechsten Jahrhundert, die den Bau eines Tempels festhält, mit den Ziffern für 2 und 7 sowie einem kleinen Kreis bezeichnet; später findet sich auch die Mengenangabe 50 auf gleiche Weise notiert. Wir machen von einem ähnlichen Graphem Gebrauch, wenn wir sprachliche Auslassungen mit drei Punkten anzeigen ... Um 650 n. Chr. notiert auch der Mathematiker Brahmagupta kleine Punkte überall dort, wo nicht gezählt werden sollte. Noch rechnet er nach unseren Maßstäben falsch, wenn er meint, 0 geteilt durch 0 ergebe 0. Sein Zeitgenosse Bhaskara dachte gar: $(a \times 0) : 0 = a$. Der Umgang mit der neuen Zahl war also noch unsicher, aber es wird eine Erzeugungsregel für sie angegeben: Sie entstehe, wenn man eine Zahl von sich selbst abziehe. Drei Kiesel weniger drei Kiesel ist kein Kiesel.

Dass man mit etwas, das nichts ist, rechnen kann, schließt die Geschichte vom Anfang der Zahlen ab. Es gehört zu ihrem ironischen Nachspiel, dass aus der arabischen Übersetzung des indischen Wortes für Null – «sunya», leer, und «as-sifr», das Leere – das deutsche Wort «Ziffer» ebenso hervorgegangen ist wie das englische und französische «zero».[17]

VIERZEHNTES KAPITEL

*Die Göttin hat unten am Meer
das letzte Bordell vor dem Jenseits:*
Der Anfang des Erzählens

… wie ein Löffel keine Ahnung vom Geschmack
der Suppe hat, in der er schwimmt.

MAHABHARATA, BUCH 2, KAPITEL 55

Geschichten erzählen kann jeder. Darum sind seit jeher Geschichten erzählt worden: von der Jagd, über die üblen Typen, die auf der anderen Seite des Waldes wohnen, über die Frau des Häuptlings, die gesehen wurde, als sie – und so weiter. Die Kunst ist aber nicht, Geschichten von etwas zu erzählen, das stattgefunden hat. Die Kunst ist auch nicht, von etwas zu erzählen, das nur wahrscheinlich oder gar nicht stattgefunden hat. Tatsachen, Angebereien, Gerüchte, Lügen sind keine Kunst. Die Kunst ist, von etwas zu erzählen, bei dem der Erzähler oder die Erzählerin mit Sicherheit nicht dabei gewesen sein kann – entweder weil sowieso niemand dabei gewesen sein kann, oder weil es so geschildert wird, Dass jedem beim zweiten Nachdenken, nicht beim ersten, klar sein muss: Das hat sich der Erzähler ausgedacht.

Die ersten überlieferten Geschichten sind Epen. Ihrer Form nach sind sie Gesänge, ihrem Stoff nach Geschichten, die von Helden und großer Vergangenheit handeln. Legt man die ersten großen Epen der Menschheitsgeschichte, das Epos Gilgamesch, das indische «Mahabharata» sowie die griechische «Ilias» und «Odyssee», nebeneinander, so ergibt sich ein unbeabsichtigtes Muster. Gilgamesch ist ein König, der mehr als ein Halbgott ist, ein ganzer werden möchte, aber das erst wird, nachdem er von diesem Vorhaben abgelassen hat. Das indische Epos erzählt in zweihunderttausend Versen vom Neid, von der Eifersucht und der Willkür in gottnahen Oberschichten, vom schier endlosen Krieg zweier Familien und ihrer Prinzen. Homer wiederum erzählt vom Krieg zweier Völker und ihrer Heerführer, der durch vermeintlichen Frauenraub ausgelöst wurde und in den die Götter verwickelt sind. Alle drei Epen sind in Königtümern entstanden, das mesopotamische im letzten Drittel des zweiten Jahrtausends v. Chr., das indische vermutlich zwischen 900 und 400 v. Chr., das griechische zwischen 760 und 710 v. Chr.

Epen sind Geschichten von Helden, die etwas durchmachen. Das älteste Epos von Gilgamesch[1] ist die Geschichte eines jungen, schönen, starken, riesenhaften mesopotamischen Königs, der zu zwei Dritteln Gott, zu einem Drittel Mensch ist, was so berechnet wurde: Seine Mutter war eine Göttin, sein Vater ein Mensch, der zum Gott wurde. Er nun hat durch Abenteuer zu lernen, wie er dieses Mischungsverhältnis deuten soll. Dabei durchmisst er buchstäblich die ganze Welt, geht bis an deren Ende, taucht in die Wasser unterhalb der Erde und betritt sogar die Zone, die für die Unsterblichen reserviert ist.

Mehr aber noch als alle Gegenden durchlebt Gilgamesch alle seelischen Zustände. Er ist anfänglich ein ganz auf sich und sein Vergnügen fixierter Kraftprotz, am Ende ein über das Dasein zum Tode nachdenkliches Geschöpf. Dazwischen erlebt er Freundschaft, Vernichtungswillen, Verführung und Trauer – eine ganze Skala der Beziehung zu Mitmenschen. Um ihn auf diese Mitwelt zu orientieren und aus seiner Selbstzufriedenheit herauszuholen, beschließen gleich zu Anfang des Epos die Götter, Gilgamesch ein Gegenüber zu schaffen, das ihm Paroli bieten kann. Dieser Urmensch namens Enkidu «frisst mit Gazellen das Gras» (I, 110) und lebt überhaupt inmitten seiner Herde – «Enkidu, den dich deine Mutter, die Gazelle, / den dich auch der Wildesel, dein Vater, umsorgte» (VIII, 3 f.) –, bis eine von einem Fallensteller engagierte Prostituierte aus dem Tempel der Göttin Ischtar sich vor ihm auszieht, ihn erregt und er mit ihr sechs Tage und sieben Nächte schläft. Daraufhin will seine Herde nichts mehr von ihm wissen. Die Lust entfremdet den Menschen dem Tier, doch dafür hat er auf einmal Verstand. Außerdem kleidet er sich nun, besucht das Lager von Hirten, wird dort zu Brot und Bier eingeladen, erschlägt Löwen und Wölfe, die dem Hirtenlager gefährlich wurden, und geht mit seiner Geliebten, die auch die des Gilgamesch ist, nach Uruk, um diesen zu treffen, womit endgültig deutlich wird, dass hier Stadien der Menschwerdung erzählt werden: Leben in der Steppe, Nomadentum, Ernährung mittels Rohkost, Jagd, sequenzielle Monogamie – «Ich liebte ihn wie eine Gattin» (I, 256), aber auch «Zurück zu den Gattinnen möge er seinen Leib bringen!» (III, 10) –, Sprache, Viehzucht, Feuergebrauch, Technologie, Stadt.

Diese Stadt ist von Gilgamesch gebaut worden – «Er baute die Mauer von Uruk» (I, 11) –, und man kann den Sinn des Epos darum auch so zusammenfassen: Die menschheitsgeschichtliche Entwicklung führte bis zur Städtegründung, aber was soll damit nun angefangen werden? Das Epos handelt von der Vorgeschichte einer gemeinschaftlichen Gegenwart, die ersten großen Erzählungen erinnern an die Welt der Vorfahren. Der Dichter des Epos von Gilgamesch, Sin-leqe-unnini, der am Ende des zweiten Jahrtausends v. Chr. lebte, war kein Zeitgenosse des mesopotamischen Königs, der vermutlich um 2750 v. Chr. lebte. Erzählt wurde aus mindestens dritter Hand, da schon mehr als fünfhundert Jahre zuvor eine Fassung dieses Stoffes existierte. Das ist nicht nur ein historischer Umstand, es gehört zur epischen Form. Wenn die Epen einsetzen, ist das Wichtigste nämlich schon vergangen. Das Epos altert nicht, weil es nie eine Gegenwart hatte. Die Zuhörer und der Sänger sind insofern nicht nur zufälligerweise nicht dabei gewesen, als geschah, wovon erzählt wird, sondern sie leben in einer ganz anderen Zeit, auf einer ganz anderen «Wert-Zeit-Ebene», wie es der russische Literaturwissenschaftler Michail Bachtin formuliert hat.[2] Darum kippt am Ende des Gilgamesch-Epos die Unterscheidung *unsterblich (göttlich) / sterblich (menschlich)* in die von vorgestern und heute: Das Vorgestern ist so unerreichbar wie die Götter, der König aber soll erreichbar durch sein Volk sein.

Die Stadt, so lautet darum eine erste Antwort auf die Frage nach ihrem Sinn, ist der Ort der Freundschaft, die Gilgamesch mit Enkidu schließt. Sie ist der Ort der Gemeinschaft mit den Göttern, die in den Tempeln wohnen, wie die Liebesgöttin und «Fürstin» Ischtar (VI, 6) zusammen mit ihrem Vater im Tempel Eanna, «Haus des Himmels» (I, 12). Die Stadt ist der Ort von Ausgriffen ins Land: Beide Freunde bewaffnen sich, um einen – nur vom Sonnengott Schamasch, den wir auf der Stele des Codex Hammurapi kennengelernt haben, und von Gilgamesch, nicht aber von Enkidu gewollten – Krieg gegen den Herrn des Zedernwaldes zu führen, einen Krieg um Rohstoffe.

Gilgamesch verkörpert also selbst Uruk, das nicht nur die große Stadt war, deren genaue Abmessungen das Epos mitteilt, sondern um 3500 v. Chr. das Zentrum eines Reiches bildete, dessen Grundlagen Handel, Seefahrt und Eroberungen sowie eine in Tempelwirtschaft sich äußernde Religion waren. In diesem Epos ist, wie auch bei Homer und noch ausschweifender im «Mahabharata», die Genugtuung erkennbar, die der Sänger darin findet, von Schätzen, Schmuck und Prunk in den jeweiligen Gemeinschaften erzählen zu können – das Selbstlob der Stadt ist offenkundig. Die Mesopotamier erzählten sich im Epos ihre eigene Geschichte, die Geschichte ihrer Zivilisation, aber auch die Geschichte ihrer Landschaft, wenn der Felsblock, den der Herr des Zedernwaldes auf Gilgamesch herabstürzen lassen will, diesen verfehlt und sich unter dem Schlag jenes Waldherrschers Humbaba spaltet und zu den parallel verlaufenden Gebirgen des Libanon und des Anti-Libanon wird (V, 130 ff.).[3]

In den Sieger verlieben sich die Götter, hier die Liebesgöttin Ischtar selbst, die ihm allerlei verspricht, sollte er ihr seine Früchte schenken. Epen aber sind Geschichten davon, dass Menschen und Götter selbst dann verschiedenen Ordnungen angehören, wenn ein Mensch ein Zweidrittelgott ist. So kommt es zu einer unerhörten Replik des Helden auf das verführerische Angebot: «Warum nur sollte ich gerade dich zur Gattin nehmen?» (VI, 32), und es folgt eine ganze Liste von Beschimpfungen der Göttin, die alle darauf hinauslaufen, dass sie jenen schadet, die sich auf ihre Lockungen einlassen – «Und deine Hand, die streck doch aus, auf daß du unsere Scham berührst!» (VI, 69) –, und sie zuletzt, wie Kirke in der «Odyssee», in Tiere verwandelt. Als die Verschmähte daraufhin wutentbrannt den furchtbaren Himmelsstier auf die Stadt loslässt, töten ihn die Freunde, was die Götter dazu bewegt, ihrerseits ein Opfer zu verlangen: das des Enkidu, den Fieber befällt und der stirbt. Von fernher erinnert die Geschichte des Prometheus, der die Menschen das Rinderopfer lehrte, die Götter dabei übervorteilte und dafür am Rand der Welt an einen Fels gebannt wurde, an diesen Vorgang. Nur dass hier die Figur, die am Unterschied von Göttern und Menschen laboriert, auf zwei Personen aufgeteilt ist, von denen die eine geopfert wird, die andere die Zivilisation neu begründet.

Gilgamesch weint dieselben sechs Tage und sieben Nächte (X, 58) um seinen Freund, die dieser – «sechs Tage und sieben Nächte stand Enkidu aufrecht» (I, 194) – mit der Tempelhure verbracht hatte, um Mensch zu werden.[4] Der Tod des Freundes beendet die Haltung des Gilgamesch, die Welt als Abfolge von Bewährungsproben für die eigene Lebensenergie wahrzunehmen. Er beginnt, den Tod zu fürchten, und zieht aus Uruk aus, um den einzigen Menschen zu suchen, dem je Unsterblichkeit gewährt wurde: Uta-napischti, den Noah Babylons, der die Sintflut überlebte. Folgerichtig führt diese Suche Gilgamesch, nach Szenen mit Löwen und Skorpionmenschen, ins Innere der Berge, auf denen der Himmel ruht, und über den Rand der Welt hinaus in einen jenseitigen Garten. Gilgamesch ist am Ende. Als der Fährmann am «Wasser des Todes» die Axt gegen ihn erhebt, leistet er nicht einmal Widerstand. Der Wille erlischt. Von Uta-napischti erfährt er schließlich den Sinn dieser Erschöpfung, dass sie ihm nämlich bedeutet, nicht der Trübsal hinterherzujagen, sondern sich als König um den «einfachen Mann» zu kümmern (X, 270 ff.). Das entspricht dem Eindruck, den der Unsterbliche auf ihn macht: «Ich schaue dich an, doch, Uta-napischti / deine Glieder sind gar nicht anders! Genau wie ich bist auch du!» (XI, 2 f.). Ein ganz normaler Mensch war unsterblich geworden, weil ein Gott unter den Göttern ihn vom Beschluss, alle Menschen durch die Sintflut zu vernichten, ausgenommen hatte und es der Frieden unter den Göttern verlangte, diesen Zeugen des Ungehorsams beiseitezunehmen. Die Unsterblichkeit, heißt das, beruht nicht auf Wille und Leistung, nicht auf einer heroischen Qualität des Betroffenen, sondern ist auf Diplomatie unter Göttern zurückzuführen. Am Ende des Epos steht eine Erzählung von den Anfängen, hier die von der Sintflut und wie es trotzdem weiterging. Als der Held sie begreift, macht er kehrt und kommt nach Hause.

Was hat er begriffen? Das Epos führt vor, dass die außeralltägliche Orientierung des Helden und sein Kräftemessen mit den Göttern das eine sind, der Alltag und die Kraft, sich in ihm zu bewähren, das andere. Die neun Kilometer langen und sieben Meter hohen Stadtmauern Uruks und die Schrift sind das, was die Unsterblichkeit garantiert. Helden können nur Kulturhelden sein oder gar keine.[5] Vorgebildet ist diese Einsicht in Gilgameschs früher Weigerung, sich der Liebesgöttin hinzugeben, als er anderen Herausforderungen noch nicht aus dem Weg ging und als er die Tatsache, die er der Göttin entgegenhält, dass nämlich andere vor ihm an ihr gescheitert sind, sonst nicht als Argument hätte gelten lassen.[6]

«Man kann nicht groß in seiner eigenen Zeit sein – Größe appelliert immer an die Nachfahren, für die sie zur Vergangenheit wird», heißt es beim Literaturtheoretiker Michail Bachtin.[7] Man könnte auch sagen: Das Epos ist eine Form der Bestattung, der Setzung eines Denkmals. Seinen schärfsten Gegensatz hat es in der Geschichtsschreibung, die wissen will, wie es wirklich war und nachdem sie es erforscht hat, auf die Grabsteine Sätze schreiben müsste wie «Leider log sie» oder «Er war den meisten seiner Zeitgenossen eine Qual». Das Epos nahm jedoch in seinen Anfängen einige Elemente dieser Einstellung in sich auf, es war nie nur Denkmal, weil es immer schon Erzählungen aus der Vorgeschichte der Monumente bot. Gilgamesch, der groß in seiner eigenen Zeit sein will, erfährt durch Uta-napischti die Wahrheit über die Sage: dass die gängigen Erzählungen von der Sintflut unzutreffend sind. Ihr Held, der größte von allen, weil er ja die Existenz der Menschheit selbst sicherte, wurde danach mehr zufällig zu einem. Seine Unsterblichkeit war nicht die Belohnung für außerordentliche Taten, sondern ein Verhandlungsergebnis zwischen Göttern, die sich in einer politischen Verlegenheit befanden.

Das epische Erzählen verschaffte der Phantasie den Raum, den ihr die Religion nehmen muss, sofern Theologen ihre Traditionen, die Riten und Mythen bewachen. Im Gilgamesch-Epos werden die Probleme angedeutet, die aufkommen, wenn es Götter gibt. Religion wie Dichtung stellen nämlich Behauptungen über Unsichtbares und schwer Überprüfbares auf, aber das Epos verlangt keine kollektiv verbindlichen Entscheidungen darüber. Darum kann es die Götter in Seitenbeleuchtung setzen. Wenn liturgische Texte sie als erhaben und heilig, ihre Entscheidungen als weise und unveränderlich, die Gefolgschaft ihrer Nebengötter als unbedingt anrufen, fällt dem Epos, das sich die Lizenz nimmt zu erzählen, wie sich solche Absolutheit in der Zeit, in Handlungen und sozial darstellt, immer wieder etwas ein, was dem widerspricht. Dann erscheinen die Götter episodenweise als hungrig, anhänglich, beleidigt, geil, ratlos, trickreich und zerstritten. Der Ritus schützt den Glauben vor Abweichungen, in ihm muss alles genau so stattfinden wie festgelegt. Darin folgt ihm die Dogmatik, die Gründe für den Glauben beibringt, fixiert und dadurch verhindert, was ganz leicht möglich wäre: dass jemand einfach mit demselben Recht etwas anderes über die unsichtbare Welt behauptet. Riten und Dogmatiken sind ihrerseits durch Organisationsmacht gedeckt, durch die Herrschaft der Ältesten, der Könige, der Kirche. Dient das Ritual also dazu, eine kompakte Kommunikation zu etablieren, die gegen Verneinung resistent ist, so unterläuft jede Erzählung davon, wie das Ritual entstand und wem in ihm gedient wird, diese Ambition und müsste darum dogmatisch kontrolliert werden, um genau so negationsfest zu sein. Mit seinem Bedürfnis, nicht zu langweilen, sondern zu überraschen, steht das Epos im Widerspruch zu einer solchen dogmatischen Kontrolle.

Über Epen und Mythen gebietet niemand. Ihre Erzählung davon, wie es zu den Göttern, den Heiligtümern, den Geboten und den Riten kam, öffnet durch das Ausbreiten einer Sequenz von Ereignissen, Handlungen, Entscheidungen und durch das Füllen von Lücken im heiligen Text den Spielraum dessen, was anders möglich gewesen wäre, was womöglich anders war, was womöglich anders hätte verstanden werden können. Es nimmt sich etwas gegenüber den Göttern heraus. «Die griechische Religion», schreibt Jacob Burckhardt, «würde von Anfang bis zu Ende anders lauten, wenn ein Priestertum Einfluß darauf gehabt hätte. Die urtümlichsten, bisweilen fratzenhaft schrecklichen Auffassungen der Persönlichkeit und des Mythus der Götter würden festgehalten worden sein und mit denselben die Bangigkeit, nicht aus Politik und Herrschsucht der Priester, sondern, weil solche sich an die Auffassung früherer Vorgänger in der Regel gebunden glauben; die ganze epische Poesie wäre unmöglich geworden.»[8]

Auf die mesopotamische Religion hatte ein Priestertum durchaus Einfluss. Im Zentrum der Städte standen als größte Gebäude die Tempel; das Wort für sie, «e'», war das einfache «Haus», denn man stellte sie sich von einem Gott und seiner Familie bewohnt vor. Alles, was ihnen angehörte, galt als heilig. Marduk, der Stadtgott von Babylon, hatte fünf göttliche Hunde, seine Frau zwei göttliche Friseure – die Religion war eine höfische. Doch sie war nicht dogmatisiert, sie war auch nicht von irgendeiner benennbaren Person oder Gruppe begründet worden, und ihr Pluriversum von Göttern ließ, wie das griechische später, viele Deutungsspielräume. Diese Religion war nicht stärker geordnet als die Gesellschaft, die sich in ihr wiederfand. Ihre Götter wurden geachtet, gefürchtet und um Gunst angefleht. Das Verhältnis der Gläubigen zu ihnen war das zu einer Reihe hoher Leute, vor denen man sich besser in Acht nahm, denn letztlich könne sie niemand verstehen, wie eine babylonische Weisheit sagte. Aber sie waren natürlich, wie es eben mit Aristokraten so ist, in allem besser als die gewöhnlichen Menschen, größer, schöner, wissender, potenter.[9]

Erkennbar verdoppelte die mesopotamische Religion die Welt. Für alle Dinge und Tatbestände, die es in ihr gab, war jeweils ein Gott zuständig. Entsprechend existierten Tausende von Göttern, für Sonne, Mond und Sterne, den Wald und die Stadt, die Liebe und den Acker, für den Himmel und die Erde und folgerichtig auch für das, was zwischen beiden liegt, sowie für Schafe und Ziegen. Das war unpraktisch, weil es so im Pantheon zu einem ziemlichen Gedränge kam. Dem konnte nur mit einer allmählichen Reduktion der Götter begegnet werden, die historisch auch erfolgte.

Dafür waren Gedanken wie der nötig, dass nicht jeder Fluss eines zuständigen Gottes bedarf, wenn sich alle Flüsse aus einem unterirdischen See speisen. Dessen Gott genügte dann. Auf diese Weise kamen Konzepte wie Ursache und Wirkung, Ganzes und Teil oder Über- und Unterordnung ins Spiel. Die Menschheit lernte an den Göttern, die sie sich vorgestellt hatte, logisch zu denken.

Doch die Vielzahl der Götter, bei der man leicht den Überblick verlor, wem gerade zu huldigen war, war das geringere Problem einer weltverdoppelnden Religion. Als viel problematischer erwies sich, dass sich einem solchen Himmel, der die Sozialstruktur und die Naturansicht genau spiegelt, alle irdischen Fragwürdigkeiten mitteilen, weshalb seine Götter, insofern sie Götter der Liebe, des Krieges oder der Stadt sind, an den jeweiligen Unvollkommenheiten teilhaben. Die Götter sind dann, weltverdoppelnderweise, auch besonders wütend, eifersüchtig, hungrig, erbarmungslos, geil oder streitsüchtig, was im Gegensatz zu Beschreibungen steht, die sie als erhaben und heilig, ihre Entscheidungen als überlegt und unabänderlich qualifizieren. Man könnte vom Widerspruch einer Religion sprechen, die Götter für allzuständig und zugleich für allgütig erklärt, was heißt, dass die Allzuständigkeit das Zweifelhafte und Ungute einschließt. Die Göttin ist dann beispielsweise eine der Liebe, der Heirat, des Begehrens und der Prostitution, was eine gewisse Spannung mit sich bringt, wenn Liebe, Ehe, Begehren und Prostitution nicht dasselbe sind. Die mesopotamischen Götter bluteten nicht, wenn man sie stach, aber sie hatten ihre Schwächen und ihre Sorgen aufgrund widersprüchlicher Arbeitsplatzbeschreibungen, und darüber hinaus befanden sie sich in einem ständigen Konflikt mit ihresgleichen.

Das Epos verliert angesichts dieser Lage die Lust an klaren Unterscheidungen und nimmt sich etwas gegenüber den Göttern heraus. Schließlich hat es seine Zuhörer und später seine Leser in einer Aufmerksamkeitsspannung zu halten, was voraussetzt, dass

Der Anfang des Erzählens 297

im Verlauf der Erzählung Unerwartetes geschieht und nicht einfach nur erhabene Eindeutigkeit entfaltet wird. Kein Zufall, dass diese Artikulation des Unerwarteten anhand des Schicksals eines Königs erfolgte. Denn als Spitze der sozialen Pyramide stieß der König an den Himmel und warf die Frage auf, zu welcher Ordnung er gehörte. Gilgamesch versucht, auf die andere Seite der Unterscheidung von irdisch und göttlich zu kommen, der Versuch aber lehrt ihn, wie sehr das eine Drittel Mensch, das in ihm steckt, die zwei Drittel Gott dominiert.

Das ist es, was am Anfang des dichterischen Erzählens erzählt wurde: Halbgötter sind Menschen. Wie aber wurde das erzählt? Nehmen wir zwei Passagen abseits der Heldengeschichte. Zunächst die mit dem Fallensteller, der es auf den wilden Menschen Enkidu abgesehen hat. Von Enkidu heißt es, er sei anfangs unbekleidet gewesen und behaart am ganzen Körper, habe Locken wie eine Frau gehabt, Gras gefressen und sich mit seiner Herde an die Wasserstelle gedrängt, als ihm der Fallensteller auflauerte: «Einen Tag, einen zweiten und einen dritten / trat er ihm, ihm gegenüber, an der Wasserstelle entgegen. / Es sah ihn der Fallensteller, und dessen Züge erstarrten. / Jener aber und seine Herde – in sein Haus [in die Steppe] trat er ein. / [Der andere] jedoch geriet in Wut, er wurde ganz still und schwieg. / Es ist dunkel sein Herz, sein Gesicht ist umwölkt, / es steckt Trübsal ihm im Leibe. / Einem, der weite Wege gegangen, gleicht sein Gesicht.» (I, 115–120)

Wir sehen zuerst den wilden Menschen mit den Augen des Fallenstellers, dann aber sehen wir dem Fallensteller ins Gesicht. Das Epos beobachtet den Beobachter, die Zuhörer werden aufgefordert, sich in ihn hineinzuversetzen, ihm ins Herz zu schauen. In ein Herz, das von verschiedenen Gefühlen bewegt ist, die sich nicht einfach zusammenfassen lassen: Wut, Dunkelheit, Umwölktsein, Trübsal, Erschöpfung. Für frühe Epen typisch sind dabei die stehenden Wendungen: «Trübsal steckt im Leib» kennt das Epos gleich siebenmal, und später wird es, als Gilgamesch am Ende ist, für sein Gesicht sechsmal die Formel verwenden, es gleiche einem, der weite Wege gegangen ist (X, 9–223). Kunst dient der Differenzierung von Gefühlen, indem wir an Stellvertretern und ihren Innenbeschreibungen lernen, das auseinanderzuhalten, was ohne poetische Sprache für uns ganz diffus wäre. Hier beginnt sie mit dieser Arbeit. Dass Homer wenig später im ersten Vers seines ersten Werkes die Göttin bitten wird, je nach Übersetzung, den Zorn, die Bitterkeit, den Groll des Peliaden Achilleus zu singen, unterstreicht diese Leistung des Epos, eine artikulierte Gefühlswelt aufzuspannen.[10]

Die zweite Passage, die aufschlussreich für die Frage ist, welche Einstellungen für die ersten Erzählungen bestimmend waren, betrifft die beiden wichtigsten Frauen im Epos. Seit dem Ende des dritten Jahrtausends v. Chr. galt Ischtar in Mesopotamien als Göttin des sexuellen Verlangens mit dem Sinnbild des Planeten Venus. In manchen Texten wird sie selbst als *qadishtu* bezeichnet, was mitunter mit «Prostituierte» übersetzt wird, aber auch eine Tempeldienerin bezeichnen kann.[11] Die Unterscheidung von sexuellen Riten im Kontext einer Fruchtbarkeitsreligion und der kommerziellen Hingabe dürfte umso weniger strikt gewesen sein, als der Tempel auch sonst eine Wirtschaftseinheit war. Auf mesopotamischen Berufslisten taucht Prostitution seit 2400 v. Chr. auf, zunächst zusammen mit anderen weiblichen Berufen wie Ärztin oder Köchin. Die akkadische Bezeichnung *harimtu* für Prostituierte erscheint auf zeitgenössischen Tontafeln zusammen mit «Taverne»: «Wenn ich im Eingang der Taverne sitze, bin ich, Ischtar, eine liebende *harimtu*.» Uruk wiederum sei «die Wohnstätte von Anu und Ischtar, / Stadt der Prostituierten, Kurtisanen und Callgirls», heißt es im babylonischen Dialog-Epos «Erra», und es schließen sich weitere Qualifikationen des promisken Charakters der Partystadt an, in der es offenbar üblich war, auf der Straße miteinander zu schlafen. Denn als Ischtar für einige Zeit in der Unterwelt weilt, vermerkt ein babylonischer Mythos von der Unterweltfahrt der Göttin, «schwängerte kein junger Mann mehr ein Mädchen in den Gassen, die jungen Männer schliefen zu Hause und die Mädchen in der Gesellschaft ihrer Freundinnen».[12]

Das Gilgamesch-Epos nimmt solche Motive auf, lässt gleich eingangs die Prostituierte Schamchat eine entscheidende Rolle in der Menschwerdung des Enkidu spielen und die ihr zugeordnete Göttin in der des Gilgamesch. Als Enkidu stirbt, verflucht er in einer langen Rede die Frau, mit der er sieben Nächte verbrachte (VII, 102–130), wobei der Fluch eine recht genaue Beschreibung der Lebensumstände von Prostituierten enthält: «Der Staub der Straßenkreuzung sei deine Bleibe! / Ruinen seien die Stätten, an denen du schläfst / ... / Der Trunkene und der Durstige mögen dich schlagen in dein Gesicht! / Bei einer Begegnung sei die Ehefrau Anklägerin, sie schreie dich an!» Schamchat erinnert den Sterbenden daraufhin, was sie ihm alles an Gutem tat, und er ergänzt den Fluch: «Mein Mund, der dich verfluchte, soll dich noch segnen außerdem! / Statthalter und Fürsten mögen dich lieben! / Der, der eine Meile weit weg ist von dir, möge sich auf seinen Schenkel schlagen vor Ungeduld! / ... / Deinetwegen möge verlassen werden die Mutter von Sieben, die Gattin!» (VII, 152–161)

Die Tempelhure ist also schlecht und außerdem gut. Für den Anfang des Erzählens ist diese Art typisch, sich auf ein Seitenmotiv einzulassen und dessen Vieldeutigkeit genau so auszukosten wie die Paradoxien der Götter und Helden. Was für ein gewaltiger Einfall aber, auch das Schlussbild des Epos von diesem Motiv bestimmen zu lassen und beide, das Callgirl und die Göttin, in eins zu setzen: In einer früheren Fassung, in der es nicht zur Begegnung mit Uta-napischti, dem mesopotamischen Noah, kommt, ist ein Wirtshaus am Ende der Welt die letzte Station des Gilgamesch. Dessen Besitzerin ist die maskierte Liebesgöttin Ischtar aus Uruk. Sie hockt auf dem Dach der Kaschemme und teilt dem Helden, der sie nicht erkennt, mit, dass sein Streben nach dem ewigen Leben vergebens ist, weil die Götter dieses für sich reserviert haben. So wie eine Prostituierte seinen Freund Enkidu aus dem Tierreich geholt hatte, so schickt hier die Besitzerin des letzten Bordells vor dem Meeresübergang zum Reich der Unsterblichen den mythischen Helden zurück ins Reich der Menschen.

Das Epos ist demnach weit entfernt davon, ausschließlich eine Ode an die Oberschichten zu sein. Interesse bei seinem Publikum konnte es nur gewinnen, wenn es mehr war als verzierter Lobgesang. Das gilt insbesondere, da die frühen Epen tatsächlich vorgetragen wurden. Von den Werken Homers ist gesagt worden, dass sie den Endpunkt einer jahrhundertelangen, womöglich bis ins sechzehnte vorchristliche Jahrhundert zurückreichenden mündlichen Vortragstradition darstellen; der Improvisator – der Aoide – wurde schließlich nicht lange nach der Einführung des Alphabets um 800 v. Chr. vom «Konzertsänger nach Noten» – dem Rhapsoden – abgelöst. Homer selbst fügt in die Episode des Odysseus am Königshof der Phaiaken eine Szene ein, in der ein Sänger aufgefordert wird, die Geschichte vom hölzernen Pferd zu erzählen und dies aus dem Stegreif heraus tut. Der Nachweis, dass er ebenfalls ein solcher Sänger unter Improvisationsdruck war, wurde schon 1928 über die Analyse der ausschmückenden Beiwörter Homers geführt. Diese – «vieles erduldender» Odysseus, «bauchige» Schiffe, «gottbegeisterter» Sänger, «ruderliebende» Männer – haben im Zusammenhang der jeweiligen Stellen, an denen sie fallen, zumeist gar keine Bedeutung. Sie dienten vielmehr dem Sänger dazu, das Versmaß aufzufüllen, und zwar, um sein Gedächtnis zu entlasten, immer mit demselben Füllmaterial bei bestimmten Hauptwörtern (Odysseus, Schiffe etc.). Im Besitz dieser musikalischen Technik konnte er sich ganz auf den Erzählverlauf selbst konzentrieren.[13]

Kombiniert mit solchen Hilfsmitteln, die den Rhythmus stabilisierten, waren der mündliche Vortrag und die Improvisation geeignet, ein hohes Maß an Erwartungsspannung zu erzeugen. Solange das allerdings schriftlos geschah, war die Dauer des Spannungsbogens begrenzt. Es gibt, wenn man im musikalischen Bild bleiben will, keine nicht notierten Symphonien. Das Fassungsvermögen des Epos lässt sich für einen Verlauf, der mehrere Stunden beansprucht, bei Vermeidung ödester Wiederholungen nur steigern, wenn der Vortrag schriftlich geplant ist und auswendig erfolgt. Das zeigt sich an Homers Technik, Szenen des Kampfes um Troja immer wieder durch Einschübe, Pausen und Rückwendungen zu unterbrechen, die Handlung zu stauen und zu beschleunigen, an seinem hohen Anteil an direkter Rede und Gegenrede – etwa zwei Drittel der Verse in beiden Epen –, am Wechsel von der panoramatischen Perspektive auf ein ganzes Schlachtfeld zum «Close-up» einer direkten Kampfhandlung. Eine breite Skala von Mitteln handwerklicher Raffinesse und der Vortragsplanung ist zu beobachten, die in dieser Sängertradition nicht ohne Unterstützung durch Notation erreicht worden sein konnte. Allein die Tatsache, dass Homer sich in der «Ilias» auf eine einzige lange Episode des der Sage nach zehn Jahre lang währenden trojanischen Krieges konzentriert, in diese aber nicht selten einarbeitet, was vorher und nachher geschah, zeigt die ungeheure Beherrschtheit des Vortrags, dessen Struktur nicht improvisiert gewesen sein kann. Das Epos geht hier über den Einsatz einer großen Amplitude der Gefühle, von Bildern schrecklicher oder exotischer Vorgänge und von hohem Personal hinaus. Es ist mehr als eine Form, an große Vergangenheiten zu erinnern, deren Größe zugleich mit

Starrsinn und katastrophalen Folgen einhergegangen war. Die Kunst ist hier vielmehr als Kunst ihrer eigenen Mittel bereits in ihren Anfängen voll ausgebildet – was erklären kann, dass schon das zweite und das dritte Epos der Menschheitsgeschichte Werke sind, die über zweitausendsiebenhundert Jahre hinweg nichts verloren haben.[14]

FÜNFZEHNTES KAPITEL

Zigaretten oder unendliche Lösung?
Der Anfang des Geldes

Trojaner, wer zum Teufel braucht ein Pferd aus Holz?
SEAN O'SHAWN

Achill zürnt. So beginnt Homers «Ilias», und davon handelt sie. Das ganze Epos wird bewegt vom Zorn des Achill. Indem ihr größter Krieger sich von den Griechen beleidigt abgewendet hat, bringt er sie an den Rand der Niederlage gegen Troja. Sein Zorn verwandelt sich, nachdem Achill doch wieder am Kampf teilnimmt, in eine maßlose Tötungsbereitschaft. Doch weshalb zürnt Achill überhaupt?

Erstens, weil genommen und nicht gezahlt wurde. Und zweitens, weil er nicht nach seinem Wert behandelt worden war. Die Griechen hatten nämlich vor Troja Beute gemacht, darunter auch die Tochter eines trojanischen Priesters. Der sucht daraufhin das griechische Heerlager auf, um sein Kind zurückzukaufen, «für sehr viel Gold» oder, wie es in der Übersetzung von Johann Heinrich Voß heißt, für «unendliche Lösung». Der Priester will also zahlen, was wir heute Lösegeld nennen. Den meisten Griechen im Heerlager wäre das recht gewesen, aber ihrem Anführer Agamemnon nicht. Er will lieber, wenn der Feldzug beendet ist, zu Hause in Argos von dem mandeläugigen Mädchen Gebrauch machen. Also jagt er ihren Vater unter entehrenden Flüchen davon. Diese Verweigerung der Zahlungsannahme bringt den Vorgesetzten des Priesters, Apollon, in Rage, und der Gott wütet so sehr unter den Griechen, dass deren Seher Kalchas befindet, man könne den feindlichen Pfeileschleuderer allenfalls noch durch Freilassung des Mädchens ohne Lösegeldkompensation besänftigen – und auch das nur, wenn einhundert Rinder als Opfer draufgelegt würden. Nun tobt Agamemnon. Ohne Ersatz werde er nicht auf das Mädchen verzichten, das ja besser als seine Frau sei, und er nimmt sich als solchen Ersatz ein anderes Mädchen, «Brises rosige Tochter», aus der Beute Achills. Und darum zürnt Achill.[1]

Homer schildert eine durch die ständig sprungbereite Wut von Aristokraten bestimmte Welt, bei denen das Verständnis, wer was wem schuldet, brüchig geworden ist. Wiederholt weisen seine Helden Zahlungen zurück, etwa wenn Eurymachos, einer der Freier der Penelope, dem Odysseus anbietet, er möge sie gegen «zwanzig Rinder» sowie «Erz (im Original: Bronze) und Gold zur Versöhnung» verschonen. Oder erneut Achill, den ein Trojaner im Kriegsgetümmel anfleht, am Leben gelassen zu werden. Habe Achill ihn doch schon einmal als Sklaven für hundert Rinder verkauft: «Jetzo löst ich mich dreimal so hoch.» Vergeblich, erwidern die Helden und weisen das Lösegeld zurück, denn für Rache, Ehre, Freundschaft gibt es keine Äquivalente. Trotzdem fügen sie sich auch nicht in eine selbstverständliche Rangordnung ein, sondern vergleichen ständig ihren eigenen Wert mit dem anderer. So protestiert etwa Achill dagegen, dass Agamemnon seine Position als Anführer bei der Verteilung der Beute geltend macht, und nimmt sich selbst heraus festzulegen, wann Zahlungen angemessen sind und wann nicht. Durch seinen Zorn isoliert sich Achill sowohl gegenüber der Gemeinschaft der Griechen als auch gegenüber Agamemnon, weil er nicht bereit ist, auf das Mädchen zu verzichten. Beides hält die ambivalente Lage dieser Gemeinschaft und ihrer Tauschnormen fest.[2] Achill hat recht, gefährdet aber dadurch das Ganze.

Wie hängt nun diese Ambivalenz mit dem Ursprung des Geldes zusammen? Zunächst zeitlich und räumlich. Der trojanische Priester, der seine Tochter auslösen will, verfügt noch nicht über jene geprägten Metallstücke, die aber kurz darauf zum Inbegriff eines Zahlungsmittels werden sollten. Homer, dessen «Ilias» um 660 v. Chr. entstanden sein dürfte, kennt überhaupt noch keine Münzen. Einhundert Jahre später ist die griechische Gesellschaft monetarisiert. Homer kennt, wie die Geschichte um Agamemnon zeigt, Zahlungen, er kennt die Vorstellung von Lösegeld, er kennt Gold als Tauschmittel. Als eines unter anderen. Wenn in der «Ilias» gezahlt wird, dann wechseln auch Gefäße, Textilien, Frauen oder Ochsen den Besitzer. Zahlungsmittel und geprägtes Metallgeld sind also zweierlei. Manche Wirtschaftshistoriker drücken das so aus: Es gab Geld, bevor es Münzgeld gab.[3]

Wir befinden uns hier an der historischen Grenze zwischen zwei Arten des sozialen Austauschs. Die eine ist an Verpflichtungen, Hierarchien, politische Umstände gebunden. Die andere bildet ein Medium aus, das sich gegenüber solchen Kontexten verselbständigt. Die ältesten beidseitig geprägten Münzen, die für den ersten Geldgebrauch im engeren Sinne sprechen, stammen aus der Zeit kurz nach Homer, um 640 v. Chr. Sie sind überdies in derselben Region gefertigt worden, in der Homers Epen spielen, in Kleinasien und Griechenland. Schon Xenophanes, der zwischen 570 und 470 v. Chr. gelebt hat, soll den Lydern die Erfindung der Geldmünze zugeschrieben haben. Herodot wiederholt diesen Befund, und die numismatische Forschung hat ihn bestätigt. In Lydien, einem Königreich im heutigen Westanatolien, wurden zwischen der Mitte des siebten und dem Beginn des sechsten Jahrhunderts v. Chr. die ersten geprägten Münzen der Wirtschaftsgeschichte geschlagen.

Zu Beginn des fünften Jahrhunderts v. Chr. sind dann von Ionien und Zypern bis Sizilien und sogar bis hinauf nach Marseille überall Prägestätten aktiv, die den Mittelmeerraum mit Silbermünzen versorgen. Binnen einhundertfünfzig Jahren hat sich die antike Wirtschaft zur Geldwirtschaft entwickelt. Homers

Epen sind das Produkt einer Zeit, die nicht nur kurz darauf die Polis hervorbringt, sondern auch die erste monetarisierte Gesellschaft der Geschichte. Die Frage nach dem Anfang des Geldes ist also die Frage nach dem Übergang der bei Homer beschriebenen Zahlungsweisen und Tauschgepflogenheiten zur Zahlung mittels Münzen.[4]

Die gängige Erklärung, wie es zur Erfindung des Geldes kam, lautet so: Die Menschen tauschen, weil sie nicht alles selbst herstellen möchten, was sie benötigen. Und sie möchten nicht alles selbst herstellen, weil Spezialisierung das Handeln verbessert. Wer zugleich Fischer, Jäger, Bauer und Waffenschmied ist, kann nichts davon richtig. Also haben Gesellschaften wie Individuen etwas von der Arbeitsteilung. Diese zwingt zur Koordination und zum Handel, sie macht kommunikativ. Der Handel wiederum bringt mit sich, dass man immer einen gerade zu den eigenen Bedürfnissen passenden Tauschpartner finden muss, einen, der hat, was man gerade haben möchte, und will, was man gerade anbietet. Es wird, mit einem Ausdruck des englischen Ökonomen Stanley Jevons, eine «doppelte Koinzidenz der Bedürfnisse» vorausgesetzt. Also muss man entweder warten, bis der genau passende Tauschpartner kommt, oder Dinge annehmen, die man jedenfalls in dieser Menge nicht benötigt, und somit die Lagerhaltung von Gütern betreiben, die man nicht selbst verbrauchen, sondern später gegen Gewünschtes eintauschen möchte.[5]

Die Wahrscheinlichkeit, ein geeignetes Gegenüber zu finden, steigt allerdings, wenn nur ein Tauschpartner die von seinem Gegenüber gewünschte Ware anbietet, dieses Gegenüber aber über ein universelles Tauschmedium verfügt, das alle haben möchten. Das muss nicht Geld sein. Das können beispielsweise auch Zigaretten sein, wie es die klassische Studie über die Ökonomie des Kriegsgefangenenlagers beschrieben hat, in dem zuerst alle Güter, mit denen das Rote Kreuz die Gefangenen ausgestattet hatte, untereinander Preise bildeten – soundso viel Gramm Schokolade sind soundso viel Gramm Kaffee wert, und diese Menge Kaffee wird gegen soundso viel Gramm Margarine getauscht –, bevor schließlich der Wert aller Waren in «Zigarettenwährung» ausgedrückt wurde.[6] Ein solches Medium kann, sofern es stofflich teilbar ist, kontinuierlich alle Wertgrößen abbilden, weswegen die Tauschpartner auch nicht abwarten müssen, bis sie jemanden finden, der genau zu dem Wert tauschen will, über den sie selber gerade verfügen. Würde man den Wert aller Waren jeweils im Wert aller anderen Waren ausdrücken müssen, wären nicht nur die Preislisten sehr, sehr lang, weil ein Kilo Mehl dann beispielsweise 125 Gramm Kaffee, ein Zehntel Kriminalroman oder zwanzig Dübel wert wäre. Es verginge vermutlich auch viel Zeit, bis jemand Dübel im Wert von, sagen wir, genau einem Fotoapparat loswerden will.

So weit die Theorie. Geld wurde ihr zufolge als Tauschmedium, als Wertaufbewahrungsmittel und als Wertmaßstab zur Senkung der Transaktionskosten des Handels erfunden. Es hat sich aus einer besonders beliebten, lagerfähigen und leicht transportablen Ware, zum Beispiel Gold oder Silber, heraus entwickelt, um zuletzt Kaufkraft als solche zu verkörpern. Der Bäcker backt Brot und will es beim Metzger gegen Fleisch tauschen. Aber der Metzger hat schon genug Brot. Also muss ihm der Bäcker etwas anbieten, wovon jedes Tauschgegenüber nie genug haben kann: Geld. Leute, die tauschen, merken also, dass es Waren gibt, die jeder gerne hätte, und legen darum einen Teil dieser Waren beiseite, um stets ein attraktives Tauschangebot in petto zu haben; daraus entwickelt sich über kurz oder lang das Geldmedium. Der Ursprung des Geldes läge, so gesehen, im Sparen.

Diese einleuchtende Theorie hat allerdings einen Nachteil: Sie stimmt nicht. Der reine Tausch, bei dem die Beteiligten auf das Problem der doppelten Koinzidenz gestoßen wären, lässt sich weder historisch noch ethnographisch nachweisen. Die Funde erster Geldmünzen liegen überdies in einem eng begrenzten Umkreis der Münzstätten, die sie prägten, was darauf hindeutet, dass sie nicht oder nur selten im Fernhandel zirkulierten.[7] Gegen ihre Verwendung im alltäglichen Nahhandel spricht der vergleichsweise hohe Wert, den damals selbst die kleinsten Münzen hatten. Schon die attische Drachme hatte laut Plutarch den Wert eines Schafes. Für kleine Geschäfte wäre solch eine Münze also ungeeignet gewesen.

Münzen waren zunächst kein normales Tauschmittel. Dass sich das Geld später als für das Handeln nützlich erwies, sagt noch nichts über seinen Ursprung aus. Er ereignete sich in einer Welt, deren alltägliche Wirtschaft mehr durch Selbstversorgung charakterisiert war als durch Tausch unter einander Unbekannten. In Xenophons Lehrbuch der Ökonomie, das Anfang des vierten Jahrhunderts v. Chr. geschrieben und dessen Titel zu Recht mit «Von der Haushaltungskunst» übersetzt wurde, fallen mehr Sätze über das Dreschen von Getreide als über den Handel.[8]

Die Vorstellung, dass Güter nur dann regelmäßig den Besitzer wechseln können, wenn zuvor exakte Wertvergleiche durchgeführt worden sind und Zug um Zug getauscht wird, ist den frühen Gesellschaften fremd. Sie setzt nämlich unübersichtliche Verhältnisse voraus, in denen der Geber eines Gutes über keine Sanktionsmechanismen bei fehlendem Ausgleich verfügt. Das Gleiche gilt für die Vorstellung, mit dem Tausch gehe das Bedürfnis einher, genau den Wert dessen wiederzubekommen, was man selbst in den Tausch eingebracht hat. Die produktionsfreie Ökonomie des Gefangenenlagers, wie sie der Ökonom Richard A. Radford geschildert hat, in der es nur Konsumenten und Besitzer gibt, bringt eine Währung auch deshalb hervor, weil die Gefangenen aus einer Gesellschaft kommen, in der Geld bereits bekannt ist. Sie erfinden das Geld nicht, sie kopieren es.

Worauf Ethnologen, die sich mit geldlosen Wirtschaften befassen, hingegen überall stoßen, sind wechselseitige Verpflichtungen, die auf nur ungefähren Wertschätzungen beruhen. Wir kennen das heute noch bei Geschenken. Wer dem Gastgeber eine Flasche guten Barolo mitgebracht hat, wird es unangemessen finden, wenn beim Gegenbesuch ein Glas selbstgemachter Marmelade überreicht wird – doch er hat nicht das Bedürfnis, zu berechnen, *wie knauserig genau* dieses Verhalten war. Genauso unangebracht wäre es aber, das Geschenk beim Gegenbesuch mit der gleichen (oder sogar derselben) Flasche Barolo oder überhaupt mit einem Barolo zu erwidern. Der reine Tausch von exakten Äquivalenten ist ein Verhalten unter Fremden und bewegt sich ethnographisch stets an der Grenze zum Konflikt, zum Streit unter den tauschenden Stämmen. Für die lokalen Wirtschaftskreise früher Gesellschaften ist er, gar als Tausch unter Individuen, jedoch völlig untypisch.[9]

Schon 1913 hat der britische Ökonom und Diplomat Alfred Mitchell-Innes die Tauscherleichterungstheorie des Geldes mit ähnlichen Argumenten scharf kritisiert. Geld könne schon deshalb nicht eine Ware unter anderen sein, und ein Medium wie Salz oder getrockneter Fisch sei schon deshalb kein Geld, weil dann die Anbieter von getrockneten Fischen und Salz von ihren Kunden – getrocknete Fische und Salz bekämen. Dass sich Agamemnon für seine Sklavin eine andere Sklavin nimmt, ist deswegen kein ökonomischer Vorgang, keine Zahlung, sondern ein Herrschaftsakt, eine Nahme.[10]

Alfred Mitchell-Innes hatte noch ein weiteres Argument. Die Modellannahme des Ökonomen war, dass der Bäcker vor einem Problem steht, wenn er Fleisch kaufen will, der Metzger aber schon genug Brot hat. Das nötige den Bäcker wie jeden, der sich spezialisiere, zur Vorratshaltung einer Ware, die stets von allen nachgefragt werde: Geld. Doch diese Schlussfolgerung ist nicht zwingend. Denn wenn der Metzger dem Bäcker Fleisch verkauft, ohne dafür Brot anzunehmen, weil er gerade genug Brot hat, folgt daraus nicht der Tausch von Ware gegen Geld. Es folgt vielmehr der Tausch von Ware gegen Kredit. Morgen wird der Metzger ja wieder Brot benötigen, und dann kommt es zur Rückzahlung. Die Lösung des Problems der doppelten Koinzidenz liegt also nicht im Geld, sondern im Zahlungsaufschub. Soll man wirklich glauben, etwas so Abstraktes wie die Geldmünze sei erfunden worden, weil die Leute nicht warten konnten?

Zurück aus den Modellwelten der Ökonomie des frühen zwanzigsten Jahrhunderts in die Ägäis nach 600 v. Chr. Und zurück zu den nachweisbaren Eigenschaften der ersten Geldmünzen, zu ihrem Material, ihrem Gewicht, ihrer geprägten Vorder- und Rückseite. Denn ebendies ist Münzgeld: eine Kombination aus Metall als Zahlungsmittel, wie es – man denke an das Gold des trojanischen Priesters – auch zuvor schon existierte, und einer Herkunftsmarkierung, wie sie ebenfalls schon zuvor – man denke an Hoheitszeichen wie Wachssiegel – bekannt war. Der englische Numismatiker Thomas Burgon sprach bereits 1837 von Münzen als «gesiegeltem Metall».[11] Es gab, vor allem in Mesopotamien, alle möglichen ökonomischen Formen: Verträge, Kredit, Zins, Preisänderungen. Aber die Geldmünze gab es noch nicht.

Die ersten Münzen der Lyder bestanden aus Elektron. Das ist erstaunlich, denn bei diesem «Silbergold von Sardes» (Sophokles), der Hauptstadt Lydiens nahe dem Fluss Paktolos, handelt es sich um eine natürlich vorkommende Legierung aus Gold und Silber mit schwankenden Anteilen beider Metalle. Gegenüber reinen Silber- oder Goldbarren – etwa dem «sehr vielen Gold» bei Homer – war die genaue Metallqualität von Elektron darum zweifelhaft. Die Münzen wurden zuweilen auch mit Kupfer versetzt, um die unterschiedliche Zusammensetzung gewichtsmäßig auszugleichen. Der Anteil des Silbers bewegte sich zwischen zwanzig und fünfundsiebzig Prozent, und es ist nachgewiesen worden, dass mitunter sogar noch vor dem Prägevorgang Silber hinzugefügt wurde.

Wieso aber wurden die ersten Geldmünzen dann trotz der erheblichen Unsicherheit über ihre Zusammensetzung angenommen? Schließlich war Gold schon damals deutlich mehr wert als Silber. Von der Antike bis in die Neuzeit hinein belief sich ihr Verhältnis auf 1:13,5. Und zwar nicht, weil dies auf der Grundlage von Fördermengen und Nachfrage der stabile Marktpreis der Metalle gewesen wäre, sondern weil die Umlaufgeschwindigkeiten der Himmelskörper Sonne und Mond, die ihnen zugeordnet wurden, in diesem Verhältnis zueinander stehen. Im neunten Buch seines Traktats «Über die Architektur» erzählt Vitruv, wie der griechische Mathematiker Archimedes das spezifische Gewicht von Körpern zuerst durch die Bestimmung des Goldgehalts einer Krone entdeckte. Indem er zuerst die Krone, dann einen Goldklumpen gleichen Gewichts in ein Wasserbecken eintauchte, wies er der Anekdote zufolge nach, dass sie noch etwas anderes als Gold enthalten müsse. Doch Archimedes lebte im dritten Jahrhundert v. Chr. Eine Methode, das unterschiedliche spezifische Gewicht und also die Zusammensetzung gleich schwerer Münzen zu bestimmen, gab es damals noch nicht.[12]

Allerdings waren die ersten Münzen annähernd gleich schwer. Die kleinen Abweichungen von 0,02 bis 0,1 Gramm bei einem Durchschnittsgewicht von 4,71 Gramm je lydischem «Dreier» lassen keinen Zweifel zu, dass es sich um standardisierte Größen handelt. Auch im Artemision von Ephesos wurden sowohl Klumpen als auch Münzen aus Elektron von gleichem Gewicht gefunden, die vor 560 v. Chr. zu datieren sind. Da manche von ihnen keine Prägung aufweisen, manche nur ein-, andere beidseitige Markierungen besitzen, scheint sich damals in kurzer Zeit eine Entwicklung vollzogen zu haben: von standardisierten Metallstücken über solche, die durch einen Stempel beglaubigt wurden, zu Münzen mit einem lokalen Emissionszeichen, dem lydischen königlichen Löwen etwa, der Schildkröte von Ägina, der Rose von Rhodos, dem Apfel von Melos, dem Thunfisch von Kyzikos oder dem Seehund aus Phokaia. Manche der Münzen, die in Ephesos gefunden wurden, tragen darüber hinaus einen Namen, von dem die Forschung mal mehr, mal weniger sicher vermutet, dass es der Name eines lydischen Königs ist. Das Garantiezeichen, das als Lochung zunächst nur dem Nachweis gedient haben mag, dass die Münze nicht bloß vergoldet ist, entwickelte sich so zum Herkunftsnachweis durch Bildprägung.[13]

Vergleicht man all diese frühen Münzen, so fällt auf, dass ihr Gewicht zwar genormt war, aber in vielen politischen Gemeinschaften jeweils anders: In Lydien wog ein Stater – die Normgewichtsmünze – 14,1 Gramm, auf Samos 17,5 Gramm, in Phokaia 16,5 Gramm. Auch das spricht gegen einen Einsatz der ersten Geldmünzen im Fernhandel. Sie kursierten überwiegend lokal. Insofern deutet der Gebrauch von Elektron zusammen mit der Münzprägung darauf hin, dass politische Autoritäten mittels ihrer Prägezeichen den Zahlungswert der jeweiligen Münzen für größere Beträge und für ihr eigenes Einflussgebiet garantierten, ganz gleich, welche natürlichen Metallanteile diese Münzen hatten. Münzen sind genormte Metalle mit einem politischen Siegel. Ihr Wert als Zahlungsmittel kommt ihnen durch eine Setzung zu, er ist kommunikativ verbürgt, nicht durch Materialeigenschaften. Viel später, im dritten Jahrhundert n. Chr., wird der römische Jurist Julius Paulus ausdrücklich formulieren, nicht die «substantia», das Material der Münze, sondern ihre «forma publica», ihre öffentliche Form, sei für ihren Wert entscheidend. Genauer aber noch wäre es zu sagen, dass erst beides zusammen, das Metall und die Setzung seines Wertes, die Zahlungseigenschaft der Münze begründen.[14]

Wenn aber ein gleicher Metallgehalt ungleicher Münzen dekretiert wurde, war dann die Erfindung der Geldmünze nicht einfach nur ein Trick, um Elektron über Wert in Umlauf zu bringen? Stand am Anfang des Geldes ein staatlicher Betrug? So werden Anfänge oft erklärt: Jemand führt eine Innovation ein, alle anderen sehen nur ihre Vorteile, aber nicht, worauf sie sich einlassen, und wenn sie die Nachteile sehen, ist es zu spät. Am Anfang des Geldes habe demnach ein Schwindel oder mindestens ein Selbstbetrug gestanden, wenn Stadtstaaten ihren Stolz darin zum Ausdruck zu bringen suchten, dass sie Zahlungsmittel mit eigenem politischen Stempel in Umlauf brachten. Die Kosten hätten damit in der Übervorteilung der Einzelnen durch die politische Autorität gelegen, die sich in einer Art ungleichem Tausch von schlechtem Geld gegen gute Ware Ressourcen verschaffte. Aber die Frage ist nicht nur, weshalb dann gut die Hälfte aller griechischen Stadtstaaten darauf verzichtete, Münzen auszugeben. Die Frage ist auch, wie der Geldgebrauch ökonomisch funktionieren konnte, wenn er ausschließlich politische Funktionen hatte.[15]

Wie also hätte die Annahme zweifelhafter Münzen erzwungen werden können? Weshalb sollten die Erfinder der Geldmünze schlau, ihre Verbreiter aber dumm oder zumindest naiv gewesen sein? Eine Erklärung der ersten Münzen, so der Althistoriker Robert W. Wallace, muss zweierlei begreiflich machen: ihre Profitabilität für den Emittenten und die Akzeptanz, die sie bei ihren Empfängern fanden. Ungestempeltes Elektron war in einer Welt, die Gold mehr schätzt als Silber, mit dem Zweifel behaftet, was es wert ist. Das Ausmünzen und Prägen diente dazu, diesen Zweifel zu beseitigen und eine Annahmegarantie zu geben. Diese Münzen zählte man besser, anstatt sie zu wiegen. Als in Kleinasien um 550 v. Chr. die sogenannte Zementation entdeckt wurde, bei der durch Erhitzung und eine Salz-Silber-Reaktion die Goldanteile von Münzen getrennt werden, hat dies vermutlich den Übergang zu reinen Silbermünzen statt solchen aus Elektron angestoßen. Doch auch für sie galt, dass sie ihren Wert als Zahlungsmittel besaßen und nicht als Gebrauchsobjekt, das eingeschmolzen und zu etwas anderem verarbeitet worden wäre. Nicht Händler, nicht «Privatleute», sondern politische Autoritäten müssen es in Umlauf gebracht und seine Zahlungsfunktion gesichert haben. Die Prägung signalisierte nicht die Qualität des Metalls, sondern die Zahlungskraft der Münze.

Was gab den Anlass zu den ersten Zahlungen in Geldmünzen? Um diese Frage zu beantworten, ist es wichtig, an zwei andere Funktionen des Geldes zu erinnern, die es von allen anderen Zahlungsmitteln unterscheidet. Geld ist ein Wertstandard, es drückt den Wert einer Sache durch eine andere Sache aus. Und Geld tilgt Forderungen. Wo es gezahlt wird, endet eine Schuld.

Beginnen wir mit der zweiten Funktion, und vergleichen wir Geld beispielsweise mit Kreditkarten. Ihr Begriff selbst täuscht, denn ihr Einsatz führt hierzulande nicht zu einer Kreditaufnahme samt Zinsversprechen. Treffender wäre es, sie als «Schuldentransferkarte» zu bezeichnen. Wer eine Ware erworben hat, ist nämlich zuvor ein Vertragsverhältnis eingegangen. Der Verkäufer hat daraus eine Forderung gegen den Käufer, der Käufer schuldet eine Zahlung. Wird mittels Bargeld bezahlt, ist dies vom Verkäufer zu akzeptieren, die Forderung erlischt, und die ökonomische Episode ist beendet. Will der Kunde hingegen mit Kreditkarte bezahlen, kann diese zurückgewiesen werden. Niemand muss sie akzeptieren. Warum nicht? Weil bei ihrer Annahme eine Differenz zum Bargeld bestehen bleibt: Mit der Zahlung verschwindet die Forderung nicht. Sie wird nur verschoben und ist jetzt zu einer Forderung des Verkäufers gegen die Kreditkartengesellschaft geworden. Diese wendet sich dafür mit einer Forderung gegen die Bank des Käufers, welche nun – nehmen wir der Einfachheit halber an, Käufer und Verkäufer halten Konten bei derselben Bank –, die Forderungen reduziert, die der Käufer in Höhe seines Kontostandes gegen sie hat, und dafür erhöhte Forderungen des Verkäufers akzeptiert. Erst wenn der Verkäufer seinerseits Bargeld abhebt, kommt das ständige Verschieben von Forderungen zu einem Ende.

Denn Noten und Münzen repräsentieren ihrerseits keine Forderungen. Gegen wen auch könnten sie sich richten? Man kann einen Fünfzig-Euro-Schein bei denen, die ihn emittiert haben, bei den Zentralbanken also, nicht gegen etwas anderes eintauschen. Man kann ihn sich nur wechseln lassen. Mehr als das Recht, mit ihm zu zahlen, verkörpert er nicht. Geld repräsentiert, wenn es gutgeht, Kaufkraft, wenn es schlecht läuft: gar nichts. Wer es behält, um es später zu verwenden, muss dann jemanden finden, der zu einem neuen Vertrag bereit ist.[16]

Welche Schulden könnten es nun gewesen sein, die durch die ersten Geldmünzen bezahlt wurden? Private Schulden kommen dafür kaum in Betracht, wenn man annimmt, dass die ersten Münzen eine politische, auf lokale Gemeinwesen bezogene Prägung erhielten. Man muss vielmehr an politische Schulden denken und an private Forderungen gegen politische Autoritäten, die durch Auszahlung von Münzen bedient wurden: der Sold von Soldaten etwa, das Salär von Amtsinhabern, die Preisgelder für Athleten. Hier sollte die Prägung der Münze garantieren, dass mit der Auszahlung auch tatsächlich Kaufkraft verbunden war. Umgekehrt bestanden politische Autoritäten darauf, dass Strafzahlungen oder Kontributionen in Geld erfolgten. Der Inhaber von Münzgeld war also in der Lage, sich damit bei Rechtsverstößen und Steuerforderungen freizukaufen. Es waren mithin Verpflichtungen des öffentlichen Lebens, die zuerst den Gedanken aufkommen ließen, Zahlungen sollten standardisiert werden.[17]

Das führt zur zweiten Funktion des Geldes, nämlich zu der,

ein Wertstandard zu sein. Wie kamen frühe Gesellschaften überhaupt darauf, den Wert ganz verschiedener Dinge durch eine einzige andere Sache auszudrücken? Der erste Wertmaßstab für Güter war dort, wo kurz darauf die Geldwirtschaft entstand, in Kleinasien und Griechenland zur Zeit Homers, weder Gold noch Silber, sondern es war – das Rind. Der Erzähler der «Ilias» wundert sich im Sechsten Gesang über Glaukos, dem Zeus den Verstand so verwirrt habe, «dass er ohne Besinnung / Gegen den Held Diomedes die Rüstungen, goldene mit ehrnen, / Wechselte, hundert Farren sie wert, neun Farren die anderen». Wertgrößen werden bei Homer generell in Ochsen ausgedrückt, ganz gleich, ob es sich um «vierrinderige» Frauen, «zwölfrinderige» Gefäße oder «hundertrinderige» Sklaven handelt.[18]

Dennoch wäre es falsch zu sagen, vor der Münze habe das Vieh als Geld gedient. Denn Ochsen waren kein gängiges Tauschmittel zur Deckung alltäglichen Bedarfs, es wurde nicht mit Rindern für Frauen, Gefäße, Sklaven bezahlt, sondern im Wert von soundso viel Rindern. Allenfalls konnten Ochsen eines unter anderen Tauschgütern sein, wenn große Wertmengen abzugelten waren. Großvieh besaßen in der Antike ohnehin nur wenige – die mittelmeerische Topographie bot nicht viele Weideflächen. Und selbst wer Rinder besaß, konnte sie nicht leicht zu Handelszwecken über größere Distanzen hinweg transportieren. Aufgeteilt wiederum ließ sich ein Rind schlecht konservieren. Kann man sich ein weniger geeignetes Tauschmittel vorstellen? Blickt man auf viel ältere Quellen, etwa einen ägyptischen Vertrag aus dem Jahr 1275 v. Chr., so zeigt sich dieselbe Unterscheidung von Wertstandard und Tauschmedium: Eine Sklavin wird hier zu einem bestimmten Silberpreis verkauft, aber es wird nicht mit Silber für sie bezahlt, sondern mit Waren in derselben Werthöhe. Der Wertmaßstab ist, bevor die Geldmünze aufkommt, nicht zugleich Zahlungsmittel.[19]

Doch weshalb wurden ausgerechnet Rinder in der frühgriechischen Gesellschaft zu einem Wertmaßstab? Die Antwort liegt in ihrer sakralen Funktion. Es ist kein Tausch zwischen Menschen, sondern einer zwischen Menschen und Göttern, der den ersten Wertstandard bei den Griechen hervorbrachte: Rinder waren Opfertiere. Die wichtigste frühgeschichtliche Transaktion, in der es darauf ankam, etwas einzutauschen, war nicht der Handel, sondern der Götterdienst. Man «zahlte» an den Gott aus dem Ertrag der Ernte wie der Viehzucht und erhielt von ihm, so der magische Glaube, im Gegenzug gutes Wetter, Gesundheit und reiche Ernte. Später wird die Tauschbeziehung abstrakter, der Gott ist nicht nur ein Spender von landwirtschaftlicher Gunst, sondern hilft in allen Angelegenheiten. Der Held Homers opfert nicht um der Nahrung oder des Wetters willen, sondern verlangt Beistand im Krieg. In den Worten des Wirtschaftshistorikers Bernhard Laum, der schon 1924 eine faszinierende Analyse der Einbettung des frühen Geldes in die politisch-religiöse Vorstellungswelt der Griechen vorgelegt hat: «Dies aus der Menge der übrigen Güter hervorgehobene Gut dient als Lösungsmittel bzw. Zahlungsmittel, wenn man das Verhältnis zwischen Gott und Mensch als ein Schuldverhältnis faßt; es dient als Tauschmittel, wenn das Opfer ein Tauschakt ist.» Dabei wurde streng darauf geachtet, dass nur Tiere hoher Qualität geopfert wurden. Vor allem Rinder. Denn das Opfer sollte ja die Götter beschwichtigen und günstig stimmen, wozu eine Verzichtsleistung ersten Ranges nötig war, und die Griechen lebten nicht gerade im Nahrungsüberfluss. Das Opfer ist kein privates Geschenk, sondern ein kollektives Tauschobjekt, das eine Gegenleistung für alle erwirken sollte und gerade darum normiert ist: «Die Auswahl des geeigneten Opfertieres aus der Herde ist der erste Akt wirtschaftlichen Denkens.» Die ersten kollektiv normierten Geschäfte wurden also mit Göttern gemacht. In Tempeln wurden Ochsen «eingezahlt» und anschließend kollektiv verzehrt.[20]

Es gibt noch eine zweite Institution neben dem Opfer im Götterdienst, die zur Herausbildung fester Wertstandards und zu der Vorstellung führte, dass ein Gut andere entscheidend vertreten kann: das sogenannte Wergeld. Damit ist eine Entschädigungszahlung gemeint, die in frühgeschichtlichen Gesellschaften für einen Mord erfolgen musste, um die Angehörigen des Ermordeten friedlich zu halten. Seine Verwandtschaft ist auf Rache aus, denn sie fürchtet den Toten, der ohne die ausgleichende Opferzahlung des Mörders nicht zur Ruhe kommt. Er liegt der Gemeinschaft gewissermaßen auf der Seele. Die Todesstrafe zur Sühnung eines Mordes war ursprünglich ein Opfer und ist bis heute von dem mythischen Gefühl getragen, anders komme der Ermordete nicht zur Ruhe, obwohl es in Wahrheit die Lebenden sind, die sich erst beruhigen, wenn ihrem Verlust ein Äquivalent geschaffen wird. Auch hier kann Stellvertretung stattfinden. Auf dem Grab seines gefallenen Freundes Patrokolos opfert Achill, wie auf einem Altar, zwölf junge Trojaner für diesen.[21]

Die Zahlung von Rindern als Wergeld unterbrach die Blutrachezyklen, die hier nahelagen, weil jeder Verwandte der Geopferten nun seinerseits Motive für Anschlussopfer auf der Gegenseite hatte – und so weiter. Die Annahme eines Tieropfers für einen Toten, einer die Schuld beendenden Zahlung, löst insofern ein Problem, dessen Nichtlösung für eine Gesellschaft viel verheerender wäre als eine fehlende Koinzidenz der Bedürfnisse beim Tausch. So wie die Zahlung von Rindern zum Zweck sozialer Opfermahlzeiten eine kollektive Schuld bei den Göttern ablöste. In beiden Fällen kommt jene bereits beschriebene Eigenschaft von Geld zum Tragen: eine Forderung nicht nur zu verschieben, sondern zu begleichen. Doch dazu mussten zunächst Rinder, später Tiersymbole, Edelmetalle und schließlich Münzgeld als allgemeines Schuldentilgungsmittel akzeptiert werden. Es musste sich, mit anderen Worten, die Vorstellung der Stellvertretung etablieren:

dass eine bestimmte Opfergabe durch eine andere ersetzt werden kann. Als Ajax dem Achill vorwirft, er sei hartherzig, weil durch kein noch so großes Geschenk zur Teilnahme am Krieg gegen Troja zu bewegen, dient ihm das Wergeld als Symbol: «Sogar für des Bruders Ermordung / Oder des toten Sohnes empfing wohl mancher die Sühnung.»[22]

Die Zahlung von Rindern oder in Edelmetall ist hier bereits im Begriff, das Menschenopfer abzulösen. In dem Maße, in dem auch die Götter nicht mehr als hungrig auf Menschen oder Tiere vorgestellt werden – Solon lässt um 600 v. Chr. das Rinderopfer in Athen verbieten –, in dem Maße setzen sich mit Tierzeichen oder Ähren geprägte Symbole als Mittel durch, um Schulden zu begleichen. Dass «Geld» sprachlich mit «Gilde», der Kultgemeinschaft, und «Vergeltung», dem gegenseitigen Ausgleich, verwandt ist, dass das lateinische «pecunia» für «Geld» von «pecus», dem Vieh, kommt, dass sich «Obolus» vom griechischen «oboloi» ableitet, den Bratspießen, die beim Verzehr der Opfertiere zum Einsatz kamen, und dass «Drachme» ursprünglich «eine Handvoll Spieße» bezeichnete, deutet ebenfalls auf die rituellen Zusammenhänge hin, denen die ausgemünzten Zahlungsmittel ihre Anfänge verdanken. Vereinzelt finden sich Hinweise darauf, dass in Delphi vor den Münzen eiserne Spieße tatsächlich Tauschwert gehabt haben könnten; ob das für die Bezeichnung als «Geld» aber schon ausreicht, ist fraglich. Es genügt, hierin eine Vorstufe von Praktiken zu erkennen, mit Metallobjekten Verpflichtungen nachzukommen.[23]

Das Münzgeld aus Gold, Silber oder Elektron war dafür vermutlich auch deshalb geeignet, weil Edelmetallen magische Qualitäten zugeschrieben wurden. Dinge, die im Griechischen «agalmata» hießen, kostbare Dinge, zirkulierten als Gast- oder Hochzeitsgeschenke, als rituelle Gaben an Götter, als Siegestrophäen. Bei lokalen Wettbewerben unter Athleten wurden nicht nur bronzene Gefäße als Preis ausgesetzt, sondern auch Geldmünzen, während bei den panhellenischen Spielen, bei denen es vor Ort um Lorbeerkränze ging, die Zahlungen erst zu Hause erfolgten. Häufig waren solche Geschenke aus Gold oder Silber gefertigt, wie das mythische Goldene Vlies. Das erste Münzgeld erinnert insofern an Talismane, die magischen Trophäen der kleinen Leute.

Schon Thomas Burgon hat die These aufgestellt, dass alle Bildtypen antiker Münzen religiöse Verweise enthalten. Der Münze ist damit ein doppelter Glaube eingeprägt: der Glaube daran, dass sie auslösende Kraft hat, weil in ihr ein Wert steckt, und, besiegelt durch den staatlichen Prägestempel, der Glaube an die politische Gemeinschaft, mit der sich der Geldverwender durch die Geldverwendung verbindet. Die Erfindung des Geldes ist also ein klassisches Beispiel dafür, dass Individualismus und Kollektivismus sich wechselseitig steigern. Freiheit, repräsentiert in den Ausweichmöglichkeiten, die das Geld bietet, weil man sich loskaufen kann aus Zwängen, und Angewiesenheit auf ein politisches Kollektiv, das die Verwendbarkeit des Mediums sicherstellt, sind keine Gegensätze.[24]

In diesen beiden Seiten der Münze, von denen die eine das Individuum mit der Möglichkeit zu eigensinnigem Verhalten ausstattet, während die andere es in die politische Ökonomie einer Gesellschaft hineinzieht, lag von Anfang an die Provokation des Geldes. Kaum war es da, irritierte es seine Beobachter. Herodot beispielsweise meinte, vom Land der Lyder gebe es nicht viel zu berichten – sein ganzes erstes Buch handelt fast nur von Lydern! –, außer dass dort von den Bergen Goldstaub herabkomme und dass die Töchter der Lyder Prostituierte seien, deren Vermögen politische Denkmäler finanziere. Sollte heißen: Die Erfinder des Geldes waren die Erfinder der Korruption und der moralischen Grenzverschiebung. Das Geld löse die Leute aus der Sitte, mache sie demjenigen, der das Geld in Umlauf gebracht hat, dem Tyrannen – bei den Lydern: Gyges – untertan, der seinerseits stets geneigt sei, den Wert der Münzen zu verschlechtern oder jedenfalls willkürlich festzulegen. Außerdem wurde recht bald notiert, alle täten nur noch, was sie tun, um sich in Besitz von Geld zu bringen. Die griechische Mythologie, Dichtung und politische Erzählung ist voller Gold-, Geld- und Tauschgeschichten, von König Midas über Krösus und Polykrates bis zu Kreons Klage in der «Antigone» des Sophokles: «Denn unter allem, was gestempelt ist, / Ist schlimm nichts wie das Silber. Ganze Städte / Verführet dies, reizt Männer aus den Häusern.» Kurz: Geld wurde als Unruhestifter wahrgenommen. Weil es abweichendes Verhalten mit Anreizen ausstattet. Und weil es alle Handlungen einem Vergleich mit dem Einkommen aussetzt, das durch eine alternative Handlung erzielt werden könnte. Die Frage «Lohnt sich das?» stellt sich in einer monetären Welt ganz anders als in einer Welt ohne Geld. Denn seitdem es Geld gibt, werden nicht nur Äpfel mit Birnen, sondern wird alles mit allem verglichen.[25]

SECHZEHNTES KAPITEL

In guten wie in schlechten Zeiten:
Der Anfang der Monogamie

Kein Zweifel, der Hund ist treu. Aber sollen wir uns
deshalb ein Beispiel an ihm nehmen? Er ist doch dem
Menschen treu und nicht dem Hund.

KARL KRAUS

Was ist das denn, die Liebe, ohne die angeblich keine Ehe gerechtfertigt ist? Diese Frage kommt in dem berühmten Eisenbahnabteil auf, in dem Leo Tolstoi 1889 seine Erzählung «Die Kreutzersonate» spielen lässt. Nun, wird dem Protagonisten Posdnyschew entgegnet, das sei doch sehr einfach: «Liebe ist die ausschließliche Bevorzugung eines Mannes oder einer Frau vor allen übrigen.» Posdnyschew versetzt: «Bevorzugung – auf wie lange? Auf einen oder zwei Monate oder auf eine halbe Stunde?», und als seine Gegenüber ihm mit «sehr lange» und «zuweilen für das ganze Leben» kommen, fährt er aus der Haut. In Wirklichkeit komme das nie vor. Jeder Mann empfinde das, was hier Liebe genannt werde, für jede hübsche Frau, und sollte er es für eine Einzige ein Leben lang empfinden, dann wäre es ein unfassbarer Zufall, wenn für sie das Gleiche gelte. Voraussehbar Unglück habe, wer einst erfahre, dass das Gegenüber nur anfänglich liebte, nur, als es noch auf etwas aus war. Das Schicksal der Attraktion, so verficht Posdnyschew, sei Übersättigung. Geistige und seelische Nähe wiederum bedürften nicht der Ehe. Um irgendwelcher Ideale willen müsse niemand miteinander schlafen. Wenn im Zentrum der Ehe die Paarung stehe, dann sei sie ein Betrug, weil die Paarung der Ehe nicht bedürfe. Der natürliche Zustand sei Polygamie, also Vielweiberei (Polygynie) und Vielmännerei (Polyandrie). Jede Moral, die Paare zwanghaft in der Ehe halte, lasse eine Hölle entstehen.[1]

Tolstoi kannte nicht nur die Ehe, er kannte auch die Lehren Darwins. Insofern hätte er sich wohl nur wenig gewundert, hätte er von der Übereinstimmung der Anschauungen seines an der Liebe verzweifelnden Helden Posdnyschew mit sehr viel späteren evolutionsbiologischen Befunden zur Monogamie erfahren. Ihnen zufolge ist Monogamie ein hoch unwahrscheinlicher Sachverhalt. Zwar gibt es Tiere, die den Menschen, was ihre Familienbildung angeht, ähnlich scheinen, vor allem bei den Vögeln wurde dies schon im neunzehnten Jahrhundert beobachtet. Doch der Mensch stammt erstens nicht von den Vögeln ab. Und zweitens ist bei den Säugetieren, denen er nähersteht, die Variantenvielfalt des Paarungsverhaltens ganz erheblich, also wie viele Geschlechtspartner ein Tier hat und wer sich wie exklusiv um den Nachwuchs kümmert und so weiter.[2]

Ganz oben auf der Liste der Erklärungen dafür, wie es zu dieser Vielfalt kommt, steht die Beschreibung der unterschiedlichen reproduktiven Interessen der Geschlechtspartner. Das erste Argument lieferte der englische Genetiker Angus John Bateman im Jahr 1948, und zwar mit einer Studie, die sich später als stark fehlerbehaftet erwiesen hat. Aus Versuchen mit Fruchtfliegen meinte er als allgemeines biologisches Prinzip schließen zu können, dass der Reproduktionserfolg männlicher Tiere proportional zur Zahl der Geschlechtsakte ansteigt, während der Erfolg von Weibchen durch weitere Kopulationen über eine erste hinaus nicht erhöht wird. Außerdem zeigten die Männchen eine erheblich größere Varianz des reproduktiven Erfolgs: Nur ganz wenige der Weibchen, aber mehr als ein Fünftel der Männchen hatten im Beobachtungszeitraum keine Nachkommen, weil sie als Geschlechtspartner abgelehnt worden waren. Batemans Erklärung: Weibliche Lebewesen investieren fast überall im Tierreich viel Energie in eine einzelne Eizelle, männliche fast nichts an Zeit und Energie in viele Samenzellen. Darum sind weibliche Geschlechtspartner wählerisch, weil Irrtümer in der Partnerwahl für sie, was die Weitergabe ihrer Gene angeht, kostspielig sind, für männliche Lebewesen hingegen hängt nicht viel an der einzelnen Begattung. Die Weibchen sind daher knapp, die Männchen konkurrieren um sie. Zudem bindet die hohe Anfangsinvestition der Weibchen diese mehr an den Nachwuchs als die männliche Seite.[3]

Was trägt diese Beschreibung, an die sich oft soziale Stereotypen der schamhaften und zurückhaltenden Frau sowie des draufgängerischen und drängenden Mannes anschließen, zum Verständnis von Monogamie bei? Zunächst wird man festhalten müssen, dass zu jeder Paarung zwei gehören, weswegen es für kein Geschlecht möglich ist, im Durchschnitt promiskuitiver zu sein als das andere. Paarbildung, sagt ihre biologische Theorie, ist die wechselseitige Ausbeutung zweier Individuen, denen es um Fortpflanzung ihrer selbst geht. Je geringer dabei der Beitrag des männlichen Partners – insbesondere wenn er nicht über die Befruchtung hinausgeht –, desto unwahrscheinlicher wird Monogamie. Der anfängliche Unterschied im Energieaufwand beider Geschlechter nimmt erst ab, wenn die männliche Seite sich kümmert: Nahrung heranholt, ein Nest baut, das Territorium der Nahrungssuche und das Weibchen sowie die Nachkommenschaft verteidigt, sich an der Erziehung des Nachwuchses beteiligt. Diese Engagements ändern aber nichts an der biologisch sinnvollen Strategie, sie mit Fremdgehen zu kombinieren. Über die Möglichkeit dazu entscheidet das Weibchen nach zwei Gesichtspunkten: nach der genetischen «Fitness» des Partners, für die es körperliche Anzeichen sucht, und nach der Wahrscheinlichkeit, dass er ein guter Versorger sein wird.

Die Konkurrenz der Männchen ist extrem ausgeprägt, wenn

die Paarbildung polygam erfolgt, wenn also besonders attraktive Männchen mehrere Geschlechtspartnerinnen haben. Denn dann ist es für viele Männchen nicht einmal sicher, überhaupt ein sexuelles Gegenüber zu finden. Von einer «Vielweiberei-Schwelle» («polygyny-threshold») sprechen die Biologen dort, wo es für ein Weibchen günstiger ist, sich mit einem bereits gepaarten Männchen zu verbinden, weil dessen Physis und Territorium selbst bei Teilung seiner Ressourcen mit der Konkurrentin vielversprechender sind als die Physis und das Territorium des nächstreicheren Männchens. Wenn Männchen sich nach der Geburt gar nicht um den Nachwuchs kümmern, existiert ebenfalls kein Grund für Monogamie. Unter Säugetieren ist sie entsprechend selten, nur drei bis fünf Prozent der Arten – und zehn bis fünfzehn Prozent aller Primaten – leben sozial monogam: Krallenaffen, Gibbons, Biber, manche Seehunde, Füchse, Dachse und Schleichkatzen beispielsweise.[4]

Die zoologische Vielfalt der Paarungsmuster geht auf das Zusammenspiel von Energieeinsatz, artspezifischen Eigenschaften der Reproduktion, sozialen Merkmalen der betreffenden Art und ökologischen Faktoren zurück. Zur Bereitschaft der Männchen, sich an der Aufzucht des Nachwuchses zu beteiligen, kommt die räumliche Verteilung der Weibchen, die zu verstreut sein kann, um anderes als Monogamie zu erlauben. Wenn alle Weibchen zur selben Zeit brüten, legt auch das die Männchen stärker auf Paarbildung fest. Schutz vor Kindstötung durch andere männliche Exemplare ist ein weiteres Motiv. Und schließlich werden die Möglichkeiten, anderen Männchen und Weibchen mittels aggressivem Verhalten den Zugang zu einem Geschlechtspartner zu verwehren, je nach Art ebenfalls sehr unterschiedlich genutzt. Mitunter ist das sogar innerhalb einer einzelnen Art so. Die Heckenbraunelle ist unter Ornithologen berühmt dafür, je nach Exemplar sowohl sozial monogam zu leben wie polygyn (ein

Männchen, zwei Weibchen), polyandrisch (zwei oder drei Männchen als Partner eines Weibchens) und polygynandrisch (zwei, drei oder vier Weibchen, die sich zwei oder drei Männchen teilen). Je dichter dabei die Nahrung in ihrem Habitat verteilt ist, desto wahrscheinlicher haben die Männchen Zugang zu mehreren Geschlechtspartnerinnen.[5]

Monogamie ist mithin biologisch etwas Seltenes. Nur Vielmännerei ist noch seltener, weil sie für männliche Tiere meist ungünstiger ist (*pater semper incertus est*) als Polygynie für weibliche. Unter Menschen hingegen ist das sozial monogame Paar eine inzwischen universale und frühe Erscheinung. Biologen, die aus den körperlichen Größenunterschieden in Gewicht und Länge zwischen männlichen und weiblichen Lebewesen auf den Grad an Polygynie schließen, weil der Kampf um Weibchen solche Merkmalsdifferenzen auspräge, kommen für Menschen nur auf einen Faktor von 1,15, der auch schon für den *Australopithecus afarensis* nachweisbar ist. Allerdings zeigen die polygynen Schimpansen anders als Gorillas und Orang-Utans kaum Größenunterschiede zwischen den Geschlechtern, weshalb die Kennzahl allein nur vorsichtige Schlüsse zulässt.

Auf der Hand liegt, dass die Erziehung von Menschenkindern aufwendiger und insofern unterstützungsbedürftiger ist als die Aufzucht von jungen Tieren. Das Erwachsenwerden erfolgt langsamer. Menschen haben mit dem ersten Lebensjahr ein Gehirn von der halben Größe des ausgereiften entwickelt, Affen hingegen, aber auch der *Homo erectus* zum selben Zeitpunkt schon eines, dessen Größe bei achtzig Prozent des erwachsenen Gehirns liegt. Dieses verlangsamte Wachstum, das mit einer gegenüber Menschenaffen dramatisch längeren Lebenserwartung einhergeht, führt bei Menschen unter anderem dazu, dass von den Eltern oft mehrere Nachkommen gleichzeitig unterstützt werden müssen, während Aufzucht im Tierreich so gut wie immer nacheinander erfolgt. Die menschliche monogame Paarbildung und ihre Arbeitsteilung, was das Kümmern um die Kinder einerseits, andererseits ihren Schutz und insbesondere die Nahrungsbeschaffung angeht, waren ein Überlebensvorteil für den Nachwuchs. Sie senkten die Kindersterblichkeit erheblich – und sie stärkten einander: Paarbildung erlaubt Arbeitsteilung, Arbeitsteilung macht die Partner stärker voneinander abhängig. Zugleich sind Menschen darin einzigartig, dass sie Monogamie mit Gruppenleben verbinden. Bei den wenigen Menschenaffen, bei denen Familien in Gruppen leben, bestehen diese Familien stets aus einem männlichen Exemplar und seinem «Harem».[6]

Eine menschliche Besonderheit gegenüber ihren nächsten Verwandten ist allerdings auch die Kombination von monogamer und polygyner Paarbildung in einer Gemeinschaft. Unter Menschenaffen sind männliche Erwachsene entweder polygyn, oder sie haben keine Weibchen, während Menschen monogam und promiskuitiv zugleich sein können. Die im neunzehnten Jahrhundert unter viktorianischem Einfluss verbreitete Ansicht, vor allem die paarweise lebenden Vögel seien ein die Ehe bestätigendes Naturmodell, hielt sich bis weit ins zwanzigste Jahrhundert. Noch 1968, zu einer Zeit also, in der die Analogie zu monogamen Vögeln seitens einer ganzen Jugendbewegung aufgekündigt worden war, attestierten führende Ornithologen mehr als neunzig Prozent aller Vogelarten die «treue» Lebensweise. Doch durch DNA-Analysen ist seit vierzig Jahren immer deutlicher geworden, dass viele Vogelarten insofern ein Modell sind, als sie soziale Monogamie und außereheliche Sexualität verbinden. Selbst bei Schwänen sind Seitensprünge entdeckt worden.[7]

Das führt zum wichtigsten Unterschied zwischen tierischen und menschlichen Gemeinschaften in der Frage nach der Monogamie.

Im Tierreich scheint Monogamie durch die räumliche Verteilung von Weibchen, die Drohung des Kindsmords durch Artgenossen oder synchrone Paarungs- und Brutzeiten motiviert zu werden. Für prähistorische Menschen kommen diese Faktoren als Erklärung eher nicht in Betracht. Der Übergang von polygynen zu monogamen Paarbildungen scheint prähistorisch vielmehr mit dem von Jäger-und-Sammler-Gesellschaften zu agrarischen Gesellschaften und ersten Hochkulturen zusammenzufallen. In der Menschheitsgeschichte hat sich seitdem die Monogamie nicht so sehr als sexuelles Paarungsmuster, sondern als soziale Paarbildungsnorm durchgesetzt, die mit einer ganzen Bandbreite an sexuellem Verhalten einhergeht. Norm heißt hier: als soziale Erwartung, die rechtlich und moralisch gestützt wird und also auch im Enttäuschungsfall nicht immer aufgegeben wird. Der letzte Anfang einer zivilisatorischen Errungenschaft, dem ich in diesem Buch nachgehe, ist darum ein besonderer. Denn niemand würde bestreiten, dass es den aufrechten Gang gibt oder Sprache, Musik, Ackerbau, Städte, Epen und geschriebenes Recht. Doch von der Monogamie heißt es nicht selten, sie sei ein Mythos, eine scheinheilige Behauptung, ein Selbstbetrug insbesondere, wenn sie mit dem Vokabular ihrer leidenschaftlichen Begründung verbunden werde: «Du, nur du allein.»

Tatsächlich gibt es, seit die Zivilisation sich komplex zu entwickeln begann, alles Mögliche andere. Beispielsweise die Dominanz der Mehrehe in Jäger-Sammler-Gemeinschaften. Von rund 1200 ethnischen Kulturen, die um 1980 katalogisiert worden sind, war in gut der Hälfte die Polygamie der Normalfall. Es gibt institutionalisierte Prostitution, die schon in den ersten Städten aufkam, wie in den Kapiteln über die Stadt und das Epos zu sehen war. Es gibt die Institutionalisierung von Konkubinen, etwa in Thailand, wo seit langem zwischen Hauptfrau (mia yai) und Nebenfrau (mia noi) unterschieden wird, wobei die Hauptfrau sich um die

Familie kümmert, die Nebenfrau dem Mann zur intimen Kommunikation dient und unter dem Einfluss des Sextourismus und seiner Krankheitsfolgen Prostituierten vorgezogen wird. Es gibt die Praxis wohlhabender Despoten, sich eine große Anzahl von Frauen zu sichern, und die insbesondere durch den europäischen Adel repräsentierte Kultur, die Ehe als eine Konvention zu behandeln, die politischen Festlegungen nutzt, die aber sexuell nur ernst nimmt, wer es nötig hat. Und es gibt schließlich die zeitliche Polygamie, die sich durch die Möglichkeit der Scheidung zu einem normalen Fall entwickelt hat.[8]

Zunächst war die Erwartung sozialer Monogamie auch nur eine regionale Besonderheit einiger weniger hochkultureller Gesellschaften. Erst in den letzten Jahrhunderten hat sie sich weltweit verbreitet. Gesetzliche Verbote der Polygynie sind in Japan erst 1880, in China 1953 und in Indien 1955 ausgesprochen worden. Die Religionsgemeinschaft der Mormonen verabschiedete sich 1890 offiziell von ihrer polygamen Tradition, nachdem 1862 ein amerikanisches Gesetz gegen Bigamie mit dem Hinweis an die Mormonen verabschiedet worden war, man werde es gegen sie nicht durchsetzen. Bei den meisten indigenen Kulturen, die sozial polygam sind, handelt es sich um kleine und einfache Gemeinschaften, für die häufig gilt, dass das polygame Fortpflanzungsmuster eine evolutionäre Reaktion auf «pathogenen Stress», also die gesteigerte Bedrohung durch Infektionen, ist. Solche Lebensumstände begünstigen nicht nur Paare, die sich genetisch stark unterscheiden, sondern machen auch Männer, die gegen die vorherrschenden Parasiten resistent sind, zu besonders vorteilhaften Geschlechtspartnern.[9]

Andere Hypothesen stellen nicht auf biologische, sondern auf soziale Ungleichheit ab, um das lange vorherrschende polygyne Familienmuster zu erklären. Bei großen Einkommensunterschieden der Männer beispielsweise wäre Polygynie das vorherrschende Modell, weil junge Frauen – oder ihre Eltern, die über ihre «Vergabe» entscheiden – es gegebenenfalls vorziehen würden, die zweite Frau eines reichen als die einzige eines armen Mannes zu sein. Das Argument folgt dieser Modelllogik: Angenommen in einer Gemeinschaft von einhundert weiblichen und einhundert männlichen Individuen findet Paarbildung so statt, dass jeweils die nach irgendeinem Kriterium attraktivsten Individuen einander heiraten. Jedes Individuum erhält einen Partner: Platz 1 bei den Frauen heiratet Platz 1 bei den Männern und so weiter. In diese monogame Ordnung wird nun Polygynie eingeführt, und die Frau auf Platz 40 heiratet den Mann auf Platz 10, der doppelt so gut ausgestattet – zum Beispiel wohlhabend – ist wie Platz 40 bei den Männern. Alle Frauen von Platz 41 an rücken auf: Platz 41 heiratet Mann 40, Platz 42 heiratet Mann 41, und Platz 100 heiratet Platz 99. Nur der Mann auf Platz 100 findet nun keine Frau mehr. Das Ergebnis spricht aus Sicht der Frauen für soziale Polygynie, denn eine Frau (Platz 40) hat sich deutlich verbessert, eine deutlich verschlechtert, weil sie ihren Mann jetzt teilen muss, und sechzig Frauen stehen etwas besser da (Platz 41 bis Platz 100). Bei den Männern in ihrer Gesamtheit ist die Bilanz genau umgekehrt. Die Polygynie kommt also einigen hochrangigen Männern zugute, die einen Teil der Frauen monopolisieren, sowie fast allen Frauen, weil sie knapper werden, und zwar desto mehr, je ungleicher die Attraktivität der Männer verteilt ist. Die familienhistorische Bilanz großer Reiche in China, Indien und der muslimischen Welt unterstreicht diese Vermutung ebenso wie das erste Epos der Griechen, die «Ilias», die mit einem Streit über eine junge Frau als Beutegut von Kriegsherren beginnt,[10] von denen einer verheiratet ist.

Wie kommt es demgegenüber zu Monogamie, deren Lied unübertroffen im zweiten Epos der Griechen, in der «Odyssee», gesungen wird, die ja nichts anderes ist als der Versuch ihres Helden, nach Hause zurückzukehren, wo Frau und Sohn auf ihn warten.

Als Heiratsnorm hat sich die soziale Monogamie in zwei unterschiedlichen Gesellschaftstypen entwickelt: in kleinen, randständigen Gemeinschaften ohne große Statusunterschiede, in denen es keine Anreize gibt, «zweite Frau» zu sein, und in Stadtgesellschaften wie Mesopotamien, dem antiken Griechenland und Rom, in denen mit großer Energie Gesetze diese Familienform durchsetzten. Man spricht im ersten Fall von «ökologisch aufgedrängter», im zweiten von «sozial aufgedrängter» Monogamie. Dass es Zusammenhänge zwischen der Paarbildungsnorm und der Produktionsweise einer Gesellschaft gibt, legen der steigende Anteil an monogam geprägten Kulturen nahe, wenn man Jäger-Sammler-Ökonomien (etwa zehn Prozent monogam) mit solchen vergleicht, die sich aus Gärten ernähren (etwa dreißig Prozent monogam), und solchen, die Ackerbau betreiben (etwa vierzig Prozent monogam). Zwischen ökologischer und sozialer Monogamie könnte es also Zusammenhänge geben. Ein mögliches Argument hierzu nimmt das Größenwachstum lokaler Gemeinschaften in den Blick, das mit dem Übergang zum Ackerbau einherging. Während Jäger-Sammler-Gesellschaften oft nur wenige Dutzend Mitglieder umfassen und räumlich isoliert sind, bestehen landwirtschaftliche Siedlungen häufig aus mehreren hundert Individuen, die überdies Kontakte zu anderen Siedlungen unterhalten. In solchen Gesellschaften größerer sozialer Verdichtung wirken sich bakteriell übertragene Geschlechtskrankheiten stärker aus, vor allem, wenn polygyne Sexualität die Norm ist; sexuelle Monogamie hätte unter diesen Umständen einen selektiven Vorteil, der sogar die Kosten ihrer Durchsetzung übersteigen kann.[11]

Allerdings darf hieraus nicht auf einen strikten Zusammenhang zwischen Ackerbau und Monogamie geschlossen werden. Das pharaonische Ägypten war ebenso polygam wie die Staaten der Azteken und Inka. Erklärungsversuche, die sich stärker von den Umweltbedingungen des sexuellen Verhaltens lösen, argumentieren darum zumeist mit den sozialen Auswirkungen von Heiratsregeln. Polygynie verschärft soziale Ungleichheit, indem sie die ökonomische und politische Ungleichheit auch noch um die reproduktive Ungleichheit ergänzt. In bestimmten historischen Konstellationen müssen beispielsweise die ökonomischen und politischen Oberschichten Rücksicht auf die gesamte männliche Bevölkerung nehmen, die bei stark ausgeprägter Vielweiberei sexuell und familiär leer ausgeht. Allgemeiner Zugang zur Heirat durch Verbot polygyner Frauenverknappung könnte dementsprechend in Stadtstaaten, die sich untereinander in Konkurrenz befanden, ein Mittel gewesen sein, die Identifikation aller Bürger mit dem Ganzen zu mobilisieren. Man kann das auch so formulieren: Die monogame Heirat als Norm verringert den männlichen sexuellen Konkurrenzkampf in einer Gesellschaft.

So verstanden, wäre der Übergang von der Polygamie zur sozialen Monogamie mit anderen konkurrenzverringernden Strukturen vergleichbar, der Zahlung von Steuern durch Eliten oder der Einführung einer Sozialversicherung mit Arbeitgeberanteil etwa: als politische Umverteilung. Das sehr viel spätere *One man one vote* wäre in dieser Perspektive von der Formel *One man one woman* vorbereitet worden. Die monogame Ehe wäre auf politische Kompromisse zurückzuführen und auf die Entstehung eines Interessengruppen übergreifenden Gedankens kollektiver Aktion. Es bedurfte im griechischen Raum beispielsweise des Endes der Palastherrschaft, um den Übergang zur sozialen Monogamie in einem politischen Kontext zu ermöglichen, in dem die Eliten schwächer als zuvor waren. Der Schritt von der «Ilias» zur «Odyssee» ist dabei selbstverständlich noch keiner aus dem Umkreis aristokratischer Herrschaft, geschweige denn zu einer egalitären oder polis-demokratischen Gesellschaft. Bis zu den Familiengesetzen des Solon, der im frühen sechsten Jahrhundert v. Chr. die Prestigegüter Frauen und uneheliche Nachkommen aus dem Familienmuster hinausdefinierte, brauchte es noch Zeit. Aber das Lob der kleinen Familie, der ehelichen Treue jedenfalls der Frau, zuletzt aber auch des zumindest sozial monogamen Mannes, war angestimmt.[12]

Mit der Zahl eheloser Männer, so wird vermutet, reduzierte sich durch Abwendung von der Polygynie auch die Intensität des abweichenden Verhaltens in einer Gesellschaft. Unverheiratete Männer von geringem Status und ohne Aussicht auf eine eigene Familie, heißt es in ökonomischem Vokabular, zinsen die Zukunft stark ab und neigen zu riskanten Verhaltensweisen, was den sozialen Aufstieg und das sexuelle Verhalten angeht. Untersuchungen, die für ganz unterschiedliche Länder wie China, die Vereinigten Staaten und Indien nachweisen, dass im Laufe krimineller Karrieren die Phasen des Verheiratetseins – aber nicht die des Lebens in einer nicht ehelichen Paarbeziehung – die Verbrechensneigung um mehr als ein Drittel reduzieren, bei Gewaltverbrechen sogar um die Hälfte, lassen zwar offen, was genau es ist, das der Ehe einen Einfluss auf die Berufswahl gibt – es könnte beispielsweise auch das Älterwerden sein, das mit beidem, dem Verheiratetsein und der Abstandnahme von Gewalttaten, zusammenhängt. Als soziologische Spielart der Versorger-Theorie des «elterlichen Kümmerns» – also in dem Sinne, dass sich verheiratete Männer über einen längeren Zeitraum hinweg womöglich weniger unmittelbar egoistisch verhalten – scheint die Hypothese aber plausibel. «Die Ehe», formulierte um 100 v. Chr. ein römischer Censor, «ist, wie wir alle wissen, eine Quelle des Verdrusses; dennoch muss man heiraten, und zwar aus Bürgersinn.»[13]

Solche Formulierungen dürfen nicht darüber hinwegtäuschen, dass sowohl in Griechenland als auch in Rom sexuell polygynes Verhalten alltäglich war. Die Existenz von Sklaven ermöglichte das unter Aufrechterhaltung sozialer Monogamie ebenso, wie es die Rechtsverhältnisse zunächst beförderten. Ehe meint nicht nur Reproduktion, sondern auch Mitgift, Besitzgemeinschaft und Erbschaft. Die Wahl zwischen Monogamie und Polygynie war daher seit jeher auch eine ökonomische Entscheidung. Nichts macht das sinnfälliger als die von dem französischen Historiker Paul Veyne berichtete Geschichte des jüngeren Cato, der, ein Ausbund an Tugend, einem Freund die eigene Frau überließ, um sie später zurückzuheiraten, wobei er nebenbei ein enormes Erbe einstrich. Solche historischen Befunde haben Friedrich Engels 1884 in seiner Abhandlung über den Ursprung der Familie zu der These geführt, die Monogamie sei eine Folge des Privateigentums, das die Ökonomie aus den ursprünglich stammesförmigen Gütergemeinschaften herausgelöst habe, die für Engels egalitär und promiskuitiv waren. Die Ehe hätte, so gesehen, den Sinn, Eigentum zu erhalten. Praktizieren wir demnach Monogamie nur, weil wir Eigentum kennen? Das wäre die Umkehr der soziobiologischen Behauptung, das Eigentum habe den Sinn, Frauen anzuziehen.[14]

Beides, soziale Monogamie und Eigentum, wurde in den ersten Hochkulturen zu einer politischen Größe. Die Anthropologin Laura Betzig, die umfangreiche Studien zur Geschichte der Monogamie vorgelegt hat, zitiert die drastischen Worte, die Augustus als Kaiser an Junggesellen als die größten Verbrecher in Rom richtete: größere noch als Mörder seien sie. Weshalb? Weil es ihm ein Dorn im Auge war, dass die Römer kleine eigene Familien hatten und zugleich fremdgingen und illegitime Kinder zeugten. Die Junggesellen waren für ihn darum «Mörder» an Kindern, die sie nicht als legitime Erben hervorbrachten. Der Grund, den männliche römische Bürger dafür hatten, war das Bestreben, große Erbschaften zu hinterlassen und eine Zersplitterung ihres Vermögens nach ihrem Tod zu verhindern. Also frönte man dem Sex lieber außerhalb der Ehe. Im kaiserlichen Rom wurde das Erbe nämlich geteilt, das sogenannte «Primogenitur», bei dem der Erstgeborene alles erbt, gab es nicht. Deshalb wurde «künstlich» dafür gesorgt, dass es nur einen Sohn gab: durch vorzugsweise außerehelichen Sex, Verhütung, Abtreibung und Kindstötung in der Ehe. Der Imperator wiederum war an einer stärker verstreuten Vermögensverteilung durch Aufsplitterung des Erbes auf viele Kinder interessiert, weil sie die politischen Gegenkräfte der Aristokratie schwächen würde. Darum wurden Gesetze erlassen, die familiäre Vaterschaft subventionierten, Junggesellentum besteuerten, Witwen zu Wiederverheiratung zwangen und Ehebruch bestraften. Die bevölkerungspolitische Absicht, die Aristokratie möglichst zahlreich zu halten, ging dabei so weit, dass die Strafnorm, der Vater einer jungen Frau dürfe bei Verführung den Verführer töten, zur Anweisung verschärft wurde, er müsse, wenn er einen töte, auch beide töten – mit dem Hintergedanken, es dadurch unwahrscheinlich zu machen. Hauptsache, der Pool der ehefähigen Personen blieb groß.[15]

Erklärungsversuche wie die erwähnten sehen die Initiative beim Übergang zur sozialen Monogamie bei den Männern: entweder solchen, die darüber Herrschaft zu stabilisieren und auf eine breitere Basis zu stellen suchten, oder solchen, die von der spezifischen Umverteilung profitierten, die mit der allgemeinen Einehe einherging. «Die Frage, wie sie sich einer Frau praktisch stellt», bemerkte aber George Bernard Shaw, «ist, ob es besser wäre, es gehöre ihr ein zehntrangiger Mann ganz oder ein erstrangiger nur zu einem Zehntel.» Das Christentum plädierte für Ersteres und stärkte die antik überlieferte monogame Familienform. Die Formulierung des Althistorikers Peter Brown, das öffentliche Ansehen der frühen Christen sei durch zölibatäre Bischöfe geprägt gewesen, die von reichen Frauen unterstützt wurden, um sich um die gesichtslosen, entwurzelten und missachteten Armen zu kümmern, fasst zusammen, welche Gruppen besondere Motive zugunsten der Monogamie entwickelt haben. Eine Religion,

Prestigegüter zeigen an, dass die Gesellschaft hierarchische Strukturen ausbildete, klare Arbeitsteilung entwickelte und Überschüsse produzierte: ein löwenköpfiger Adler als Brustschmuck aus Lapislazuli, Gold und Kupfer aus dem sogenannten Schatz von Ur (2500 v. Chr.), der im mesopotamischen Stadtstaat Mari gefunden wurde.

Alles war voller Energie, alles war voller Tabus: Totempfähle bewachen einen rekonstruierten Tempel auf Hawaii, der die Gebeine von «Chefs» barg und als Zufluchtsort für Verbrecher diente, die hier der Todesstrafe entgehen und «gereinigt» werden konnten.

Rechts: Der Tod von Kapitän Cook, der am 14. Februar 1779 von Eingeborenen erschlagen wurde, war Gegenstand einer heftigen Kontroverse unter Ethnologen. Wollten sich die Hawaiianer in den Besitz einer göttlichen Kraft bringen, die sie Cook zuschrieben? Oder war das nur eine koloniale Erzählung?

Die erste Schrift war die sumerische Keilschrift,
die dazu diente, auf Tontafeln Mengenangaben
von Gütern festzuhalten. Hier ein Beispiel aus der
Zeit um 2500 v. Chr.

Schrift, Zahl und Recht beförderten einander:
keilschriftliche Berechnung eines Grundstücks in
der südmesopotamischen Stadt Umma.

Die ersten gelesenen Zeichen wurden den Herrschern in China angeblich von Göttern gegeben: Orakelknochen aus dem Schulterblatt eines Rindes, wie er zur Zeit der Shang-Dynastie (18. bis 11. Jahrhundert v. Chr.) gebräuchlich war.

Rechts: Die Silbenschrift Linear B auf einer Tontafel aus dem Palast von Knossos (Kreta), wo die Schrift vom 15. bis zum 12. Jahrhundert v. Chr. verwendet wurde.

Erst, wenn Nichts etwas ist, mit dem sich rechnen lässt, kann die Mathematik richtig anfangen: die erste Null des indischen Zahlensystems in einer Tempelinschrift aus Gwalior (Madhya Pradesh) aus dem frühen 6. Jahrhundert n. Chr.

Links: Vor dem Gesetz: die 2,25 Meter große Stele des Codex Hammurapi (um 1750 v. Chr.), die oben den König (stehend) im Austausch mit dem Sonnengott Schamasch zeigt und unten Rechtssprüche der mesopotamischen Gerichtsbarkeit festhält.

Enkidu und Gilgamesch kämpfen auf diesem mesopotamischen Terrakotta-Relief mit dem Himmelsstier, den die abgewiesene Liebesgöttin Ischtar zornig auf sie gehetzt hatte.

Links: Dieser löwenbezwingende, viereinhalb Meter hohe Riese aus dem Palast Sargons II. (Regentschaft 722 bis 705 v. Chr.) ist eine Darstellung des sagenhaften Königs Gilgamesch.

Indische Illustration der hochritualisierten Schlacht von Kurukshetra aus dem hunderttausend Doppelverse langen Mahabharata-Epos. Sie wurde zwischen achtzehn Stämmen geschlagen und dauerte achtzehn Tage sowie sechs Bücher des Epos.

Frauenraub: Der Anlass des Trojanischen Krieges war die schöne Helena; am Anfang seines Endes, das Homer in der «Ilias» schildert, stand Briseis, die Lieblingssklavin des Achill. Agamemnon, der sie ihm weggenommen hatte, musste schwören, nicht mit ihr geschlafen zu haben, damit der Zorn seines besten Kämpfers wieder Richtung auf Troja nahm. Die Wandmalerei aus Pompeji zeigt, wie Achill und Briseis getrennt werden.

Das reine Vergnügen eines polygamen Herrschers aus Jodhpur (Indien), der sich in seinem Palastgarten im Kreis seiner Frauen und Mätressen gefällt.

Links oben: Es ist nicht alles Gold, was glänzt: lydische Münze aus dem 6. Jahrhundert v. Chr., die auf ihrer Rückseite durch Einschläge zeigt, dass sie tatsächlich ganz aus Gold besteht.

Links unten: Von allen Lydern hat sich Krösus, der letzte König dieses Reiches, den größten Namen gemacht: Goldmünze aus seiner Regierungszeit (etwa 555 bis 541 v. Chr.) mit Löwen- und Stierkopf.

Man darf sich Odysseus nicht als Inbegriff der Monogamie vorstellen, aber seine umwegige Rückkehr zu Penelope, der Gattin, und Telemach, dem Sohn – hier beide auf der Kopie einer griechischen Vasenmalerei am Webstuhl –, zeigt gegenüber der Frauenräuberwelt der «Ilias» doch die Heraufkunft eines neuen Zeitalters an.

die das Abgehen von sexuell polygamem Verhalten propagierte, musste besonders wohlhabenden Frauen attraktiv erscheinen, deren Status sich dadurch erhöhte. Noch besser, als einen «erstrangigen» Mann zu einem Zehntel beanspruchen zu können, ist es, wenn er einem ganz gehört.[16]

Die Monogamie, so scheint es also, hat mehrere Anfänge: in Mesopotamien, Griechenland, im heidnischen Rom und im christlichen. In modernen Gesellschaften löst sich der Verbund von ökonomischen, familienrechtlichen und biologischen Gesichtspunkten noch weiter auf. Seit dem achtzehnten Jahrhundert entfaltet sich eine immaterielle Seite der sozialen Monogamie, die dann immer dominanter wurde. Bis dahin hielt sich das Lob der Zweierbeziehung weitgehend an das, was Aristoteles in seiner «Nikomachischen Ethik» über die Freundschaft gesagt hatte: «Freund im Sinne der vollkommenen Freundschaft kann man nicht mit vielen sein, so wenig man gleichzeitig in viele verliebt sein kann. Denn solche Freundschaft hat etwas vom Übermaße an sich, und das Übermaß der Neigung ist seiner Natur nach auf einen gerichtet.»

Nur eine Frau zu lieben und nicht mehrere, ist die Bedingung dafür, besonders stark zu lieben. Die eine Frau, der eine Mann, so hatten die Puritaner es im siebzehnten Jahrhundert formuliert, seien Gefährten, sexuell wie sozial, die Ehe sei ein Trost, das Begehren hoffentlich ein konstantes. Seit dem achtzehnten Jahrhundert lockert sich der Freundschaftsbezug. Denn Freunde kann man mehrere haben, ohne dass es dem Sinn von Freundschaft widersprechen würde. Liebe ist insofern gerade nicht Steigerung von Freundschaft. Von intimer Liebe wird nun gesagt, dass sie zu einem Zeitpunkt nur zu einem einzigen anderen möglich ist. Weshalb? Weil sie zwei Individuen in ihrer Unvergleichbarkeit verbindet. Die Frage «Was hat sie oder er, was ich nicht habe?»

ist nicht zu umgehen. Schön, tugendhaft, witzig sind auch andere. Der Grund der Liebe, paraphrasiert der Soziologe Niklas Luhmann eine Wendung Jean Pauls, «liegt nicht in den Qualitäten des anderen, sondern in seiner Liebe». Unvergleichbarkeit wird vorausgesetzt, Unsagbarkeit der Liebe als normal und nicht als Problem behandelt. In derselben Epoche des neunzehnten Jahrhunderts wird Pornographie ebendeshalb moralisch abgewertet: als Desinteresse an der Person.[17]

All das steigert die Ansprüche auf Individualität, und desto unwahrscheinlicher wird, dass man sie gegenüber mehreren erfüllen kann. Monogamie ist dann nicht mehr nur ein Reproduktionsmuster, eine Rechtsform, eine Familienstruktur und eine Unterstellung von Treue. Sie ist eine Erwartung von Liebe. Die Liebe, von der gesagt wird, dass man sie zu einem Zeitpunkt nur einem anderen Menschen gegenüber empfinden kann, ist kein Mittel zur sexuellen Fortpflanzung, sondern die Sexualität des Paars eine Manifestation der Liebe. Soziologisch betrachtet, ist die allein auf Liebe gegründete Ehe allerdings etwas Unwahrscheinliches. Es kommt so viel dazwischen. Wenn aber so viel an den Familien hängt – Eigentum, Erziehung, Karrieren –, wie konnte man sich je darauf einlassen, das alles auf etwas Unsagbares zu gründen, das leicht wieder verschwindet? Das kontrafaktische, normative Bestehen auf Monogamie scheint sich wie zum Ausgleich für diese «Unordnung» entwickelt zu haben. Wenn schon Unordnung, dann wenigstens eine paarweise isolierte, eine geordnete.

Der Essayist Karl Markus Michel hat einmal festgehalten: «Wenn eine Frau entdeckt, dass ihr Lebens(abschnitts)gefährte sie betrügt, und ihn deshalb zur Rede stellt, wird er unweigerlich sagen: ‹Ich kann dir alles erklären.› Wenn aber ein Mann seiner Frau oder Freundin auf die Seitensprünge kommt, wird sie allemal sagen: ‹Es ist eben passiert.› Zusätzliche Verteidigungen lauten bei ihm zum Beispiel: ‹Es hatte nichts mit uns beiden zu tun›, bei ihr hingegen: ‹Es hatte nichts zu bedeuten.›» Vor dem Hintergrund der Soziobiologie und der Kulturgeschichte des Paares haben beide recht. Es kann am Seitensprung alles erklärt werden. Aber für die Frage nach der menschlichen Monogamie hat er keine Bedeutung, weil die Liebesehe sich allein dadurch, dass er stattgefunden hat, nicht auflöst – er kann auch ertragen, verziehen und sogar erlaubt werden. Allerdings hilft diese Wahrheit im individuellen Fall mitunter beiden kein bisschen.[18]

EPILOG

Am Ende der Anfänge

> Das Prinzip als Anfang dürfte mehr als die
> Hälfte des Ganzen sein und schon von selbst
> vieles erklären, was man wissen möchte.
>
> ARISTOTELES

Ein elfjähriges Mädchen fragt nach dem Anfang der Menschheit. Es müsse doch damals ganz am Anfang, sagt sie, noch einen dritten und vierten Menschen gegeben haben. Warum? Na, Adam und Eva hätten doch Kain und Abel als Kinder gehabt, aber Männer allein reichten ja nicht aus, damit es weitergehe. Von irgendwoher müsse doch noch eine Frau gekommen sein. Und außerdem, es ist dem Kind hörbar unwohl bei diesem Gedanken, würde eine Tochter von Adam und Eva bedeuten, dass dann die Geschwister miteinander hätten Kinder haben müssen.

In dieser nachdenklichen Kinderfrage, die sich vor den Bibelkritikern des achtzehnten Jahrhunderts sehen lassen kann, liegt Stoff für mehr als eine Biologie-, Geschichts- oder Religionsstunde. Sie strahlt in alle drei Gebiete aus, und sie enthält den Keim zu prinzipiellen Überlegungen. Wie soll man sich Anfänge vorstellen? Gibt es von ihnen nur Erzählungen oder auch Kenntnis? Und weshalb wurde von ihnen so erzählt, wie es beispielsweise in der biblischen Geschichte geschah? Es wäre gut, Schulstunden zu nutzen, um in solcher Art nachzudenken, statt recht rasch wieder Vergessenes auswendig zu lernen. «Bildung», lautet ein berühmtes Wort, «ist das, was übrig bleibt, wenn alles vergessen wurde.» Was bleibt übrig, wenn alle Einzelheiten der Forschung, die wir auf den zurückliegenden Seiten angeführt, skizziert, gestreift haben, vergessen sein werden? Was ist der Ertrag einer Suche nach den Anfängen über diese einzelnen Erkenntnisgewinne hinaus?

Bleiben wir einen Moment bei den Biologiestunden. Als vor zehn Jahren die «Stiftung Warentest» deutsche Biologiebücher für die siebte bis zehnte Klasse einer Prüfung unterzog, fiel das Urteil wenig freundlich aus. Bei manchen stünden auf jeder dritten Seite sachliche Fehler. Dass Uhus Füchse fressen und der Darm des Blauwals angeblich sechsundfünfzigmal so lang ist wie der Blauwal selbst, also anderthalb Kilometer, machte in der Berichterstattung als besonders kuriose Irrtümer die Runde. Der gravierendste Fehler war jedoch nicht die falsch angegebene Darmlänge, sondern den Schülern derlei sinnarme Informationen zur Verdauung anzubieten. Sie lernen, wie viele Kiemenbögen ein Fisch hat, und es werden ihnen Punkte abgezogen, wenn sie «drei» oder «acht» hinschreiben, obwohl es für das Nachdenken über Atmung, zumindest für das biologische Verständnis von Fünftklässlern, zunächst völlig gleichgültig ist, dass es womöglich genau fünf bis sechs sind, wenn nicht vier. Sie sollen sich merken, dass es sich, was den Darm und vieles andere betrifft, beim Blauwal anders verhält als beim Schimpansen und beim Zaunkönig. Das betrifft nicht nur die Naturkunde, denn auch bei den Ägyptern verhielt es sich gesellschaftlich anders als bei den Griechen und Römern, und in der Literatur verhielt es sich mit Goethe anders als mit Kleist oder Fontane. Was aber mit solchen Unterschieden anzufangen wäre, lernen wir zu wenig. «Uhus fressen Füchse» ist so missverständlich wie die gegenteilige Behauptung, sie täten es nie, oder sie würden ihrerseits nie von Füchsen gefressen. Besser wäre es, darüber nachzudenken, ob das Bild einer Pyramide oder Kette für das tierische Nahrungs- und Jagdverhalten überhaupt angemessen ist.

Am Ende der Anfänge 343

Der Befund der Warentester, in den deutschen Schulbüchern werde eine Fülle an Informationen versammelt, war darum zweideutig. Denn Informationen sind wichtig, aber nur sofern es Fragen gibt, die sie zu beantworten helfen, und sofern es Begriffe davon gibt, wie sie einzuordnen sind. Was heißt «jagen» und was «fressen» genau? Wodurch unterscheiden sich Pflanzen von Tieren und Pflanzenfresser von Fleischfressern? Warum benennt man die Griechen nach einer Sprache und die Römer nach einer Stadt? Was ist eine Epoche, und wie kann es sein, dass «Klassik» und «Romantik» als Epochen behandelt werden, obwohl die Schriftsteller, die als ihre Vertreter gelten, doch zur selben Zeit lebten? Man muss Fragen wie diese nur stellen, um sofort zu sehen, dass wir fast alle aus dem Zustand des Schülerseins nicht herausgekommen sind. Die Menge des Gewussten und Wissbaren ist unendlich viel größer als unser Vermögen, es zu verarbeiten und damit etwas anzufangen. Man nennt das Arbeitsteilung: Wir wissen das meiste nicht selbst, sondern wir lassen wissen, konzentrieren uns in unserer beruflichen Tätigkeit auf einen überschaubaren Bereich, in dem wir uns eventuell sehr gut auskennen, nehmen aber ansonsten an, dass sich die anderen Spezialisten schon um den Rest kümmern. Es liegt nicht auf der Hand, wozu ich wissen soll, was unter einer «Epoche» zu verstehen oder ob der Begriff «Nahrungskette» sinnvoll ist. Insbesondere die Kenntnis von Tatbeständen und Kulturen, die längst vergangen sind – Griechen, Römer und so etwas –, scheint entbehrlich oder nur der Unterhaltung zu dienen. Um wie viel mehr gilt dies dann erst für Mesopotamier, Höhlenbewohner und Bodenaffen.

Die Antwort, die hier versucht wurde, ist eine doppelte. Tatsächlich gehen solche Fragen, und unter ihnen die evolutionsbiologischen, frühgeschichtlichen und archäologischen, nach den Anfängen unmittelbar nur diejenigen etwas an, die das Vergangene in seinen fragmentarischen Überlieferungen erforschen wie ferne Galaxien: als etwas, das man nicht ändern kann, an dem es also kein technisches Interesse gibt. Im engeren Sinne nützt es darum außerhalb der Forschung nichts zu wissen, warum der Bodenaffe sich erhob, weshalb Recht aufgeschrieben wurde und ob das Kochen vor vierzigtausend, vor zweihunderttausend oder vor zwei Millionen Jahren aufgekommen ist. Innerhalb der Forschung gibt es dennoch nichts in unserer Vorgeschichte, das nicht von wissenschaftlichen Hundertschaften mit einer Außenstehenden oft nicht begreiflichen Energie, Akribie und Streitlust erkundet würde. Über die Zähne der Vormenschen existieren ebensolche Regalmeter an Büchern und Aufsätzen wie über Venusfiguren oder die Frage, in welchen Flusstälern Südamerikas Staaten existierten. Zu jeder Fußnote, die wir gemacht haben, könnten so Aberdutzende hinzukommen.

Einerseits wird das Wissen über die Frühzeit darum immer genauer. Andererseits wirft jeder Erkenntnisgewinn, das haben wir gesehen, Probleme auf, die sich nicht einfach durch zusätzliche Informationen lösen lassen. Wie soll man sich den Übergang von einer musikalischen und gestischen Kommunikation zu dem Gebilde aus Vokabular, Syntax und Grammatik vorstellen, das wir Sprache nennen? Warum verstreicht so ungeheuer viel Zeit zwischen dem Erscheinen des anatomisch modernen Menschen und der sich beschleunigenden Entwicklung von Kultur? Weshalb sind es wilde Tiere und nicht domestizierte, die in den Kultstätten der ersten Ackerbauern abgebildet wurden? Wieso bringen Hochkulturen in rascher Folge zivilisatorische Errungenschaften hervor, aber nicht alle, beispielsweise die Mesopotamier nicht, das Geld und weder die Griechen noch die Römer das Rechnen mit der Null?

Wir haben Fragen wie diese berührt, die Wissenschaft hat sie aber nicht alle gelöst, sie bewegen die Forschung weiter. Denn weil Informationen als solche nicht sprechen und zudem die Frühzeit nur sehr lückenhaft überliefert ist, kann die Forschung nicht anders als Modelle zu entwickeln, und jedes Modell ist seinerseits lückenhaft. Die Erzählung von Adam und Eva war in diesem Sinne ein frühes Modell mit Lücken, von denen eine der Elfjährigen aufgefallen ist. Nachdem Kain seinen Bruder erschlagen hatte und von Gott gezeichnet worden war, so heißt es tatsächlich in Genesis 4:16, «ging Kain vom Herrn weg und ließ sich im Land Nod nieder, östlich von Eden. Kain erkannte seine Frau; sie wurde schwanger und gebar Henoch.»

Mythen sind so, sie sind voller Unstetigkeiten. Wenn sie eine Frau brauchen, damit es weitergeht, kommt diese Frau eben aus dem Land Nod, von dem außer der Himmelsrichtung, in der es liegt, nichts weiter mitgeteilt wird. Aber nicht nur Mythen sind so. Die Forschungen zu den Anfängen zivilisatorischer Errungenschaften sind, wie wir gesehen haben, mit ähnlichen Unstetigkeitsstellen konfrontiert. Wer soll die erste Zahlung angenommen, wer die erste Schrift gelesen haben? Die Anthropologen haben Modelle von der Entwicklung zum aufrechten Gang geschaffen, der Motivation zur Sprache, des ursprünglichen Warentauschs, der durch Geld vereinfacht worden sein soll, oder von einer ursprünglichen schamanistischen Religion, die Frühmenschen in Trancezustände versetzte, von denen sie sich eine Verbindung zu Überirdischem versprachen. Diese Modelle haben durchaus ebenfalls den Charakter von unbeweisbaren Erzählungen – und sie haben entsprechende Lücken. Mitunter versuchen die Frühgeschichtler auch, Merkmale zeitgenössischer Stammesgesellschaften dort einzusetzen, wo die Vergangenheit selbst nicht mehr zu uns spricht. Mit einem archäologischen Bild könnte man sagen, dass diese Erzählungen und Modelle ein Effekt der Ruinen sind, weil sie alle verschwundenen Strukturen durch Gedanken und Berichte von möglichen Verläufen überbrücken. Alles, was sich nicht in Fossilien umgewandelt hat und bis zur Erfindung von Ornament, Zeichnung und Schrift nicht konserviert werden konnte, wird in die von den Fossilien markierten Verläufe versuchsweise eingezeichnet.

Diese Modellbildung behält dabei schon deshalb stets etwas Vorläufiges, weil ständig neue Fossilien gefunden werden und – um im Bild zu bleiben – die Ruinen der Vergangenheit bewegliche Mauern haben. Von der ersten Stadt, Uruk, beispielsweise sind überhaupt nur wenige Prozent ihrer gebauten Strukturen ausgegraben. Vom anatolischen Göbekli Tepe wurde angenommen, dass es eine Stätte sei, die nur dem Kult und nicht mehr Begräbniszwecken diente – aber nur, weil dort bislang keine Grabanlagen gefunden worden sind. Dass wir so viel über Mesopotamien und den Nahen Osten wissen und die meisten der Hypothesen zu zivilisatorischen Anfängen diese Region berücksichtigen, liegt womöglich auch an dem zufälligen Umstand, dass hier seit jeher mehr Archäologie betrieben wurde als etwa in China. Von Tempeln und Palästen, ob nur vermutlich oder tatsächlich als solche identifiziert, wussten wir lange mehr als von anderen Gebäuden, weil sie das frühe archäologische Interesse stärker anzogen als normale Wohnungen oder Friedhöfe, sofern es nicht solche von Herrschern waren. Die Selektivität unseres Wissens ist also schon in seiner Materialgrundlage offensichtlich.

Es wird darum noch viele neue Anfänge geben, und während über sie geschrieben wird, verändern sie sich. Soeben erst sind in einer marokkanischen Höhle bei Jebel Irhoud Teile von frühmenschlichen Schädeln und Steinwerkzeugen gefunden worden, die es erlauben, das Alter des anatomisch modernen Menschen um nicht weniger als einhunderttausend Jahre zurückzudatieren. Bislang galten als die ältesten Fossilien des *Homo sapiens* jene, die 1967 in Kibisch (Äthiopien) entdeckt und auf ein Alter von etwa

195 000 Jahren geschätzt wurden, oder der 2003 gefundene Schädel aus dem ebenfalls äthiopischen Herto, der gut 150 000 Jahre alt ist. Jetzt hat sich der Anfang von Ost- nach Nordwestafrika und in der Zeit auf ein Alter von 300 000 Jahren verschoben.

Wenn der Begriff «Anfang» denn sinnvoll verwendet wird. Die Evolution kennt nur Übergänge, ihre Anfänge – die des aufrechten Gangs und der Sprache haben es am deutlichsten gezeigt – ziehen sich über immense Zeiträume hin. Es gibt keine Möglichkeit, in der Evolution ein Exemplar als das erste einer Gattung zu begrüßen oder eines als das letzte seiner Art zu verabschieden. Auch die Menschen von Jebel Irhoud – drei Erwachsene, ein Jugendlicher und ein Kind – unterscheiden sich noch in einzelnen Merkmalen von uns. Das oft verwendete Kriterium, ein hunderttausend Jahre alter *Homo sapiens* würde, modern eingekleidet, im öffentlichen Nahverkehr heute nicht weiter auffallen – «ihr würdet sie als Menschen wiedererkennen» –, ist aber aufschlussreich. Denn noch vor einhundert Jahren wären selbst an vielen Zeitgenossen mehr Unterschiede als Gemeinsamkeiten registriert worden. Die Normalisierung und freundlich indifferente Behandlung des Fremden ist ein sozialgeschichtlich vergleichsweise junger Vorgang.

Alt ist hingegen, dass viele menschliche Gesellschaften anders als die meisten tierischen Kleingruppen Fremde aufnehmen, etwa durch Heirat über Stammesgrenzen hinweg. Da nachgewiesen wurde, dass Neandertaler und Menschen sich gepaart haben, handelt es sich nicht einmal bei ihnen um geschlossene Gemeinschaften verschiedener Spezies. Anatomie allein ist also für die Gemeinschafts- und Verwandtschaftsbildung nicht ausschlaggebend. Im Großen und Ganzen, schreiben Thomas Wynn und Frederick L. Coolidge in ihrem Buch über Neandertaler, hätten diese, wenn man sie an einer Bushaltestelle träfe, zwar ein ungewöhnliches Gesicht und einen ungewöhnlichen Kopf, «aber wahrscheinlich doch wieder nicht so ungewöhnlich, dass man bis zur nächsten Haltestelle zu Fuß gehen würde».

Diese Besonderheit menschlicher Gemeinschaften, im konkreten Fall äußerst aufnahmefähig zu sein, ist dabei nicht mit einer generellen Freundlichkeit gegenüber Fremden oder gar mit dem Verschwinden von Fremdheitswahrnehmung gleichzusetzen. Der Status, den Fremde erhalten können, variiert erheblich. Entscheidend ist hier zunächst nicht, wie mit ihnen umgegangen wird, sondern dass mit ihnen umgegangen wird und der Kampf ums Überleben nicht der einzige soziale Modus in den Beziehungen ist. Denn das sorgte frühgeschichtlich dafür, dass die Menschheit, die uns in den vereinzelten Schädelfunden über mehr als 250 000 Jahre hinweg entgegentritt, selbst an einzelnen Fundorten «eine äußerlich ziemlich diverse Truppe» war, wie anlässlich der Knochen von Jebel Irhoud bemerkt wurde.

Was *über* die Anfänge zu lernen ist, muss darum unterschieden werden von dem, was *an* ihnen zu lernen ist und an der Forschung, die ihnen gilt. *Über* sie zu lernen ist der jeweilige Stand der Erkenntnis, bei dessen Formulierung Worte wie «womöglich», «hingegen» und «etwa» unentbehrlich sind. *An* ihnen zu lernen ist das Gefühl für zivilisatorischen Zeitbedarf, aber auch für die Beschleunigung, die Anfänge erfuhren, als sich durch Ackerbau und Stadt und Staat und Schrift die Abfolge des historisch Neuen verdichtete und räumlich konzentrierte.

An ihnen zu lernen ist, dass alles Neue aus etwas hervorgeht, dem man nicht ansieht, dass es ein Übergang sein wird. Dem Tempel sieht man nicht an, dass er Impulse für die Geldwirtschaft geben konnte, den Begräbnissen nicht, dass es von ihnen nicht weit war zu Göttern oder zur Markierung von Landbesitz. Dass die Schreie der Säuglinge Melodiebogen enthalten, ist genauso überraschend wie der Zusammenhang von Geburtskanal, Spätentwicklung und Kinderschreien, die besänftigt werden müssen, weil es sonst Gefahr bedeutet. Oder wie die Vermutung, dass Gehirnumfang und soziale Gruppengröße zusammenhängen und das Lausen eine Vorform der Sprache sein soll.

Schließlich ist an den Anfängen zu lernen, dass immer Mehreres nötig war, um sie hervorzubringen. Keine einzige zivilisatorische Errungenschaft verdankt sich einem einzigen Mechanismus, einer einzigen Ursache. Um zu Höhlenbildern mit Pferden, Bisons, Löwen und Bären zu kommen, bedurfte es nicht nur technischer Voraussetzungen – wie der Farbpigmente und der Kontrolle von Feuer, um Höhlen zu beleuchten –, sondern auch einer kognitiven Fähigkeit, Objekte zur Mitteilung einzusetzen. Es bedurfte der Jagd als Motivvorrat, aber auch des Bewusstseins, dass es sich bei Tieren, die nicht gejagt werden, sondern selber Jäger sind, ebenfalls um Tiere handelt. Oder nehmen wir ein anderes Beispiel: Um zum Staat im Sinne flächendeckender Herrschaftsausübung durch eine besondere Schicht zu kommen, bedurfte es, je nach Theorie, der Vertrautheit mit zentralisiertem Entscheiden, des Charismas erfolgreicher Jäger und Krieger, mangelnder Fluchtmöglichkeiten von Unterworfenen und einer Wirtschaft, die Überschüsse ermöglichte. Das Studium der Anfänge lehrt mithin, unabhängig davon, ob die jeweiligen Hypothesen sich halten oder nicht, dass nicht nur, nach einem berühmten Zitat, der Staat auf Voraussetzungen beruht, die er selbst nicht garantieren kann, sondern schlechterdings alles auf Voraussetzungen beruht, die es selbst nicht garantieren kann, die Pflanzenzucht so sehr wie die Religion, das Erzählen so sehr wie die Ehe.

Das Studium der Anfänge erfüllt darum die beiden Kriterien, die der Philosoph Georg Wilhelm Friedrich Hegel einst in einer Gymnasialrede angegeben hat, um die Beschäftigung seiner Gegenwart um 1800 mit den alten Sprachen zu begründen. Die Durchdringung ihrer fremden Grammatik, so Hegel, mache «den

Anfang der logischen Bildung aus», weil sie zum Nachdenken über etwas zwinge, bei dem nicht «wie bei der Muttersprache die unreflektierte Gewohnheit die richtige Wortfügung herbeiführt». Zugleich sei die Antike durch «das Fremdartige der Ferne» gekennzeichnet. Das komme der Kraft des Verstehens zugute. Sie wachse nämlich durch die Weite, die man in einem Bildungsgang von der eigenen Gegenwart hin zum Entfernten und zurück in die Gegenwart durchmessen habe. Will sagen: Die Beschäftigung mit Altem ist gut, weil sie sich bei näherer Betrachtung als schwierig darstellt und alles Gute sich der Überwindung von Schwierigkeiten verdankt oder wenigstens den Kräften, die sich bei dem Versuch entwickeln, Schwierigkeiten zu überwinden. Fremd und schwierig sind die Anfänge von allem, ebendarum belebt ihr Studium, weit über das vorläufig errungene Wissen hinaus, den Verstand.

ANHANG

Anmerkungen

Einleitung: Das Rad

1 Mit vielen Belegen Helmut Zedelmaier: Der Anfang der Geschichte. Studien zur Ursprungsdebatte im 18. Jahrhundert, Hamburg 2003.
2 Frederic Wood Jones: Arboreal Man, London 1916, S. 5.
3 Johann Peter Ludewig: Historia sine parente. De causis fabularum circa origines, Halle an der Saale 1693, § 1.
4 Vgl. Niklas Luhmann: «Wie ist soziale Ordnung möglich?», in: ders.: Gesellschaftsstruktur und Semantik. Studien zur Wissenssoziologie der modernen Gesellschaft, Band 2, Frankfurt am Main 1981, S. 195–285.
5 Zum Beispiel bei Elman Service: Origins of the State and Civilization. The Process of Cultural Evolution, New York 1975, S. 18.
6 Ernst Kapp: Grundlinien einer Philosophie der Technik. Zur Entstehungsgeschichte der Cultur aus neuen Gesichtspunkten, Braunschweig 1877, S. 29 ff.
7 Kommt ein weiterer Freiheitsgrad hinzu, ist es kein Rad mehr, sondern ein Kreisel; vgl. Otto Patzelt: Triumph des Rades, Berlin 1979, S. 20.
8 Richard W. Bulliet: The Wheel. Inventions & Reinventions, New York 2016, S. 41 ff.; Mamoun Fansa: Rad und Wagen. Der Ursprung einer Innovation. Wagen im Vorderen Orient und in Europa, Oldenburg 2004, S. 14 ff.; Stuart Piggott: The Earliest Wheeled Transport. From the Atlantic Coast to the Caspian Sea, Ithaca 1983.

Erstes Kapitel: Der Anfang des aufrechten Gangs

1 Im Folgenden sollen alle Abzweigungen von den Menschenaffen hin zum Menschen als «Vormenschen», *Homo habilis* und *Homo rudolfensis* als «Urmenschen» sowie alle späteren Arten der Gattung *Homo* als «Frühmenschen» bezeichnet werden; vgl. Friedemann Schrenck: Die Frühzeit des Menschen. Der Weg zum Homo sapiens, München 2008.
2 Michel Brunet u. a.: «A new hominid from the Upper Miocene of Chad, Central Africa», Nature 418 (2002), S. 145–151; Milford Wolpoff u. a.: «Sahelanthropus or Sahelpithecus?», Nature 419 (2002), S. 581 f., und David

R. Begun: «The Earliest Hominis – Is Less More?», Science 303 (2004), S. 1478–1480; Brian G. Richmond, William L. Jungers: «Orrorin tugenensis Femoral Morphology and the Evolution of Hominin Bipedalism», Science 319 (2008), S. 1599–1601, und Bernard Wood, Terry Harrison: «The evolutionary context of the first hominins», Nature 470 (2011), S. 347–352; Robert Foley, Clive Gamble: «The ecology of social transitions in human evolution», Philosophical Transactions of the Royal Society B 364 (2009), S. 3267–3279.

3 Siehe zu dieser These Frederic Wood Jones: Arboreal Man, S. 45 ff.; ders.: The Ancestry of Man, Brisbane 1923.

4 Alle Details verständlich bei C. Owen Lovejoy: «Evolution of Human Walking», Scientific American, November 1988, S. 118–125 (hier 120 f.), und mit gleicher Transparenz ausführlicher bei Matt Cartmill, Fred H. Smith: The Human Lineage, Hoboken 2009, S. 129–232.

5 Karen R. Rosenberg, Wenda R. Trevathan: «Bipedalism and human birth: The obstetrical dilemma revisited», Evolutionary Anthropology 4 (1996), S. 161–168, und dies.: «Birth, obstetrics and human evolution», International Journal of Obstetrics & Gynaecology 109 (2002), S. 1199–1206.

6 Dean Falk, Glenn Conroy: «The cranial venous system in Australopithecus afarensis», Nature 306 (1983), S. 779–781.

7 Johann Gottfried von Herder: Ideen zur Philosophie der Geschichte der Menschheit, Riga 1784, S. 218 und 216: «Mit dem aufrechten Gange wurde der Mensch ein Kunstgeschöpf.» Hierzu Hans Blumenberg: Beschreibung des Menschen, Frankfurt am Main 2006, S. 509–549. Eine umfassende Liste der Homo-Typologien, von denen die meisten im zwanzigsten Jahrhundert formuliert worden sind, findet sich bei Matthias Herrgen: Wissenschaftstheoretische Analysen der Anthropologie im biotechnologischen Zeitalter, Hamburg 2008, S. 191 ff. (Den Hinweis verdanke ich Reinhold Schmücker, Münster.)

8 James Gray: How Animals Move, Cambridge 1953, S. 59 ff.; Matt Cartmill: «Four legs good, two legs bad: Man's place (if any) in nature», Natural History 92 (1983), S. 64–79; Per E. Ahlberg, Andrew Milner: «The origin and early diversification of tetrapods», Nature 368 (1994), S. 507–514. Den Steinwurf als erste menschliche Tathandlung der «Körperbefreiung» durch Werkzeugeinsatz bezeichnet Paul Alsberg: Das Menschheitsrätsel (Leipzig 1922), Nachdruck unter dem Titel «Der Ausbruch aus dem Ge-

fängnis. Zu den Entstehungsbedingungen des Menschen», Gießen 1975, S. 72 ff.; vgl. Blumenberg, Beschreibung des Menschen, S. 575 ff.

9 Mark F. Teaford, Peter S. Ungar: «Diet and the evolution of the earliest human ancestors», PNAS Vol. 97 Nr. 25 (2000), S. 13506–13511.

10 Clifford J. Jolly: «The seed-eaters: A new model of hominid differentiation based on a baboon analogy», Man 5 (1970), S. 5–26; Sherwood L. Washburn: «Tools and human evolution», Scientific American 203 (1960), S. 62–75.

11 Charles Darwin: The descent of man, and selection in relation to sex, London 1871, S. 435 ff.; Raymond A. Dart: «Australopithecus africanus: The Man-Ape of South Africa», Nature, Februar 1925, S. 195–199; ders.: «The predatory transition from ape to man», International Anthropological and Linguistic Review Vol. 1 No. 4 (1953). Aidan Ruth u. a.: «Locomotor pattern fails to predict foramen magnum angle in rodents, strepsirrhine primates, and marsupials», Journal of Human Evolution 94 (2016), S. 45–52.

12 Cartmill, Smith, The Human Lineage, S. 133.

13 David Raichlen u. a.: «Laetoli footprints preserve earliest direct evidence of human-like bipedal biomechanics», PLoS ONE 5 (2010), S. 1–6; Carol V. Ward u. a.: «Morphology of Australopithecus anamensis from Kanapoi and Allia Bay, Kenia», Journal of Human Evolution 41 (2001), S. 255–268.

14 Ralph L. Holloway Jr.: «Tools and Teeth: Some Speculations regarding Canine Reduction», American Anthropologist 69 (1967), S. 63–67, und die Entgegnung von Sherwood L. Washburn: «On Holloway's Tools and Teeth», American Anthropologist 70 (1968), S. 97–101; Clifford J. Jolly, «The seed-eaters», S. 8; vgl. auch Craig Stanford: Upright. The Evolutionary Key to Becoming Human, Boston 2003, S. 104–121.

15 William R. Leonard, M. L. Robertson: «Comparative primate energetics and hominid evolution», American Journal of Physical Anthropology 102 (1997), S. 265–281; William R. Leonard u. a.: «Energetic Models of Human Nutritional Evolution», in: Peter S. Ungar (Hrsg.): Evolution of the Human Diet. The Know, the Unknown and the Unknowable, Oxford 2007, S. 344 ff.

16 C. Owen Lovejoy: «The Origin of Man», Science 211 (1981), S. 341–350; ders.: «Reexamining Human Origins in the Light of Ardipithecus ramidus», Science 326/5949 (2009), S. 74–74e8. Die Tierexperimente finden sich bei Susana Carvalho u. a.: «Chimpanzee carrying behavior and

the origins of human bipedality», Current Biology Vol. 22 No. 6 (2012), S. 180 f., und Elaine N. Videan, W. C. McGrew: «Bipedality in Chimpanzee (Pan troglodytes) and Bonobo (Pan paniscus): Testing Hypotheses on the Evolution of Bipedalism», American Journal of Physical Anthropology 118 (2002), S. 184–190. Skeptisch gegen Lovejoy vor allem Stanford, a. a. O., S. 113; das Argument von Susman u. a.: «Locomotor adaptation in the Hadar hominids», in: Eric Delson (Hrsg.): Ancestors: The Hard Evidence, New York 1985, S. 184–192, vgl. Cartmill, Smith, Upright, S. 212 ff.

17 Zum Befund, dass Zweibeinigkeit bei wildlebenden Affen fast ausschließlich der Ernährung dient, vgl. Kevin D. Hunt: «The evolution of human bipedality: ecology and functional morphology», Journal of Human Evolution 26 (1994), S. 183–202, und ders.: «Bipedalism», in: Michael P. Muehlenbein (Hrsg.): Basics in Human Evolution, Amsterdam u. a. 2015, S. 103–112. Zu den klimatischen Umständen der Zweibeinigkeit Richard Potts: «Environmental hypotheses of Pliocene human evolution», in: René Bobe u. a. (Hrsg.): Hominin Environments in East African Pliocene. An Assessment of the Faunal Evidence, Berlin 2007, S. 25–47; Giday Wolde Gabriel u. a.: «Geology and Paleontology of the Late Miocene Middle Awash valley, Afar rift, Ethiopia», Nature 412 (2000), S. 175–178, und Mark A. Maslin u. a.: «East African climate pulses and early human evolution», Quarterly Science Reviews 101 (2014), S. 1–17. Zwischen gelegentlicher, habitueller und obligater Zweibeinigkeit unterscheidet William E. H. Harcourt-Smith: «The Origins of Bipedal Locomotion», in: Wilfried Henke, Ian Tattersall (Hrsg.): Handbook of Paleoanthropology, Berlin 2013, S. 1483–1518. Zum nicht spezialisierten Grenzaffen *Ardipithecus* vgl. Tim D. White u. a.: «Ardipithecus ramidus and the Paleobiology of Early Hominids», Science 326 (2009), S. 64–86; Gen Suwa u. a.: «Paleobiological Implications of the Ardipithecus ramidus Dentition», Science 326 (2009), S. 69–99.

18 Jonathan Kingdon: Lowly Origin. Where, When, and Why Our Ancestors First Stood up, Princeton 2003, S. 115–193.

19 Zu kommunikativen Aspekten des Aufrechtstehens vgl. Nina G. Jablonski, George Chaplin: «The Origin of Hominid Bipedalism Re-Examined», Archaeology in Oceania 27 (1992), S. 113–119.

Zweites Kapitel: Der Anfang des Kochens

1 Ludwig Feuerbach: «Die Naturwissenschaft und die Revolution» (1850), in: ders.: Gesammelte Werke, Band 5, Berlin 1989, S. 347–368 (hier 358).
2 Kristen Borré: «Seal Blood, Inuit Blood, and Diet: A Biocultural Model of Physiology and Cultural Identity», Medical Anthropological Quarterly N. S. 5 (1991), S. 48–62; Richard C. C. Fynes: «Plant Souls in Jainism and Manichaeism. The Case for Cultural Transmission», East and West 46 (1996), S. 21–44.
3 Chris Organ u. a.: «Phylogenetic rate shifts in feeding time during the evolution of Homo», PNAS 108 (2011), S. 14 555–14 559.
4 Chen-Bo Zhong, Sanford E. DeVoe: «You Are How You Eat: Fast Food and Impatience», Psychological Science 21 (2010), S. 619–622.
5 James Boswell: The Journal of a Tour to the Hebrides with Samuel Johnson LL. D., London ⁶1813, S. 12.
6 Alan Walker: «Dietary Hypotheses and Human Evolution», Philosophical Transactions of the Royal Society of London B 292 (1981), S. 57–64 (hier 59).
7 Rachel N. Carmody u. a.: «Energetic consequences of thermal and non-thermal food processing», PNAS 108 (2011), S. 19 199–19 203.
8 James Burnett: Of the Origin and Progress of Language, Vol. 1, Edinburgh 1773, S. 396 f.
9 Walker, «Dietary Hypotheses and Human Evolution».
10 Richard D. Wragham: Catching fire. How cooking made us human, New York 2011, Kapitel 4.
11 Schimpansen etwa acht Prozent, andere Säugetiere zwischen drei und fünf Prozent. Diese Zahlen bei James M. Adovasio, Olga Soffer: The Invisible Sex. Uncovering the True Roles of Women in Prehistory, London 2009, Kapitel 4.
12 Leslie C. Aiello, Peter Wheeler: «Brains and Guts in Human and Primate Evolution: The Expensive Organ Hypothesis», Current Anthropology 36 (1994), S. 199–221.
13 John D. Speth: «Were our ancestors hunters or scavengers?», in: Peter N. Peregrine u. a. (Hrsg.): Archaeology. Original Readings in Method and Practice, Upper Saddle River 2002, S. 1–23; Juan Luis Arsuaga, Ignacio Martinez: The Chosen Species. The Long March of Human Evolution, Oxford 2006, S. 143 f.; Pat Shipman: «Scavenging or Hunting in Early

Hominids: Theoretical Framework and Test», American Anthropologist N. S. 88 (1986), S. 27–43.

14 Vgl. die umsichtige Bestandsaufnahme bei Peter S. Ungar: «Dental Evidence for the Reconstruction of Diet in African Early Homo», Current Anthropology 53 (2012), S. 318–329, sowie Teaford, Ungar, «Diet and the evolution of the earliest human ancestors», und Matt Sponheimer, Julia Lee-Thorpe: «Isotopic Evidence for the Diet of an Early Hominid, Australopithecus africanus», Science 283 (1999), S. 368–370.

15 Zuerst in Charles Loring Brace, Paul E. Mahler: «Post-Pleistocene Changes in the Human Dentition», American Journal of Physical Anthropology 34 (1971), S. 191–203; besonders anschaulich Charles Loring Brace, Shelley L. Smith, Kevin D. Hunt: «What Big Teeth You Had Grandma! Human Tooth Size, Past and Present», in: Marc A. Kelley, Clark Spencer Larsen (Hrsg.): Advances in Dental Anthropology, New York 1991, S. 33–57 (hier 41).

16 Charles Loring Brace: «Biocultural Interaction and the Mosaic Evolution in the Emergence of ‹Modern› Morphology», American Anthropologist 97 (1995), S. 711–721.

17 Amanda G. Henry u. a.: «Microfossils in calculus demonstrate consumption of plants and cooked foods in Neanderthal diets (Shanindar II, Iraq; Spy I and II, Belgium)», PNAS 108 (2011), S. 486–491.

18 Raymond A. Dart: «The predatory transition from ape to man»; Charles Kimberlin Brain: «The Importance of Predation to the Course of Human and Other Animal Evolution», South African Archaeological Bulletin 50 (1995), S. 93–97; Robert W. Sussman: «The Myth of Man the Hunter / Man the Killer and the Evolution of Human Morality», Zygon 34 (1999), S. 453–471, und mit vielen Beispielen Donna Hart, Robert W. Sussmann: Man the Hunted. Primates, Predators, and Human Evolution, Boulder 2008.

19 Cartmill, Smith, The Human Lineage, S. 211. Der einflussreichste Text dieser Forschungsrichtung ist Sherwood L. Washburn, Chet Lancaster: «The Evolution of Hunting», in: Richard B. Lee, Irven DeVore (Hrsg.): Man the Hunter, Chicago 1968, S. 293–303.

20 Vgl. dazu Kristen Hawkes: «Sharing and collective action», in: Eric Alden Smith, Bruce Winterhalder (Hrsg.): Evolutionary ecology and human behavior, New York 1992, S. 269–300.

21 Der klassische Beitrag hierzu ist Nancy Tanner, Adrienne Zihlman: «Women in Evolution. Part 1: Innovation and Selection in Human Origins», Signs 1 (1976), S. 585–608.

22 John D. Speth: «Boiling vs. Roasting in the Paleolithic: Broadening the ‹Broadening Food Spectrum›», Journal of the Israel Prehistoric Society 40 (2010), S. 63–83.

23 Blurton Jones: «Tolerated Theft. Suggestions about the Ecology and Evolution of Sharing, Hoarding and Scrounging», Social Science Information 29 (1987), S. 189–196; Nicolas Peterson: «Demand sharing: Reciprocity and the Pressure for Generosity among Foragers», American Anthropologist 95 (1993), S. 860–874. Eine wohlfahrtspolitische Deutung des Teilens gibt James Woodburn: «Sharing is not a form of exchange: an analysis of property sharing in immediate return hunter-gatherer societies», in: Chris M. Hann (Hrsg.): Property relations: renewing the anthropological tradition, Cambridge 1998, S. 48–63. Kritisch zur Tolerated-Theft-Hypothese David Sloan Wilson: «Hunting, Sharing, and Multilevel Selection: The Tolerated-Theft Model Revisited», Current Anthropology 39 (1998), S. 73–97.

24 Kristen Hawkes u. a.: «Hadza meat sharing», Evolution and Human Behavior 22 (2001), S. 113–142 (hier 133). Sehr anschaulich zur Energiebilanz und zum symbolischen Ertrag des Jagens Peter Dwyer: «The Price of Protein: Five Hundred Hours of Hunting in the New Guinea Highlands», Oceania 44 (1974), S. 278–293. Kritisch zur These, beim Jagen gehe es mehr um Angeberei, Michael Gurven, Kim Hill: «Why Do Men Hunt? A Reevaluation of ‹Man the Hunter› and the Sexual Division of Labor», Current Anthropology 50 (2009), S. 51–62.

25 Anne S. Vincent: «Plant foods in savanna environments: A preliminary report of tubers eaten by the Hadza of northern Tanzania», World Archaeology 17 (1984), S. 131–148; Karen Hardy u. a.: «The Importance of Dietary Carbohydrate in Human Evolution», The Quarterly Review of Biology 90 (2015), S. 251–268 (hier 253 und 258).

26 Speth, «Boiling vs. Roasting», S. 68.

27 Richard W. Wrangham u. a.: «The Raw and the Stolen: Cooking and the Ecology of Human Origins», Current Anthropology 40 (1999), S. 567–594 (hier 570).

28 Francesco Berna u. a.: «Microstratigraphic evidence of in situ fire in the

Acheulean strata of Wonderwerk Cave, Northern Cape province, South Africa», PNAS (2012), S. 1215–1220; weniger zwingend Randy V. Bellomo: «Methods of determining early hominid behavioral activities associated with the controlled use of fire at FxJj 20 Main, Koobi Fora, Kenya», Journal of Human Evolution 27 (1994), S. 173–195.

29 Wil Roebroecks, Paola Villa: «On the earliest evidence for habitual use of fire in Europe», PNAS 108 (2011), S. 5209–5214; Francesco Berna u. a. «Microstratigraphic evidence»; Naama Goren-Inbar u. a.: «Evidence of Hominin Control of Fire at Gesher Benot Ya'aqov, Israel», Science 304 (2004), S. 725–727; Nira Alperson-Afil: «Continual Fire Making by Hominins at Gesher Benot Ya'aqov, Israel», Quarternary Science Reviews 27 (2008), S. 1733–1799.

30 Vgl. die Diskussion im Anschluss an Wrangham u. a., «The Raw and the Stolen», sowie Glynn L. Isaac: «The food-sharing behavior of protohuman hominids», Scientific American 238 (1978), S. 90–108, wiederabgedruckt in: Glynn L. Isaac: The Archaeology of Human Origins, S. 289–311, Margaret J. Schoeninger: «Reconstructing Early Hominis Diets: Evaluating Tooth Chemistry and Macronutrient Composition», in: Ungar (Hrsg.), Evolution of the Human Diet, S. 150–162, sowie äußerst scharf gegen die Wurzelkocher-Hypothese Henry T. Bunn: «Meat made us human», ebd., S. 191–211 (hier 201 ff.).

31 Wragham, Catching Fire, S. 183.

32 Ken Sayers, C. Owen Lovejoy: «Blood Bulbs, and Bunodonts: On Evolutionary Ecology and the Diets of Ardipithecus, Australopithecus, and Early Homo», Quarterly Review of Biology 89 (2014), S. 319–357 (hier 320).

33 Stephen L. Black, Alston V. Thoms: «Hunter-Gatherer Earth Ovens in the Archaeological Record: Fundamental Concepts», American Antiquity 79 (2014), S. 204–226; John D. Speth: «When Did Humans Learn to Boil?», PaleoAnthropology Jg. 13 (2015), S. 54–67; vgl. auch das Experiment von Friedrich Palmer: «Die Entstehung von Birkenpech in einer Feuerstelle unter paläolithischen Bedingungen», Mitteilungen der Gesellschaft für Urgeschichte 16 (2007), S. 75–83, sowie Henry, «Microfossils in calculus».

34 Carol R. Ember: «Myths about Hunter-Gatherers», Ethnology 17 (1978), S. 439–448; Gurven, Hill, «Why Do Men Hunt?», S. 56; Rebecca Sear, Ruth Mace: «Who keeps children alive? A review of the effects of kin on child survival», Evolution and Human Behavior 29 (2008), S. 1–18; Karen

L. Endicott: «Gender relations in hunter-gatherer societies», in: Richard B. Lee, Richard Daly (Hrsg.): The Cambridge Encyclopedia of Hunters and Gatherers, Cambridge 1999, S. 411–418.

35 So etwa Sibylle Kästner: Jagende Sammlerinnen und sammelnde Jägerinnen. Wie australische Aborigines-Frauen Tiere erbeuten, Münster 2012, S. 55.

36 Georg Simmel: «Soziologie der Mahlzeit» (1910), in: ders.: Aufsätze und Abhandlungen 1909–1918, Band 1, Gesamtausgabe Band 12, Frankfurt am Main 2001, S. 140–147 (hier 140).

37 Ebd., S. 142.

38 Ian Kuijt: «What Do We Really Know about Food Storage, Surplus, and Feasting in Preagricultural Communities?», Current Anthropology 50 (2009), S. 641–644.

39 Hans Peter Hahn u. a.: «How Many Things Does Man Need? Material Possessions and Consumption in Three West African Villages (Hausa, Kasena and Tuareg) Compared to German Students», in: ders. (Hrsg.): Consumption in Africa. Anthropological Approaches, Münster 2008, S. 173–200; Katherine I. Wright: «The Social Origins of Cooking and Dining in Early Villages of Western Asia», Proceedings of the Prehistoric Society 66 (2000), S. 89–121; Brian F. Byrd, Christopher M. Monahan: «Death, Mortuary Ritual, and Natufian Social Structure», Journal of Anthropological Archaeology 14 (1995), S. 251–287 (hier 276); Sonya Atalay, Christine A. Hastorf: «Food Meals, and Daily Activities: Food Habitus at Neolithic Catalhöyük», American Antiquity 71 (2006), S. 283–319.

40 Die erste Analyse bei Patrick Edward McGovern u. a.: «Fermented beverages of pre- and proto-historic China», PNAS 101 (2004), S. 17 593–17 598; vgl. ders.: Uncorking the Past: The Quest for Wine, Beer, and Other Alcoholic Beverages, Berkeley 2009, Kapitel 2; Michael Dietler: «Alcohol: Anthropological / Archaeological Perspectives», Annual Review of Anthropology 35 (2006), S. 229–249.

41 Rudolph H. Michel u. a.: «The First Wine & Beer. Chemical Detection of Ancient Fermented Beverages», Analytical Chemistry 65 (1993), S. 408–413; Naomi F. Miller: «Sweeter than wine? The use of the grape in early western Asia», Antiquity 82 (2008), S. 937–946; McGovern, Unkorking the Past, Kapitel 3; Robert J. Braidwood u. a.: «Did Man Once Live by Beer Alone?», American Anthropologist 55 (1953), S. 515–526 (hier 519 f.).

42 Einen Überblick der ethno- und archäologischen Festforschung geben Brian Hayden, Suzanne Villeneuve: «A Century of Feasting Studies», Annual Review of Anthropology 40 (2011), S. 433–449. Vgl. auch Oliver Dietrich u. a.: «The role of cult and feasting in the emergence of Neolithic communities. New evidence from Göbekli Tepe, south-eastern Turkey», Antiquity 86 (2012), S. 674–695.

43 Siehe Justin Jennings u. a.: «‹Drinking Beer in a Blissful Mood›: Alcohol Production, Operational Chains, and Feasting in the Ancient World», Current Anthropology 46 (2005), S. 275–303; Salwa A. Maksoud u. a.: «Beer from the early dynasties (3500–3400 cal B.C.) of Upper Egypt, detected by archaeochemical methods», Vegetation History and Archaeobotany 3 (1994), S. 219–224.

44 Marcel Detienne, Jean-Pierre Vernant: The Cuisine of Sacrifice Among the Greeks, Chicago 1989, S. 38 ff.; Aischylos: Der gefesselte Prometheus, Vers 110, in: Aischylos: Werke, übersetzt von Johann Gustav Droysen, Berlin 1842, S. 414.

Drittes Kapitel: Der Anfang des Sprechens

1 Aristoteles: Politik, 1253a 9–15, Übersetzung von Eugen Rolfes.
2 W. Tecumseh Fitch: «The evolution of speech: a comparative review», Trends in Cognitive Science 4 (2000), S. 258–267; ders.: The Evolution of Language, Cambridge 2010, S. 297 ff.; Peter F. MacNeilage: The Origin of Speech, Oxford 2008, S. 65–79.
3 Johannes Müller: Über die Compensation der physischen Kräfte am menschlichen Stimmorgan, Berlin 1839; Gunnar Fant: Acoustic Theory of Speech Production, Den Haag 1960, S. 22–25.
4 Rachel Morrison, Diana Reiss: «Whisper-like behavior in a non-human primate», Zoo Biology 32 (2013), S. 626–631.
5 Philip Lieberman u. a.: «Vocal tract limitations on the vowel repertoires of rhesus monkeys and other nonhuman primates», Science 164 (1969), S. 1185–1187; W. Tecumseh Fitch, David Reby: «The descended larynx is not uniquely human», Proceedings of the Royal Society London B 268 (2001), S. 1669–1675; John J. Ohala: «An Ethnological Perspective on Common-Cross-Language Utilization of Fundamental Frequency of Voice», Phonetica 41 (1984), S. 1–16.
6 Fitch, Evolution, S. 311 und 327.

7 MacNeilage, Origin, S. 4.
8 Christine E. Wall, Kathleen K. Smith: «Ingestion in Mammals», in: N. P. Group (Hrsg.): Encyclopedia of Life Sciences, New York 2001, S. 6.
9 Merlin Donald: The Origin of the Modern Mind. Three Stages in the Evolution of Culture and Cognition, Cambridge Mass. 1991, S. 115 ff.; Philip Lieberman, Edmund S. Crelin: «On the Speech of the Neanderthal Man», Linguistic Inquiry 11 (1971), S. 203–222; Richard F. Kay u. a.: «The hypoglossal canal and the origin of human vocal behavior», PNAS 95 (1998), S. 5417–5419; David DeGusta u. a.: «Hypoglossal canal size and hominid speech», PNAS 96 (1999), S. 1800–1804, sowie abschließend William L. Jungers u. a.: «Hypoglossal canal size in living hominoids and the evolution of human speech», Human Biology 75 (2003), S. 473–484.
10 Robin I. M. Dunbar: Grooming, Gossip and the Evolution of Language, London 1996.
11 Clive K. Catchpole, Peter J. B. Slater: Bird Song. Biological Themes and Variations, Cambridge ²2008, S. 236–239; John R. Krebs: «The significance of song repertoires: The Beau Geste hypothesis», Animal Behaviour 25 (1977), S. 475–478; Masayo Soma, László Zsolt Garamszegi: «Rethinking birdsong evolution: meta-analysis of the relationship between song complexity and reproductive success», Behavioral Ecology 22 (2011), S. 363–371; Fitch, Evolution, S. 339; Peter MacNeilage: «The Frame / Content Theory of Evolution of Speech Production», Behavioral and Brain Sciences 21 (1998), S. 499–546; ders., Origin, S. 93.
12 Ebd., S. 91; Karen Hiiemae, Jeffrey B. Palmer: «Tongue and hyoid movements in feeding and speech», Journal of Oral Rehabilitation 29 (2002), S. 880 f.
13 Willem J. M. Levelt: «Accessing words in speech production: Stages, processes and representations», Cognition 42 (1992), S. 1–22 (hier 9).
14 Dunbar, Grooming, Kapitel 3 und 4.
15 Bronisław Malinowski: «Das Problem der Bedeutung in primitiven Sprachen», in: Charles Kay Ogden, Ivor Armstrong Richards (Hrsg.): Die Bedeutung der Bedeutung, Frankfurt am Main 1974 (Original London 1923), S. 323–384; Rainer Rath: «Zur Legitimation und Einbettung von Erzählungen in Alltagsdialogen», in: Peter Schröder, Hugo Steger (Hrsg.): Dialogforschung, Düsseldorf 1981, S. 265–286; Fitch, Evolution, Kapitel 10.3.1.
16 Adrien Meguerditchian u. a.: «From gesture to language: Ontogenetic and

phylogenetic perspectives on gestural communication and its cerebral lateralization», in: Anne Vilain u. a. (Hrsg.): Primate Communication and Human Language. Vocalisation, gestures, imitation and deixis in humans and non-humans, Amsterdam 2011, S. 91–120 (hier 106 ff.); Michael A. Arbib u. a.: «Primate Vocalization, Gesture, and the Evolution of Human Language», Current Anthropology 49 (2008), S. 1053–1076.

17 Gordon W. Hewes: «Primate Communication and the Gestural Origin of Language», Current Anthropology 14 (1973), S. 5–24; vgl. ders.: «A history of the study of language origins and the gestural primacy hypothesis», in: Andrew Lock, Charles R. Peters (Hrsg.): Handbook of Human Symbolic Evolution, Oxford 1996, S. 571–595.

Viertes Kapitel: Der Anfang der Sprache

1 Berühmt geworden sind die Meerkatzen durch Robert M. Seyfarth u. a.: «Monkey Responses to Three Different Alarm Calls: Evidence of Predator Classification and Semantic Communication», Science 210 (1980), S. 801–803.

2 Charles Sanders Peirce: «New Elements (Kaina Stocheia)», in: Nathan Houser, Christian Kloesel (Hrsg): The Essential Peirce. Selected Philosophical Writings, Band 2, Bloomington 1998, S. 300–324, und ders.: «Logic as semiotic: The theory of signs» (1897), in: Justus Buchler (Hrsg.): Philosophical Writings of Peirce, New York 1955, S. 98–119.

3 Charles F. Hockett: «The origin of speech», Scientific American 203 (1960), S. 89–96.

4 Derek Bickerton: Adam's Tongue. How Humans Made Language, How Language Made Humans, New York 2009, S. 16–23 und 37–54.

5 Zur Starrheit tierischer Signale Michael Tomasello: Die Ursprünge der menschlichen Kommunikation, Frankfurt am Main 2009, S. 26 ff. Klassisch für einen Versuch, aus Signalen Sprache hervorgehen zu lassen, ist der Beitrag von Charles F. Hockett und Robert Ascher: «The Human Revolution», Current Anthropology (1964), S. 135–168 (hier 139 f.).

6 Theodor Benfey: Geschichte der Sprachwissenschaft und orientalischen Philologie in Deutschland seit dem Anfange des 19. Jahrhunderts mit einem Rückblick auf frühere Zeiten, München 1869, S. 295, zitiert nach Otto Jespersen: Language. Its Nature, Development and Origin, London 1922, S. 415.

7 Jean-Jacques Rousseau: «Diskurs über den Ursprung der Ungleichheit unter den Menschen», in: ders.: Sozialphilosophische und Politische Schriften, München 1981, S. 59–161 (hier 75–78). Vgl. James H. Stam: Inquiries into the Origin of Language. The Fate of a Question, New York 1976, S. 80 ff.

8 Terrence Deacon: The Symbolic Species, New York 1997, S. 50 ff.; Tomasello, Ursprünge, S. 70. Vgl. Fitch, Evolution, Kapitel 12, dem wir hier weitgehend folgen.

9 Bickerton, Adam's Tongue, S. 42–48.

10 Ders.: Language and Species, Chicago 1990, S. 147 ff.; ders.: «How protolanguage became language», in: Chris Knight u. a.: The Evolutionary Emergence of Language: Social Functions and the Origins of Linguistic Form, Cambridge 2000, S. 264–284. Für eine umsichtige Diskussion dieser Hypothese siehe Brady Clark: «Scavenging, the stag hunt, and the evolution of language», Journal of Linguistics 47 (2011), S. 447–480.

11 Deacon, Symbolic Species, Kapitel 12.

12 Dunbar, Grooming; Max Gluckman: «Gossip and scandal», Current Anthropology 4 (1963), S. 307–316; Robert Paine: «What is gossip about? An alternative hypotheses», Man 2 (1967), S. 278–285; Magnus Enquist, Olof Leimar: «The evolution of cooperation in mobile organisms», Animal Behaviour 45 (1993), S. 747–757. Die wunden Punkte bei Dunbar bezeichnet Camille Power: «Old wives' tales: the gossip hypothesis and the reliability of cheap signals», in: James R. Hurford u. a. (Hrsg.): Approaches to the Evolution of Language. Social and Cognitive Bases, Cambridge 1998, S. 111–129. Zur Interaktionstrance vgl. Erving Goffman: Interaction Ritual. Essays on Face-to-Face-Behavior, Garden City 1967, S. 113. Zu den Unterschieden zwischen Affen und Menschen in puncto kooperativer Kommunikation Tomasello, Ursprünge, S. 186–206.

13 W. Tecumseh Fitch: «Kin Selection and ‹Mother Tongues›: A Neglected Component in Language Evolution», in: D. Kimbrough Oller, Ulrike Griebel (Hrsg.): Evolution of Communication Systems. A Comparative Approach, Cambridge Mass. 2004, S. 275–296 (hier 288 ff.); William D. Hamilton: «The evolution of altruistic behavior», American Naturalist 97 (1963), S. 354–356.

14 Jean-Louis Dessalles: Why we talk. The evolutionary origins of language, Oxford 2007, S. 315–350.

15 Grundlegend für die Theorie des gestischen Ursprungs der Sprache und über vierzig Jahre hinweg lesenswert geblieben ist Hewes, «Primate Communication».

16 Tomasello, Ursprünge, S. 214 ff., 239 und 339 ff.; ders.: «Why Don't Apes Point?», in: Nicholas J. Enfield, Stephen C. Levinson (Hrsg.): Roots of Human Sociality, Culture, Cognition and Interaction, Oxford 2006, S. 506–524; Daniel J. Povinelli, Daniela K. O'Neill: «Do chimpanzees use their gestures to instruct each other?», in: Simon Baron-Cohen u. a. (Hrsg.): Understanding Other Minds: Perspectives from Developmental Neuroscience, Oxford 2000, S. 459–487; ders. u. a.: «Toward a Science of Other Minds: Escaping the Argument by Analogy», Cognitive Science 24 (2000), S. 509–541.

17 William J. E. Hoppit u. a.: «Lessons from animal teaching», Trends in Ecology & Evolution 23 (2008), S. 486–493; Gergely Csibra, György Gergely: «Natural pedagogy», Trends in Cognitive Science 13 (2009), S. 148–153; dies.: «Sylvia's Recipe: The Role of Imitation and Pedagogy in the Transmission of Cultural Knowledge», in: Enfield, Levinson (Hrsg.), Roots, S. 229–255.

18 Laura Berk: «Childrens private speech: An overview of theory and the status of research», in: Rafael M. Diaz, Laura Berk: Private Speech. From social interaction to self-regulation, Hillsdale 1992, S. 17–53; Dan Sperber: «An evolutionary perspective on testimony and argumentation», Philosophical Topics 29 (2001), S. 401–413.

19 Jespersen, Language, S. 420, und zur Metaphernbildung 431 f.; Fitch, Evolution, S. 467.

20 Zum Ende der Neandertaler Chris B. Stringer u. a. (Hrsg.): Neanderthals on the Edge, Oxford 2000. Zum gemeinsamen Vorgänger Robert Foley, Marta M. Lahr: «Mode 3 technologies and the evolution of modern humans», Cambridge Archaeological Journal 7 (1997), S. 3–36; Johannes Krause u.a: «The derived FOXP2 variant of modern humans was shared with Neandertals», Current Biology 17 (2007), S. 1908–1912; Wolfgang Enard u. a.: «Molecular evolution of FOXP2, a gene involved in speech and language», Nature 418 (2002), S. 869–872; Steven Mithen: The Singing Neanderthals. The Origins of Music, Language, Mind, and Body, Cambridge Mass. 2006, S. 205–245.

21 Sally McBrearty, Alison S. Brooks: «The revolution that wasn't: a new

interpretation of the origin of modern human behavior», Journal of Human Evolution 39 (2000), S. 453–563 (hier 521 und 530); Ian Tattersall: «The dual origin of modern humanity», Collegium Anthropologicum 28/Supp. 2 (2004), S. 77–85.

Fünftes Kapitel: Der Anfang der Kunst

1 Paul Valéry: Eupalinos oder Der Architekt, in: ders.: Werke, Band 2: Dialoge und Theater, Frankfurt am Main 1990, S. 51 ff.

2 Eine umfassende Beschreibung des Steins gibt Robert G. Bednarik: «The ‹australopithecine› cobble from Makapansgat, South Africa», South African Archaeological Bulletin 53 (1998), S. 4–8.

3 Erella Hovers u.a.: «An Early Case of Color Symbolism: Ochre Use by Modern Humans in Qafzeh Cave», Current Anthropology 44 (2003), S. 491–511 (hier 507 ff.); vgl. den Kommentar von Knight u.a., ebd., S. 513 f.

4 Zur frühgeschichtlichen Perlenproduktion zuletzt Robert G. Bednarik: «The Significance of the Earliest Beades», Advances in Anthropology 5 (2015), S. 51–66; Christopher S. Henshilwood u.a.: «Middle Stone Age Shell Beads from South Africa», Science 304 (2004), S. 404; ders.: «Emergence of Human Behavior: Middle Stone Age Engravings from South Africa», Science 295 (2002), S. 1278–1280; Abdeljabil Bouzouggar u.a.: «82 000-Year-Old Shell Beads from North Africa and Implications for the Origins of Modern Human Behavior», PNAS 104 (2007), S. 9964–9969.

5 Alexander Marshack: «A Middle Paleolithic Symbolic Composition From the Golan Heights: The Earliest Known Depictive Image», Current Anthropology 37 (1996), S. 357–365.

6 Chester R. Cain: «Implications of the Marked Artifacts of the Middle Stone Age of Africa», Current Anthropology 47 (2006), S. 675–681; Paola Villa u.a.: «A Milk and Ochre Paint Mixture Used 49 000 Years Ago at Sibudu, South Africa», PLoS 10 (2015), S. 1–12; zu Grundfragen der Befassung mit frühgeschichtlichen Bildwerken vgl. Johan de Smedt, Helen de Cruz: «A Cognitive Approach to the Earliest Art», Journal of Aesthetics and Art Criticism 69 (2011), S. 379–389.

7 Thomas Higham u.a.: «Testing models for the beginnings of the Augnacien and the advent of art and music: the radiocarbon chronology of Geißenklösterle», Journal of Human Evolution 30 (2012), S. 1–13.

8 Veerle Rots, Philip van Peer: «Early evidence of complexity in lithic eco-

nomy: core-ax production, hafting and use at Late Middle Pleistocene site 8-B-11, Sai Islands (Sudan)», Journal of Archaeological Science 33 (2006), S. 360–371; Wolfgang Köhler: Intelligenzprüfungen an Menschenaffen, Berlin 1921.

9 Lyn Wadley u. a.: «Implications for complex cognition from the hafting of tools with compound adhesives in the Middle Stone Age, South Africa», PNAS 106 (2009), S. 9590–9594; Thomas Wynn: «Hafted spears and the archaeology of mind», PNAS 106 (2009), S. 9544f.

10 Steven Mithen: «On Early Paleolithic ‹Concept-Mediated Marks›, Mental Modularity, and the Origins of Art», Current Anthropology 37 (1996), S. 666–670 (hier 668); Leslie C. Aiello, Robin I. M. Dunbar: «Neocortex Size, Group Size, and the Evolution of Language», Current Anthropology 34 (1993), S. 184–193. Die Anwendung der Unterscheidung von ikonischen (auf Ähnlichkeit beruhenden), indexikalischen (anzeigenden) und symbolischen (willkürlich festgelegten) Zeichen auf frühgeschichtliche Fragen findet sich bei Matt J. Rossano: «Making Friends, Making Tools, and Making Symbols», Current Anthropology 51 S1 (2010), S. 89–98.

11 So Georg Simmel: Soziologie. Untersuchung über die Formen der Vergesellschaftung, Berlin 1908, S. 278–281. Es gibt Frauen, die mitteilen, dass sie ebenso schöne wie knappe Unterwäsche nicht für ihre Männer, sondern für sich selbst tragen, weil das Wissen um dieses Tragen ihr Selbstgefühl hebt. Das ist dann tatsächlich ein Fall von Schmuck diesseits von Kommunikation, wenngleich es offenbar zu seinem Sinn gehört, dass diese Eigenschaft dann doch wieder einem Mann mitgeteilt wird. Zu den Materialien der frühen Ornament- und Bildwerke vgl. Randall White: «Beyond Art: Toward an Understanding of the Origin of Material Representation in Europe», Annual Review of Anthropology 21 (1992), S. 537–564.

12 Claus Joachim Kind u.a.: «The Smile of the Lion Man. Recent Excavations in Stadel Cave and the Restoration of the Famous Upper Paleolithic Figurine», Quartär 61 (2014), S. 129–145.

13 Minutiös analysiert die Objekte und ihre Forschungsgeschichte Randall White: «The Women of Brassempouy. A Century of Research and Interpretation», Journal of Archaeological Method and Theory 13 (2006), S. 251–304. Zur Androgynität mancher Figuren ders.: «Une nouvelle statuette phallo-féminine paléolithique: la ‹Vénus de Milandes› (commune de Castelnaud-la-Chapelle, Dordogne)», Paléo 14 (2002), S. 177–198.

14 Vgl. nur für die angeführten Hypothesen Anne Baring, Jules Cashford: The Myth of the Goddess: Evolution of an Image, London 1991, S. 3–13; Joachim Hahn: Kraft und Aggression. Die Botschaft der Eiszeitkunst im Aurignacien Süddeutschlands?, Tübingen 1986; Sarah M. Nelson: «Diversity of the Upper Paleolithic ‹Venus› Figurines and Archaeological Mythology», Archaeological Papers of the American Anthropological Association 2 (1990), S. 11–22; Patricia C. Rice: «Prehistoric Venuses: Symbols of Motherhood or Womanhood», Journal of Anthropological Research 37 (1981), S. 402–414; Pierre Duhard: «Upper Paleolithic figures as a reflection of human morphology and social organization», Antiquity 67 (1993), S. 83–91; D. Bruce Dickson: The Dawn of Belief: Religion in the Upper Paleolithic of Southwestern Europe, Tucson 1990, S. 211; Le Roy McDermott: «Self-Representation in Upper Paleolithic Female Figurines», Current Anthropology 37 (1996), S. 227–275. «This is an extremely powerful depiction of the essence of being female», zitiert das Magazin des Smithsonian-Museums den Entdecker der Hohle-Fels-Statuette, Nicholas Conard, www.smithsonianmag.com/history/the-cave-art-debate-100617099/(zuletzt aufgerufen am 7. April 2017).

15 Siehe die Polemik von Robert G. Bednarik: «Paleolithic Love Goddesses of Feminism», Anthropos 91 (1996), S. 183–190, gegen das öde Hin und Her der Funktionalisierungen frühzeitlicher Kunst zu gegenwärtigen Zwecken. Die weitgehende Folgerung, eine zwecklose Praxis als Ursprung der paläolithischen Artefakte anzunehmen, zieht in einem äußerst lesenswerten Beitrag John Halverson: «Art for Art's Sake in the Palaeolithic», Current Anthropology 28 (1987), S. 63–72, ohne allerdings erklären zu können, weshalb freie Kunstproduktion sich als Galerie das Dunkel mitunter schwer zugänglicher Höhlen gesucht haben sollte.

16 Rice, «Prehistoric Venuses», S. 408.

17 Weitere Einwände bei Paul G. Bahn, Jean Vertut: Journey through the Ice Ages, Los Angeles 1997, S. 135 und 170 ff., wo auch Zweifel an der Eindeutigkeit der Vulva-Markierungen geäußert werden.

18 André Leroi-Gourhan: The art of prehistoric man in western Europe, London 1968. Zuvor, mit ähnlicher Vorgehensweise und ebenfalls durch den Kunsthistoriker Max Raphael angeregt, Annette Laming-Emperaire: Lascaux. Paintings and Engravings, Harmondsworth 1959. Zu Vokabeln wie «Kapelle», «Schrein», «Heiligtum» und so weiter mag anfänglich bei-

getragen haben, dass der bedeutendste Erforscher der in Frankreich gefundenen Höhlenkunst ein katholischer Priester war, Abbé Henri Breuil, der für Lascaux den Ausdruck «Sixtinische Kapelle der Vorgeschichte» prägte und folgerichtig von seinem Biographen als Oberhaupt der paläontologischen Kirche bezeichnet wurde: Jacques Arnould: L'abbé Breuil. Le pape de la préhistoire, Tours 2011.

19 Vgl. die freundliche, aber treffende Kritik bei John Parkington: «Symbolism in Paleolithic Cave Art», South African Archaeological Bulletin 24 (1969), S. 3–13, sowie Anthony Stevens: «Animals in Paleolithic Cave Art: Leroi-Gourhan's Hypothesis», Antiquity 49 (1975), S. 54–57.

20 Zur schamanistischen Interpretation der Höhlenzeichnungen vgl. Jean Clottes: World Rock Art, Los Angeles 2002.

21 André Leroi-Gourhan: Hand und Wort. Die Evolution von Technik, Sprache und Kunst, Frankfurt am Main 1984, S. 464.

22 Kevin Sharpe, Leslie van Gelder: «Evidence for Cave Marking by Paleolithic Children», Antiquity 80 (2006), S. 937–947.

23 Georges Bataille: Lascaux oder Die Geburt der Kunst, Stuttgart 1983, S. 12, 33 und 123.

Sechstes Kapitel: Der Anfang der Religion

1 William Buckland: Vindiciae Geologicae or The Connexion of Geology with Religion Explained, Oxford 1820.

2 David Hume: Dialogues Concerning Natural Religion, London 1779; James Hutton: Theory of the Earth. With Proofs and Illustrations, Edinburgh 1795, S. 199 f.

3 William Buckland, Vindiciae Geologicae, S. 15 f., 18, 22 ff., 25 ff., 29 ff.; Marianne Sommer: Bones and Ochre. The Curious Afterlife of the Red Lady of Paviland, Cambridge Mass. 2008, S. 39 ff.

4 William Buckland: Reliquiae Diluvianae or Observations on the Organic Remains Contained in Caves, Fissures, and Diluvial Gravel and on other Geological Phenomena, Attesting the Action of an Universal Deluge, London 1824, S. 82–92.

5 Hermann Usener: Götternamen. Versuch einer Lehre von der religiösen Begriffsbildung, Bonn 1896, S. 287; vgl. dagegen den Satz «He may be in the thunder, but he is not the thunder», aus John S. Mbiti: Concepts of God in Africa, London 1970, S. 8, zitiert nach Niklas Luhmann: Die Religion

der Gesellschaft. Hrsg. von André Kieserling, Frankfurt am Main 2000, Fußnote 10, S. 11; Max Müller: Natural Religion, London 1889.

6 Robert Ranulph Marett: The Threshold of Religion, London 1914, S. 13 ff.; Émile Durkheim: Die elementaren Formen des religiösen Lebens, Frankfurt am Main 1981.

7 Edward E. Evans-Pritchard: Theorien über primitive Religionen, Frankfurt am Main 1981 (Theories of primitive Religion, Oxford 1965), S. 58 und 81 ff. Kritisch zur Möglichkeit, Gefühle archäologisch zu rekonstruieren: Katherine A. Dettwyler: «Can paleopathology provide evidence for ‹compassion›?», American Journal of Physical Anthropology 84 (1991), S. 375–384.

8 Jeffrey Mousaieff Masson, Susan McCarthy: When Elephants Weep: The Emotional Lives of Animals, Chicago 1996; Ursula Moser Cowgill: «Death in Perodicticus», Primates 13 (1972), S. 251–256; Alexander K. Piel, Fiona A. Stewart: «Non-Human Animal Responses toward the Dead and Death: A Comparative Approach to Understanding the Evolution of Human Mortuary Practices», in: Colin Renfrew u. a. (Hrsg.): Death Rituals and Social Order in the Ancient World: «Death Shall Haven No Dominion», Cambridge 2016, S. 15–26.

9 Sommer, Bones and Ochre, S. 274, weist allerdings auf ein Problem hin: Finden sich in einem Grab Waffen, wird, weil Jäger meistens Männer sind, geschlossen, das Skelett sei männlich. Liegt Schmuck bei, gilt es als weiblich oder männlich. Liegen Waffen und Schmuck bei, geben die Waffen den Ausschlag. Womöglich kommt so der hohe Männeranteil an den Begrabenen zustande, von dem dann wieder auf den höheren Status von Männern geschlossen wird.

10 Vgl. Pierre M. Vermeersch u. a.: «A Middle Paleolithic burial of a modern human at Taramsa Hill, Egypt», Antiquity 72 (1998), S. 475–484, für einen frühen, gut 55 000 Jahre alten Fund dieser Art. Die anderen Beispiele sind das Kind in der südafrikanischen Border Cave, das vor fast 75 000 Jahren bestattet wurde, und die Funde in Nazlet Khater (Ägypten). Zum australischen Fall siehe James M. Bowler: «Willandra Lakes revisited. Environmental framework for human occupation», Archaeology in Oceania 33 (1998), S. 120–155 (hier 151).

11 Paul Pettitt: The Palaeolithic Origins of Human Burial, Oxford 2011.

12 Vgl. die Übersicht über vermutete Grabbeigaben des Paläolithikums bei

Marian Vanhaeren, Francesco D'Errico: «The Body Ornaments Associated with the Burial», in: Joao Zilhao, Erik Trinkaus (Hrsg.): Portrait of the Artist as a Child. The Gravettian Human Skeleton from the Abrigo do Lagar Velho and its Archaeological Context, Lissabon 2002, S. 177 ff.; zur Ockerfärbung pragmatisch Fabienne May: Les Sépultures Préhistoriques, Paris 1986, S. 204, symbolisch Peter Metcalf, Richard Huntington: Celebrations of Death, Cambridge 1993, S. 63.

13 So Francesco d'Errico, Marian Vanhaeren: «Upper Paleolithic Mortuary Practices: Reflections of Ethnic Affiliation, Social Complexity, and Cultural Turnover», in: Renfrew, Death Rituals, S. 45–61 (hier 49).

14 Zur Debatte darüber, ob aus versehrten Skeletten und ihrem Alter auf das Mitgefühl der Mitfrühmenschen geschlossen werden kann, siehe Erik Trinkaus, M.R. Zimmerman: «Trauma among the Shanidar Neanderthals», American Journal of Physical Anthropology 57 (1982), S. 61–76; David Frayer u. a.: «Dwarfism in an adolescent from the Italian later Upper Paleolithic», Nature 330 (1987), S. 60–62; Dettwyler, «Can paleopathology provide evidence for ‹compassion›?»; Sarah Tarlow: «Emotion in Archaeology», Current Anthropology 41 (2000), S. 713–746 (hier 726 ff.).

15 Julien Riel-Salvatore, Claudine Gravel-Miguel: «Upper Paleolithic Mortuary Practices in Eurasia. A Critical Look at the Burial Record», in: Sarah Tarlow, Liv Nilsson Stutz (Hrsg.): The Oxford Handbook of the Archaeology of Death and Burial, Oxford 2013, S. 303–346 (hier 304 und die Karte auf S. 325).

16 Pettitt, Origins; Vincenzo Formicola: «From Sunghir Children to the Romito Dwarf. Aspects of Upper Paleolithic Funerary Landscape», Current Anthropology 48 (2007), S. 446–453.

17 Siehe nur Jörg Orschiedt: «Secondary burial in the Magdalenian: The Brillenhöhle (Blaubeuren, Southwest Germany)», Paléo 14 (2002), S. 241–256.

18 Daniel de Coppet: «... Land Owns People», in: Robert H. Barnes u.a. (Hrsg.): Contexts and level. Anthropological essays on hierarchy, Oxford 1985, S. 78–90, mit der an einem melanesischen Beispiel sehr eindrücklichen Schilderung des Zusammenhangs von Begräbnis und räumlicher Ordnung. Zur nicht mehr situativen Lebensführung Jan Kolen: «Hominids without homes: on the nature of Middle Paleolithic settlement in Europe», in: Wil Roebroeks, Clive Gamble (Hrsg.): The Middle Paleolithic Occupation of Europe, Leiden 1999, S. 139–175.

19 Albrecht Dieterich: Mutter Erde. Ein Versuch über Volksreligion, Leipzig 1905, S. 31 ff.; Klaus Schriewer: «Deutsche Altersmigranten in Spanien im späten 20. Jahrhundert», in: Klaus Bade u. a. (Hrsg.), Enzyklopädie Migration in Europa. Vom 17. Jahrhundert bis zur Gegenwart, Paderborn 2007, S. 511–513.

20 Elisabeth Colson: «Places of Power and Shrines of the Land», Paideuma 43 (1997), S. 47–57 (hier 52).

21 Colin Renfrew: «Megaliths, Territories and Populations», in: Sigfried J. De Laet (Hrsg.), Acculturation and Continuity in Atlantic Europe, Brügge 1973, S. 198–220. Überblicke zur kontroversen Diskussion dieser These geben Robert Capman: «The Years After – Megaliths, Mortuary Practices, and the Territorial Model», in: Lane Andersen Beck (Hrsg.), Regional Approaches to Mortuary Analysis, New York 1995, S. 29–51, und zuletzt Joshua Wright: «Landownership and Landscape Belief», in: Tarlow, Stutz (Hrsg.), The Oxford Handbook of the Archaeology of Death and Burial, S. 405–419.

22 Michael Balter: «Early Stonehenge pilgrims came from afar, with cattle in tow», Science 320 (2008), S. 1704 f.; Chris Scarre: «Monumentality», in: Timothy Insoll (Hrsg.): The Oxford Handbook of the Archaeology of Ritual & Religion, Oxford 2011, S. 9–23.

23 Die Unterscheidung von Tempel und Haus impliziert nicht, wie Edward B. Banning: «So Fair a House. Göbekli Tepe and The Identification of Temples in the Pre-Pottery Neolithic of the Near East», Current Anthropology 52 (2011), S. 691–660, zu denken scheint, dass in Häusern nicht sakral gehandelt – beispielsweise begraben – werden konnte, sondern nur, dass sich in diesem Tempel wenig Spuren dafür finden, dass er Teil einer Siedlung war. Dass in Wohnungen Bilder hängen, bedeutet nicht, dass Leute in Museen wohnen, selbst wenn Museen über eine Küche und Garderoben verfügen.

24 Vgl. die Zusammenstellung der Kultstätten bei Klaus Schmidt: «‹Ritual Centers› and the Neolithisation of Upper Mesopotamia», Neo-Lithics 2/05 (2005), S. 13–21; ders.: «Zuerst kam der Tempel, dann die Stadt: vorläufiger Bericht zu den Grabungen am Göbekli Tepe und Gürcütepe», Istanbuler Mitteilungen 50 (2000), S. 5–41; ders.: «Boars, Ducks, and Foxes – the Urfa Project 99», Neo-Lithics 3 (1999), S. 12–15 (hier 14); Dietrich u. a., «The role of cult an feasting»; Fitzroy Somerset, Lord Raglan:

The temple and the house, New York 1964, ix f.; Lewis Mumford: The City in History, London 1961.

25 Vgl. den Konferenzbericht von Anna Belfer-Cohen und Nigel Goring-Morris: «Recent Developments in Near Eastern Neolithic Research», Paléorient 28 (2002), S. 143–148.

26 Eine Voraussetzung für diesen Eindruck ist allerdings, dass die T-förmigen Säulen nicht einfach Dachträger, sondern weithin sichtbar waren.

27 Sommer, Bones and Ochre, S. 231–246.

28 Hans Blumenberg: Höhlenausgänge, Frankfurt am Main 1989, S. 27 ff.

Siebtes Kapitel: Der Anfang der Musik und des Tanzes

1 John Cage: «Experimental Music», in: ders.: Silence. Lectures and Writings, Middletown 1961, S. 7–12 (hier 8).

2 Siegfried Nadel, Theodore Baker: «The Origins of Music», Musical Quarterly 16 (1930), S. 531–546.

3 Carl Stumpf: Die Anfänge der Musik, Leipzig 1911, S. 11 f. Die Definition von Gesang bei Günter Tembrock: Tierstimmenforschung. Eine Einführung in die Bioakustik, Wittenberg 1977, S. 33.

4 David W. Frayer, Chris Nicolay: «Fossil Evidence for the Origins of Speech Sounds», in: Nils Wallin u. a.: The Origins of Music, Cambridge Mass. 2000, S. 217–234; Ann M. MacLarnon, Gwen P. Hewitt: «The evolution of human speech: the role of enhanced breathing control», American Journal of Physical Anthropology 109 (1999), S. 341–363. Für die aktuellste Datierung der schwäbischen Knochenflöte siehe Thomas Higham u. a., «Testing Models»; zur Venus mit dem Horn siehe Michel Dauvois: «Son et Musique Paléolithiques», Les Dossiers d'Archéologie 142 (1989), S. 2–11 (hier 10).

5 Vgl. die Zusammenstellung der entsprechenden Verdachtsmomente bei Francesco D'Errico u. a.: «Archaeological Evidence for the Emergence of Language, Symbolism, and Music – An Alternative Multidisciplinary Perspective», Journal of World Prehistory Vol. 17, No. 1 (2003), S. 1–70 (hier 36–39), und eine exemplarische Verteidigung der Flötenthese bei Drago Kunej und Ivan Turk: «New Perspectives on the Beginning of Music: Archeological and Musicological Analysis of a Middle Paleolithic Bone ‹Flute›», in: Wallin u. a., The Origins of Music, S. 235–268 (hier 240–249). Die ganze Diskussion referiert Iain Morley: The Evolutionary Origins and Archaeology of Music, Diss. Cambridge 2003, S. 47–54.

6 So D'Errico u. a., «Archaeological Evidence», S. 42–45.

7 Zu den Vogelknochen vgl. Paula Marie Theresa Scothern: The Music-Archeology of the Paleolithic within its Cultural Setting, Ph. D. Thesis, Cambridge 1992, S. 84; Herbert Spencer: «On the Origin and Function of Music» (1857), in: ders.: Essays. Scientific, Political & Speculative, Vol. II, London 1891; dass die erste Sprache der Menschen die Musik gewesen sei, schrieb James Burnett, Lord Monboddo, schon 1774 seinem von Kindheit an blinden Bekannten Dr. Blacklock. Sie sei durch Imitation der Vogelrufe erlernt worden. Burnett schließt sich der Überlegung an, dass die Variation der menschlichen Stimme durch musikalisches Sprechen der Sprache entweder vorausging oder zumindest gleichzeitig mit ihr entstand, verwirft aber die Existenz einer «Sprache des Singens» – dazu sei die Musik der «Wilden» und der Vögel zu einfach, siehe James Burnett, Origin and Progress S. 403, 469 f., 472 f.

8 Stumpf, Anfänge der Musik, S. 9.

9 Kerstin Oberweger, Franz Goller: «The metabolic cost of birdsong production», Journal of Experimental Biology 204 (2001), S. 3379–3388; James F. Gilooly, Alexander G. Ophir: «The energetic basis of acoustic communication», Proceedings: Biological Sciences 277 (2010), S. 1325–1331. Zuerst beschrieben wurden Warnsignale an dem nach Raubtiertypen differenzierten Repertoire der äthiopischen Grünmeerkatze von Thomas T. Struhsaker: «Auditory communication among vervet monkeys (Cercopithecus aethiops)», in: Stuart A. Altmann (Hrsg.): Social Communication Among Primates, Chicago 1967, S. 281–324. Noch raffinierter ist nur die bei Haushuhnern beobachtete Ausrufung von Nahrungsfunden, die gar nicht gemacht wurden, zu Täuschungszwecken. Vgl. dazu Marcel Gyger, Peter Marler: «Food calling in the domestic fowl (Gallus gallus): The role of external referents and deception», Animal Behaviour 36 (1988), S. 358–365.

10 Darwin, The descent of man, S. 705; die Beispiele bei Peter J. B. Slater: «Birdsong Repertoires: Their Origin and Uses», in: Wallin u. a., The Origins of Music, S. 49–63, und im Überblick über das ganze Feld Catchpole, Slater, Bird Song, S. 114–201.

11 Die ersten experimentellen Belege für Weibchen, die sich um mit Lautsprechern ausgestattete Nistplätze drängeln, bei Dag Eriksson, Lars Wallin: «Male bird song attracts females – a field experiment», Behavioral

Ecology and Sociobiology 19 (1986), S. 297–299; D. James Mountjoy, Robert E. Lemon: «Song as an Attractant for Male and Female European Starlings, and the Influence of Song Complexity on Their Response», Behavioral Ecology and Sociobiology 28 (191), S. 97–100, und L. Scott Johnson, William A. Searcy: «Female Attraction to Male Song in House Wrens (Troglodytes Aedon)», Behaviour 133 (1996), S. 357–366; William A. Searcy, Eliot A. Brenowitz: «Sexual differences in species recognition of avian song», Nature 332 (1988), S. 152–154.

12 Donald E. Kroodsma, Linda D. Parker: «Vocal virtuosity in the brown trasher», Auk 94 (1977), S. 783–785. «The nagging question persists: Why such a complex behavior?» (785). Das gilt auch für andere Arten, wie die Nachtigall mit mehr als zweihundert Liedtypen, den Schilfrohrsänger mit mehr als dreihundert oder den Star mit immerhin noch mindestens zwanzig und höchstens siebzig.

13 Genauer: Ist Vielfalt *manchmal* die Botschaft? Für ein Gegenbeispiel siehe die Studie über Buchfinken von Peter J. B. Slater: «Chaffinch Song Repertoires: Observations, Experiments and a Discussion of their Significance», Zeitschrift für Tierpsychologie 56 (1981), S. 1–24.

14 Zur klassischen Fassung der These, dass Nachteile Vorteile sind, vgl. Amotz Zahavi: «Mate Selection – A Selection for Handicap», Journal of Theoretical Biology 53 (1975), S. 205–214.

15 Vgl. Spencer, «Origin and Function of Music», S. 428 f.

16 Robert Lach: Studien zur Entwicklungsgeschichte der ornamentalen Melpoëi. Beiträge zur Geschichte der Melodie, Leipzig 1913, S. 561; Slater, «Birdsong Repertoires», S. 59, sowie Geoffrey Miller: «Evolution of Human Music through Sexual Selection», in: Wallin u. a., The Origins of Music, S. 329–360 (hier 331), unter Hinweis auf die Attraktivität von Jimi Hendrix und seine genetische Fitness, und Winfried Menninghaus: Wozu Kunst? Ästhetik nach Darwin, Berlin 2011, S. 113.

17 Darwin, The descent of man, S. 336.

18 Menninghaus, Wozu Kunst?, S. 94 f.

19 Stumpf, Anfänge der Musik, S. 14, schreibt die These der Modellwirkung des Vogelgesangs für den menschlichen Gesang dem griechischen Philosophen Demokrit zu.

20 Einen guten Überblick geben Sandra E. Trehub u. a.: «Cross-cultural perspectives on music and musicality», Philosophical Transactions of the

Royal Society B 370 (2014), S. 1–9; Anne Fernald: «Intonation and communicative intent in mothers' speech to infants: Is melody the message?», Child Development 60 (1989), S. 1497–1510; Takayuki Nakata, Sandra E. Trehub: «Infants' responsiveness to maternal speech and singing», Infant Behavior & Development 27 (2004), S. 455–464; Anne Fernald: «Human Maternal Vocalizations to Infants as Biologically Relevant Signals: An Evolutionary Perspective», in: Jerome H. Barkow u. a. (Hrsg.): The Adapted Mind. Evolutionary Psychology and Generation of Culture, New York 1992, S. 391–428.

21 Ellen Dissanayake: «Antecedents of the Temporal Arts in Early Mother-Infant Interaction», in: Wallin u. a., The Origins of Music, S. 389–410; Dean Falk: Finding Our Tongue. Mothers, Infants and the Origins of Language, New York 2009.

22 Vgl. die Beiträge in Bruno Nettl u. a.: Excursions in World Music, Englewood Cliffs 1992; Inge Cordes: «Melodic contours as a connecting link between primate communication and human singing», in: Reinhard Kopiez u. a. (Hrsg.): Proceedings of the 5th Triennial ESCOM Conference, Hannover 2003, S. 349–352.

23 Ndemazeh Arnold Fuamenya u. a.: «Noisy but Effective: Crying Across the First 3 Months of Life», Journal of Voice 29 (2015), S. 281–286; Kathleen Wermke, Werner Mende: «Musical elements in human infants' cries: In the beginning is the melody», Musicae Scientiae 13 (2009), S. 151–175.

24 Jessica Phillips-Silver, Laurel J. Trainor: «Feeling the beat: movement influences infant rhythm perception», Science 308 (2005), S. 1430; Sandra E. Trehub u. a.: «Musical affect regulation in infancy», Annals of the New York Academy of Sciences 1337 (2015), S. 186–192.

25 Thomas Geissmann: «Duet Songs of the Siamang, Hylobates Syndactylus: II. Testing the Pair-Bonding Hypothesis during a Partner Exchange», Behaviour 136 (1999), S. 1005–1039; ders.: «Gibbon Songs and Human Music», in: Wallin u. a., The Origins of Music, S. 103–123; Michelle L. Hall: «The function of duetting in magpie-larks: Conflict, cooperation, or commitment?», Animal Behaviour 60 (2000), S. 667–677; dies.: «A review of vocal duetting in birds», Advances in the Study of Behavior 40 (2009), S. 67–121; Jon Grinnell, Karen McComb: «Maternal grouping as a defence against infanticide by males: evidence from field playback experiments on African lions», Behavioral Ecology 7 (1996), S. 55–59.

26 Edward H. Hagen, Gregory A. Bryant: «Music and Dance as a Coalition Signaling System», Human Nature 14 (2003), S. 21–51; dort auch die Frage nach Pavarotti.

27 Kevin Laland u. a.: «The evolution of dance», Current Biology 26 (2016), S. 5–9; Steven Brown u. a.: «The neural basis of human dance», Cerebral Cortex 16 (2006), S. 1157–1167; Bronwyn Tarr, Jacques Launay, Robin I. M. Dunbar: «Music and social bonding: ‹self-other› merging and neurohormonal mechanisms», Frontiers in Psychology 5 (2014), S. 1–10.

28 Karl Bücher: Arbeit und Rhythmus, Leipzig ³1902, S. 50; die Forschung zum Rudern bei Emma E. A. Cohen u. a.: «Rowers' high: behavioural synchrony is correlated with elevated pain thresholds», Biology Letters 6 (2010), S. 106–108; Philip Sullivan, Kate Rickers: «The effect of behavioral synchrony in groups of teammates and strangers», International Journal of Sport and Exercise Psychology 11 (2013), S. 1–6; Bronwyn Tarr u. a.: «Silent disco: dancing in synchrony leads to elevated pain thresholds and social closeness», Evolution and Human Behavior 37 (2016), S. 343–349; W. Tecumseh Fitch: «Dance, Music, Meter and Groove: A Forgotten Partnership», Frontiers in Human Neuroscience 10 (2016), Artikel 64.

29 Andrea Ravignani u. a.: «Chorusing, synchrony, and the evolutionary functions of rhythm», Frontiers in Psychology 5 (2014), Artikel 1118; Aiello, Dunbar, «Neocortex Size»; vgl. auch Robin I. M. Dunbar: «Co-Evolution of Neocortex Size, Group Size and Language in Humans», Behavioral and Brain Sciences 16 (1993), S. 681–735.

30 Mithen, Singing Neanderthals, S. 137; vgl. Robin I. M. Dunbar: «How conversations around campfires came to be», PNAS 111 (2014), S. 14 013 f.

Achtes Kapitel: Der Anfang der Landwirtschaft

1 Vgl. José Ortega y Gasset: Über die Jagd, Reinbek 1957, S. 72 ff.: «Ferien vom Menschsein»; Herodot's von Halikarnaß Geschichte, Stuttgart 1828, Drittes Bändchen, Drittes Buch (Thalia), Abschnitt 22, S. 325; Jared Diamond: «Evolution, consequences and future of plant and animal domestication», Nature 418 (2002), S. 700–707; Matt Cartmill: «Hunting and Humanity in Western Thought», Social Research 62 (1995), S. 773–786.

2 H. Ling Roth, «On the Origins of Agriculture», The Journal of the Anthropological Institute of Great Britain and Ireland 16 (1887), S. 102–136. Der andere Grund sei, dass nur wenige Studenten der Anthropologie aus

einem ländlichen Kontext kämen, weswegen ihnen das «fellow feeling» zu Bauern fehle.

3 John Lubbock: Pre-Historic Times, as Illustrated by Ancient Remains, and the Manners and Customs of Modern Savage, London 1865, S. 3 und 60; V. Gordon Childe, The Most Ancient East. The Oriental Prelude to European Pre-History, London 1928, S. 46 ff., und ders., Man Makes Himself, London 1936, S. 66.

4 Christine A. Hastorf: «Rio Balsas most likely region for maize domestication», PNAS 106 (2009), S. 4957 f.; John Smalley, Michael Blake: «Sweet Beginnings: Stalk Sugar and the Domestication of Maize», Current Anthropology 44 (2003), S. 675–703; umfassend zur Bioarchäologie Mittel- und Südamerikas Dolores R. Piperno: «The Origins of Plant Cultivation and Domestication in the New World Tropics: Patterns, Process, and New Developments», Current Anthropology 52/S4 (2011), S. 453–470.

5 Vgl. die Bemerkungen in Graeme Barkers großartigem Überblick: The Agricultural Revolution in Prehistory. Why Did Foragers become Farmers?, Oxford 2006, Kapitel 4.

6 Ofer Bar-Yosef: «The Natufian culture in the Levant, threshold to the origins of agriculture», Evolutionary Anthropology 6 (1998), S. 159–177; Brian Boyd: «On ‹sedentism› in the later Epipaleolithic (Natufian) Levant», World Archaeology 38 (2006), S. 164–178.

7 Ian Kuijt, Bill Finlayson: «Evidence for food storage and predomestication granaries 11,000 years ago in the Jordan Valley», PNAS Vol. 106 No. 27 (2009), S. 10 966–10 970.

8 Natalie D. Munro: «Zooarchaeological measures of hunting pressure and occupation intensity in the Natufian», Current Anthropology 45/S5 (2004), S. 5–34; Ehud Weiss u. a.: «Autonomous Cultivation Before Domestication», Science 312 (2006), S. 1608–1610; Diamond, «Plant and animal domestication», S. 702.

9 Dorian Q. Fuller u. a.: «Presumed domestication? Evidence for wild rice cultivation and domestication in the fifth millennium BC of the Lower Yangtze region», Antiquity 81 (2007), S. 316–331; David Joel Cohen: «The Beginnings of Agriculture in China. A Multiregional View», Current Anthropology 52/S4 (2011), S. 273–293.

10 Mit einem Überblick, welche dieser Gemeinschaften es noch gibt, Claire C. Porter, Frank W. Marlowe: «How marginal are forager habitats?»,

Journal of Archaeological Science 34 (2007), S. 59–68 (hier 65); Robert Bettinger u. a.: «Constraints on the Development of Agriculture», Current Anthropology 50 (2009), S. 627–631 (hier 628); Jack R. Harlan: «A wild wheat harvest in Turkey», Archaeology 20 (1967), S. 197–201.

11 Besonders plastisch und früh ist dieser «Umweltdeterminismus» formuliert bei Ellsworth Huntington und Sumner Webster Cushing: Principles of Human Geography, London 1922, S. 327 f.

12 Mark Cohen: The Food Crisis in Prehistory. Overpopulation and the Origins of Agriculture, New Haven 1977; Richard W. Redding: «A general explanation of subsistence change: From hunting and gathering to food production», Journal of Anthropological Archaeology 7 (1988), S. 56–97 (hier 73); zur Gruppengröße von Jäger-Sammler-Gemeinschaften vor der Jungsteinzeit vgl. A. Nigel Goring-Morris, Anna Belfer-Cohen: «Neolithization Process in the Levant: The Outer Envelope», Current Anthropology 52/4 (2011), S. 195–208 (hier 198), und die faszinierenden Berechnungen von H. Martin Wobst: «Boundary Conditions for Paleolithic Social Systems: A Simulation Approach», American Antiquity 39 (1974), S. 147–178, die eine Gruppengröße von fünfundzwanzig bis dreißig Personen für das Minimum halten.

13 Michael Rosenberg: «Cheating at Musical Chairs: Territoriality and Sedentism in an Evolutionary Context», Current Anthropology 39 (1998), S. 653–664 (hier 660).

14 Hierzu theoretisch Gregory A. Johnson: «Organizational structure and scalar stress», in: Colin Renfrew u. a. (Hrsg.): Theory and Explanation in Archaeology, New York 1982, S. 389–421, und an einem Beispiel Brian Boyd: «Houses and Hearths, Pits and Burials; Natufian Mortuary Practices at Mallaha (Eynan), Upper Jordan Valley», in: Stuart Campbell, Anthony Green (Hrsg.): The archaeology of death in the ancient Near East, Oxford 1995, S. 17–23.

15 Ofer Bar-Yosef: «Climatic Fluctuations and Early Farming in West and East Asia», Current Anthropology 52/S4 (2011), S. 175–193 (hier 178); Anna Belfer-Cohen, A. Nigel Goring-Morris: «Becoming Farmers: The Inside Story», Current Anthropology 52/S4 (2011), S. 209–220; Gordon C. Hillman, M. Stuart Davies: «Measured domestication rates in wheats and barley under primitive cultivation and their archaeological implications», Journal of World Prehistory 4 (1990), S. 157–222.

16 Simcha Lev-Yadun u. a.: «The Cradle of Agriculture», Science 288 (2002), S. 1602 f.; vgl. die skrupulöse Darstellung der vorliegenden empirischen Befunde zum Aufkommen des Getreideanbaus bei Mark Nesbitt: «When and where did domesticated cereals first occur in southwest Asia?», in: René T. J. Cappers, Sytze Bottema (Hrsg.): The Dawn of Farming in the Near East, Berlin 2002, S. 113–132.

17 Alan H. Simmons: The Neolithic Revolution in the Near East. Transforming the Human Landscape, Tucson 2010, S. 63 ff.

18 Bar-Yosef, «Climatic Fluctuations»; Dorian Q. Fuller u. a.: «Domestication as innovation: the entanglement of techniques, technology and chance in the domestication of cereal crops», World Archaeology 42 (2010), S. 13–28; Terence A. Brown u. a.: «The complex origins of domesticated crops in the Fertile Crescent», Trends in Ecology and Evolution 24 (2008), S. 103–109; Dorian Q. Fuller, Lin Qin: «Water management and labor in the origins and dispersal of Asian rice», World Archaeology 41 (2009), S. 88–111; zu Mittelamerikas Einbahnstraße Keith V. Flannery: «Archaeological systems theory and early Mesoamerica», in: Betty Jane Meggers (Hrsg.): Anthropological Archaeology in the Americas, Washington 1968, S. 67–87.

19 Carlos A. Driscoll u. a.: «From wild animals to domestic pets, an evolutionary view of domestication», PNAS 106 (2009), S. 9971–9978; Eitan Tschernov, François F. Valla: «Two New Dogs, and Other Natufian Dogs, from the Southern Levant», Journal of Archaeological Science 24 (1997), S. 65–95; Darcy F. Morey: «The Early Evolution of the Domestic Dog», American Scientist 82 (1994), S. 336–347; Jennifer A. Leonard u. a.: «Ancient DNA Evidence for Old World Origin of New World Dogs», Science 298 (2002), S. 1613–1616.

20 Melinda A. Zeder: «Domestication and early agriculture in the Mediterranean Basin: Origins, diffusion, and impact», PNAS 105 (2008), S. 11 597–11 604.

21 Jacques Cauvin: The Birth of the Gods and the Origins of Agriculture, Cambridge 2007; die ersten Belege finden sich bei James Mellaart: The Neolithic of the Near East, New York 1975, S. 53, 63, 88, 92, 106, 110 f., 115, 152, 166, 198, 255.

22 Claude Lévi-Strauss: Totemism, Boston 1963, S. 89; Trevor Watkins: «Building houses, framing concepts, constructing worlds», Paléorient 30

(2004), S. 5–23; Peter J. Wilson: The Domestication of the Human Species, New Haven 1988, S. 23–58.
23 Mit einem Forschungsüberblick Melinda A. Zeder: «Religion and the Revolution. The Legacy of Jacques Cauvin», Paléorient 37 (2011), S. 39–60; Katheryn C. Twiss, Nerissa Russell: «Taking the Bull By The Horns: Ideology, Masculinity, And Cattle Horns at Çatalhöyük (Turkey)», Paléorient 35 (2009), S. 19–32; instruktive Besprechungen des Buches von Cauvin geben Colin Renfrew, Paléorient 20 (1994), S. 172–174; Gary O. Rollefson, Bulletin of the American Schools of Oriental Research 326 (2002), S. 83–87; Brian Hayden, Canadian Journal of Archaeology 26 (2002), S. 80–82, und Roland J. Moore-Colyer, The Agricultural History Review 49 (2001), S. 114 f.
24 Marc Verhoeven: «Ritual and Ideology in the Pre-Pottery Neolithic B of the Levant and Southeast Anatolia», Cambridge Archaeological Journal 12 (2002), S. 233–258 (hier 251 ff.); Zeder, «Religion and the Revolution».

Neuntes Kapitel: Der Anfang der Stadt

1 Vgl. Israel Finkelstein, Neil A. Silberman: Keine Posaunen vor Jericho. Die archäologische Wahrheit über die Bibel, München 2006.
2 Hermann Parzinger: Die Kinder des Prometheus. Eine Geschichte der Menschheit vor der Erfindung der Schrift, München 2014, S. 119; Ofer Bar-Yosef: «The Walls of Jericho: An Alternative Interpretation», Current Anthropology 27 (1986), S. 157–162 (hier 158).
3 Stefan Breuer: «Die archaische Stadt», Die Alte Stadt 25 (1998), S. 105–120; Michael E. Smith: «Ancient Cities», in: Ray Hutchinson (Hrsg.): The Encyclopedia of Urban Studies, London 2009, S. 24–28.
4 Parzinger, Die Kinder des Prometheus, S. 115; Hans J. Nissen: Geschichte Alt-Vorderasiens, München 1999, S. 21 f.; Louis Wirth: «Urbanism as a way of life», American Journal of Sociology 44 (1938), S. 1–24.
5 Johnson, «Organizational structure and scalar stress»; John E. Yellen: Archaeological Approaches to the Present: Models for Reconstructing the Past, New York 1977, S. 69; Robert L. Carneiro: «On the relationship between size of population and complexity of social organization», Southwestern Journal of Anthropology 23 (1967), S. 234–243 (hier 239); Marshall D. Sahlins: Stone Age Economics, New York 1972, S. 196; ders.: «Poor man, rich man, big-man, chief: political types in Melanesia

and Polynesia», Comparative Studies in Society and History 5 (1963), S. 285–303.
6 Arthur O'Sullivan: «The First Cities», in: Richard J. Arnott, Daniel P. McMillen (Hrsg.): A Companion to Urban Economics, London 2006, S. 42.
7 Bar-Yosef, «Climatic Fluctuations», S. 161; Parzinger, Die Kinder des Prometheus, S. 124.
8 Ebd., S. 136 ff.
9 Nissen, Geschichte Alt-Vorderasiens, S. 24; ders.: Grundzüge einer Geschichte der Frühzeit des Vorderen Orients, Darmstadt 1983, S. 39. Für das Folgende: Nissen, ebd.; Marc Van De Mieroop: The Ancient Mesopotamian City, Oxford 1999, sowie die an Akribie alles in den Schatten stellende Studie von Robert McCormick Adams: Heartland of the Cities. Survey of Ancient Settlement and Land Use on the Central Floodplain of the Euphrates, Chicago 1981.
10 Nissen, Geschichte der Frühzeit, S. 64 f.; Robert McCormick Adams: The Evolution of Urban Society, Chicago 1966; für eine ähnliche Argumentation, die den Vorteil von Schwierigkeiten betont, vgl. Joy McCorriston, Frank Hole: «The Ecology of Seasonal Stress and the Origins of Agriculture in the Near East», American Anthropologist 93 (1991), S. 46–69.
11 Marc Van De Mieroop: A History of the Ancient Near East, ca. 3000–323 BC, London ³2015; Norman Yoffee: Myths of the Archaic State. Evolution of the Earliest Cities, States, and Civilizations, Cambridge 2005, S. 43, «supernovas» S. 62; Adams, Heartland of the Cities, S. 90.
12 Arnold Walther: Das altbabylonische Gerichtswesen, Leipzig 1917; Thorkild Jacobsen: «Primitive Democracy in Ancient Mesopotamia», Journal of Near Eastern Studies 2 (1943), S. 159–172; Van De Mieroop, City; Breuer, «Die archaische Stadt», S. 220 f.
13 Van De Mieroop, City, S. 53–61 und Kap. 7; V. Gordon Childe «The Urban Revolution», The Town Planning Review 21 (1950), S. 3–17 (hier 5); Yoffee, Myths, S. 54; ders.: «Political Economy in Early Mesopotamian States», Annual Review of Anthropology 24 (1995), S. 281–311 (hier 284).
14 Van De Mieroop, City, S. 24.
15 Nissen, Geschichte der Frühzeit, S. 27; Henry T. Wright, Gregory A. Johnson: «Population, Exchange, and Early State Formation in Southwestern

Iran», American Anthropologist 77 (1975), S. 267–289 (hier 282); Adams, Heartland of the Cities, S. 77.

16 Ebd., S. 80, spricht Adams von einer «proliferation of part-time specialists». Vgl. Van De Mieroop, City, S. 27 f. und 101 ff. Die Entgegensetzung der beiden religiösen Ordnungen (Ahnen, Stadtgötter) wird später in der «Antigone» des Sophokles als Konflikt im Individuum reflektiert, die Redensart von der Familie als der «Keimzelle des Staates» findet schon an diesem Konflikt ihre Grenze.

17 Vgl. Harriet Crawford: Sumer and the Sumerians, Cambridge 2004, S. 60 ff.; Gwendolyn Leick: Mesopotamia. The Invention of the City, London 2001, Kap. 1 und 2; Paul Wheatley: The Pivot of the Four Quarters. A Preliminary Enquiry into the Origins and Character of the Ancient Chinese City, Chicago 1971, S. 225; Van De Mieroop, City, Kap. 10.

18 Nissen, Geschichte der Frühzeit, S. 104.

19 «Ein Preislied auf Babylon», in: Erich Ebeling: Keilschrifttexte aus Assur religiösen Inhalts I, Leipzig 1915, Nr. 8, S. 12, wiederabgedruckt in: Orientalische Literaturzeitung 19 (1916), S. 132 f.; vgl. das Epos von Gilgamesch und umfassend zur Frage der alleinstehenden Frau in Uruk die Studie von Julia Assante: «The kar.kid (harimtu): Prostitute or Single Woman?», Ugarit Forschungen 30 (1998), S. 5–97.

20 Guillermo Algaze: Ancient Mesopotamia at the dawn of civilization. The evolution of an urban landscape, Chicago 2008, 168 ff.; Stefan Breuer, Der charismatische Staat. Ursprünge und Frühformen staatlicher Herrschaft, Darmstadt 2014, S. 209 ff.

21 Yoffee, Myths, Kap. 4: «When Complexity was Simplified», S. 91–112; Dina Katz: «Gilgamesh and Akka: Was Uruk Ruled by Two Assemblies», Revue d'Assyrologie 81 (1987), S. 105–114, und Breuer, Der charismatische Staat, S. 222 f.

22 Van De Mieroop, City, S. 48 f. und Kap. 6; Yoffee, Myths, S. 47.

Zehntes Kapitel: Der Anfang des Staates

1 David Malo: Hawaiian Antiquities (Moolelo Hawaii), Honolulu 1898, S. 85.

2 Zu den angesprochenen Staatsbegriffen: Georg Jellinek: Allgemeine Staatslehre (1900), Nachdruck Kronberg 1976, S. 394 ff.; Niklas Luhmann: Die Politik der Gesellschaft. Hrsg. von André Kieserling, Frankfurt

am Main 2002, S. 190 ff.; Reinhart Koselleck: «Staat und Souveränität», in: ders. (Hrsg.): Geschichtliche Grundbegriffe. Historisches Lexikon zur politisch-sozialen Sprache in Deutschland, Band 6, Stuttgart 1990, S. 2.

3 Yoffee, Myths, S. 41.
4 Für das Industal wird bestritten, dass dort von 2500 bis 1900 v. Chr. Staatlichkeit anzutreffen war und nicht vielmehr eine «Heterarchie» von Siedlungen, denen Häuptlinge vorstanden; vgl. Gregory L. Possehl: The Indus Civilization. A Contemporary Perspective, Walnut Creek 2002, S. 57.
5 Matthew Spriggs: «The Hawaiian transformation of Ancestral Polynesian Society: Conceptualizing chiefly states», in: John Gledhill u. a. (Hrsg.): State and Society: The Emergence and Development of Social Hierarchy and Political Centralization, London 1988, S. 57–72, spricht in Anspielung auf Johann Heinrich von Thünens 1826 erschienenes Buch «Der isolierte Staat in Beziehung auf Landwirtschaft und Nationalökonomie» von Hawaii als einem real, nicht nur durch ökonomische Modellabstraktion «isolierten Staat» (71). In der Darstellung der Forschung zu Hawaii folgen wir der jüngsten Zusammenfassung ihrer Ergebnisse durch ihren größten Kenner, der sie zu wesentlichen Teilen selbst hervorgebracht hat, Patrick Vinton Kirch: How Chiefs Became Kings. Divine Kingship and the Rise of Archaic States in Ancient Hawai'i, Berkeley 2010.
6 Malo, Hawaiian Antiquities, S. 80–84.
7 Ebd., S. 78.
8 Schon Robert L. Carneiro: «The Chiefdom: Precursor of the State», in: Grant D. Jones, Robert Kautz (Hrsg.): The Transition to Statehood in the New World, Cambridge 1981, S. 37–79, bezeichnet das alte Hawaii als eine Gesellschaft, die auf dem Weg zu einem Staat gewesen sei, wenn sie nicht bereits einer gewesen ist (42).
9 Jeffrey Rounds: «Dynastic Succession and the Centralization of Power in Tenochtitlan», in: George A. Collier u. a. (Hrsg.): The Inka and Aztec States 1400–1800, New York 1982, S. 63–89; Karen Radner: «Kubaba und die Fische. Bemerkungen zur Herrscherin von Karkemish», in: Robert Rollinger (Hrsg.): Von Sumer bis Homer. Festschrift für Manfred Schretterer, Münster 2005, S. 543–556; Bruce G. Trigger: Understanding early civilizations. A comparative study, Cambridge 2003.
10 Irving Goldman: Ancient Polynesian Society, Chicago 1070, S. 430 ff.; Joanne Carando: «Hawaiian Royal Incest. A Study in the Sacrificial Origin

of Monarchy», Transatlantica 1 (2002), S. 1–14; andere archaische Staaten, in deren Oberschichten Inzest nicht unterbunden wurde, sind das alte Ägypten und das Inkareich in Peru. Friedrich Schillers Vers findet sich unter dem Titel «Unterschied der Stände» in seinem Musen-Almanach für das Jahr 1797, Tübingen 1797, S. 153.

11 Robert L. Carneiro: «A Theory of the Origin of the State», Science 169 (1970), S. 733–738. Wenn die Erde selbst keine Fluchtmöglichkeiten mehr bietet, hängt es von den Kontroll- und Waffentechnologien sowie von den Demokratien ab, wie viele konkurrierende Staatenbildungen (Inseln) sie zulässt.

12 Kirch, How Chiefs Became Kings, S. 203; Robert J. Hommon: The Ancient Hawaiian State. Origins of a Political Society, Oxford 2013, S. 217–256; Gregory L. Possehl: «Sociocultural complexity without the state: the Indus civilization», in: Gary M. Feinman, Joyce Marcus (Hrsg.): Archaic States, Santa Fé 1998, S. 261–292 (hier 264).

13 Martha Warren Beckwith (Hrsg.): Kepelino's Traditions of Hawaii, Honolulu 1932, S. 122 ff.; Gananath Obeyesekere: The Apotheosis of Captain Cook, Princeton 1992.

14 Yoffee, Myths, S. 34–41.

15 Vgl. für die Stufenfolge der Gesellschaftstypen Elman R. Service: Primitive Social Organization, New York 1962, S. 59 ff., und Ted C. Lewellen: Political Anthropology. An Introduction, London 2003, S. 43 ff.

16 Kent V. Flannery: «The Cultural Evolution of Civilizations», Annual Review of Ecology and Systematics 3 (1972), S. 399–426; Carneiro, «Chiefdom»; Henry T. Wright: «Prestate Political Formations», in: Timothy Earle (Hrsg.): On the Evolution of Complex Societies: Essays in Honor of Harry Hoijer, Malibu 1984, S. 41–78; Timothy Earle: «Economic and Social Organization of A Complex Chiefdom: The Halelea District, Kaua'i, Hawaii», Anthropological Papers of the Museum of Anthropology 63, Ann Arbor 1978; ders.: «The Evolution of Chiefdoms», Current Anthropology 30 (1989), S. 84–88, wo «management» als Aufgabe der Häuptlinge bezeichnet wird.

17 Die umfassendste Darstellung der Entstehung von Staatlichkeit aus magischer Sozialität gibt Breuer, Der charismatische Staat.

18 Michael Malpass: Daily Life in the Inca Empire, Westport 2009, S. 60 f.

19 Die klassischen Beiträge zu dieser Kraft sind Arthur M. Hocart: «Mana»,

Man 14 (1914), S. 97–101; Henri Hubert, Marcel Mauss: «Entwurf einer allgemeinen Theorie der Magie» (1902/03), in: Marcel Mauss: Soziologie und Anthropologie, Frankfurt am Main 1989, S. 43–179, und Raymond Firth: «The analysis of mana: an empirical approach», Journal of the Polynesian Society 49 (1940), S. 483–510; vgl. Paul van der Grijp: Manifestations of Mana. Political Power and Divine Inspiration in Polynesia, Münster 2014, S. 54 ff.; Matt Tomlinson, Ty P. Kawika Tengan (Hrsg.): New mana. Transformations of a classic concept in Polynesian languages and cultures, Acton 2016; Bradd Shore: «Mana and Tapu», in: ders.: Developments in Polynesian Ethnography, Honolulu 1989, S. 137–173; Marshall Sahlins: Islands of History, Chicago 1985, S. 30; «coextensive» bei Sabine MacCormack: Religion in the Andes. Vision and Imagination in Early Colonial Peru, Princeton 1991, S. 156.

20 Kirch, How Chiefs Became Kings, S. 88 ff. und 222; Valerio Valeri: «Le fonctionnement du système des rangs à Hawaii», L'homme 12 (1969), S. 29–66 (hier 36); ders.: Kingship and Sacrifice: Ritual and Society in Ancient Hawaii, Chicago 1985, S. 165 ff.; Malo, Hawaiian Antiquities; Patrick V. Kirch, Marshall Sahlins (Hrsg.): Anahulu. The Anthropology of History in the Kingdom of Hawai'i, Chicago 1992, S. 41; Michael J. Kolb, Boyd Dixon: «Landscapes of War: Rules and Conventions of Conflict in Ancient Hawai'i (and elsewhere)», American Antiquity 67 (2002), S. 514–534.

21 Zur administrativen Spezialisierung auf Hawaii vgl. auch Charles S. Spencer: «On the tempo and mode of state formation: Neoevolutionism reconsidered», Journal of Anthropological Archaeology 9 (1990), S. 1–30 (hier 7 und 13 ff.).

22 Die Einwände bei Breuer, Der charismatische Staat, S. 65; die Beschreibungen der Rituale, die Ordnung wiederherstellen sollten, bei Valeri, Kingship and Sacrifice, S. 200 ff., und die Hinweise auf Erbfolgetumulte bei Sahlins, Islands of History, S. 43. Generell gegen ein Kontinuum zwischen Häuptlingsherrschaft und archaischem Staat äußert sich Charles S. Spencer, «State formation». Die Übersetzung von «mana» mit «voltage» bei Ruth Benedict: «Religion», in: Franz Boas (Hrsg.): General Anthropology, Boston 1938, S. 627–665 (hier 630).

23 Zu Kriterien für Staatlichkeit vgl. Henry T. Wright: «Recent Research on the Origin of State», Annual Review of Anthropology 6 (1977), S. 379–397. Die Vielfalt schon der Häuptlingsgesellschaften führt anschaulich aus Ti-

mothy K. Earle: «Chiefdoms in Archaeological and Ethnohistorical Perspective», Annual Review of Anthropology 16 (1987), S. 279–308. John Baines, Norman Yoffee: «Order, Legitimacy, and Wealth in Ancient Egypt and Mesopotamia», in: Feinman, Marcus, Archaic States, S. 199–260. Zur Frage der politischen Eigenart der Chaco-Kultur vgl. die entgegengesetzten Positionen von Stephen Lekson: The Chaco Meridian: Centers of Political Power in Ancient Southwest, Walnut Creek 1999, und Colin Renfrew: «Production and Consumption in a Sacred Economy: The Material Correlates of High Devotional Expression at Chaco Canyon», American Antiquity 66 (2001), S. 14–25. Zu den Talstaaten der Moche-Kultur vgl. Jeffrey Quilter, Michele L. Koons: «The Fall of the Moche: A Critique of Claims for South America's First State», Latin American Antiquity 23 (2012), S. 127–143, die nicht einmal mehr von Staaten, sondern von «politischen Ökonomien» sprechen, womit aber nicht viel gewonnen ist. Hierzu auch Breuer, Der charismatische Staat, S. 80 ff.

24 Zur Diskussion über die «disembedded capital» vgl. Richard Blanton u. a.: «Regional Evolution in the Valley of Oaxaca, Mexiko», Journal of Field Archaeology 6 (1979), S. 370–390 (hier 377 f.); Richard Blanton: «The Origins of Monte Albán», in: Charles E. Cleland (Hrsg.): Cultural Change and Continuity, New York 1976, S. 223–232; Robert S. Santley: «Disembedded capitals reconsidered», American Antiquity 45 (1980), S. 132–145.

25 Samuel Manaiakalani Kamakau: Ruling Chiefs of Hawaii, Honolulu 1992, S. 14 ff.; Kirch, How Chiefs Became Kings, S. 92–103.

Elftes Kapitel: Der Anfang der Schrift

1 Niklas Luhmann: Soziale Systeme. Grundriß einer allgemeinen Theorie, Frankfurt am Main 1985, S. 128.
2 Rudyard Kipling: «Wie das Alphabet entstand», in: ders.: Genau-so-Geschichten, Zürich 2001, S. 121–137 (hier 134).
3 Enmerkar and the Lord of Aratta, V. 501–506, The Electronic Text Corpus of Sumerian Literature, Oxford, http://etcsl.orinst.ox.ac.uk (zuletzt aufgerufen am 30. März 2017).
4 Zu Simonides vgl. Adolf Kirchhoff: Studien zur Geschichte des griechischen Alphabets, Berlin 1867, S. 1, mit der erhaben trockenen Feststellung, was das Eta, das Xi und das Psi angehe, könne das in keinem Sinne richtig sein.

5 Ignace J. Gelb: Von der Keilschrift zum Alphabet. Grundlagen einer Schriftwissenschaft, Stuttgart 1958.
6 Peter Damerow: «The Origins of Writing as a Problem of Historical Epistemology», MPI für Wissenschaftsgeschichte, Preprint 114 (1999), S. 2.
7 Jack Goody: Die Logik der Schrift und die Organisation der Gesellschaft, Frankfurt am Main 1990, S. 94 ff.; ders.: The Interface between the Written and the Oral, Cambridge 1987, S. 300; Jean Bottéro: Mesopotamia. Writing, Reasoning, and the Gods, Chicago 1992, S. 67–86.
8 Denise Schmandt-Besserat: «Tokens as Precursors to Writing», in: Elena L. Gregorenko u. a. (Hrsg.): Writing. A Mosaic of New Perspectives, New York 2012, S. 3–10 (hier 5); Hans J. Nissen u. a.: Informationsverarbeitung vor 5000 Jahren. Frühe Schrift und Techniken der Wirtschaftsverwaltung im alten Vorderen Orient, Hildesheim 2004, S. 47 ff.; vgl. auch das Kapitel über den Anfang der Zahlen.
9 Schmandt-Besserat, «Tokens», S. 7; Hans J. Nissen, Peter Heine: From Mesopotamia to Iraq, Chicago 2009.
10 Nissen u. a., Informationsverarbeitung, S. 71 ff.; Jerrold S. Cooper: «The origin of the cuneiform writing system», in: Stephen Houston (Hrsg.): The First Writing. Script Invention as History and Process, Cambridge 2011, S. 71–99 (hier 83 ff.).
11 Ebd.; Damerow, «Origins of Writing», S. 12.
12 John DeFrancis: Visible Speech. The Diverse Oneness of Writing Systems, Honolulu 1989, S. 20–64; Frank Kammerzell: «Defining Non-Textual Marking Systems, Writing, and Other Systems of Graphic Information Processing», in: Petra Andrassy u. a.: Non-Textual Marking Systems, Writing and Pseudo-Script from Prehistory to Modern Times (Lingua Aegyptia Studia Monographica 8), Göttingen 2009, S. 277–308.
13 David N. Keightley: «Art, Ancestors, and the Origins of Writing in China», Representations 56 (1996), S. 68–95 (hier 73).
14 Edward L. Shaughnessy: «The Beginnings of Writing in China», in: Christopher Woods u. a. (Hrsg.): Visible Language. Inventions of Writing in the Ancient Middle East and Beyond, Chicago 2015, S. 215–224; William G. Boltz: «The Invention of Writing in China», Oriens Extremus 42 (2000/2001), S. 1–17; Keightley, «Art», S. 89; ders.: «The Origins of Writing in China: Scripts and Cultural Contexts», in: Wayne M. Senner (Hrsg.): The Origins of Writing, Lincoln 1989, S. 171–202 (zur Bürokratie 185).

15 Andréas Stauder: «The Earliest Egyptian Writing», in: Woods u. a., Visible Language, S. 137–148; John Baines: «The earliest Egyptian writing: development, context, purpose», in: Houston, The First Writing, S. 150–189; Stephen Houston u. a.: «Last Writing: Script Obsolescence in Egypt, Mesopotamia, and Mesoamerica», Comparative Studies in Society and History 45 (2003), S. 430–479; Henry George Fischer: «The Origin of Egyptian Hieroglyphs», in: Senner, Origins of Writing, S. 59–76.

16 Stephen D. Houston: «Writing in early Mesopotamia», in: ders., The First Writing, S. 274–309.

17 Yuri N. Knorozov: «The Problem of the Study of the Maya Hieroglyphic Writing», American Antiquity 23 (1958), S. 284–291; J. Eric S. Thompson: Maya Hieroglyphic Writing: An Introduction, Washington D. C. 1971; Joyce Marcus: «The Origins of Mesoamerican Writing», Annual Review of Anthropology 1976, S. 35–67; Floyd G. Lounsbury: «The Ancient Writing of Middle America», in: Senner, Origins of Writing, S. 203–237.

18 John Chadwick, The Decipherment of Linear B, Cambridge ²1967, S. 12–35.

19 Ilse Schoep: «The Origins of Writing and Administration on Crete», Oxford Journal of Archaeology 18 (1999), S. 265–276; Helène Whittaker: «The Function and the Meaning of Writing in the Prehistorian Aegean: Some reflections on the social and symbolic significance of writing from a material perspective», in: Kathryn E. Piquette, Ruth D. Whitehouse (Hrsg.): Writing as Material Practice: Substance, surface and medium, London 2013, S. 105–121; John Bennet: «The Structure of the Linear B Administration at Knossos», American Journal of Archaeology 89 (1985), S. 231–249.

20 Andreas Willi: «Zur Vermittlung der Alphabetschrift nach Griechenland», Museum Helveticum 62 (2005), S. 162–171; Sven-Tage Teodorsson: «Eastern Literacy, Greek Alphabet, and Homer», Mnemosyne 59 (2006), S. 161–187.

21 Barry B. Powell: Homer and the Origin of the Greek Alphabet, Cambridge 1991, S. 184 f.; ders.: «Why Was the Greek Alphabet Invented? The Epigraphic Evidence», Classical Antiquity 8 (1989), S. 321–350; Ian Morris: «The Use and Abuse of Homer», Classical Antiquity 5 (1986), S. 81–138; Walter Burkert: Die orientalisierende Epoche in der griechischen Religion und Literatur, Heidelberg 1984; Rhys Carpenter: «The Antiquity of the Greek Alphabet», American Journal of Archaeology 37 (1933), S. 8–29 (hier 9).

Zwölftes Kapitel: Der Anfang des geschriebenen Rechts

1 Vgl. Raymond Westbrook: «Cuneiform Law Codes and the Origins of Legislation», in: ders.: Law from the Tigris to the Tiber, Vol. 1, Winona Lake 2009, S. 73–95.
2 Jack M. Sasson: «King Hammurabi of Babylon», in: ders. (Hrsg.): Civilizations of the Near East 2, S. 901–915; Gabriele Elsen-Novák, Mirko Novák: «Der ‹König der Gerechtigkeit›. Zur Ikonologie und Teleologie des ‹Codex Hammurapi›», Baghdader Mitteilungen 37 (2006), S. 131–155 (hier 141).
3 Ex 21:12; Ex 21:15.
4 Richard Thurnwald: Die menschliche Gesellschaft in ihren ethnosoziologischen Grundlagen, Band 5, Berlin 1934, S. 88, zitiert nach Niklas Luhmann: Rechtssoziologie, Opladen 1987, S. 151.
5 Früh hat Fritz R. Kraus: «Ein zentrales Problem des altmesopotamischen Rechts: Was ist der Codex Hammurabi?», Genava 8 (1960), S. 283–296, auf diesen Umstand hingewiesen.
6 Bottéro, Mesopotamia, S. 169–179; Westbrook, «Cuneiform Law Codes», S. 35 f.; Hans Scheyhing: «Babylonisch-assyrische Krankheitstheorie: Korrelationen zwischen medizinischen Diagnosen und therapeutischen Konzepten», Die Welt des Orients 41 (2011), S. 79–117 (hier 110).
7 Bottéro, Mesopotamia.
8 So Paul Koschaker: Rechtsvergleichende Studien zur Gesetzgebung Hammurapis, Königs von Babylon, Leipzig 1917, S. 74.
9 Jacob J. Finkelstein: «The Laws of Ur-Nammu», Journal of Cuneiform Studies 22 (1968/69), S. 66–82.
10 Bundesministerium des Innern (Hrsg.). Bericht zur Polizeilichen Kriminalstatistik 2016, Berlin 2017, S. 8.
11 Vgl. den für das Folgende maßgeblichen rechtstheoretischen Text von Niklas Luhmann: Rechtssoziologie, S. 43.
12 Zur Kleptomanie im Rahmen einer Lehre von den «Monomanien» vgl. Charles Chrétien Henry Marc: Die Geisteskrankheiten in Beziehung zur Rechtspflege, Berlin 1843, S. 181; zur heutigen Sicht Hans-Jürgen Möller u. a.: Psychiatrie & Psychotherapie, Berlin 2003, S. 1632 ff.
13 So fragen Drew Fudenberg und David K. Levine in ihrer spieltheoretischen Analyse dieses Paragraphen: «Superstition and Rational Learning», American Economic Review 131 (2006), S. 251–262.
14 Mit vielen Beispielen Henry C. Lea: Superstition and Force: Essays on the

Wager of Law, the Wager of Battle, the Ordeal, Torture (1866), Philadelphia ³1878, S. 217 ff.

15 Stefan M. Maul: «‹Auf meinen Rechtsfall werde doch aufmerksam!› Wie sich die Babylonier und Assyrer vor Unheil schützten, das sich durch Vorzeichen angekündigt hatte», Mitteilungen der Deutschen Orient-Gesellschaft zu Berlin 124 (1992), S. 131–142.

16 Raymond Westbrook: «Slave and Master in Ancient Near Eastern Law», Chicago-Kent Law Review 70 (1995), S. 1631.

17 Johannes Renger: «Wrongdoings and Its Sanctions: On ‹Criminal› and ‹Civil Law› in the Old Babylonian Period», Journal of the Economic and Social History of the Orient 20 (1977), S. 65–77; Gerhard Ries: «Der Erlass von Schulden im Alten Orient als obrigkeitliche Maßnahme zur Wirtschafts- und Sozialpolitik», in: Kaja Harter-Uibopuu, Fritz Mitthof (Hrsg.): Vergeben und Vergessen. Amnestie in der Antike, Wien 2013, S. 3–16.

18 Ex 21:22–25; Lev 24:10–23; Deut 19:15–21.

19 Jacob Chinitz: «An Eye for an Eye – An Old Canard», Jewish Quarterly Review 23 (1995), S. 79–84; Raymond Westbrook: Studies in Biblical and Cuneiform Law, Paris 1988, S. 45–47; Deut 24: 16.

20 Raymond Westbrook: «The character of ancient near eastern law», in: ders. (Hrsg.): A History of Ancient Near Eastern Law, Band 1, Leiden 2003, S. 1–90 (hier 7 f.); Johannes Renger: «Hammurapis Stele ‹König der Gerechtigkeit›: Zur Frage von Recht und Gesetz in der altbabylonischen Welt», Die Welt des Orients 8 (1976), S. 228–235.

21 So die treffende Definition von Wolfgang Preiser: «Zur rechtlichen Natur der altorientalischen Gesetze», in: Paul Bockelmann u.a. (Hrsg.): Festschrift Karl Engisch, Frankfurt am Main 1969, S. 17–36 (hier 29); vgl. auch Johannes Renger: «Noch einmal: Was war der ‹Kodex› Hammurapi – ein erlassenes Gesetz oder ein Rechtsbuch?», in: Hans-Joachim Gehrke (Hrsg.): Rechtskodifizierung und soziale Normen im interkulturellen Vergleich, Tübingen 1994, S. 27–59.

22 Renger, «Hammurapis Stele», S. 231–233; Richard Haase: «Schankwirtinnen in Babylon: Zu § 108 des Codex Hammurapi», Die Welt des Orients 37 (2007), S. 31–35.

23 Niels Peter Lemche: «Justice in Western Asia in Antiquity, or: Why No Laws Were Needed», Chicago-Kent Law Review 70 (1995), S. 1695–1716.

Nur der Sonderfall des Gattenauftragsmords wird in § 153 berücksichtigt und in den §§ 207 und 210 die Körperverletzung mit Todesfolge.

24 Elsen-Novák, Novák, «Der ‹König der Gerechtigkeit›».

25 Martha T. Roth: «Hammurabi's Wronged Man», Journal of the American Oriental Society 122 (2002) S. 38–45; anders Marc Van De Mieroop: «Hammurabi's self-presentation», Orientalia 80 (2011), S. 305–338.

26 Vgl. Dominique Charpin: Writing, Law, and Kingship in Old Babylonian Mesopotamia, Chicago 2010, Kapitel 5.

27 Hinweise dazu bei Jan Assmann: «Zur Verschriftlichung rechtlicher und sozialer Normen in Ägypten», in: Hans-Joachim Gehrke (Hrsg.), Rechtskodifizierung und soziale Normen im interkulturellen Vergleich, Tübingen 1994, S. 61–85.

28 Ebd., S. 63; Martin Lang: «Zum Begriff von menschlicher und göttlicher Gerechtigkeit in den Prologen der altorientalischen Codices», in: Heinz Barta u. a. (Hrsg.): Recht und Religion. Menschliche und göttliche Gerechtigkeitsvorstellungen in den antiken Welten, Wiesbaden 2008, S. 49–72.

29 Theodor Mommsen: Römische Geschichte. Erster Band, Berlin 1856, S. 257; Marie Theres Fögen: Römische Rechtsgeschichten. Über Ursprung und Evolution eines sozialen Systems, Göttingen 2002.

30 Eberhard Ruschenbusch: «Die Zwölftafeln und die römische Gesandtschaft nach Athen», Historia 12 (1963), S. 250–253; Michael Steinberg: «The Twelve Tables and Their Origins: An Eighteenth-Century Debate», Journal of the History of Ideas 43 (1982), S. 379–396.

31 Barthold Georg Niebuhr: Römische Geschichte, Berlin 1853, S. 528.

Dreizehntes Kapitel: Der Anfang der Zahlen

1 John Stuart Mill: System der deductiven und inductiven Logik. Eine Darlegung der Grundsätze der Beweislehre und der Methoden der wissenschaftlichen Forschung, 1. Band, Leipzig 1872, S. 275 f. «But though numbers must be numbers of something, they may be numbers of anything», heißt es im Original: ders.: A System of Logic, Ratiocinative and Inductive, Being a Connected View of the Principles of Evidence, and the Methods of Investigation, Vol. I, London 1843, S. 332.

2 Edward Burnett Tylor: Primitive Culture. Researches into the Development of Mythology, Philosophy, Religion, Language, Art and Custom, Vol. 1, New York 1874, S. 240 f.

3 P. Rochel Gelman, Charles R. Gallistel: The Child's Understanding of Number, Cambridge Mass. 1978; Denise Schmandt-Besserat: Before Writing, Vol. 1, Austin 1992, S. 185; Theodor G. H. Strehlow: Aranda Phonetics and Grammar, Sidney 1944, S. 103; Georges Ifrah: Universalgeschichte der Zahlen, Frankfurt am Main 1991, S. 25, mit dem Hinweis, dass die Konzepte «eins» und «Paar» es nur erlauben, die Eins und das Paar oder zwei Paare zu *paaren*, aber nicht zu einer Addition von drei Mengen fortzuschreiten; Pierre Pica u. a.: «Exact and Approximate Arithmetic in an Amazonian Indigene Group», Science 306 (2004), S. 499–503.

4 Peter Gordon: «Numerical Cognition Without Words: Evidence from Amazonia», Science 306 (2004), S. 496–499; Michael C. Frank u. a.: «Number as a cognitive technology: Evidence from Pirahã language and cognition», Cognition 108 (2008), S. 819–824 (hier 820).

5 Maurizio Covaz Gnerre: «Some Notes on Quantification and Numerals in an Amazon Indian Language», in: Michael P. Gloss (Hrsg.): Native American Mathematics, Austin 1986, S. 71–91; Robert M. W. Dixon: The Languages of Australia, Cambridge 1980, S. 107 f.; Rochel Gelman, Brian Butterworth: «Number and language: How are they related?», Trends in Cognitive Science 9 (2005), S. 6–10; Pica u. a., «Arithmetic», S. 503.

6 So Nissen u. a., Informationsverarbeitung, S. 169.

7 Klar, aufschlussreich und mit dem Hinweis, dass die Errungenschaft der Eins-zu-eins-Abbildung zwischen Objekten und Zeichen festgehalten werden kann, ohne schon von Zahlen zu sprechen, Olivier Keller: «Les fables d'Ishango, ou l'irrésistible tentation de la mathématique-fiction», in: www.academia.edu (zuletzt aufgerufen am 3. April 2016).

8 Alexander Marshack: The Roots of Civilization. The Cognitive Beginning of Man's First Art, Symbol and Notation, New York 1972; Carpenter zitiert bei Mark Siegeltuch: «Lunar Calendars or Tribal Tattoos?» (www.asaaperimonpress.com/online_journal_full_list.html, zuletzt aufgerufen am 3. April 2016). Zu archäologischen Einwänden gegen Marshack vgl. Francesco D'Errico: «Paleolithic Lunar Calendars: A Case of Wishful Thinking?», Current Anthropology 30 (1989), S. 117–118, sowie die anschließende Diskussion in Current Anthropology 30 (1989), S. 491–500; Lambros Malafouris: «Grasping the concept of number: How did the sapient mind move beyond approximation?», in: Iain Morley, Colin Renfrew (Hrsg.): The Archaeology of Measurement, Cambridge 2010, S. 35–42.

9 Schmandt-Besserat, Before Writing, S. 184–194; dies.: How Writing Came About, Austin 1996; Nissen u. a., Informationsverarbeitung, S. 47.
10 Georges Ifrah, Universalgeschichte, S. 55 ff.
11 Denise Schmandt-Besserat: «The token system of the ancient Near East: Its role in counting, writing, the economy and cognition», in: Morley, Renfrew, Archaeology of Measurement, S. 27–34 und S. 186 ff.
12 Peter Damerow, Robert K. Englund, Hans Nissen: «The First Representations of Numbers and the Development of the Number Concept», in: Peter Damerow: Abstraction and Representation. Essays on the Cultural Evolution of Thinking, Dordrecht 1996, S. 275–297 (hier 289).
13 Ebd., S. 276.
14 Christopher R. Hallpike: The Foundations of Primitive Thought, Oxford 1979, S. 99; Peter Damerow: «The Material Culture of Calculation. A Conceptual Framework for an Historical Epistemology of the Concept of Number», MPI für Wissenschaftsgeschichte, Preprint 117 (1999), S. 39.
15 Eleanor Robson: Mathematics in Ancient Iraq: A Social History, Princeton 2008, S. 198; Charles Seife: Zero. The Biography of a Dangerous Idea, New York 2000, S. 16.
16 Aristoteles, Physik IV, 8: 215b; III, 7: 207b; IV, 12: 220a; Karl Menninger: Number Words and Number Symbols. A Cultural History of Numbers, New York 1992.
17 Ebd.; Bibhutibhusan Datta: «Early literary evidence of the use of zero in India», American Mathematical Monthly 33 (1926), S. 449–454; Carl B. Boyer: «Zero: The Symbol, the Concept, the Number», National Mathematics Magazine 18 (1944), S. 323–330; Seife, Zero, S. 71; Brahmegupta and Bhascara: Algebra with Arithmetic and Mensuration, London 1817, S. 136 und 339.

Vierzehntes Kapitel: Der Anfang des Erzählens

1 Vgl. im Folgenden Text und Kommentar in: Das Gilgamesch-Epos. Neu übersetzt und kommentiert von Stefan M. Maul, München 2012.
2 Michail Bachtin: Formen der Zeit im Roman. Untersuchungen zur historischen Poetik, Frankfurt am Main 1989, S. 221 f.
3 Eine in der Forschung umstrittene Deutung Uruks als Kolonialmacht hat Guillermo Algaze gegeben: The Uruk World System. The Dynamics of Expansion of Early Mesopotamian Civilization, Chicago 1993, S. 110–118.

4 Es sind auch sechs Tage und sieben Nächte, die Gilgamesch nicht durchwachen kann, weswegen ihm beschieden wird, wer den Schlaf nicht besiege, könne auch den Tod nicht besiegen (XI, 209–241).

5 Leick, Mesopotamia, Kapitel 2.

6 Tzvi Abusch: «Ishtar's Proposal and Gilgamesh's Refusal: An Interpretation of the ‹Gilgamesh Epic›, Tablet 6, Lines 1–79», History of Religions 26 (1986), S. 143–187, vermutet aus der Übereinstimmung des Heiratsangebots mit einer rituellen Begräbnisformel, dass die Gilgamesch versprochene Herrschaft eine in der Unterwelt ist.

7 Bachtin, Formen der Zeit im Roman, S. 227.

8 Jacob Burckhardt: Griechische Kulturgeschichte III.2, Gesammelte Werke Band 6, Darmstadt 1956, S. 31 und 33.

9 Bottéro, Mesopotamia, S. 203–212; Wilfred G. Lambert: «Ancient Mesopotamian Gods. Superstition, Philosophy, Theology», Revue de l'histoire des religions 207 (1990), S. 115–130; Thorkild Jacobsen: «Ancient Mesopotamian Religion: The Central Concerns», Proceedings of the American Philosophical Society 107 (1963), S. 473–484; ders.: The Treasures of Darkness. A History of Mesopotamian Religion, New Haven 1976.

10 Zur Erzähllogik der Fallensteller-Szene Keith Dickson: «Looking at the Other in ‹Gilgamesh›», Journal of the American Oriental Society 127 (2007), S. 171–182; vgl. grundlegend Otto Baensch: «Kunst und Gefühl», Logos 12 (1923/24), S. 1–28.

11 Koschaker, Rechtsvergleichende Studien, S. 189. Gerda Lerner: «The Origin of Prostitution in Ancient Mesopotamia», Signs 11 (1986), S. 236–254.

12 Tzvi Abusch: «The Development and Meaning of the Epic of Gilgamesh: An Interpretive Essay», Journal of the American Oriental Society 121 (2001), S. 614–622; Leick, Mesopotamia; Stephanie Dalley: Myths from Mesopotamia. Creation, the Flood, Gilgamesh, and Others, Oxford 2008, S. 305 und 158.

13 Joachim Latacz: «Zur modernen Erzählforschung in der Homer-Interpretation», Theologische Zeitschrift 61 (2005), S. 92–111; Odyssee, 8. Gesang, V. 250 ff. und 486 ff.; Milman Parry: L'Epithète traditionelle dans Homère. Essai sur un problème du style Homérique, Paris 1928.

14 Irene J. F. de Jong, René Nünlist: «From bird's eye view to close-up. The standpoint of the narrator in the Homeric epics», in: Anton Bierl u. a. (Hrsg.): Antike Literatur in neuer Deutung, München 2004, S. 63–83.

Fünfzehntes Kapitel: Der Anfang des Geldes
1 Ilias, 1. Gesang, V. 13–324.
2 Odyssee, 22. Gesang, V. 57 f.; Ilias, 21. Gesang, V. 80; Richard Seaford: Money and the Early Greek Mind. Homer, Philosophy, Tragedy, Cambridge 2004, S. 34 ff.
3 William Ridgeway: The origin of metallic currency and weight standards, Cambridge 1892, S. 2; Henry S. Kim: «Archaic Coinage as Evidence for the Use of Money», in: Andrew Meadows, Kirsty Shipton (Hrsg.): Money and its Uses in the Ancient Greek World, Oxford 2001, S. 7–13; David M. Schaps: «The Invention of Coinage in Lydia, in India, and in China», Vortrag auf dem XIV. International Economic History Congress, Helsinki 2006, www.helsinki.fi/iehc2006/papers1/Schaps.pdf (zuletzt aufgerufen am 22. März 2017), S. 2 f.
4 Xenophanes, Fr. 4; Herodot, Historien, 1. Buch, 94; Ridgeway, Origin, S. 203 ff.; Kim, «Archaic Coinage»; Robin Osborne: Greece in the Making. 1200–479 BC, London 1996, S. 239, dort auch S. 252–255 eine Liste der mittelmeerischen Münzstätten um 480 v. Chr.; Seaford, a. a. O., S. 90.
5 William Stanley Jevons: Money and the Mechanisms of Exchange, London 1890, S. 5; vgl. Carl Menger: «On the Origin of Money», Economic Journal 2 (1892), S. 239–255.
6 Richard A. Radford: «The Economic Organisation of a P.O.W. Camp», Economica 12 (1945), S. 189–201.
7 Colin M. Kraay: «Hoards, Small Change and the Origin of Coinage», Journal of Hellenic Studies 84 (1964), S. 76–91; Robert M. Cook: «Speculations on the Origins of Coinage», Historia 7 (1958), S. 257–262.
8 David Graeber: Schulden. Die ersten 5000 Jahre, Stuttgart 2012, Kapitel 2; Robert A. Wallace: «The Origin of Electrum Coinage», American Journal of Archaeology 91 (1987), S. 385–397; Xenophon: Oekonomikus oder Von der Haushaltungskunst, Stuttgart 1866.
9 Thomas Crump: The phenomenon of money, London 1981, S. 53 ff.; Anne Chapman: «Barter as a Universal Mode of Exchange», L'Homme 20 (1980), S. 33–83 (hier 36 ff.); Caroline Humphrey: «Barter and Economic Disintegration», Man 20 (1985), S. 48–72.
10 Alfred Mitchell-Innes: «What is Money?», The Banking Journal, May 1913, S. 377–408; vgl. Graeber, Schulden, Kapitel 2.
11 Zu den frühesten Münzen gehören die heute im Archäologischen Mu-

seum von Istanbul befindlichen aus Ephesos, von wo aus auch fünf Münzen nach Berlin gelangten. Insgesamt sind etwa 2100 solcher Elektron-Münzen gefunden worden. Vgl. Stefan Karwiese: «The Artemisium Coin Hoard and the First Coins of Ephesus», Revue Belge de Numismatique et de Sigillographie 137 (1991), S. 1–28; Seaford, Money, S. 115 ff.; Thomas Burgon: «An inquiry into the motives which influenced the ancients, in their choice of the various representations which we find stamped on their money», Numismatic Journal 1 (1836/37), S. 97–131 (hier 118).

12 Sophokles, Antigone, V. 1038; die Geschichte von Archimedes dürfte erfunden sein: Der amerikanische Mathematiker Chris Rorres hat ausgerechnet, dass der Wasserspiegel bei normalen Annahmen über das Gewicht der Krone und den Durchmesser des Gefäßes nur um 0,41 mm gegenüber reinem Gold gestiegen wäre, wenn der Goldschmied dreißig Prozent des Goldes durch Silber ersetzt hätte: www.math.nyu.edu/~crorres/Archimedes/Crown/CrownIntro.html (zuletzt aufgerufen am 22. März 2017). Zum Gold-Silber-Wert vgl. Carl-Friedrich Lehmann-Haupt: Artikel «Gewichte», in: Pauly-Wissowa-Kroll: Realencyklopädie des klassischen Altertums, Suppl. III, Stuttgart 1918, S. 592–598; Vitruvius 1914, S. 9–13; Wallace, «Electrum Coinage», S. 390 f.

13 Siehe die Diskussion bei Karwiese, «Artemisium Coin Hoard», S. 8 ff., bes. S. 22.

14 Osborne, Greece, S. 242; Dig. 18.1.1., zitiert nach Sitta von Reden: Money in Classical Antiquity, Cambridge 2010; Seaford, Money, S. 120.

15 Thomas R. Martin: «Why Did the Greek Polis Originally Need Coins?», Historia 45 (1996), S. 257–283.

16 An dieser Stelle ist Hajo Riese zu danken, der als keynesianischer Geldtheoretiker in den achtziger Jahren insistent und mit dem skizzierten Argument auf dem Unterschied zwischen Geld und Kredit bestand.

17 Martin, «Why?»; von Reden, Money, Kapitel 1.; dies.: «Money, Law, and Exchange: Coinage in the Greek Polis», Journal of Hellenic Studies 117 (1997), S. 154–176 (hier 158).

18 Ilias, 6. Gesang, V. 234–236; Bernhard Laum: Heiliges Geld, Tübingen 1924, S. 52.

19 Moses I. Finley: Die antike Wirtschaft, München 1980, S. 25; Philip Grierson: «The Origins of Money», Research in Economic Anthropology 1 (1978), S. 1–35 (hier 10); von Reden, Money.

20 Laum, Heiliges Geld, S. 40 und 22.
21 Ebd., S. 3 ff.; vgl. Grierson, «The Origins of Money».
22 Ilias, 9. Gesang, V. 632 f.; Laum, Heiliges Geld, S. 39.
23 Seaford, Money, S. 102 f.; Herodot, Historien, 2. Buch, 135; Cook, Speculations; von Reden, Money, S. 160.
24 Louis Gernet: Anthropologie de la Grèce antique, Paris 1968, S. 97 ff.; Sitta von Reden: «Re-evaluating Gernet: Value and Greek Myth», in: Richard Buxton (Hrsg.), From Myth to Reason?, Oxford 1999, S. 51–70 (hier 53 ff.); dies., Money, S. 166; Burgon, «Inquiry», S. 121.
25 Herodot, Historien, 1. Buch, 93 f.; Sophokles, Antigone, V. 295–297; Hölderlin übersetzt hier mit «was gestempelt ist» das griechische «nomisma», das sowohl Münze als auch Gewohnheit meint.

Sechzehntes Kapitel: Der Anfang der Monogamie

1 Leo Tolstoi: Die Kreutzersonate, Berlin 2011, S. 127 ff.
2 Ulrich H. Reichard: «Monogamy: Past and Present», in: ders., Christophe Boesch (Hrsg.): Monogamy. Mating Strategies and Partnerships in Birds, Humans and Other Mammals, Cambridge 2003, S. 3–25; Peter M. Bennett, Ian P. F. Owens: Evolutionary Ecology of Birds. Life Histories, Mating Systems, and Extinction, Oxford 2002, Kapitel 7, mit einer Übersicht über die Paarungssysteme bei verschiedenen Vogelarten, und Kapitel 8, mit einer vorbildlichen Analyse denkbarer Erklärungen des Paarungsverhaltens.
3 Vgl. Angus J. Bateman: «Intra-sexual selection in Drosophila», Heredity 2 (1948), S. 349–368, und die überaus einflussreiche Ausarbeitung des Konzepts der elterlichen Investitionsstrategien bei Robert L. Trivers: «Parental Investment and Sexual Selection», in: Bernard Campbell (Hrsg.): Sexual Selection and The Descent of Man 1871–1971, Chicago 1972, S. 136–172 (hier besonders 144 ff.). Zur Kritik an Batemans Auswertung seiner Versuche vgl. Brian Snyder, Patricia Adair Gowaty: «A Reappraisal of Bateman's Classic Study of Intrasexual Selection», Evolution 61 (2007), S. 2457–2468, sowie Patricia Adair Gowaty u. a.: «No evidence of sexual selection in a repetition of Bateman's classic study of Drosophila melanogaster», PNAS 109 (2012), S. 11740–11745.
4 Der Hinweis auf die Implikation durchschnittlich gleicher Promiskuität bei Stephen M. Shuster: «Sexual Selection and Mating Systems», PNAS 106 S1 (2009), S. 10009–10016 (hier 10012). Der klassische Beitrag zu den

Paarungsmustern höherer Tiere ist Gordon H. Orians: «On the Evolution of Mating Systems in Birds and Mammals», The American Naturalist 103 (1969), S. 589–603.

5 Stephen T. Emling, Lewis W. Oring: «Ecology, Sexual Selection, and the Evolution of Mating Systems», Science 197 (1977), S. 215–223; M. E. Birkhead: «The social behavior of the dunnock, Prunella Modularis», Ibis 123 (1981), S. 75–84; Nicholas B. Davies, A. Lundberg: «Food Distribution and a Variable Mating System in the Dunnock, Prunella Modularis», Journal of Animal Ecology 53 (1984), S. 895–912 (hier 897 f.); James F. Wittenberger, Ronald L. Tilson: «The evolution of monogamy: hypothesis and evidence», Annual Review of Ecology and Systematics 11 (1980), S. 197–232; Dieter Lukas, Tim H. Clutton-Brock: «The evolution of social monogamy in mammals», Science 341 (2013), S. 526–530; Christopher Opie u. a.: «Male infanticide leads to social monogamy in primates», PNAS 110 (2013), S. 13328–13332.

6 Zum Ausnahmefall unter den Paarungsmustern vgl. Donald A. Jenni: «Evolution of polyandry in birds», American Zoologist 14 (1974), S. 129–144, und zur Polyandrie bei einer Primatenart Anne W. Goldizen: «Social monogamy and its variations in callitrichids: do these relate to the costs of infant care?», Reichard, Boesch, Monogamy, S. 232–247. Philip L. Reno u. a.: «Sexual dimorphism in Australopithecus afarensis was similar to that of modern humans», PNAS 100 (2003), S. 9404–9409, rät zur Vorsicht bei Schlüssen von Körpergröße auf Familienform. Ergänzend aber die entwicklungsbiologischen Argumente bei Hélène Coqueugniot u. a.: «Early brain growth in Homo erectus and implications for cognitive ability», Nature 431 (2004), S. 299–302, Hillard Kaplan u. a.: «A Theory of Human Life History Evolution: Diet, Intelligence, and Longevity», Evolutionary Anthropology 9 (2000), S. 156–185, und Bernard Chapais: «The Evolutionary History of Pair-Bonding and Parental Collaboration», in: Catherine A. Salomon, Todd K. Shackleford (Hrsg.): The Oxford Handbook of Evolutionary Family Psychology, Oxford 2011, S. 33–50.

7 Ken Kraaijeveld u. a.: «Extra-pair paternity does not result in differential sexual selection in the mutually ornamented black swan (Cygnus atratus)», Molecular Ecology 13 (2004), S. 1625–1633; Robin I. M. Dunbar: «Your Cheatin' Heart», New Scientist 160 (1998), S. 29–32; Chapais, «Pair-Bonding», S. 36 f. Bei Douglas E. Gladstone: «Promiscuity in Monogamous

Colonial Birds», American Naturalist 114 (1979), S. 545–557, findet sich eine besonders durchdachte Darstellung aller Fragen, die an die Energiebilanz von Paarungsmustern gerichtet werden können.

8 George Peter Murdock: Atlas of World Cultures, Pittsburgh 1981; John Hartung: «On Natural Selection and the Inheritance of Wealth», Current Anthropology 17 (1976), S. 607–622; John Knodel u. a.: «An evolutionary perspective on Thai sexual attitudes», Journal of Sex Research 34 (1997), S. 292–303.

9 Bobbi S. Low: «Marriage Systems and Pathogen Stress in Human Societies», American Zoologist 30 (1990), S. 325–339.

10 Robert Wright: The moral animal: The new science of evolutionary psychology, New York 1994, S. 97; Richard D. Alexander: Darwinism and Human Affairs, Seattle 1979; Satoshi Kanazawa, Mary C. Still: «Why Monogamy?», Social Forces 78 (1999), S. 25–50.

11 Chris T. Bauch, Richard McElreath: «Disease Dynamics and costly punishment can foster socially imposed monogamy», Nature Communications 7 (2016), S. 1–9; Stephen K. Sanderson: «Explaining monogamy and polygyny in human societies: Comment on Kanazawa and Still», Social Forces 80 (2001), S. 329–336.

12 Kevin MacDonald: «The Establishment and Maintenance of Socially Imposed Monogamy», Politics and the Life Sciences 14 (1995), S. 3–23 (hier 6). Walter Scheidel: «A peculiar institution? Greco-roman monogamy in global context», History of Family 14 (2009), S. 280–291 (hier 287 f.).

13 Vgl. Joseph Henrich u. a.: «The puzzle of monogamous marriage», Philosophical Transactions of the Royal Society B 367 (2012), S. 657–669, und exemplarisch für viele die Studie von Robert J. Sampson u. a.: «Does marriage reduce crime? A counterfactual approach to within-individual causal effects», Criminology 44 (2006), S. 465–509. Der römische Censor bei Bernhard Rathmayr: Geschichte der Liebe. Wandlungen der Geschlechterbeziehungen in der abendländischen Kultur, München 2016, S. 201.

14 Paul Veyne: «Ehe», in: Philippe Ariès u. a.: Geschichte des privaten Lebens: Vom Römischen Imperium zum Byzantinischen Reich, Frankfurt am Main 1989, S. 50.

15 Laura Betzig: «Roman Monogamy», Ethology and Sociobiology 13 (1992), S. 351–383; David Cohen: «The Augustan law on adultery: the social and

cultural context», in: David Kertzer, Richard Saller (Hrsg.): The Family in Italy from Antiquity to the Present, Yale 1991, S. 109–126; Jane F. Gardner: Women in Roman Law and Society, London 1986, S. 129 f.

16 Peter Brown: «Spätantike», in: Philippe Ariès, Georges Duby (Hrsg.): Geschichte des privaten Lebens, Band 1, Frankfurt am Main 1989, S. 229–298 (hier 285 ff.).

17 Niklas Luhmann: Liebe als Passion. Zur Codierung von Intimität, Frankfurt am Main 1982.

18 In den letzten beiden Absätzen habe ich von Formulierungen meines Beitrags «Du sollst es sein! Warum wir paarweise lieben» Gebrauch gemacht, der am 14. November 2010 in der «Frankfurter Allgemeinen Sonntagszeitung» (S. 77) erschienen ist.

Literatur

Tzvi Abusch: «The Development and Meaning of the Epic of Gilgamesh: An Interpretive Essay», Journal of the American Oriental Society 121 (2001), S. 614–622.

Ders.: «Ishtar's Proposal and Gilgamesh's Refusal: An Interpretation of the ‹Gilgamesh Epic›, Tablet 6, Lines 1–79», History of Religions 26 (1986), S. 143–187.

Robert McCormick Adams: The Evolution of Urban Society, Chicago 1966.

Ders.: Heartland of the Cities. Survey of Ancient Settlement and Land Use on the Central Floodplain of the Euphrates, Chicago 1981.

James M. Adovasio, Olga Soffer: The Invisible Sex. Uncovering the True Roles of Women in Prehistory, London 2009.

Per E. Ahlberg, Andrew Milner: «The origin and early diversification of tetrapods», Nature 368 (1994), S. 507–514.

Leslie C. Aiello, Robin I. M. Dunbar: «Neocortex Size, Group Size, and the Evolution of Language», Current Anthropology 34 (1993), S. 184–193.

Leslie C. Aiello, Robin I. M. Dunbar: «Neocortex Size, Group Size, and the Evolution of Language», Current Anthropology 34 (1993), S. 184–193.

Leslie C. Aiello, Peter Wheeler: «Brains and Guts in Human and Primate Evolution: The Expensive Organ Hypothesis», Current Anthropology 36 (1994), S. 199–221.

Aischylos: Der gefesselte Prometheus, in: Aischylos: Werke, übersetzt von Johann Gustav Droysen, Berlin 1842.

Richard D. Alexander: Darwinism and Human Affairs, Seattle 1979.

Guillermo Algaze: Ancient Mesopotamia at the dawn of civilization. The evolution of an urban landscape, Chicago 2008.

Ders.: The Uruk World System. The Dynamics of Expansion of Early Mesopotamian Civilization, Chicago 1993.

Nira Alperson-Afil: «Continual Fire Making by Hominins at Gesher Benot Ya'aqov, Israel», Quarternary Science Reviews 27 (2008), S. 1733–1799.

Paul Alsberg: «Der Ausbruch aus dem Gefängnis. Zu den Entstehungsbedingungen des Menschen», Gießen 1975, S. 72 ff. (= «Das Menschheitsrätsel», Leipzig 1922).

Michael A. Arbib u. a.: «Primate Vocalization, Gesture, and the Evolution of Human Language», Current Anthropology 49 (2008), S. 1053–1076.

Aristoteles: Politik, übersetzt von Eugen Rolfes, Leipzig 1912.

Jacques Arnould: L'abbé Breuil. Le pape de la préhistoire, Tours 2011.

Juan Luis Arsuaga, Ignacio Martinez: The Chosen Species. The Long March of Human Evolution, Oxford 2006. Julia Assante: «The kar.kid (harimtu): Prostitute or Single Woman?», Ugarit Forschungen 30 (1998), S. 5–97.

Jan Assmann: «Zur Verschriftlichung rechtlicher und sozialer Normen in Ägypten», in: Hans-Joachim Gehrke (Hrsg.), Rechtskodifizierung und soziale Normen im interkulturellen Vergleich, Tübingen 1994, S. 61–85.

Sonya Atalay, Christine A. Hastorf: «Food Meals, and Daily Activities: Food Habitus at Neolithic Çatalhöyük», American Antiquity 71 (2006), S. 283–319.

Michail Bachtin: Formen der Zeit im Roman. Untersuchungen zur historischen Poetik, Frankfurt am Main 1989.

Otto Baensch: «Kunst und Gefühl», Logos 12 (1923/24), S. 1–28.

Paul G. Bahn, Jean Vertut: Journey through the Ice Ages, Los Angeles 1997.

John Baines: «The earliest Egyptian writing: development, context, purpose», in: Stephen Houston (Hrsg.): The First Writing. Script Invention as History and Process, Cambridge 2011, S. 150–189.

Ders., Norman Yoffee: «Order, Legitimacy, and Wealth in Ancient Egypt and Mesopotamia», in: Gary M. Feinman, Joyce Marcus (Hrsg.): Archaic States, Santa Fé 1998, S. 199–260.

Michael Balter: «Early Stonehenge pilgrims came from afar, with cattle in tow», Science 320 (2008), S. 1704 f.

Edward B. Banning: «So Fair a House. Göbekli Tepe and The Identification of Temples in the Pre-Pottery Neolithic of the Near East», Current Anthropology 52 (2011), S. 691–660.

Ofer Bar-Yosef: «Climatic Fluctuations and Early Farming in West and East Asia», Current Anthropology 52/S4 (2011), S. 175–193.

Ders.: «The Natufian culture in the Levant, threshold to the origins of agriculture», Evolutionary Anthropology 6 (1998), S. 159–177.

Ders.: «The Walls of Jericho: An Alternative Interpretation», Current Anthropology 27 (1986), S. 157–162.

Anne Baring, Jules Cashford: The Myth of the Goddess: Evolution of an Image, London 1991.

Graeme Barker: The Agricultural Revolution in Prehistory. Why Did Foragers become Farmers?, Oxford 2006.

Georges Bataille: Lascaux oder Die Geburt der Kunst, Stuttgart 1983.

Angus J. Bateman: «Intra-sexual selection in Drosophila», Heredity 2 (1948), S. 349–368.

Chris T. Bauch, Richard McElreath: «Disease Dynamics and costly punishment can foster socially imposed monogamy», Nature Communications 7 (2016), S. 1–9.

Martha Warren Beckwith (Hrsg.): Kepelino's Traditions of Hawaii, Honolulu 1932.

Robert G. Bednarik: «The ‹australopithecine› cobble from Makapansgat, South Africa», South African Archaeological Bulletin 53 (1998), S. 4–8.

Ders.: «Paleolithic Love Goddesses of Feminism», Anthropos 91 (1996), S. 183–190.

Ders.: «The Significance of the Earliest Beades», Advances in Anthropology 5 (2015), S. 51–66.

David R. Begun: «The Earliest Hominis – Is Less More?», Science 303 (2004), S. 1478–1480.

Anna Belfer-Cohen, A. Nigel Goring-Morris: «Becoming Farmers: The Inside Story», Current Anthropology 52/S4 (2011), S. 209–220.

Anna Belfer-Cohen, A. Nigel Goring-Morris: «Recent Developments in Near Eastern Neolithic Research», Paléorient 28 (2002), S. 143–148.

Randy V. Bellomo: «Methods of determining early hominid behavioral activities associated with the controlled use of fire at FxJj 20 Main, Koobi Fora, Kenya», Journal of Human Evolution 27 (1994), S. 173–195.

Ruth Benedict: «Religion», in: Franz Boas (Hrsg.): General Anthropology, Boston 1938, S. 627–665.

Theodor Benfey: Geschichte der Sprachwissenschaft und orientalischen Philologie in Deutschland seit dem Anfange des 19. Jahrhunderts mit einem Rückblick auf frühere Zeiten, München 1869.

John Bennet: «The Structure of the Linear B Administration at Knossos», American Journal of Archaeology 89 (1985), S. 231–249.

Peter M. Bennett, Ian P. F. Owens: Evolutionary Ecology of Birds. Life Histories, Mating Systems, and Extinction, Oxford 2002.

Laura Berk: «Childrens private speech: An overview of theory and the status of research», in: Rafael M. Diaz, Laura Berk: Private Speech. From social interaction to self-regulation, Hillsdale 1992, S. 17–53.

Francesco Berna u.a.: «Microstratigraphic evidence of in situ fire in the Acheulean strata of Wonderwerk Cave, Northern Cape province, South Africa», PNAS (2012), S. 1215–1220.

Robert Bettinger u.a.: «Constraints on the Development of Agriculture», Current Anthropology 50 (2009), S. 627–631.

Laura Betzig: «Roman Monogamy», Ethology and Sociobiology 13 (1992), S. 351–383.

Derek Bickerton: Adam's Tongue. How Humans Made Language, How Language Made Humans, New York 2009.

Ders.: «How protolanguage became language», in: Chris Knight u.a.: The Evolutionary Emergence of Language: Social Functions and the Origins of Linguistic Form, Cambridge 2000, S. 264–284.

Ders.: Language and Species, Chicago 1990.

M.E. Birkhead: «The social behavior of the dunnock, Prunella Modularis», Ibis 123 (1981), S. 75–84.

Stephen L. Black, Alston V. Thoms: «Hunter-Gatherer Earth Ovens in the Archaeological Record: Fundamental Concepts», American Antiquity 79 (2014), S. 204–226.

Richard Blanton: «The Origins of Monte Albán», in: Charles E. Cleland (Hrsg.): Cultural Change and Continuity, New York 1976, S. 223–232.

Ders. u.a.: «Regional Evolution in the Valley of Oaxaca, Mexiko», Journal of Field Archaeology 6 (1979), S. 370–390.

Hans Blumenberg: Beschreibung des Menschen, Frankfurt am Main 2006.

Ders.: Höhlenausgänge, Frankfurt am Main 1989.

William G. Boltz: «The Invention of Writing in China», Oriens Extremus 42 (2000/2001), S. 1–17.

Kristen Borré: «Seal Blood, Inuit Blood, and Diet: A Biocultural Model of Physiology and Cultural Identity», Medical Anthropological Quarterly N.S. 5 (1991), S. 48–62.

James Boswell: The Journal of a Tour to the Hebrides with Samuel Johnson LL.D., London [6]1813 (= Tagebuch einer Reise nach den Hebridischen Inseln mit Doctor Samuel Johnson, Lübeck 1787).

Jean Bottéro: Mesopotamia. Writing, Reasoning, and the Gods, Chicago 1992 (= Mésopotamie. L'écriture, la raison et des dieux, Paris 1992).

Abdeljabil Bouzouggar u.a.: «82 000-Year-Old Shell Beads from North Africa and Implications for the Origins of Modern Human Behavior», PNAS 104 (2007), S. 9964–9969.

James M. Bowler: «Willandra Lakes revisited. Environmental framework for human occupation», Archaeology in Oceania 33 (1998), S. 120–155.

Brian Boyd: «Houses and Hearths, Pits and Burials; Natufian Mortuary Practices at Mallaha (Eynan), Upper Jordan Valley», in: Stuart Campbell, Anthony Green (Hrsg.): The archaeology of death in the ancient Near East, Oxford 1995, S. 17–23.

Ders.: «On ‹sedentism› in the later Epipaleolithic (Natufian) Levant», World Archaeology 38 (2006), S. 164–178.

Carl B. Boyer: «Zero: The Symbol, the Concept, the Number», National Mathematics Magazine 18 (1944), S. 323–330.

Charles Loring Brace: «Biocultural Interaction and the Mosaic Evolution in the Emergence of ‹Modern› Morphology», American Anthropologist 97 (1995), S. 711–721.

Ders., Paul E. Mahler: «Post-Pleistocene Changes in the Human Dentition», American Journal of Physical Anthropology 34 (1971), S. 191–203.

Ders., Shelley L. Smith, Kevin D. Hunt: «What Big Teeth You Had Grandma! Human Tooth Size, Past and Present», in: Marc A. Kelley, Clark Spencer Larsen (Hrsg.): Advances in Dental Anthropology, New York 1991, S. 33–57.

Brahmegupta and Bhascara: Algebra with Arithmetic and Mensuration, London 1817.

Robert J. Braidwood u. a.: «Did Man Once Live by Beer Alone?», American Anthropologist 55 (1953), S. 515–526.

Charles Kimberlin Brain: «The Importance of Predation to the Course of Human and Other Animal Evolution», South African Archaeological Bulletin 50 (1995), S. 93–97.

Stefan Breuer: «Die archaische Stadt», Die Alte Stadt 25 (1998), S. 105–120.

Ders.: Der charismatische Staat. Ursprünge und Frühformen staatlicher Herrschaft, Darmstadt 2014.

Peter Brown: «Spätantike», in: Philippe Ariès, Georges Duby (Hrsg.): Geschichte des privaten Lebens, Band 1, Frankfurt am Main 1989, S. 229–298.

Steven Brown u. a.: «The neural basis of human dance», Cerebral Cortex 16 (2006), S. 1157–1167.

Terence A. Brown u. a.: «The complex origins of domesticated crops in the Fertile Crescent», Trends in Ecology and Evolution 24 (2008), S. 103–109.

Michel Brunet u. a.: «A new hominid from the Upper Miocene of Chad, Central Africa», Nature 418 (2002), S. 145–151.

William Buckland: Reliquiae Diluvianae or Observations on the Organic Remains Contained in Caves, Fissures, and Diluvial Gravel and on other Geological Phenomena, Attesting the Action of an Universal Deluge, London 1824.

Ders.: Vindiciae Geologicae or The Connexion of Geology with Religion Explained, Oxford 1820 (= Geologie und Mineralogie in Beziehung zur natürlichen Theologie, Band 1: Text, Neufchatel u. a. 1839).

Karl Bücher: Arbeit und Rhythmus, Leipzig ³1902.

Richard W. Bulliet: The Wheel. Inventions & Reinventions, New York 2016.

Bundesministerium des Innern (Hrsg.): Bericht zur Polizeilichen Kriminalstatistik 2016, Berlin 2017.

Henry T. Bunn: «Meat made us human», in: Peter S. Ungar (Hrsg.), Evolution of the Human Diet. The Known, the Unknown, and the Unknowable, Oxford 2007, S. 191–211.

Jacob Burckhardt: Griechische Kulturgeschichte III.2, Gesammelte Werke, Band 6, Darmstadt 1956.

Thomas Burgon: «An inquiry into the motives which influenced the ancients, in their choice of the various representations which we find stamped on their money», Numismatic Journal 1 (1836/37), S. 97–131.

Walter Burkert: Die orientalisierende Epoche in der griechischen Religion und Literatur, Heidelberg 1984.

James Burnett: Of the Origin and Progress of Language, Vol. 1, Edinburgh 1773 (= Des Lord Monboddo Werk von dem Ursprunge und Fortgange der Sprache, Erster Theil. Übersetzt von Christian August Schmid, Riga 1784).

Brian F. Byrd, Christopher M. Monahan: «Death, Mortuary Ritual, and Natufian Social Structure», Journal of Anthropological Archaeology 14 (1995), S. 251–287.

John Cage: «Experimental Music», in: ders.: Silence. Lectures and Writings, Middletown 1961, S. 7–12.

Chester R. Cain: «Implications of the Marked Artifacts of the Middle Stone Age of Africa», Current Anthropology 47 (2006), S. 675–681.

Robert Capman: «The Years After – Megaliths, Mortuary Practices, and the Territorial Model», in: Lane Andersen Beck (Hrsg.), Regional Approaches to Mortuary Analysis, New York 1995, S. 29–51.

Joanne Carando: «Hawaiian Royal Incest. A Study in the Sacrificial Origin of Monarchy», Transatlantica 1 (2002), S. 1–14.

Rachel N. Carmody u. a.: «Energetic consequences of thermal and nonthermal food processing», PNAS 108 (2011), S. 19199–19203.

Robert L. Carneiro: «The Chiefdom: Precursor of the State», in: Grant D. Jones, Robert Kautz (Hrsg.): The Transition to Statehood in the New World, Cambridge 1981, S. 37–79.

Ders.: «On the relationship between size of population and complexity of social organization», Southwestern Journal of Anthropology 23 (1967), S. 234–243.

Ders.: «A Theory of the Origin of the State», Science 169 (1970), S. 733–738.

Rhys Carpenter: «The Antiquity of the Greek Alphabet», American Journal of Archaeology 37 (1933), S. 8–29.

Matt Cartmill: «Four legs good, two legs bad: Man's place (if any) in nature», Natural History 92 (1983), S. 64–79.

Ders.: «Hunting and Humanity in Western Thought», Social Research 62 (1995), S. 773–786.

Ders., Fred H. Smith: The Human Lineage, Hoboken 2009.

Susana Carvalho u. a.: «Chimpanzee carrying behavior and the origins of human bipedality», Current Biology Vol. 22 No. 6 (2012), S. 180 f.

Clive K. Catchpole, Peter J. B. Slater: Bird Song. Biological Themes and Variations, Cambridge ²2008.

Jacques Cauvin: The Birth of the Gods and the Origins of Agriculture, Cambridge 2007.

John Chadwick: The Decipherment of Linear B, Cambridge ²1967.

Bernard Chapais: «The Evolutionary History of Pair-Bonding and Parental Collaboration», in: Catherine A. Salomon, Todd K. Shackleford (Hrsg.): The Oxford Handbook of Evolutionary Family Psychology, Oxford 2011, S. 33–50.

Anne Chapman: «Barter as a Universal Mode of Exchange», L'Homme 20 (1980), S. 33–83.

Dominique Charpin: Writing, Law, and Kingship in Old Babylonian Mesopotamia, Chicago 2010.

V. Gordon Childe: Man Makes Himself, London 1936 (= Der Mensch schafft sich selbst, Dresden 1959).

Ders.: The Most Ancient East. The Oriental Prelude to European Pre-History, London 1928.

Ders.: «The Urban Revolution», The Town Planning Review 21 (1950), S. 3–17.

Jacob Chinitz: «An Eye for an Eye – An Old Canard», Jewish Quarterly Review 23 (1995), S. 79–84.

Brady Clark: «Scavenging, the stag hunt, and the evolution of language», Journal of Linguistics 47 (2011), S. 447–480.

Jean Clottes: World Rock Art, Los Angeles 2002.

David Joel Cohen: «The Augustan law on adultery: the social and cultural context», in: David Kertzer, Richard Saller (Hrsg.): The Family in Italy from Antiquity to the Present, Yale 1991, S. 109–126.

Ders.: «The Beginnings of Agriculture in China. A Multiregional View», Current Anthropology 52/S4 (2011), S. 273–293.

Emma E. A. Cohen u. a.: «Rowers' high: behavioural synchrony is correlated with elevated pain thresholds», Biology Letters 6 (2010), S. 106–108.

Mark Cohen: The Food Crisis in Prehistory. Overpopulation and the Origins of Agriculture, New Haven 1977.

Elisabeth Colson: «Places of Power and Shrines of the Land», Paideuma 43 (1997), S. 47–57.

Robert M. Cook: «Speculations on the Origins of Coinage», Historia 7 (1958), S. 257–262.

Jerrold S. Cooper: «The origin of the cuneiform writing system», in: Stephen Houston (Hrsg.): The First Writing. Script Invention as History and Process, Cambridge 2011, S. 71–99.

Daniel de Coppet: «… Land Owns People», in: Robert H. Barnes u. a. (Hrsg.): Contexts and level. Anthropological essays on hierarchy, Oxford 1985, S. 78–90.

Hélène Coqueugniot u. a.: «Early brain growth in Homo erectus and implications for cognitive ability», Nature 431 (2004), S. 299–302.

Inge Cordes: «Melodic contours as a connecting link between primate communication and human singing», in: Reinhard Kopiez u. a. (Hrsg.): Proceedings of the 5th Triennial ESCOM Conference, Hannover 2003, S. 349–352.

Ursula Moser Cowgill: «Death in Perodicticus», Primates 13 (1972), S. 251–256.

Harriet Crawford: Sumer and the Sumerians, Cambridge 2004.

Thomas Crump: The phenomenon of money, London 1981.

Gergely Csibra, György Gergely: «Natural pedagogy», Trends in Cognitive Science 13 (2009), S. 148–153.

Dies.: «Sylvia's Recipe: The Role of Imitation and Pedagogy in the Transmission of Cultural Knowledge», in: Nicholas J. Enfield, Stephen C. Levinson

(Hrsg.): Roots of Human Sociality. Culture, Cognition and Interaction, Oxford 2006, S. 229–255.

Stephanie Dalley: Myths from Mesopotamia. Creation, the Flood, Gilgamesh, and Others, Oxford 2008.

Peter Damerow: «The Material Culture of Calculation. A Conceptual Framework for an Historical Epistemology of the Concept of Number», MPI für Wissenschaftsgeschichte, Preprint 117 (1999), S. 39.

Ders.: «The Origins of Writing as a Problem of Historical Epistemology», MPI für Wissenschaftsgeschichte, Preprint 114 (1999), S. 2.

Ders., Robert K. Englund, Hans Nissen: «The First Representations of Numbers and the Development of the Number Concept», in: Peter Damerow: Abstraction and Representation. Essays on the Cultural Evolution of Thinking, Dordrecht 1996, S. 275–297.

Raymond A. Dart: «Australopithecus africanus: The Man-Ape of South Africa», Nature, Februar 1925, S. 195–199.

Ders.: «The predatory transition from ape to man», International Anthropological and Linguistic Review Vol. 1 No. 4 (1953), S. 201–213.

Charles Darwin: The descent of man, and selection in relation to sex, London 1871 (= Die Abstammung des Menschen und die geschlechtliche Zuchtwahl, Stuttgart 1871).

Bibhutibhusan Datta: «Early literary evidence of the use of zero in India», American Mathematical Monthly 33 (1926), S. 449–454.

Michel Dauvois: «Son et Musique Paléolithiques», Les Dossiers d'Archéologie 142 (1989), S. 2–11.

Nicholas B. Davies, A. Lundberg: «Food Distribution and a Variable Mating System in the Dunnock, Prunella Modularis», Journal of Animal Ecology 53 (1984), S. 895–912.

Terrence Deacon: The Symbolic Species, New York 1997.

John DeFrancis: Visible Speech. The Diverse Oneness of Writing Systems, Honolulu 1989.

David DeGusta u. a.: «Hypoglossal canal size and hominid speech», PNAS 96 (1999), S. 1800–1804.

Jean-Louis Dessalles: Why we talk. The evolutionary origins of language, Oxford 2007.

Marcel Detienne, Jean-Pierre Vernant: The Cuisine of Sacrifice Among the Greeks, Chicago 1989 (= La cuisine du sacrifice en pays grec, Paris 1979).

Katherine A. Dettwyler: «Can paleopathology provide evidence for ‹compassion›?», American Journal of Physical Anthropology 84 (1991), S. 375–384.

Jared Diamond: «Evolution, consequences and future of plant and animal domestication», Nature 418 (2002), S. 700–707.

D. Bruce Dickson: The Dawn of Belief: Religion in the Upper Paleolithic of Southwestern Europe, Tucson 1990.

Keith Dickson: «Looking at the Other in ‹Gilgamesh›», Journal of the American Oriental Society 127 (2007), S. 171–182.

Albrecht Dieterich: Mutter Erde. Ein Versuch über Volksreligion, Leipzig 1905.

Michael Dietler: «Alcohol: Anthropological / Archaeological Perspectives», Annual Review of Anthropology 35 (2006), S. 229–249.

Oliver Dietrich u. a.: «The role of cult and feasting in the emergence of Neolithic communities. New evidence from Göbekli Tepe, south-eastern Turkey», Antiquity 86 (2012), S. 674–695.

Ellen Dissanayake: «Antecedents of the Temporal Arts in Early Mother-Infant Interaction», in: Nils Wallin u. a. (Hrsg.): The Origins of Music, Cambridge Mass. 2000, S. 389–410.

Robert M. W. Dixon: The Languages of Australia, Cambridge 1980, S. 107 f.

Merlin Donald: The Origin of the Modern Mind. Three Stages in the Evolution of Culture and Cognition, Cambridge Mass. 1991.

Carlos A. Driscoll u. a.: «From wild animals to domestic pets, an evolutionary view of domestication», PNAS 106 (2009), S. 9971–9978.

Pierre Duhard: «Upper Paleolithic figures as a reflection of human morphology and social organization», Antiquity 67 (1993), S. 83–91.

Robin I. M. Dunbar: «Co-Evolution of Neocortex Size, Group Size and Language in Humans», Behavioral and Brain Sciences 16 (1993), S. 681–735.

Ders.: Grooming, Gossip and the Evolution of Language, London 1996.

Ders.: «How conversations around campfires came to be», PNAS 111 (2014), S. 14013 f.

Ders.: «Your Cheatin' Heart», New Scientist 160 (1998), S. 29–32.

Émile Durkheim: Die elementaren Formen des religiösen Lebens, Frankfurt am Main 1981.

Peter Dwyer: «The Price of Protein: Five Hundred Hours of Hunting in the New Guinea Highlands», Oceania 44 (1974), S. 278–293.

Timothy K. Earle: «Chiefdoms in Archaeological and Ethnohistorical Perspective», Annual Review of Anthropology 16 (1987), S. 279–308.

Ders.: «Economic and Social Organization of A Complex Chiefdom: The Halelea District, Kaua'i, Hawaii», Anthropological Papers of the Museum of Anthropology 63, Ann Arbor 1978.

Ders.: «The Evolution of Chiefdoms», Current Anthropology 30 (1989), S. 84–88.

Erich Ebeling: Keilschrifttexte aus Assur religiösen Inhalts I, Leipzig 1915.

Gabriele Elsen-Novák, Mirko Novák: «Der ‹König der Gerechtigkeit›. Zur Ikonologie und Teleologie des ‹Codex Hammurapi›», Baghdader Mitteilungen 37 (2006), S. 131–155.

Carol R. Ember: «Myths about Hunter-Gatherers», Ethnology 17 (1978), S. 439–448.

Stephen T. Emling, Lewis W. Oring: «Ecology, Sexual Selection, and the Evolution of Mating Systems», Science 197 (1977), S. 215–223.

Wolfgang Enard u.a.: «Molecular evolution of FOXP2, a gene involved in speech and language», Nature 418 (2002), S. 869–872.

Karen L. Endicott: «Gender relations in hunter-gatherer societies», in: Richard B. Lee, Richard Daly (Hrsg.): The Cambridge Encyclopedia of Hunters and Gatherers, Cambridge 1999, S. 411–418.

Enmerkar and the Lord of Aratta, The Electronic Text Corpus of Sumerian Literature, Oxford, http://etcsl.orinst.ox.ac.uk.

Magnus Enquist, Olof Leimar: «The evolution of cooperation in mobile organisms», Animal Behaviour 45 (1993), S. 747–757.

Dag Eriksson, Lars Wallin: «Male bird song attracts females – a field experiment», Behavioral Ecology and Sociobiology 19 (1986), S. 297–299.

Francesco D'Errico u.a.: «Archaeological Evidence for the Emergence of Language, Symbolism, and Music – An Alternative Multidisciplinary Perspective», Journal of World Prehistory Vol. 17, No. 1 (2003), S. 1–70.

Ders.: «Paleolithic Lunar Calendars: A Case of Wishful Thinking?», Current Anthropology 30 (1989), S. 117–118.

Ders., Marian Vanhaeren: «Upper Paleolithic Mortuary Practices: Reflections of Ethnic Affiliation, Social Complexity, and Cultural Turnover», in: Colin Renfrew u.a.: Death Rituals and Social Order in the Ancient World: «Death Shall Haven No Dominion», Cambridge 2016, S. 45–61.

Edward E. Evans-Pritchard: Theorien über primitive Religionen, Frankfurt am Main 1981.

Dean Falk: Finding Our Tongue. Mothers, Infants and the Origins of Language, New York 2009.

Dies., Glenn Conroy: «The cranial venous system in Australopithecus afarensis», Nature 306 (1983), S. 779–781.

Mamoun Fansa: Rad und Wagen. Der Ursprung einer Innovation. Wagen im Vorderen Orient und in Europa, Oldenburg 2004.

Gunnar Fant: Acoustic Theory of Speech Production, Den Haag 1960.

Anne Fernald: «Human Maternal Vocalizations to Infants as Biologically Relevant Signals: An Evolutionary Perspective», in: Jerome H. Barkow u. a. (Hrsg.): The Adapted Mind. Evolutionary Psychology and Generation of Culture, New York 1992, S. 391–428.

Dies.: «Intonation and communicative intent in mothers' speech to infants: Is melody the message?», Child Development 60 (1989), S. 1497–1510.

Ludwig Feuerbach: «Die Naturwissenschaft und die Revolution» (1850), in: ders.: Gesammelte Werke, Band 5, Berlin 1989, S. 347–368.

Israel Finkelstein, Neil A. Silberman: Keine Posaunen vor Jericho. Die archäologische Wahrheit über die Bibel, München 2006.

Jacob J. Finkelstein: «The Laws of Ur-Nammu», Journal of Cuneiform Studies 22 (1968/69), S. 66–82.

Moses I. Finley: Die antike Wirtschaft, München 1980.

Raymond Firth: «The analysis of mana: an empirical approach», Journal of the Polynesian Society 49 (1940), S. 483–510.

Henry George Fischer: «The Origin of Egyptian Hieroglyphs», in: Wayne M. Senner (Hrsg.): The Origins of Writing, Lincoln 1989, S. 59–76.

W. Tecumseh Fitch: «Dance, Music, Meter and Groove: A Forgotten Partnership», Frontiers in Human Neuroscience 10 (2016), Artikel 64.

Ders.: The Evolution of Language, Cambridge 2010.

Ders.: «The evolution of speech: a comparative review», Trends in Cognitive Science 4 (2000), S. 258–267.

Ders.: «Kin Selection and ‹Mother Tongues›: A Neglected Component in Language Evolution», in: D. Kimbrough Oller, Ulrike Griebel (Hrsg.): Evolution of Communication Systems. A Comparative Approach, Cambridge Mass. 2004, S. 275–296.

Ders., David Reby: «The descended larynx is not uniquely human», Proceedings of the Royal Society London B 268 (2001), S. 1669–1675.

Keith V. Flannery: «Archaeological systems theory and early Mesoamerica», in: Betty Jane Meggers (Hrsg.): Anthropological Archaeology in the Americas, Washington 1968, S. 67–87.

Ders.: «The Cultural Evolution of Civilizations», Annual Review of Ecology and Systematics 3 (1972), S. 399–426.

Marie Theres Fögen: Römische Rechtsgeschichten. Über Ursprung und Evolution eines sozialen Systems, Göttingen 2002.

Robert Foley, Clive Gamble: «The ecology of social transitions in human evolution», Philosophical Transactions of the Royal Society B 364 (2009), S. 3267–3279.

Robert Foley, Marta M. Lahr: «Mode 3 technologies and the evolution of modern humans», Cambridge Archaeological Journal 7 (1997), S. 3–36.

Vincenzo Formicola: «From Sunghir Children to the Romito Dwarf. Aspects of Upper Paleolithic Funerary Landscape», Current Anthropology 48 (2007), S. 446–453.

Michael C. Frank u. a.: «Number as a cognitive technology: Evidence from Pirahã language and cognition», Cognition 108 (2008), S. 819–824.

David W. Frayer u. a.: «Dwarfism in an adolescent from the Italian later Upper Paleolithic», Nature 330 (1987), S. 60–62.

Ders., Chris Nicolay: «Fossil Evidence for the Origins of Speech Sounds», in: Nils Wallin u. a. (Hrsg.): The Origins of Music, Cambridge Mass. 2000, S. 217–234.

Ndemazeh Arnold Fuamenya u. a.: «Noisy but Effective: Crying Across the First 3 Months of Life», Journal of Voice 29 (2015), S. 281–286.

Drew Fudenberg, David K. Levine, «Superstition and Rational Learning», American Economic Review 131 (2006), S. 251–262.

Dorian Q. Fuller u. a.: «Domestication as innovation: the entanglement of techniques, technology and chance in the domestication of cereal crops», World Archaeology 42 (2010), S. 13–28.

Ders. u. a.: «Presumed domestication? Evidence for wild rice cultivation and domestication in the fifth millennium BC of the Lower Yangtze region», Antiquity 81 (2007), S. 316–331.

Ders., Lin Qin: «Water management and labor in the origins and dispersal of Asian rice», World Archaeology 41 (2009), S. 88–111.

Richard C. C. Fynes: «Plant Souls in Jainism and Manichaeism. The Case for Cultural Transmission», East and West 46 (1996), S. 21–44.

Jane F. Gardner: Women in Roman Law and Society, London 1986.

Thomas Geissmann: «Duet Songs of the Siamang, Hylobates Syndactylus: II. Testing the Pair-Bonding Hypothesis during a Partner Exchange», Behaviour 136 (1999), S. 1005–1039.

Ders.: «Gibbon Songs and Human Music», in: Nils Wallin u. a. (Hrsg.): The Origins of Music, Cambridge Mass. 2000, S. 103–123.

Ignace J. Gelb: Von der Keilschrift zum Alphabet. Grundlagen einer Schriftwissenschaft, Stuttgart 1958.

P. Rochel Gelman, Brian Butterworth: «Number and language: How are they related?», Trends in Cognitive Science 9 (2005), S. 6–10.

P. Rochel Gelman, Charles R. Gallistel: The Child's Understanding of Number, Cambridge Mass. 1978.

Louis Gernet: Anthropologie de la Grèce antique, Paris 1968.

Das Gilgamesch-Epos. Neu übersetzt und kommentiert von Stefan M. Maul, München 2012.

James F. Gilooly, Alexander G. Ophir: «The energetic basis of acoustic communication», Proceedings: Biological Sciences 277 (2010), S. 1325–1331.

Douglas E. Gladstone: «Promiscuity in Monogamous Colonial Birds», American Naturalist 114 (1979), S. 545–557.

Max Gluckman: «Gossip and scandal», Current Anthropology 4 (1963), S. 307–316.

Maurizio Covaz Gnerre: «Some Notes on Quantification and Numerals in an Amazon Indian Language», in: Michael P. Gloss (Hrsg.): Native American Mathematics, Austin 1986, S. 71–91.

Erving Goffman: Interaction Ritual. Essays on Face-to-Face-Behavior, Garden City 1967.

Anne W. Goldizen: «Social monogamy and its variations in callitrichids: do these relate to the costs of infant care?», in: Ulrich H. Reichard, Christophe Boesch (Hrsg.): Monogamy. Mating Strategies and Partnerships in Birds, Humans and Other Mammals, Cambridge 2003, S. 232–247.

Irving Goldman: Ancient Polynesian Society, Chicago 1070, S. 430 ff.

Jack Goody: The Interface between the Written and the Oral, Cambridge 1987.

Ders.: Die Logik der Schrift und die Organisation der Gesellschaft, Frankfurt am Main 1990.

Peter Gordon: «Numerical Cognition Without Words: Evidence from Amazonia», Science 306 (2004), S. 496–499.

Naama Goren-Inbar u. a.: «Evidence of Hominin Control of Fire at Gesher Benot Ya'aqov, Israel», Science 304 (2004), S. 725–727.

A. Nigel Goring-Morris, Anna Belfer-Cohen: «Neolithization Process in the Levant: The Outer Envelope», Current Anthropology 52/4 (2011), S. 195–208.

Patricia Adair Gowaty u. a.: «No evidence of sexual selection in a repetition of Bateman's classic study of Drosophila melanogaster», PNAS 109 (2012), S. 11740–11745.

David Graeber: Schulden. Die ersten 5000 Jahre, Stuttgart 2012.

James Gray: How Animals Move, Cambridge 1953.

Philip Grierson: «The Origins of Money», Research in Economic Anthropology 1 (1978), S. 1–35.

Paul van der Grijp: Manifestations of Mana. Political Power and Divine Inspiration in Polynesia, Münster 2014.

Jon Grinnell, Karen McComb: «Maternal grouping as a defence against infanticide by males: evidence from field playback experiments on African lions», Behavioral Ecology 7 (1996), S. 55–59.

Michael Gurven, Kim Hill: «Why Do Men Hunt? A Reevaluation of ‹Man the Hunter› and the Sexual Division of Labor», Current Anthropology 50 (2009), S. 51–62.

Marcel Gyger, Peter Marler: «Food calling in the domestic fowl (Gallus gallus): The role of external referents and deception», Animal Behaviour 36 (1988), S. 358–365.

Richard Haase: «Schankwirtinnen in Babylon: Zu § 108 des Codex Hammurapi», Die Welt des Orients 37 (2007), S. 31–35.

Edward H. Hagen, Gregory A. Bryant: «Music and Dance as a Coalition Signaling System», Human Nature 14 (2003), S. 21–51.

Hans Peter Hahn u. a.: «How Many Things Does Man Need? Material Possessions and Consumption in Three West African Villages (Hausa, Kasena and Tuareg) Compared to German Students», in: ders. (Hrsg.): Consumption in Africa. Anthropological Approaches, Münster 2008, S. 173–200.

Joachim Hahn: Kraft und Aggression. Die Botschaft der Eiszeitkunst im Aurignacien Süddeutschlands?, Tübingen 1986.

Michelle L. Hall: «The function of duetting in magpie-larks: Conflict, cooperation, or commitment?», Animal Behaviour 60 (2000), S. 667–677.

Dies.: «A review of vocal duetting in birds», Advances in the Study of Behavior 40 (2009), S. 67–121.

John Halverson: «Art for Arts Sake in the Palaeolithic», Current Anthropology 28 (1987), S. 63–72.

William D. Hamilton: «The evolution of altruistic behavior», American Naturalist 97 (1963), S. 354–356.

William E. H. Harcourt-Smith: «The Origins of Bipedal Locomotion», in: Wilfried Henke, Ian Tattersall (Hrsg.): Handbook of Paleoanthropology, Berlin 2013, S. 1483–1518.

Karen Hardy u. a.: «The Importance of Dietary Carbohydrate in Human Evolution», The Quarterly Review of Biology 90 (2015), S. 251–268.

Jack R. Harlan: «A wild wheat harvest in Turkey», Archaeology 20 (1967), S. 197–201.

Donna Hart, Robert W. Sussmann: Man the Hunted. Primates, Predators, and Human Evolution, Boulder 2008.

John Hartung: «On Natural Selection and the Inheritance of Wealth», Current Anthropology 17 (1976), S. 607–622.

Christine A. Hastorf: «Rio Balsas most likely region for maize domestication», PNAS 106 (2009), S. 4957 f.

Kristen Hawkes: «Sharing and collective action», in: Eric Alden Smith, Bruce Winterhalder (Hrsg.): Evolutionary ecology and human behavior, New York 1992, S. 269–300.

Dies. u. a.: «Hadza meat sharing», Evolution and Human Behavior 22 (2001), S. 113–142.

Brian Hayden, Suzanne Villeneuve: «A Century of Feasting Studies», Annual Review of Anthropology 40 (2011), S. 433–449.

Joseph Henrich u. a.: «The puzzle of monogamous marriage», Philosophical Transactions of the Royal Society B 367 (2012), S. 657–669.

Amanda G. Henry u. a.: «Microfossils in calculus demonstrate consumption of plants and cooked foods in Neanderthal diets (Shanindar II, Iraq; Spy I and II, Belgium)», PNAS 108 (2011), S. 486–491.

Christopher S. Henshilwood: «Emergence of Human Behavior: Middle Stone Age Engravings from South Africa», Science 295 (2002), S. 1278–1280.

Ders. u. a.: «Middle Stone Age Shell Beads from South Africa», Science 304 (2004), S. 404.

Johann Gottfried von Herder: Ideen zur Philosophie der Geschichte der Menschheit, Riga 1784.

Herodot's von Halikarnaß Geschichte, übersetzt von Adolf Schöll, Drittes Bändchen, Drittes Buch, Stuttgart 1828.

Matthias Herrgen: Wissenschaftstheoretische Analysen der Anthropologie im biotechnologischen Zeitalter, Hamburg 2008.

Gordon W. Hewes: «A history of the study of language origins and the gestural primacy hypothesis», in: Andrew Lock, Charles R. Peters (Hrsg.): Handbook of Human Symbolic Evolution, Oxford 1996, S. 571–595.

Ders.: «Primate Communication and the Gestural Origin of Language», Current Anthropology 14 (1973), S. 5–24.

Thomas Higham u. a.: «Testing models for the beginnings of the Augnacien and the advent of art and music: the radiocarbon chronology of Geißenklösterle», Journal of Human Evolution 30 (2012), S. 1–13.

Karen Hiiemae, Jeffrey B. Palmer: «Tongue and hyoid movements in feeding and speech», Journal of Oral Rehabilitation 29 (2002), S. 880 f.

Gordon C. Hillman, M. Stuart Davies: «Measured domestication rates in wheats and barley under primitive cultivation and their archaeological implications», Journal of World Prehistory 4 (1990), S. 157–222.

Arthur M. Hocart: «Mana», Man 14 (1914), S. 97–101.

Charles F. Hockett: «The origin of speech», Scientific American 203 (1960), S. 89–96.

Ders., Robert Ascher: «The Human Revolution», Current Anthropology (1964), S. 135–168.

Ralph L. Holloway Jr.: «Tools and Teeth: Some Speculations regarding Canine Reduction», American Anthropologist 69 (1967), S. 63–67.

Robert J. Hommon: The Ancient Hawaiian State. Origins of a Political Society, Oxford 2013.

William J. E. Hoppit u. a.: «Lessons from animal teaching», Trends in Ecology & Evolution 23 (2008), S. 486–493.

Stephen D. Houston: «Writing in early Mesopotamia», in: ders. (Hrsg.): The First Writing. Script Invention as History and Process, Cambridge 2011, S. 274–309.

Ders. u. a.: «Last Writing: Script Obsolescence in Egypt, Mesopotamia, and Mesoamerica», Comparative Studies in Society and History 45 (2003), S. 430–479.

Erella Hovers u. a.: «An Early Case of Color Symbolism: Ochre Use by Modern Humans in Qafzeh Cave», Current Anthropology 44 (2003), S. 491–511.

Henri Hubert, Marcel Mauss: «Entwurf einer allgemeinen Theorie der Magie» (1902/03), in: Marcel Mauss: Soziologie und Anthropologie, Frankfurt am Main 1989, S. 43–179.

David Hume: Dialogues Concerning Natural Religion, London 1779 (= Dialoge über natürliche Religion, Hamburg ⁷1993).

Caroline Humphrey: «Barter and Economic Disintegration», Man 20 (1985), S. 48–72.

Kevin D. Hunt: «Bipedalism», in: Michael P. Muehlenbein (Hrsg.): Basics in Human Evolution, Amsterdam u. a. 2015, S. 103–112.

Ders.: «The evolution of human bipedality: ecology and functional morphology», Journal of Human Evolution 26 (1994), S. 183–202.

Ellsworth Huntington, Sumner Webster Cushing: Principles of Human Geography, London 1922.

James Hutton: Theory of the Earth. With Proofs and Illustrations, Edinburgh 1795.

Georges Ifrah: Universalgeschichte der Zahlen, Frankfurt am Main 1991.

Glynn L. Isaac: «The food-sharing behavior of proto-human hominids», Scientific American 238 (1978), S. 90–108.

Nina G. Jablonski, George Chaplin: «The Origin of Hominid Bipedalism Re-Examined», Archaeology in Oceania 27 (1992), S. 113–119.

Thorkild Jacobsen: «Ancient Mesopotamian Religion: The Central Concerns», Proceedings of the American Philosophical Society 107 (1963), S. 473–484.

Ders.: «Primitive Democracy in Ancient Mesopotamia», Journal of Near Eastern Studies 2 (1943), S. 159–172.

Ders.: The Treasures of Darkness. A History of Mesopotamian Religion, New Haven 1976.

Georg Jellinek: Allgemeine Staatslehre (1900), Nachdruck Kronberg 1976.

Donald A. Jenni: «Evolution of polyandry in birds», American Zoologist 14 (1974), S. 129–144.

Justin Jennings u. a.: «‹Drinking Beer in a Blissful Mood›: Alcohol Production, Operational Chains, and Feasting in the Ancient World», Current Anthropology 46 (2005), S. 275–303.

Otto Jespersen: Language. Its Nature, Development and Origin, London 1922.

William Stanley Jevons: Money and the Mechanisms of Exchange, London 1890 (= Geld und Geldverkehr, Leipzig 1876).

Gregory A. Johnson: «Organizational Structure and Scalar Stress», in: Colin Renfrew u. a. (Hrsg.): Theory and Explanation in Archaeology, New York 1982, S. 389–421.

L. Scott Johnson, William A. Searcy: «Female Attraction to Male Song in House Wrens (Troglodytes Aedon)», Behaviour 133 (1996), S. 357–366.

Clifford J. Jolly: «The seed-eaters: A new model of hominid differentiation based on a baboon analogy», Man 5 (1970), S. 5–26.

Blurton Jones: «Tolerated Theft. Suggestions about the Ecology and Evolution of Sharing, Hoarding and Scrounging», Social Science Information 29 (1987), S. 189–196.

Frederic Wood Jones: Arboreal Man, London 1916.

Ders.: The Ancestry of Man, Brisbane 1923.

Irene J. F. de Jong, René Nünlist: «From bird's eye view to close-up. The standpoint of the narrator in the Homeric epics», in: Anton Bierl u. a. (Hrsg.): Antike Literatur in neuer Deutung, München 2004, S. 63–83.

William L. Jungers u. a.: «Hypoglossal canal size in living hominoids and the evolution of human speech», Human Biology 75 (2003), S. 473–484.

Sibylle Kästner: Jagende Sammlerinnen und sammelnde Jägerinnen. Wie australische Aborigines-Frauen Tiere erbeuten, Münster 2012.

Samuel Manaiakalani Kamakau: Ruling Chiefs of Hawaii, Honolulu 1992.

Frank Kammerzell: «Defining Non-Textual Marking Systems, Writing, and Other Systems of Graphic Information Processing», in: Petra Andrassy u. a.: Non-Textual Marking Systems, Writing and Pseudo-Script from Prehistory to Modern Times (Lingua Aegyptia Studia Monographica 8), Göttingen 2009, S. 277–308.

Satoshi Kanazawa, Mary C. Still: «Why Monogamy?», Social Forces 78 (1999), S. 25–50.

Hillard Kaplan u. a.: «A Theory of Human Life History Evolution: Diet, Intelligence, and Longevity», Evolutionary Anthropology 9 (2000), S. 156–185.

Ernst Kapp: Grundlinien einer Philosophie der Technik. Zur Entstehungsgeschichte der Cultur aus neuen Gesichtspunkten, Braunschweig 1877.

Stefan Karwiese: «The Artemisium Coin Hoard and the First Coins of Ephesus», Revue Belge de Numismatique et de Sigillographie 137 (1991), S. 1–28.

Dina Katz: «Gilgamesh and Akka: Was Uruk Ruled by Two Assemblies», Revue d'Assyriologie 81 (1987), S. 105–114.

Jürgen Kaube: «Du sollst es sein! Warum wir paarweise lieben», in: «Frankfurter Allgemeine Sonntagszeitung» (14. November 2010), S. 77.

Richard F. Kay u. a.: «The hypoglossal canal and the origin of human vocal behavior», PNAS 95 (1998), S. 5417–5419.

David N. Keightley: «Art, Ancestors, and the Origins of Writing in China», Representations 56 (1996), S. 68–95.

Ders.: «The Origins of Writing in China: Scripts and Cultural Contexts», in: Wayne M. Senner (Hrsg.): The Origins of Writing, Lincoln 1989, S. 171–202.

Olivier Keller: «Les fables d'Ishango, ou l'irrésistible tentation de la mathématique-fiction», in: www.academia.edu.

Henry S. Kim: «Archaic Coinage as Evidence for the Use of Money», in: Andrew Meadows, Kirsty Shipton (Hrsg.): Money and its Uses in the Ancient Greek World, Oxford 2001, S. 7–13.

Claus Joachim Kind u. a.: «The Smile of the Lion Man. Recent Excavations in Stadel Cave and the Restoration of the Famous Upper Paleolithic Figurine», Quartär 61 (2014), S. 129–145.

Jonathan Kingdon: Lowly Origin. Where, When, and Why Our Ancestors First Stood up, Princeton 2003.

Rudyard Kipling: «Wie das Alphabet entstand», in: ders.: Genau-so-Geschichten, Zürich 2001, S. 121–137.

Patrick V. Kirch, Marshall Sahlins (Hrsg.): Anahulu. The Anthropology of History in the Kingdom of Hawai'i, Chicago 1992.

Adolf Kirchhoff: Studien zur Geschichte des griechischen Alphabets, Berlin 1867.

John Knodel u. a.: «An evolutionary perspective on Thai sexual attitudes», Journal of Sex Research 34 (1997), S. 292–303.

Yuri N. Knorozov: «The Problem of the Study of the Maya Hieroglyphic Writing», American Antiquity 23 (1958), S. 284–291.

Wolfgang Köhler: Intelligenzprüfungen an Menschenaffen, Berlin 1921.

Michael J. Kolb, Boyd Dixon: «Landscapes of War: Rules and Conventions of Conflict in Ancient Hawai'i (and elsewhere)», American Antiquity 67 (2002), S. 514–534.

Jan Kolen: «Hominids without homes: on the nature of Middle Paleolithic settlement in Europe», in: Wil Roebroeks, Clive Gamble (Hrsg.): The Middle Paleolithic Occupation of Europe, Leiden 1999, S. 139–175.

Paul Koschaker: Rechtsvergleichende Studien zur Gesetzgebung Hammurapis Königs von Babylon, Leipzig 1917.

Reinhart Koselleck: «Staat und Souveränität», in: ders. (Hrsg.): Geschichtliche Grundbegriffe. Historisches Lexikon zur politisch-sozialen Sprache in Deutschland, Band 6, Stuttgart 1990, S. 2.

Ken Kraaijeveld u. a.: «Extra-pair paternity does not result in differential sexual selection in the mutually ornamented black swan (Cygnus atratus)», Molecular Ecology 13 (2004), S. 1625–1633.

Colin M. Kraay: «Hoards, Small Change and the Origin of Coinage», Journal of Hellenic Studies 84 (1964), S. 76–91.

Fritz R. Kraus: «Ein zentrales Problem des altmesopotamischen Rechts: Was ist der Codex Hammurabi?», Genava 8 (1960), S. 283–296.

Johannes Krause u. a.: «The derived FOXP2 variant of modern humans was shared with Neandertals», Current Biology 17 (2007), S. 1908–1912.

John R. Krebs: «The significance of song repertoires: The Beau Geste hypothesis», Animal Behaviour 25 (1977), S. 475–478.

Donald E. Kroodsma, Linda D. Parker: «Vocal virtuosity in the brown trasher», Auk 94 (1977), S. 783–785.

Ian Kuijt: «What Do We Really Know about Food Storage, Surplus, and Feasting in Preagricultural Communities?», Current Anthropology 50 (2009), S. 641–644.

Ders., Bill Finlayson: «Evidence for food storage and predomestication granaries 11,000 years ago in the Jordan Valley», PNAS Vol. 106 No. 27 (2009), S. 10 966–10 970.

Drago Kunej, Ivan Turk: «New Perspectives on the Beginning of Music: Archeological and Musicological Analysis of a Middle Paleolithic Bone ‹Flute›», in: Nils Wallin u. a. (Hrsg.): The Origins of Music, Cambridge Mass. 2000, S. 235–268.

Robert Lach: Studien zur Entwicklungsgeschichte der ornamentalen Melpoëi. Beiträge zur Geschichte der Melodie, Leipzig 1913.

Kevin Laland u. a.: «The evolution of dance», Current Biology 26 (2016), S. 5–9.

Wilfred G. Lambert: «Ancient Mesopotamian Gods. Superstition, Philosophy, Theology», Revue de l'histoire des religions 207 (1990), S. 115–130.

Annette Laming-Emperaire: Lascaux. Paintings and Engravings, Harmondsworth 1959.

Martin Lang: «Zum Begriff von menschlicher und göttlicher Gerechtigkeit in den Prologen der altorientalischen Codices», in: Heinz Barta u. a. (Hrsg.): Recht und Religion. Menschliche und göttliche Gerechtigkeitsvorstellungen in den antiken Welten, Wiesbaden 2008, S. 49–72.

Joachim Latacz: «Zur modernen Erzählforschung in der Homer-Interpretation», Theologische Zeitschrift 61 (2005), S. 92–111.

Bernhard Laum: Heiliges Geld, Tübingen 1924.

Henry C. Lea: Superstition and Force: Essays on the Wager of Law, the Wager of Battle, the Ordeal, Torture (1866), Philadelphia ³1878.

Carl-Friedrich Lehmann-Haupt: «Gewichte», in: Pauly-Wissowa-Kroll: Realencyklopädie des klassischen Altertums, Suppl. III, Stuttgart 1918, S. 592–598.

Gwendolyn Leick: Mesopotamia. The Invention of the City, London 2001.

Stephen Lekson: The Chaco Meridian: Centers of Political Power in Ancient Southwest, Walnut Creek 1999.

Niels Peter Lemche: «Justice in Western Asia in Antiquity, or: Why No Laws Were Needed», Chicago-Kent Law Review 70 (1995), S. 1695–1716.

Jennifer A. Leonard u. a.: «Ancient DNA Evidence for Old World Origin of New World Dogs», Science 298 (2002), S. 1613–1616.

William R. Leonard u. a.: «Energetic Models of Human Nutritional Evolution», in: Peter S. Ungar (Hrsg.): Evolution of the Human Diet. The Know, the Unknown and the Unknowable, Oxford 2007, S. 344 ff.

Ders., Marcia L. Robertson: «Comparative primate energetics and hominid evolution», American Journal of Physical Anthropology 102 (1997), S. 265–281.

Gerda Lerner: «The Origin of Prostitution in Ancient Mesopotamia», Signs 11 (1986), S. 236–254.

André Leroi-Gourhan: The art of prehistoric man in western Europe, London 1968.

Ders.: Hand und Wort. Die Evolution von Technik, Sprache und Kunst, Frankfurt am Main 1984.

Simcha Lev-Yadun u. a.: «The Cradle of Agriculture», Science 288 (2002), S. 1602 f.

Willem J. M. Levelt: «Accessing words in speech production: Stages, processes and representations», Cognition 42 (1992), S. 1–22.

Claude Lévi-Strauss: Totemism, Boston 1963 (= Le Totémisme aujourd'hui, Paris 1962; Das Ende des Totemismus, Frankfurt am Main 1965).

Ted C. Lewellen: Political Anthropology. An Introduction, London 2003.

Philip Lieberman u. a.: «Vocal tract limitations on the vowel repertoires of rhesus monkeys and other nonhuman primates», Science 164 (1969), S. 1185–1187.

Ders., Edmund S. Crelin: «On the Speech of the Neanderthal Man», Linguistic Inquiry 11 (1971), S. 203–222.

Floyd G. Lounsbury: «The Ancient Writing of Middle America», in: Wayne M. Senner (Hrsg.): The Origins of Writing, Lincoln 1989, S. 203–237.

C. Owen Lovejoy: «Evolution of Human Walking», Scientific American, November 1988, S. 118–125.

Ders.: «The Origin of Man», Science 211 (1981), S. 341–350.

Ders.: «Reexamining Human Origins in the Light of Ardipithecus ramidus», Science 326/5949 (2009), S. 74–74e8.
Bobbi S. Low: «Marriage Systems and Pathogen Stress in Human Societies», American Zoologist 30 (1990), S. 325–339.
John Lubbock: Pre-Historic Times, as Illustrated by Ancient Remains, and the Manners and Customs of Modern Savage, London 1865 (= Die vorgeschichtliche Zeit erläutert durch die Überreste des Alterthums und die Sitten und Gebräuche der jetzigen Wilden, 2 Bände, Jena 1874).
Johann Peter Ludewig: Historia sine parente. De causis fabularum circa origines, Halle an der Saale 1693.
Niklas Luhmann: Liebe als Passion. Zur Codierung von Intimität, Frankfurt am Main 1982.
Ders.: Die Politik der Gesellschaft. Hrsg. von André Kieserling, Frankfurt am Main 2002.
Ders.: Rechtssoziologie, Opladen 1987.
Ders.: Die Religion der Gesellschaft. Hrsg. von André Kieserling, Frankfurt am Main 2000.
Ders.: Soziale Systeme. Grundriß einer allgemeinen Theorie, Frankfurt am Main 1985.
Ders.: «Wie ist soziale Ordnung möglich?», in: ders.: Gesellschaftsstruktur und Semantik. Studien zur Wissenssoziologie der modernen Gesellschaft, Band 2, Frankfurt am Main 1981, S. 195–285.
Dieter Lukas, Tim H. Clutton-Brock: «The evolution of social monogamy in mammals», Science 341 (2013), S. 526–530.
Sabine MacCormack: Religion in the Andes. Vision and Imagination in Early Colonial Peru, Princeton 1991.
Kevin MacDonald: «The Establishment and Maintenance of Socially Imposed Monogamy», Politics and the Life Sciences 14 (1995), S. 3–23.
Ann M. MacLarnon, Gwen P. Hewitt: «The evolution of human speech: the role of enhanced breathing control», American Journal of Physical Anthropology 109 (1999), S. 341–363.
Peter F. MacNeilage: «The Frame / Content Theory of Evolution of Speech Production», Behavioral and Brain Sciences 21 (1998), S. 499–546.
Ders.: The Origin of Speech, Oxford 2008.
Lambros Malafouris: «Grasping the concept of number: How did the sapient mind move beyond approximation?», in: Iain Morley, Colin Renfrew (Hrsg.): The Archaeology of Measurement, Cambridge 2010, S. 35–42.

Bronisław Malinowski: «Das Problem der Bedeutung in primitiven Sprachen», in: Charles Kay Ogden, Ivor Armstrong Richards (Hrsg.): Die Bedeutung der Bedeutung, Frankfurt am Main 1974.

David Malo: Hawaiian Antiquities (Moolelo Hawaii), Honolulu 1898.

Michael Malpass: Daily Life in the Inca Empire, Westport 2009.

Salwa A. Maksoud u. a.: «Beer from the early dynasties (3500–3400 cal B. C.) of Upper Egypt, detected by archaeochemical methods», Vegetation History and Archaeobotany 3 (1994), S. 219–224.

Charles Chrétien Henry Marc: Die Geisteskrankheiten in Beziehung zur Rechtspflege, Berlin 1843.

Joyce Marcus: «The Origins of Mesoamerican Writing», Annual Review of Anthropology 1976, S. 35–67.

Robert Ranulph Marett: The Threshold of Religion, London 1914.

Alexander Marshack: «A Middle Paleolithic Symbolic Composition From the Golan Heights: The Earliest Known Depictive Image», Current Anthropology 37 (1996), S. 357–365.

Ders.: The Roots of Civilization. The Cognitive Beginning of Man's First Art, Symbol and Notation, New York 1972.

Thomas R. Martin: «Why Did the Greek Polis Originally Need Coins?», Historia 45 (1996), S. 257–283.

Mark A. Maslin u. a.: «East African climate pulses and early human evolution», Quarterly Science Reviews 101 (2014), S. 1–17.

Jeffrey Mousaieff Masson, Susan McCarthy: When Elephants Weep: The Emotional Lives of Animals, Chicago 1996.

Stefan M. Maul: «‹Auf meinen Rechtsfall werde doch aufmerksam!› Wie sich die Babylonier und Assyrer vor Unheil schützten, das sich durch Vorzeichen angekündigt hatte», Mitteilungen der Deutschen Orient-Gesellschaft zu Berlin 124 (1992), S. 131–142.

Fabienne May: Les Sépultures Préhistoriques, Paris 1986.

John S. Mbiti: Concepts of God in Africa, London 1970.

Sally McBrearty, Alison S. Brooks: «The revolution that wasn't: a new interpretation of the origin of modern human behavior», Journal of Human Evolution 39 (2000), S. 453–563.

Joy McCorriston, Frank Hole: «The Ecology of Seasonal Stress and the Origins of Agriculture in the Near East», American Anthropologist 93 (1991), S. 46–69.

Le Roy McDermott: «Self-Representation in Upper Paleolithic Female Figurines», Current Anthropology 37 (1996), S. 227–275.

Patrick Edward McGovern: Uncorking the Past: The Quest for Wine, Beer, and Other Alcoholic Beverages, Berkeley 2009.

Ders. u. a.: «Fermented beverages of pre- and proto-historic China», PNAS 101 (2004), S. 17593–17598.

Adrien Meguerditchian u. a.: «From gesture to language: Ontogenetic and phylogenetic perspectives on gestural communication and its cerebral lateralization», in: Anne Vilain u. a. (Hrsg.): Primate Communication and Human Language. Vocalisation, gestures, imitation and deixis in humans and non-humans, Amsterdam 2011, S. 91–120.

James Mellaart: The Neolithic of the Near East, New York 1975.

Carl Menger: «On the Origin of Money», Economic Journal 2 (1892), S. 239–255.

Karl Menninger: Number Words and Number Symbols. A Cultural History of Numbers, New York 1992.

Winfried Menninghaus: Wozu Kunst? Ästhetik nach Darwin, Berlin 2011.

Peter Metcalf, Richard Huntington: Celebrations of Death, Cambridge 1993.

Rudolph H. Michel u. a.: «The First Wine & Beer. Chemical Detection of Ancient Fermented Beverages», Analytical Chemistry 65 (1993), S. 408–413.

Marc Van De Mieroop: «Hammurabi's self-presentation», Orientalia 80 (2011), S. 305–338.

Ders.: The Ancient Mesopotamian City, Oxford 1999.

Ders.: A History of the Ancient Near East, ca. 3000–323 BC, London ³2015.

John Stuart Mill: A System of Logic, Ratiocinative and Inductive, Being a Connected View of the Principles of Evidence, and the Methods of Investigation, Vol. I, London 1843 (= System der deductiven und inductiven Logik. Eine Darlegung der Grundsätze der Beweislehre und der Methoden der wissenschaftlichen Forschung, 1. Band, Leipzig 1872).

Geoffrey Miller: «Evolution of Human Music through Sexual Selection», in: Nils Wallin u. a. (Hrsg.): The Origins of Music, Cambridge Mass. 2000, S. 329–360.

Naomi F. Miller: «Sweeter than wine? The use of the grape in early western Asia», Antiquity 82 (2008), S. 937–946.

Alfred Mitchell-Innes: «What is Money?», The Banking Journal, May 1913, S. 377–408.

Steven Mithen: «On Early Paleolithic ‹Concept-Mediated Marks›, Mental Modularity, and the Origins of Art», Current Anthropology 37 (1996), S. 666–670.

Ders.: The Singing Neanderthals. The Origins of Music, Language, Mind, and Body, Cambridge Mass. 2006.

Hans-Jürgen Möller u. a.: Psychiatrie & Psychotherapie, Berlin 2003.

Theodor Mommsen: Römische Geschichte. Erster Band, Berlin 1856.

Darcy F. Morey: «The Early Evolution of the Domestic Dog», American Scientist 82 (1994), S. 336–347.

Iain Morley: The Evolutionary Origins and Archaeology of Music, Diss. Cambridge 2003.

Ian Morris: «The Use and Abuse of Homer», Classical Antiquity 5 (1986), S. 81–138.

Rachel Morrison, Diana Reiss: «Whisper-like behavior in a non-human primate», Zoo Biology 32 (2013), S. 626–631.

D. James Mountjoy, Robert E. Lemon: «Song as an Attractant for Male and Female European Starlings, and the Influence of Song Complexity on Their Response», Behavioral Ecology and Sociobiology 28 (191), S. 97–100.

Johannes Müller: Über die Compensation der physischen Kräfte am menschlichen Stimmorgan, Berlin 1839.

Max Müller: Natural Religion, London 1889 (= Natürliche Religion, Leipzig 1890).

Lewis Mumford: The City in History, London 1961.

Natalie D. Munro: «Zooarchaeological measures of hunting pressure and occupation intensity in the Natufian», Current Anthropology 45/S5 (2004), S. 5–34.

George Peter Murdock: Atlas of World Cultures, Pittsburgh 1981.

Siegfried Nadel, Theodore Baker: «The Origins of Music», Musical Quarterly 16 (1930), S. 531–546.

Takayuki Nakata, Sandra E. Trehub: «Infants' responsiveness to maternal speech and singing», Infant Behavior & Development 27 (2004), S. 455–464.

Sarah M. Nelson: «Diversity of the Upper Paleolithic ‹Venus› Figurines and Archaeological Mythology», Archaeological Papers of the American Anthropological Association 2 (1990), S. 11–22.

Mark Nesbitt: «When and where did domesticated cereals first occur in southwest Asia?», in: René T. J. Cappers, Sytze Bottema (Hrsg.): The Dawn of Farming in the Near East, Berlin 2002, S. 113–132.

Bruno Nettl u. a. (Hrsg.): Excursions in World Music, Englewood Cliffs 1992.

Barthold Georg Niebuhr: Römische Geschichte, Berlin 1853.

Hans J. Nissen: Geschichte Alt-Vorderasiens, München 1999.

Ders.: Grundzüge einer Geschichte der Frühzeit des Vorderen Orients, Darmstadt 1983.

Ders. u. a.: Informationsverarbeitung vor 5000 Jahren. Frühe Schrift und Techniken der Wirtschaftsverwaltung im alten Vorderen Orient, Hildesheim 2004.

Ders., Peter Heine: From Mesopotamia to Iraq, Chicago 2009.

Arthur O'Sullivan: «The First Cities», in: Richard J. Arnott, Daniel P. McMillen (Hrsg.): A Companion to Urban Economics, London 2006, S. 42.

Kerstin Oberweger, Franz Goller: «The metabolic cost of birdsong production», Journal of Experimental Biology 204 (2001), S. 3379–3388.

Gananath Obeyesekere: The Apotheosis of Captain Cook, Princeton 1992.

John J. Ohala: «An Ethnological Perspective on Common-Cross-Language Utilization of Fundamental Frequency of Voice», Phonetica 41 (1984), S. 1–16.

Christopher Opie u. a.: «Male infanticide leads to social monogamy in primates», PNAS 110 (2013), S. 13328–13332.

Chris Organ u. a.: «Phylogenetic rate shifts in feeding time during the evolution of Homo», PNAS 108 (2011), S. 14555–14559.

Gordon H. Orians: «On the Evolution of Mating Systems in Birds and Mammals», The American Naturalist 103 (1969), S. 589–603.

Jörg Orschiedt: «Secondary burial in the Magdalenian: The Brillenhöhle (Blaubeuren, Southwest Germany)», Paléo 14 (2002), S. 241–256.

José Ortega y Gasset: Über die Jagd, Reinbek 1957.

Robin Osborne: Greece in the Making. 1200–479 BC, London 1996.

Robert Paine: «What is gossip about? An alternative hypotheses», Man 2 (1967), S. 278–285.

Friedrich Palmer: «Die Entstehung von Birkenpech in einer Feuerstelle unter paläolithischen Bedingungen», Mitteilungen der Gesellschaft für Urgeschichte 16 (2007), S. 75–83.

John Parkington: «Symbolism in Paleolithic Cave Art», South African Archaeological Bulletin 24 (1969), S. 3–13.

Milman Parry: L'Epithète traditionelle dans Homère. Essai sur un problème du style Homérique, Paris 1928.

Hermann Parzinger: Die Kinder des Prometheus. Eine Geschichte der Menschheit vor der Erfindung der Schrift, München 2014.

Otto Patzelt: Triumph des Rades, Berlin 1979.

Charles Sanders Peirce: «Logic as semiotic: The theory of signs» (1897), in: Justus Buchler (Hrsg.): Philosophical Writings of Peirce, New York 1955, S. 98–119.

Ders.: «New Elements (Kaina Stocheia)», in: Nathan Houser, Christian Kloesel (Hrsg.): The Essential Peirce. Selected Philosophical Writings, Band 2, Bloomington 1998, S. 300–324.

Nicolas Peterson: «Demand sharing: Reciprocity and the Pressure for Generosity among Foragers», American Anthropologist 95 (1993), S. 860–874.

Paul Pettitt: The Palaeolithic Origins of Human Burial, Oxford 2011.

Jessica Phillips-Silver, Laurel J. Trainor: «Feeling the beat: movement influences infant rhythm perception», Science 308 (2005), S. 1430.

Pierre Pica u. a.: «Exact and Approximate Arithmetic in an Amazonian Indigene Group», Science 306 (2004), S. 499–503.

Alexander K. Piel, Fiona A. Stewart: «Non-Human Animal Responses toward the Dead and Death: A Comparative Approach to Understanding the Evolution of Human Mortuary Practices», in: Colin Renfrew u. a.: Death Rituals and Social Order in the Ancient World: «Death Shall Have No Dominion», Cambridge 2016, S. 15–26.

Stuart Piggott: The Earliest Wheeled Transport. From the Atlantic Coast to the Caspian Sea, Ithaca 1983.

Dolores R. Piperno: «The Origins of Plant Cultivation and Domestication in the New World Tropics: Patterns, Process, and New Developments», Current Anthropology 52/S4 (2011), S. 453–470.

Claire C. Porter, Frank W. Marlowe: «How marginal are forager habitats?», Journal of Archaeological Science 34 (2007), S. 59–68.

Gregory L. Possehl: The Indus Civilization. A Contemporary Perspective, Walnut Creek 2002.

Ders.: «Sociocultural complexity without the state: the Indus civilization», in: Gary M. Feinman, Joyce Marcus (Hrsg.): Archaic States, Santa Fé 1998, S. 261–292.

Richard Potts: «Environmental hypotheses of Pliocene human evolution», in:

René Bobe u. a. (Hrsg.): Hominin Environments in East African Pliocene. An Assessment of the Faunal Evidence, Berlin 2007, S. 25–47.

Daniel J. Povinelli, Daniela K. O'Neill: «Do chimpanzees use their gestures to instruct each other?», in: Simon Baron-Cohen u. a. (Hrsg.): Understanding Other Minds: Perspectives from Developmental Neuroscience, Oxford 2000, S. 459–487.

Ders. u. a.: «Toward a Science of Other Minds: Escaping the Argument by Analogy», Cognitive Science 24 (2000), S. 509–541.

Barry B. Powell: Homer and the Origin of the Greek Alphabet, Cambridge 1991.

Ders.: «Why Was the Greek Alphabet Invented? The Epigraphic Evidence», Classical Antiquity 8 (1989), S. 321–350.

Camille Power: «Old wives' tales: the gossip hypothesis and the reliability of cheap signals», in: James R. Hurford u. a. (Hrsg.): Approaches to the Evolution of Language. Social and Cognitive Bases, Cambridge 1998, S. 111–129.

Wolfgang Preiser: «Zur rechtlichen Natur der altorientalischen Gesetze», in: Paul Bockelmann u. a. (Hrsg.): Festschrift Karl Engisch, Frankfurt am Main 1969, S. 17–36.

Jeffrey Quilter, Michele L. Koons: «The Fall of the Moche: A Critique of Claims for South America's First State», Latin American Antiquity 23 (2012), S. 127–143.

Richard A. Radford: «The Economic Organisation of a P.O.W. Camp», Economica 12 (1945), S. 189–201.

Karen Radner: «Kubaba und die Fische. Bemerkungen zur Herrscherin von Karkemish», in: Robert Rollinger (Hrsg.): Von Sumer bis Homer. Festschrift für Manfred Schretterer, Münster 2005, S. 543–556.

David Raichlen u. a.: «Laetoli footprints preserve earliest direct evidence of human-like bipedal biomechanics», PLoS ONE 5 (2010), S. 1–6.

Rainer Rath: «Zur Legitimation und Einbettung von Erzählungen in Alltagsdialogen», in: Peter Schröder, Hugo Steger (Hrsg.): Dialogforschung, Düsseldorf 1981, S. 265–286.

Bernhard Rathmayr: Geschichte der Liebe. Wandlungen der Geschlechterbeziehungen in der abendländischen Kultur, München 2016.

Andrea Ravignani u. a.: «Chorusing, synchrony, and the evolutionary functions of rhythm», Frontiers in Psychology 5 (2014), Artikel 1118.

Richard W. Redding: «A general explanation of subsistence change: From hunting and gathering to food production», Journal of Anthropological Archaeology 7 (1988), S. 56–97.

Sitta von Reden: Money in Classical Antiquity, Cambridge 2010.

Dies.: «Money, Law, and Exchange: Coinage in the Greek Polis», Journal of Hellenic Studies 117 (1997), S. 154–176.

Dies.: «Re-evaluating Gernet: Value and Greek Myth», in: Richard Buxton (Hrsg.), From Myth to Reason?, Oxford 1999, S. 51–70.

Ulrich H. Reichard: «Monogamy: Past and Present», in: ders., Christophe Boesch (Hrsg.): Monogamy. Mating Strategies and Partnerships in Birds, Humans and Other Mammals, Cambridge 2003, S. 3–25.

Colin Renfrew: «Megaliths, Territories and Populations», in: Sigfried J. De Laet (Hrsg.), Acculturation and Continuity in Atlantic Europe, Brügge 1973, S. 198–220.

Ders.: «Production and Consumption in a Sacred Economy: The Material Correlates of High Devotional Expression at Chaco Canyon», American Antiquity 66 (2001), S. 14–25.

Johannes Renger: «Hammurapis Stele ‹König der Gerechtigkeit›: Zur Frage von Recht und Gesetz in der altbabylonischen Welt», Die Welt des Orients 8 (1976), S. 228–235.

Ders.: «Noch einmal: Was war der ‹Kodex› Hammurapi – ein erlassenes Gesetz oder ein Rechtsbuch?», in: Hans-Joachim Gehrke (Hrsg.): Rechtskodifizierung und soziale Normen im interkulturellen Vergleich, Tübingen 1994, S. 27–59.

Ders.: «Wrongdoings and Its Sanctions: On ‹Criminal› and ‹Civil Law› in the Old Babylonian Period», Journal of the Economic and Social History of the Orient 20 (1977), S. 65–77.

Philip L. Reno u. a.: «Sexual dimorphism in Australopithecus afarensis was similar to that of modern humans», PNAS 100 (2003), S. 9404–9409.

Patricia C. Rice: «Prehistoric Venuses: Symbols of Motherhood or Womanhood», Journal of Anthropological Research 37 (1981), S. 402–414.

Brian G. Richmond, William L. Jungers: «Orrorin tugenensis Femoral Morphology and the Evolution of Hominin Bipedalism», Science 319 (2008), S. 1599–1601.

William Ridgeway: The origin of metallic currency and weight standards, Cambridge 1892.

Julien Riel-Salvatore, Claudine Gravel-Miguel: «Upper Paleolithic Mortuary

Practices in Eurasia. A Critical Look at the Burial Record», in: Sarah Tarlow, Liv Nilsson Stutz (Hrsg.): The Oxford Handbook of the Archaeology of Death and Burial, Oxford 2013, S. 303–346.

Gerhard Ries: «Der Erlass von Schulden im Alten Orient als obrigkeitliche Maßnahme zur Wirtschafts- und Sozialpolitik», in: Kaja Harter-Uibopuu, Fritz Mitthof (Hrsg.): Vergeben und Vergessen. Amnestie in der Antike, Wien 2013, S. 3–16.

Eleanor Robson: Mathematics in Ancient Iraq: A Social History, Princeton 2008.

Wil Roebroecks, Paola Villa: «On the earliest evidence for habitual use of fire in Europe», PNAS 108 (2011), S. 5209–5214.

Karen R. Rosenberg, Wenda R. Trevathan: «Bipedalism and human birth: The obstetrical dilemma revisited», Evolutionary Anthropology 4 (1996), S. 161–168.

Dies.: «Birth, obstetrics and human evolution», International Journal of Obstetrics & Gynaecology 109 (2002), S. 1199–1206.

Michael Rosenberg: «Cheating at Musical Chairs: Territoriality and Sedentism in an Evolutionary Context», Current Anthropology 39 (1998), S. 653–664.

Matt J. Rossano: «Making Friends, Making Tools, and Making Symbols», Current Anthropology 51 S1 (2010), S. 89–98.

H. Ling Roth, «On the Origins of Agriculture», The Journal of the Anthropological Institute of Great Britain and Ireland 16 (1887), S. 102–136.

Martha T. Roth: «Hammurabi's Wronged Man», Journal of the American Oriental Society 122 (2002) S. 38–45.

Veerle Rots, Philip van Peer: «Early evidence of complexity in lithic economy: core-ax production, hafting and use at Late Middle Pleistocene site 8-B-11, Sai Islands (Sudan)», Journal of Archaeological Science 33 (2006), S. 360–371.

Jeffrey Rounds: «Dynastic Succession and the Centralization of Power in Tenochtitlan», in: George A. Collier u. a. (Hrsg.): The Inka and Aztec States 1400–1800, New York 1982, S. 63–89.

Jean-Jacques Rousseau: «Diskurs über den Ursprung der Ungleichheit unter den Menschen», in: ders.: Sozialphilosophische und Politische Schriften, München 1981, S. 59–161.

Eberhard Ruschenbusch: «Die Zwölftafeln und die römische Gesandtschaft nach Athen», Historia 12 (1963), S. 250–253.

Aidan Ruth u. a.: «Locomotor pattern fails to predict foramen magnum angle in rodents, strepsirrhine primates, and marsupials», Journal of Human Evolution 94 (2016), S. 45–52.

Marshall D. Sahlins: Islands of History, Chicago 1985.

Ders.: «Poor man, rich man, big-man, chief: political types in Melanesia and Polynesia», Comparative Studies in Society and History 5 (1963), S. 285–303.

Ders.: Stone Age Economics, New York 1972.

Robert J. Sampson u. a.: «Does marriage reduce crime? A counterfactual approach to within-individual causal effects», Criminology 44 (2006), S. 465–509.

Stephen K. Sanderson: «Explaining monogamy and polygyny in human societies: Comment on Kanazawa and Still», Social Forces 80 (2001), S. 329–336.

Robert S. Santley: «Disembedded capitals reconsidered», American Antiquity 45 (1980), S. 132–145.

Jack M. Sasson: «King Hammurabi of Babylon», in: ders. (Hrsg.): Civilizations of the Near East 2, S. 901–915.

Ken Sayers, C. Owen Lovejoy: «Blood Bulbs, and Bunodonts: On Evolutionary Ecology and the Diets of Ardipithecus, Australopithecus, and Early Homo», Quarterly Review of Biology 89 (2014), S. 319–357.

Chris Scarre: «Monumentality», in: Timothy Insoll (Hrsg.): The Oxford Handbook of the Archaeology of Ritual & Religion, Oxford 2011, S. 9–23.

David M. Schaps: «The Invention of Coinage in Lydia, in India, and in China», Vortrag auf dem XIV. International Economic History Congress, Helsinki 2006, www.helsinki.fi/iehc2006/papers1/Schaps.pdf.

Walter Scheidel: «A peculiar institution? Greco-roman monogamy in global context», History of Family 14 (2009), S. 280–291.

Hans Scheyhing: «Babylonisch-assyrische Krankheitstheorie: Korrelationen zwischen medizinischen Diagnosen und therapeutischen Konzepten», Die Welt des Orients 41 (2011), S. 79–117.

Friedrich Schiller, Musen-Almanach für das Jahr 1797, Tübingen 1797.

Denise Schmandt-Besserat: Before Writing, Vol. 1: From Counting to Cuneiform, Austin 1992.

Dies.: «The token system of the ancient Near East: Its role in counting, writing, the economy and cognition», in: Iain Morley, Colin Renfrew (Hrsg.): The Archaeology of Measurement, Cambridge 2010, S. 27–34 und S. 186 ff.

Dies.: «Tokens as Precursors to Writing», in: Elena L. Gregorenko u. a. (Hrsg.): Writing. A Mosaic of New Perspectives, New York 2012, S. 3–10.

Dies.: How Writing Came About, Austin 1996.

Klaus Schmidt: «Boars, Ducks, and Foxes – the Urfa Project 99», Neo-Lithics 3 (1999), S. 12–15.

Ders.: «‹Ritual Centers› and the Neolithisation of Upper Mesopotamia», Neo-Lithics 2/05 (2005), S. 13–21.

Ders.: «Zuerst kam der Tempel, dann die Stadt: vorläufiger Bericht zu den Grabungen am Göbekli Tepe und Gürcütepe», Istanbuler Mitteilungen 50 (2000), S. 5–41.

Margaret J. Schoeninger: «Reconstructing Early Hominis Diets: Evaluating Tooth Chemistry and Macronutrient Composition», in: Peter S. Ungar (Hrsg.), Evolution of the Human Diet. The Known, the Unknown, and the Unknowable, Oxford 2007, S. 150–162.

Ilse Schoep: «The Origins of Writing and Administration on Crete», Oxford Journal of Archaeology 18 (1999), S. 265–276.

Friedemann Schrenck: Die Frühzeit des Menschen. Der Weg zum Homo sapiens, München 2008.

Klaus Schriewer: «Deutsche Altersmigranten in Spanien im späten 20. Jahrhundert», in: Klaus Bade u. a. (Hrsg.), Enzyklopädie Migration in Europa. Vom 17. Jahrhundert bis zur Gegenwart, Paderborn 2007, S. 511–513.

Paula Marie Theresa Scothern: The Music-Archaeology of the Paleolithic within its Cultural Setting, Ph. D. Thesis, Cambridge 1992.

Richard Seaford: Money and the Early Greek Mind. Homer, Philosophy, Tragedy, Cambridge 2004.

Rebecca Sear, Ruth Mace: «Who keeps children alive? A review of the effects of kin on child survival», Evolution and Human Behavior 29 (2008), S. 1–18.

William A. Searcy, Eliot A. Brenowitz: «Sexual differences in species recognition of avian song», Nature 332 (1988), S. 152–154.

Charles Seife: Zero. The Biography of a Dangerous Idea, New York 2000.

Elman R. Service: Origins of the State and Civilization. The Process of Cultural Evolution, New York 1975.

Ders.: Primitive Social Organization, New York 1962.

Robert M. Seyfarth u. a.: «Monkey Responses to Three Different Alarm Calls: Evidence of Predator Classification and Semantic Communication», Science 210 (1980), S. 801–803.

Kevin Sharpe, Leslie van Gelder: «Evidence for Cave Marking by Paleolithic Children», Antiquity 80 (2006), S. 937–947.

Edward L. Shaughnessy: «The Beginnings of Writing in China», in: Christopher Woods u. a. (Hrsg.): Visible Language. Inventions of Writing in the Ancient Middle East and Beyond, Chicago 2015, S. 215–224.

Pat Shipman: «Scavenging or Hunting in Early Hominids: Theoretical Framework and Test», American Anthropologist N. S. 88 (1986), S. 27–43.

Bradd Shore: «Mana and Tapu», in: ders.: Developments in Polynesian Ethnography, Honolulu 1989, S. 137–173

Stephen M. Shuster: «Sexual Selection and Mating Systems», PNAS 106 S1 (2009), S. 10 009–10 016.

Georg Simmel: Soziologie. Untersuchung über die Formen der Vergesellschaftung, Berlin 1908.

Ders.: «Soziologie der Mahlzeit» (1910), in: ders.: Aufsätze und Abhandlungen 1909–1918, Band 1, Gesamtausgabe Band 12, Frankfurt am Main 2001, S. 140–147.

Alan H. Simmons: The Neolithic Revolution in the Near East. Transforming the Human Landscape, Tucson 2010.

Peter J. B. Slater: «Birdsong Repertoires: Their Origin and Uses», in: Nils Wallin u. a. (Hrsg.): The Origins of Music, Cambridge Mass. 2000, S. 49–63.

Ders.: «Chaffinch Song Repertoires: Observations, Experiments and a Discussion of their Significance», Zeitschrift für Tierpsychologie 56 (1981), S. 1–24.

John Smalley, Michael Blake: «Sweet Beginnings: Stalk Sugar and the Domestication of Maize», Current Anthropology 44 (2003), S. 675–703.

Johan de Smedt, Helen de Cruz: «A Cognitive Approach to the Earliest Art», Journal of Aesthetics and Art Criticism 69 (2011), S. 379–389.

Michael E. Smith: «Ancient Cities», in: Ray Hutchinson (Hrsg.): The Encyclopedia of Urban Studies, London 2009, S. 24–28.

Brian Snyder, Patricia Adair Gowaty: «A Reappraisal of Bateman's Classic Study of Intrasexual Selection», Evolution 61 (2007), S. 2457–2468.

Masayo Soma, László Zsolt Garamszegi: «Rethinking birdsong evolution: meta-analysis of the relationship between song complexity and reproductive success», Behavioral Ecology 22 (2011), S. 363–371.

Fitzroy Somerset, Lord Raglan: The temple and the house, New York 1964.

Marianne Sommer: Bones and Ochre. The Curious Afterlife of the Red Lady of Paviland, Cambridge Mass. 2008.

Charles S. Spencer: «On the tempo and mode of state formation: Neoevolutionism reconsidered», Journal of Anthropological Archaeology 9 (1990), S. 1–30.

Herbert Spencer: «On the Origin and Function of Music» (1857), in: ders.: Essays. Scientific, Political & Speculative, Vol. II, London 1891.

Dan Sperber: «An evolutionary perspective on testimony and argumentation», Philosophical Topics 29 (2001), S. 401–413.

John D. Speth: «Boiling vs. Roasting in the Paleolithic: Broadening the ‹Broadening Food Spectrum›», Journal of the Israel Prehistoric Society 40 (2010), S. 63–83.

Ders.: «Were our ancestors hunters or scavengers?», in: Peter N. Peregrine u. a. (Hrsg.): Archaeology. Original Readings in Method and Practice, Upper Saddle River 2002, S. 1–23.

Ders.: «When Did Humans Learn to Boil?», PaleoAnthropology Jg. 13 (2015), S. 54–67.

Matt Sponheimer, Julia Lee-Thorpe: «Isotopic Evidence for the Diet of an Early Hominid, Australopithecus africanus», Science 283 (1999), S. 368–370.

Matthew Spriggs: «The Hawaiian transformation of Ancestral Polynesian Society: Conceptualizing chiefly states», in: John Gledhill u. a. (Hrsg.): State and Society: The Emergence and Development of Social Hierarchy and Political Centralization, London 1988.

James H. Stam: Inquiries into the Origin of Language. The Fate of a Question, New York 1976.

Craig Stanford: Upright. The Evolutionary Key to Becoming Human, Boston 2003.

Andréas Stauder: «The Earliest Egyptian Writing», in: Christopher Woods u. a. (Hrsg.): Visible Language. Inventions of Writing in the Ancient Middle East and Beyond, Chicago 2015, S. 137–148.

Michael Steinberg: «The Twelve Tables and Their Origins: An Eighteenth-Century Debate», Journal of the History of Ideas 43 (1982), S. 379–396.

Anthony Stevens: «Animals in Paleolithic Cave Art: Leroi-Gourhan's Hypothesis», Antiquity 49 (1975), S. 54–57.

Theodor G. H. Strehlow: Aranda Phonetics and Grammar, Sidney 1944.

Chris B. Stringer u. a. (Hrsg.): Neanderthals on the Edge, Oxford 2000.

Thomas T. Struhsaker: «Auditory communication among vervet monkeys (Cercopithecus aethiops)», in: Stuart A. Altmann (Hrsg.): Social Communication Among Primates, Chicago 1967, S. 281–324.

Carl Stumpf: Die Anfänge der Musik, Leipzig 1911.

Philip Sullivan, Kate Rickers: «The effect of behavioral synchrony in groups of teammates and strangers», International Journal of Sport and Exercise Psychology 11 (2013), S. 1–6.

Randall Susman u. a.: «Locomotor adaptation in the Hadar hominids», in: Eric Delson (Hrsg.): Ancestors: The Hard Evidence, New York 1985, S. 184–192.

Robert W. Sussman: «The Myth of Man the Hunter / Man the Killer and the Evolution of Human Morality», Zygon 34 (1999), S. 453–471.

Gen Suwa u. a.: «Paleobiological Implications of the Ardipithecus ramidus Dentition», Science 326 (2009), S. 69–99.

Nancy Tanner, Adrienne Zihlman: «Women in Evolution. Part 1: Innovation and Selection in Human Origins», Signs 1 (1976), S. 585–608.

Sarah Tarlow: «Emotion in Archaeology», Current Anthropology 41 (2000), S. 713–746.

Bronwyn Tarr u. a.: «Silent disco: dancing in synchrony leads to elevated pain thresholds and social closeness», Evolution and Human Behavior 37 (2016), S. 343–349.

Dies., Jacques Launay, Robin I. M. Dunbar: «Music and social bonding: ‹self-other› merging and neurohormonal mechanisms», Frontiers in Psychology 5 (2014), S. 1–10.

Ian Tattersall: «The dual origin of modern humanity», Collegium Anthropologicum 28/Supp. 2 (2004), S. 77–85.

Mark F. Teaford, Peter S. Ungar: «Diet and the evolution of the earliest human ancestors», PNAS 97 (2000), S. 13506–13511.

Günter Tembrock: Tierstimmenforschung. Eine Einführung in die Bioakustik, Wittenberg 1977.

Sven-Tage Teodorsson: «Eastern Literacy, Greek Alphabet, and Homer», Mnemosyne 59 (2006), S. 161–187.

J. Eric S. Thompson: Maya Hieroglyphic Writing: An Introduction, Washington D. C. 1971.

Richard Thurnwald: Die menschliche Gesellschaft in ihren ethnosoziologischen Grundlagen, Band 5, Berlin 1934.

Leo Tolstoi: Die Kreutzersonate, Berlin 2011.

Michael Tomasello: Die Ursprünge der menschlichen Kommunikation, Frankfurt am Main 2009.

Ders.: «Why Don't Apes Point?», in: Nicholas J. Enfield, Stephen C. Levinson (Hrsg.): Roots of Human Sociality, Culture, Cognition and Interaction, Oxford 2006, S. 506–524.

Matt Tomlinson, Ty P. Kawika Tengan (Hrsg.): New mana. Transformations of a classic concept in Polynesian languages and cultures, Acton 2016.

Sandra E. Trehub u. a.: «Cross-cultural perspectives on music and musicality», Philosophical Transactions of the Royal Society B 370 (2014), S. 1–9.

Dies. u. a.: «Musical affect regulation in infancy», Annals of the New York Academy of Sciences 1337 (2015), S. 186–192.

Bruce G. Trigger: Understanding early civilizations. A comparative study, Cambridge 2003.

Erik Trinkaus, M. R. Zimmerman: «Trauma among the Shanidar Neanderthals», American Journal of Physical Anthropology 57 (1982), S. 61–76.

Robert L. Trivers: «Parental Investment and Sexual Selection», in: Bernard Campbell (Hrsg.): Sexual Selection and The Descent of Man 1871–1971, Chicago 1972, S. 136–172.

Eitan Tschernov, François F. Valla: «Two New Dogs, and Other Natufian Dogs, from the Southern Levant», Journal of Archaeological Science 24 (1997), S. 65–95.

Katheryn C. Twiss, Nerissa Russell: «Taking the Bull By The Horns: Ideology, Masculinity, And Cattle Horns at Çatalhöyük (Turkey)», Paléorient 35 (2009), S. 19–32.

Edward Burnett Tylor: Primitive Culture. Researches into the Development of Mythology, Philosophy, Religion, Language, Art and Custom, Vol. 1, New York 1874 (= Die Anfänge der Cultur. Untersuchungen über die Entwicklung der Mythologie, Philosophie, Religion, Kunst und Sitte, Nachdruck, Hildesheim 2005).

Peter S. Ungar: «Dental Evidence for the Reconstruction of Diet in African Early Homo», Current Anthropology 53 (2012), S. 318–329.

Ders.: Evolution of the Human Diet. The Known, the Unknown, and the Unknowable, Oxford 2007.

Hermann Usener: Götternamen. Versuch einer Lehre von der religiösen Begriffsbildung, Bonn 1896.

Valerio Valeri: «Le fonctionnement du système des rangs à Hawaii», L'homme 12 (1969), S. 29–66.

Ders.: Kingship and Sacrifice: Ritual and Society in Ancient Hawaii, Chicago 1985.

Paul Valéry: Eupalinos oder Der Architekt, in: ders.: Werke, Band 2: Dialoge und Theater, Frankfurt am Main 1990.

Marian Vanhaeren, Francesco D'Errico: «The Body Ornaments Associated with the Burial», in: Joao Zilhao, Erik Trinkaus (Hrsg.): Portrait of the Artist as a Child. The Gravettian Human Skeleton from the Abrigo do Lagar Velho and its Archaeological Context, Lissabon 2002, S. 177 ff.

Marc Verhoeven: «Ritual and Ideology in the Pre-Pottery Neolithic B of the Levant and Southeast Anatolia», Cambridge Archaeological Journal 12 (2002), S. 233–258.

Pierre M. Vermeersch u. a.: «A Middle Paleolithic burial of a modern human at Taramsa Hill, Egypt», Antiquity 72 (1998), S. 475–484.

Paul Veyne: «Ehe», in: Philippe Ariès u. a.: Geschichte des privaten Lebens: Vom Römischen Imperium zum Byzantinischen Reich, Frankfurt am Main 1989, S. 50.

Elaine N. Videan, W. C. McGrew: «Bipedality in Chimpanzee (Pan troglodytes) and Bonobo (Pan paniscus): Testing Hypotheses on the Evolution of Bipedalism», American Journal of Physical Anthropology 118 (2002), S. 184–190.

Paola Villa u. a.: «A Milk and Ochre Paint Mixture Used 49 000 Years Ago at Sibudu, South Africa», PLoS 10 (2015), S. 1–12.

Anne S. Vincent: «Plant foods in savanna environments: A preliminary report of tubers eaten by the Hadza of northern Tanzania», World Archaeology 17 (1984), S. 131–148.

Patrick Vinton Kirch: How Chiefs Became Kings. Divine Kingship and the Rise of Archaic States in Ancient Hawai'i, Berkeley 2010.

Lyn Wadley u. a.: «Implications for complex cognition from the hafting of tools with compound adhesives in the Middle Stone Age, South Africa», PNAS 106 (2009), S. 9590–9594.

Alan Walker: «Dietary Hypotheses and Human Evolution», Philosophical Transactions of the Royal Society of London B 292 (1981), S. 57–64.

Christine E. Wall, Kathleen K. Smith: «Ingestion in Mammals», in: N. P. Group (Hrsg.): Encyclopedia of Life Sciences, New York 2001, S. 6.

Robert A. Wallace: «The Origin of Electrum Coinage», American Journal of Archaeology 91 (1987), S. 385–397.

Nils Wallin u. a. (Hrsg.): The Origins of Music, Cambridge Mass. 2000.

Arnold Walther: Das altbabylonische Gerichtswesen, Leipzig 1917.

Carol V. Ward u. a.: «Morphology of Australopithecus anamensis from Kanapoi and Allia Bay, Kenia», Journal of Human Evolution 41 (2001), S. 255–268.

Sherwood L. Washburn: «On Holloway's Tools and Teeth», American Anthropologist 70 (1968), S. 97–101.

Ders.: «Tools and human evolution», Scientific American 203 (1960), S. 62–75.

Ders., Chet Lancaster: «The Evolution of Hunting», in: Richard B. Lee, Irven DeVore (Hrsg.): Man the Hunter, Chicago 1968, S. 293–303.

Trevor Watkins: «Building houses, framing concepts, constructing worlds», Paléorient 30 (2004), S. 5–23.

Ehud Weiss u. a.: «Autonomous Cultivation Before Domestication», Science 312 (2006), S. 1608–1610.

Kathleen Wermke, Werner Mende: «Musical elements in human infants' cries: In the beginning is the melody», Musicae Scientiae 13 (2009), S. 151–175.

Raymond Westbrook: «The character of ancient near eastern law», in: ders. (Hrsg.): A History of Ancient Near Eastern Law, Band 1, Leiden 2003, S. 1–90.

Ders.: «Cuneiform Law Codes and the Origins of Legislation», in: ders.: Law from the Tigris to the Tiber, Vol. 1, Winona Lake 2009, S. 73–95.

Ders.: «Slave and Master in Ancient Near Eastern Law», Chicago-Kent Law Review 70 (1995), S. 1631.

Ders.: Studies in Biblical and Cuneiform Law, Paris 1988.

Paul Wheatley: The Pivot of the Four Quarters. A Preliminary Enquiry into the Origins and Character of the Ancient Chinese City, Chicago 1971.

Randall White: «Beyond Art. Toward an Understanding of the Origin of Material Representation in Europe», Annual Review of Anthropology 21 (1992), S. 537–564.

Ders.: «Une nouvelle statuette phallo-féminine paléolithique: la ‹Vénus de Milandes› (commune de Castelnaud-la-Chapelle, Dordogne)», Paléo 14 (2002), S. 177–198.

Ders.: «The Women of Brassempouy. A Century of Research and Interpretation», Journal of Archaeological Method and Theory 13 (2006), S. 251–304.

Tim D. White u. a.: «Ardipithecus ramidus and the Paleobiology of Early Hominids», Science 326 (2009), S. 64–86.

Helène Whittaker: «The Function and the Meaning of Writing in the Prehistorian Aegean: Some reflections on the social and symbolic significance of writing from a material perspective», in: Kathryn E. Piquette, Ruth D. Whitehouse (Hrsg.): Writing as Material Practice: Substance, surface and medium, London 2013, S. 105–121.

Andreas Willi: «Zur Vermittlung der Alphabetschrift nach Griechenland», Museum Helveticum 62 (2005), S. 162–171.

David Sloan Wilson: «Hunting, Sharing, and Multilevel Selection: The Tolerated-Theft Model Revisited», Current Anthropology 39 (1998), S. 73–97.

Peter J. Wilson: The Domestication of the Human Species, New Haven 1988.

Louis Wirth: «Urbanism as a way of life», American Journal of Sociology 44 (1938), S. 1–24.

James F. Wittenberger, Ronald L. Tilson: «The evolution of monogamy: hypothesis and evidence», Annual Review of Ecology and Systematics 11 (1980), S. 197–232.

H. Martin Wobst: «Boundary Conditions for Paleolithic Social Systems: A Simulation Approach», American Antiquity 39 (1974), S. 147–178.

Giday Wolde Gabriel u. a.: «Geology and Paleontology of the Late Miocene Middle Awash valley, Afar rift, Ethiopia», Nature 412 (2000), S. 175–178.

Milford Wolpoff u. a.: «Sahelanthropus or Sahelpithecus?», Nature 419 (2002), S. 581f.

Bernard Wood, Terry Harrison: «The evolutionary context of the first hominins», Nature 470 (2011), S. 347–352.

James Woodburn: «Sharing is not a form of exchange: an analysis of property sharing in immediate return hunter-gatherer societies», in: Chris M. Hann (Hrsg.): Property relations: renewing the anthropological tradition, Cambridge 1998, S. 48–63.

Richard D. Wragham: Catching fire. How cooking made us human, New York 2011.

Ders. u. a.: «The Raw and the Stolen: Cooking and the Ecology of Human Origins», Current Anthropology 40 (1999), S. 567–594.

Henry T. Wright: «Prestate Political Formations», in: Timothy Earle (Hrsg.): On the Evolution of Complex Societies: Essays in Honor of Harry Hoijer, Malibu 1984, S. 41–78.

Ders.: «Recent Research on the Origin of State», Annual Review of Anthropology 6 (1977), S. 379–397.

Ders., Gregory A. Johnson: «Population, Exchange, and Early State Formation in Southwestern Iran», American Anthropologist 77 (1975), S. 267–289.

Joshua Wright: «Landownership and Landscape Belief», in: Sarah Tarlow, Liv Nilsson Stutz (Hrsg.): The Oxford Handbook of the Archaeology of Death and Burial, Oxford 2013, S. 405–419.

Katherine I. Wright: «The Social Origins of Cooking an Dining in Early Villages of Western Asia», Proceedings of the Prehistoric Society 66 (2000), S. 89–121.

Robert Wright: The moral animal: The new science of evolutionary psychology, New York 1994.

Thomas Wynn: «Hafted spears and the archaeology of mind», PNAS 106 (2009), S. 9544 f.

Xenophon: Oekonomikus oder Von der Haushaltungskunst, Stuttgart 1866.

John E. Yellen: Archaeological Approaches to the Present: Models for Reconstructing the Past, New York 1977.

Norman Yoffee: Myths of the Archaic State. Evolution of the Earliest Cities, States, and Civilizations, Cambridge 2005.

Ders.: «Political Economy in Early Mesopotamian States», Annual Review of Anthropology 24 (1995), S. 281–311.

Amotz Zahavi: «Mate Selection – A Selection for Handicap», Journal of Theoretical Biology 53 (1975), S. 205–214.

Helmut Zedelmaier: Der Anfang der Geschichte. Studien zur Ursprungsdebatte im 18. Jahrhundert, Hamburg 2003.

Melinda A. Zeder: «Domestication and early agriculture in the Mediterranean Basin: Origins, diffusion, and impact», PNAS 105 (2008), S. 11 597–11 604.

Dies.: «Religion and the Revolution. The Legacy of Jacques Cauvin», Paléorient 37 (2011), S. 39–60.

Chen-Bo Zhong, Sanford E. DeVoe: «You Are How You Eat: Fast Food and Impatience», Psychological Science 21 (2010), S. 619–622.

Zeittafel

Vor 3,6 Millionen Jahren: die Fußspuren von Laetoli.
Vor 3 Millionen Jahren: der Kiesel von Makapansgat.
Vor 1,8–1,5 Millionen Jahren: der *Homo erectus*.
Vor 500 000–300 000 Jahren: Homo heidelbergensis, womöglich sprechend.
Vor 400 000–300 000 Jahren: physiologische Voraussetzungen für Gesang.
Vor 400 000–300 000 Jahren: erste Feuerstellen.
Vor 300 000 Jahren: Speere.
Vor 300 000–190 000 Jahren: erste anatomisch moderne Menschen, *Homo sapiens*.
Vor 100 000 Jahren: Produktion von Farbe.
Vor 80 000 Jahren: ornamentierte Knochen und Steine.
Vor 50 000–40 000 Jahren: zeremonielle Bestattung.
Vor 45 000 Jahren: Höhlenmalerei.
Vor 40 000 Jahren: die älteste Knochenflöte.
Vor 35 000 Jahren: heiße Kochsteine.
Vor 14 000 Jahren: Keramik und das Wohnen in Basislagern; erstes Haustier.
Vor 14 000–11 000 Jahren: Ackerbau.
Vor 12 000 Jahren: Kultstätten außerhalb von Siedlungen.
Vor 11 000 Jahren: Haltbarmachung von Fleisch; Anbau von Gerste.
Vor 9500 Jahren: Zählsteine.
Vor 9000 Jahren: Herstellung alkoholischer Getränke; Pflanzen- und Viehzucht.
Vor 8300 Jahren: der Turm von Jericho.
Vor 7500 Jahren: die ersten städtischen Siedlungen.

Vor 5500 Jahren: das erste Brot; Stadtstaaten; Schrift.
Vor 4000 Jahren: geschriebenes Recht.
Vor 3000 Jahren: das erste Epos.
Vor 2700 Jahren: beidseitig geprägte Geldmünzen.
Vor 1500 Jahren: die Null.

Dank

Wer sich mit den Anfängen zivilisatorischer Errungenschaften befasst, den begleiten über einen langen Zeitraum die Texte von Forschern, die außerhalb ihrer Disziplinen kaum jemand kennt. Dabei sind es durch ihre Langmut beim Studieren, ihr Insistieren auf Argumente und ihre kognitive Phantasie ganz außerordentliche Menschen. Manche ihrer Erkenntnisse, womöglich die meisten, werden eines Tages überholt sein, die Art, wie sie zu ihnen kamen, aber nicht so leicht. Dieses Buch verdankt Gelehrten und ihren Schriften alles. Das Frankfurter Max-Planck-Institut für Rechtsgeschichte und sein Direktor, Thomas Duve, haben mir ihre Bibliothek geöffnet. André Kieserling und Ernst Otto Walker halfen, als ich sie brauchte. Gunnar Schmidt ist alles durchgegangen und hat viel Geduld gehabt.

Bildnachweis

Tafelteil I

akg-images: Seite 1 (Science Photo Library), 6 unten (Philippe Maillard), 7 (Library of Congress / Science Photo Library), 8 (De Agostini Picture Library), 9 oben (IAM), 9 unten (Science Photo Library / Javier Trueba / msf), 10 (Science Photo Library), 13 oben (Pictures From History), 13 unten (Science Photo Library), 14/15 (IAM), 16 oben (Bernard Marie)

picture alliance: Seite 2 (dpa – Report), 3 (Anka Agency International), 4 (AP Photo), 5 (AP Photo), 11 (Heritage Images), 16 unten (United Archives / WHA)

Jürgen Mewes, Schöppenstedt: Seite 6 oben

Getty Images: Seite 12 (Fine Art)

Tafelteil II

akg-images: Seite 1 (Science Photo Library), 2 (Science Photo Library), 3 oben (Oxford University Images / Science Photo Library), 3 unten (Heritage-Images / CM Dixon), 4 (De Agostini Picture Library), 5 (Oxford University Images / Science Photo Library), 10 (Erich Lessing), 11 (De Agostini Picture Library), 12 (De Agostini Picture Library), 14/15 (Balage Balogh / archaeologyillustrated.com), 16

Getty Images: Seite 6 oben (Hoberman Collection), 6 unten (Loop Images), 7 (Vincent J. Musi), 8 (Vincent J. Musi), 13 (Nathan Benn)

Hildegard Jensen, Universität Tübingen: Seite 9

Tafelteil III

akg-images: Seite 1 (Erich Lessing), 3, 4 (Pictures From History), 5 (Erich Lessing), 6 (De Agostini Picture Library), 7 (David Parker / Science Photo Library), 8 (De Agostini Picture Library / G. Dagli Orti), 10 (Erich Lessing), 12 (Roland and Sabrina Michaud), 13 (Sites & Photos / Samuel Magal), 14 oben (De Agostini Picture Library / G. Cigolini), 14 unten (CDA / Guillemot), 15 (Jean-Louis Nou), 16 (Peter Connolly)

picture alliance: Seite 2, 11 (Eventpress)

Interfoto: Seite 9 (Sammlung Rauch)